SISTEMA E ESTRUTURA NO DIREITO

SISTEMA E ESTRUTURA NO DIREITO
Volume 1
Das origens à Escola Histórica

Mario G. Losano

Tradução
CARLO ALBERTO DASTOLI

SÃO PAULO 2008

Esta obra foi publicada originalmente em italiano com o título
SISTEMA E STRUTTURA NEL DIRITTO
Vol. I DALLE ORIGINI ALLA SCUOLA STORICA
por Giuffrè Editore.
Copyright © 2002, Dott. A. Giuffrè Editore, S.p.A. Milão.
Copyright © 2008, Livraria Martins Fontes Editora Ltda.,
São Paulo, para a presente edição.

1ª edição 2008

Tradução
CARLO ALBERTO DASTOLI

Acompanhamento editorial
Luzia Aparecida dos Santos
Preparação do original
Renato da Rocha Carlos
Revisões gráficas
Maria Luiza Favret
Ana Maria de O. M. Barbosa
Produção gráfica
Geraldo Alves
Paginação/Fotolitos
Studio 3 Desenvolvimento Editorial

Dados Internacionais de Catalogação na Publicação (CIP)
(Câmara Brasileira do Livro, SP, Brasil)

Losano, Mario G.
  Sistema e estrutura no direito, volume I : das origens à escola histórica / Mario G. Losano ; tradução Carlo Alberto Dastoli. – São Paulo : Editora WMF Martins Fontes, 2008.

  Título original: Sistema e struttura nel diritto, vol. I : dalle origini alla scuola storica
  ISBN 978-85-7827-029-2

  1. Direito – Filosofia 2. Direito – Teoria I. Título. II. Série.

08-09089   CDU-340.11

Índices para catálogo sistemático:
  1. Direito : Teoria   340.11
  2. Teoria geral do direito   340.11

Todos os direitos desta edição reservados à
Livraria Martins Fontes Editora Ltda.
Rua Conselheiro Ramalho, 330 01325-000 São Paulo SP Brasil
Tel. (11) 3241.3677 Fax (11) 3101.1042
e-mail: info@wmfmartinsfontes.com.br http://www.wmfmartinsfontes.com.br

ÍNDICE

Plano da obra... XV
Nota explicativa... XVII
Prefácio do autor... XIX
Introdução – A elegante esperança........................... XXVII

PARTE I
HISTÓRIA SEMÂNTICA DO TERMO "SISTEMA"

I. O TERMO "SISTEMA" E A SUA HISTÓRIA 3
II. A AFIRMAÇÃO DO TERMO "SISTEMA" NA CULTURA EUROPÉIA 49
III. A DIFUSÃO DA NOÇÃO DE SISTEMA........................... 67
IV. A GÊNESE DE UMA TEORIA DO SISTEMA EXTERNO 97
V. O APOGEU DA TEORIA DO SISTEMA EXTERNO 115
VI. OS SISTEMAS FILOSÓFICOS E OS SISTEMAS JURÍDICOS UNIVERSAIS 141
VII. O ESPÍRITO ANTI-SISTEMÁTICO DOS ILUMINISTAS FRANCESES 195

PARTE II
O SISTEMA JURÍDICO EXTERNO

VIII. PROBLEMAS PRELIMINARES 215
IX. A DELIMITAÇÃO PARA BAIXO DE UMA TEORIA DO SISTEMA EXTERNO 227

X. Para uma teoria geral do sistema externo	249
XI. Tipologias preliminares a uma teoria do sistema jurídico externo..	273
XII. A passagem da dogmática à construção jurídica..	291
XIII. A construção jurídica	319
XIV. A construção negada no direito romano: Jhering	349
XV. O sistema no direito público: Gerber	381
XVI. A delimitação para o alto de uma teoria do sistema externo	411

SUMÁRIO

Plano da obra XV
Nota explicativa XVII
Prefácio do autor XIX
Introdução – A elegante esperança XXVII

PARTE I
HISTÓRIA SEMÂNTICA DO TERMO "SISTEMA"

I. O termo "sistema" e sua história 3
  1. A terminologia da concepção sistemática
     do direito 4
  2. Fins e limites de uma história semântica do
     termo "sistema" 6
     a) *A história semântica no âmbito extrajurídico* . 7
     b) *A limitação da história semântica à evolução do termo* 7
  3. Os significados do termo grego σύστημα 9
  4. A cultura grega e a noção de sistematicidade .. 11
  5. Cosmos e sistema, natureza e cultura 13
  6. A dificuldade de traduzir em latim a noção
     de σύστημα 15
  7. A sistemática dos juristas romanos 22
     a) *O esquema expositivo de tipo lógico* 23
     b) *O esquema expositivo modelado sobre as fontes* 24
     c) *O Corpus iuris* 25

8. A sistemática romana e as teorias modernas.. 26
9. A arqueologia do sistema e os "fósseis intelectuais".. 31
   a) *Ars memoriae*.. 31
   b) *A estrutura arborescente (arbor) como instrumento mnemônico*..................................... 35
   c) *A classificação das ciências*......................... 41
   d) *Na direção do "sistema", como auxílio da memória*... 44

II. A afirmação do termo "sistema" na cultura européia... 49
1. Do mundo romano ao medieval................... 50
2. A sistemática dos glosadores e dos comentadores.. 51
3. A inadequação da terminologia teológica tradicional e a afirmação de "sistema"......... 53
4. Melanchthon e a consolidação de "sistema" na teologia... 56
5. Um significado particular de *systema*: Selnecker.. 58
6. *Systema* como "exposição sistemática": Ursinus... 59
7. O significado de *systema* no momento de sua afirmação... 60
8. A sistemática da ciência jurídica do século XVI.. 62

III. A difusão da noção de sistema....................... 67
1. A aspiração dos matemáticos por uma *mathesis universalis*... 68
2. A afirmação de *systema* na teologia: Keckermann... 75
3. Primeiras distinções no interior do sistema: Timpler... 78
4. Distinções mais aprofundadas: Alsted......... 83
5. A prevalência do significado de sistema externo... 88
6. Uma extensão ulterior do uso de "sistema" 90

IV. A gênese de uma teoria do sistema externo... 97
1. Uma concepção mística do sistema: Malebranche.......... 98
2. Os dois significados de "sistema" em Leibniz 99
   a) *"Sistema" em sentido tradicional*............ 99
   b) *"Sistema" em sentido específico*............ 101
3. O fundamento da teoria do sistema externo: Wolff.......... 103
   a) *"Sistema" na Lógica*............ 106
   b) *"Sistema" na Ética*............ 109

V. O apogeu da teoria do sistema externo.......... 115
1. Uma concepção formal do sistema externo: Lambert.......... 116
2. A unicidade do princípio do sistema externo: Kant.......... 127
   a) *O "sistema" em sentido tradicional (wolffiano)*. 128
   b) *O "sistema" em sentido específico: origem e nexo entre suas partes*............ 130
3. A estabilização do significado de "sistema" e a filosofia pós-kantiana.......... 133

VI. Os sistemas filosóficos e os sistemas jurídicos universais.......... 141
1. De Kant a Hegel: entre direito cosmopolita e história universal.......... 142
2. Às origens da comparação jurídica: sistemas indutivos e dedutivos............ 152
3. Da história universal à história jurídica universal............ 155
4. Qual história universal do direito: pragmática ou filosófica?............ 160
5. Um sistema jurídico universal rigorosamente hegeliano: Gans............ 162
   a) *Uma história universal do direito hereditário*. 163
   b) *As lições sobre o direito natural e sobre a história universal do direito*............ 168

6. Entre espírito do direito romano e espírito universal: um Jhering inédito 170
   a) *As lições sobre a história universal do direito* .. 170
   b) *Uma história universal das boas maneiras* .. 174
7. Uma história universal do direito também para o futuro: Unger 177
8. A parábola descendente dos sistemas jurídicos universais 182
9. A comparação de sistema universal à disciplina prática 184
10. Sistema e comparação no direito 191

VII. O espírito anti-sistemático dos iluministas franceses 195
1. O anti-sistematismo como aspecto do anti-racionalismo 196
2. A crítica de Condillac à noção de sistema abstrato 198
3. A ambiguidade no uso iluminista de "sistema" 203
4. Três acepções iluministas de "sistema" 208

PARTE II
O SISTEMA JURÍDICO EXTERNO

VIII. Problemas preliminares 215
1. Para uma terminologia mais rigorosa 216
2. Os pressupostos de um sistema externo 222
   a) *A caoticidade do dado* 222
   b) *O discurso não sobre a matéria, mas sobre a ciência* 224
   c) *O caráter lógico do nexo* 224

IX. A delimitação para baixo de uma teoria do sistema externo 227
1. O grau zero do sistema 228
2. A estrutura em sentido pleonástico 232

3. Os sistemas pleonásticos e aparentes 240
   a) *Um exemplo de sistema pleonástico* 240
   b) *O sistema pleonástico e o conjunto vazio* 242
   c) *As funções do sistema pleonástico* 243
   d) *A importância da noção de sistema pleonástico para uma teoria do sistema jurídico externo* 244

X. **Para uma teoria geral do sistema externo** 249
   1. Os requisitos do sistema externo 250
      a) *A coerência dos axiomas* 251
      b) *A completude dos axiomas* 254
      c) *A independência dos axiomas* 260
      d) *A necessidade dos axiomas* 262
   2. A importância de cada requisito 264
   3. A reconduzibilidade dos requisitos sistemáticos a princípios lógicos 268

XI. **Tipologias preliminares a uma teoria do sistema jurídico externo** 273
   1. Para uma tipologia dos estudiosos do direito 274
   2. Para uma tipologia da atividade dos estudiosos do direito... 276
   3. A importância prática das duas tipologias abstratas 278
   4. Espírito dogmático e espírito crítico no sistema jurídico 280
   5. O uso indiferenciado de termos não-sinônimos 281
   6. O sistema externo como dedução e como classificação 282
   7. A título de esclarecimento 286
   8. A dogmática e a construção em sentido dinâmico 288
   9. A dogmática e a construção em sentido estático 289

XII. A passagem da dogmática à construção jurídica ... 291
1. A dogmática jurídica e a teologia ... 292
2. A noção de dogmática jurídica ... 295
3. Um exemplo de elaboração dogmática: o instante jurídico ... 298
4. O abandono do jusnaturalismo do século XVIII ... 302
5. Nas raízes da dogmática: Hugo ... 305
6. O abandono da sistemática justiniana: Thibaut ... 310
7. Da dogmática à construção: Heise ... 315

XIII. A construção jurídica ... 319
1. A origem do termo "construção" ... 320
2. A falta de uma definição de construção ... 323
3. Uma primeira alusão à ambigüidade da construção ... 325
4. A construção jurídica e o modelo filosófico: Savigny ... 329
5. A formalização das Pandectas: Puchta ... 337
6. Os romanistas, os germanistas e a política nacional ... 346

XIV. A construção negada no direito romano: Jhering ... 349
1. Uma particularidade do pensamento jheringhiano ... 350
2. O sistema teorizado por Jhering ... 352
   a) *A consciente separação do sistema de Savigny* ... 352
   b) *A metateoria do sistema jurídico* ... 357
3. O sistema realizado por Jhering ... 360
   a) *A configuração do sistema jheringhiano* ... 361
   b) *O nexo entre as partes do sistema* ... 364
4. O declínio do construtivismo jheringhiano ... 366
5. A insustentabilidade do conceito de concentração lógica ... 369

6. A ambigüidade da noção de construção jurídica 370
7. A linguagem literária não condiz com a jurisprudência 372
8. A construção como fato e como valor 375

XV. O sistema no direito público: Gerber 381
1. Gerber, Jhering e a teoria romanística do sistema 382
2. O sistema romanístico e a fragmentariedade do direito germânico 391
3. A força vinculante do sistema 395
4. As quatro virtudes sistemáticas segundo Gerber 398
5. O sistema do direito público 399
6. A legislação e o sistema: uma intuição de Gerber 408

XVI. A delimitação para o alto de uma teoria do sistema externo 411
1. Um quadro de conjunto do sistema jurídico externo 412
2. O sistema abrangente 413
3. A inversão do sistema externo em sistema interno do direito 416
4. A estrutura está dentro ou fora do objeto? ... 421
5. Despedida em versos 425

Índice remissivo 427
Índice onomástico 453

PLANO DA OBRA

Volume 1: DAS ORIGENS À ESCOLA HISTÓRICA
Introdução – A elegante esperança

PARTE I – HISTÓRIA SEMÂNTICA DO TERMO "SISTEMA"
  I. O termo "sistema" e sua história
  II. A afirmação do termo "sistema" na cultura européia
  III. A difusão da noção de sistema
  IV. A gênese de uma teoria do sistema externo
  V. O apogeu da teoria do sistema externo
  VI. Os sistemas filosóficos e os sistemas jurídicos universais
  VII. O espírito anti-sistemático dos iluministas franceses

PARTE II – O SISTEMA JURÍDICO EXTERNO
  VIII. Problemas preliminares
  IX. A delimitação para baixo de uma teoria do sistema externo
  X. Para uma teoria geral do sistema externo
  XI. Tipologias preliminares a uma teoria do sistema jurídico externo
  XII. A passagem da dogmática à construção jurídica
  XIII. A construção jurídica
  XIV. A construção negada no direito romano: Jhering
  XV. O sistema no direito público: Gerber
  XVI. A delimitação para o alto de uma teoria do sistema externo.

Volume 2 – O SÉCULO XX
Introdução – *A noção de sistema na bifurcação entre teoria e prática*
  I. Do sistema jurídico externo ao sistema jurídico interno

PARTE I – O APOGEU DO SISTEMA CLÁSSICO NA TEORIA PURA DO DIREITO
  II. A função sistemática da norma fundamental
  III. A validade como elemento unidificador no sistema de Kelsen

PARTE II – DO SISTEMA PARA DIZER AO SISTEMA PARA FAZER
  IV. A dúvida sobre a razão
  V. A era dos totalitarismos: o sistema não suporta mais
  VI. Depois da Segunda Guerra Mundial: novos tempos, novos valores
  VII. Uma solução de compromisso: o sistema móvel de Wilburg
  VIII. Do sistema para conhecer o direito ao sistema para aplicá-lo: o sistema de Canaris

Volume 3: DO SÉCULO XX À PÓS-MODERNIDADE
Introdução – *Da modernidade à pós-modernidade: per obscura ad obscuriora?*
  I. Os sistemas cibernéticos do direito.
  II. Estruturalismo e direito.
  III. Natura facit saltus: do ser do simples ao devir do complexo.
  IV. O sistema autopoiético do direito.

NOTA EXPLICATIVA

A presente obra consta de três volumes. O *Plano da obra*, na p. XV, elenca os capítulos dos três volumes, permitindo assim identificar em qual volume é abordado um tema específico.

Cada volume começa com uma *Introdução*, que põe em evidência o fio do discurso que une os capítulos de cada obra. Neste primeiro volume, a *Introdução* está articulada em vários pontos, para dar ao leitor o projeto global de toda a obra e, também, para indicar-lhe como utilizá-la com mais facilidade.

O presente volume é a segunda edição de *Sistema e struttura nel diritto*. Vol. I: *Dalle origini alla Scuola Storica* (Giappichelli, Torino, 1968, XXXII, 313 pp.). Ele foi completamente revisado, mas sua estrutura permaneceu inalterada. Em relação à primeira edição – além da radical revisão formal, da junção de alguns capítulos e das múltiplas mas não sistemáticas atualizações –, o leitor encontrará dois capítulos a mais (o VI: *Os sistemas filosóficos e os sistemas jurídicos universais*; e o XV: *O sistema no direito público: Gerber*) e um a menos, sobre o *common law* (pp. 251-67 da edição de 1968). Preferi omitir as páginas sobre o pensamento sistemático no *common law*, para não desviar de um discurso que procurei tornar o mais homogêneo possível. Mas na nota 17 da *Introdução* o leitor encontrará indicações úteis sobre o sistema no *common law*.

Nos três volumes, no início de cada capítulo um breve sumário orienta o leitor sobre os pontos principais do próprio capítulo e sobre suas conexões com os restantes. Tanto a *Introdução* a cada volume quanto os sumários de cada capítulo contêm afirmações sintéticas que serão demonstradas e documentadas no interior do capítulo. Essas formulações quase aforísticas não substituem o texto, mas se referem aos seus temas essenciais: são portanto simplificações preliminares, úteis, para colher na leitura sucessiva os elementos essenciais de continuidade freqüentemente deixados em segundo plano pelos dados históricos e pelas considerações teóricas.

A orientação no interior dos volumes é facilitada pelos índices. Na abertura, o *Índice* elenca apenas os capítulos do volume; o *Sumário*, ao contrário, relaciona os parágrafos de que se compõem os capítulos. No final do volume, o *Índice remissivo* e o *Índice onomástico* oferecem indicações pormenorizadas que permitem remontar a cada parte do texto.

PREFÁCIO DO AUTOR AO PRIMEIRO VOLUME DA EDIÇÃO BRASILEIRA*

Os juristas falam de "sistema jurídico", mas quase nenhum deles define "sistema". São duas as acepções gerais desse termo.

Na primeira, "sistema" é compreendido em sentido técnico e aplicado a todas as ciências. Nesse caso, indica tanto a estrutura do objeto estudado (sistema interno) quanto um *corpus* ordenado e coeso de conhecimentos científicos (como nos *Diálogos sobre os dois máximos sistemas do mundo ptolomaico e copernicano*, de Galileu Galilei), filosóficos (como no sistema kantiano), jurídicos (como o sistema das fontes do direito, o sistema das obrigações, entre outros) e assim por diante. "Sistema", nesse sentido técnico, é o objeto dos três volumes, dos quais o primeiro é aqui apresentado.

Na segunda acepção, menos geral e mais genérica, "sistema jurídico" é sinônimo de "ordenamento jurídico", ou seja, indica um conjunto de normas reunidas por um elemento unificador, graças ao qual elas não apenas estão umas ao lado das outras, mas se organizam num ordenamento jurídico. É nesse sentido que se fala, por exemplo, do *sistema* jurídico brasileiro ou italiano, do *sistema* jurídico de *civil law* e de *common law*; porém, seria igualmente apro-

---

* Os três prefácios desta obra em três volumes foram traduzidos do italiano pela profa. Marcela Varejão, do Programa de Pós-Graduação em Ciências Jurídicas da Universidade Federal da Paraíba.

priado falar de *ordenamento* jurídico brasileiro ou, ainda mais simplesmente, de direito brasileiro, de *civil law*, e assim por diante. A esses sistemas jurídicos (em sentido atécnico e muitas vezes pleonástico), ou seja, aos ordenamentos jurídicos, dediquei uma obra diferente, intitulada precisamente *Os grandes sistemas jurídicos. Introdução aos sistemas jurídicos europeus e extra-europeus*[1].

Ambas as acepções de "sistema" são aceitáveis, desde que se esclareça antes o significado a que se faz referência. Além disso, apesar de muitas vezes as duas acepções terem sido historicamente unificadas e confundidas, as primeiras tentativas de organização do saber encerram em forma embrionária as concepções sistemáticas desenvolvidas nos séculos seguintes. Por isso, na atual edição brasileira, as páginas sobre as técnicas mnemônicas e os "fósseis intelectuais" da Idade Média e do Renascimento (cap. I, 9) foram ampliadas, passando a incluir dois itens que não figuram na edição italiana: *A estrutura arborescente (arbor) como instrumento mnemônico; A classificação das ciências*.

A noção de sistema em sentido técnico – ou seja, de organização estruturada de um objeto, ou melhor, de ciência que estuda tal objeto – deriva da filosofia grega clássica e constitui a pedra angular do pensamento ocidental. No âmbito jurídico, todavia, a noção técnica de sistema está ligada sobretudo aos direitos europeus continentais, no interior dos quais seguiu a evolução ilustrada no presente volume. O leitor notará, porém, que este livro não trata do sistema que deveria estruturar outra grande família jurídica, a do *common law*. Esse silêncio merece uma explicação.

* * *

No *common law* é possível divisar um sistema menos rigoroso, mas não menos engenhoso que o presente no *ci-*

---

1. Mario G. Losano, *Os grandes sistemas jurídicos. Introdução aos sistemas jurídicos europeus e extra-europeus*. Tradução de Marcela Varejão. São Paulo: Martins Fontes, 2007, LVII-677 pp.

vil law. Não o expus neste volume porque isso constituiria um desvio em relação ao tema central do sistema externo, que surgiu no direito romano, depois se difundiu no continente europeu, e dali foi levado às áreas de influência econômica e colonial da Europa: a América Latina, parte da África, mas também Japão e Turquia. Eu já percebera essa discrepância ao redigir a primeira edição, publicada no já distante ano de 1968: de fato, aquela edição incluía um capítulo sobre o sistema no *common law*, mas preferi omiti-lo neste volume[2].

Aquele capítulo de 1968 ressaltava as diferenças entre as duas noções de sistema (em sentido técnico) presentes nos dois sistemas jurídicos (em sentido atécnico). Em seu título, "*Common law e civil law alla luce della distinzione fra dogmatica e costruzione*" [*Common law* e *civil law* à luz da distinção entre dogmática e construção], a remissão à dogmática e à construção está diretamente ligada à atividade dos pandectistas europeus, que consistiu em sistematizar o material oferecido pelo direito romano tradicional. Naquele capítulo, recorri à análise do *common law* realizada por Gustav Radbruch – jusfilósofo alemão e, portanto, influenciado pelo *civil law* –, concluindo que: "Por um lado, existe o 'culto do sistema' (Riccardo Orestano); por outro, o 'temor do sistema' (Gustav Radbruch)."[3]

Contudo, não faltaram tentativas de dotar o casuístico *common law* de uma forma sistemática, diferente da do *civil law*, mas igualmente eficaz do ponto de vista científico: naquelas páginas de 1968, eu mencionava John Austin, Sir

---

2. Mario G. Losano, *Sistema e struttura nel diritto*, volume I: *Dalle origini alla Scuola Storica* (Memorie dell'Istituto Giuridico, Serie II, Memoria CXXXIV), Giappichelli, Torino, 1968, XXXII-313 pp. O capítulo X da edição de 1968 contém três itens: "1. La differente nozione di sistema nel *common law* e nel *civil law*" [A noção diferente de sistema no *commom law* e no *civil law*]; "2. Interscambio sistematico fra *common law* e *civil law*" [Intercâmbio sistemático entre *common law* e *civil law*]; "3. Convergenza fra un *common lawyer* e un *civil lawyer*" [Convergência entre um *common lawyer* e um *civil lawyer*].

3. Losano, *Sistema e struttura nel diritto*, ed. 1968, cit., p. 252; a referência é a Gustav Radbruch, *Lo spirito del diritto inglese*, Giuffrè, Milano, 1962, p. 55.

Thomas Erskine Holland, John William Salmond, Henry Taylor Terry, Albert Kokourek e Wesley Newcomb Hohfeld.

* * *

Quase na mesma época da primeira edição do meu livro sobre o sistema no direito, Alessandro Passerin d'Entrèves e Norberto Bobbio haviam proposto à editora Einaudi a tradução para o italiano dos dois artigos de 1913 e de 1917 de Wesley Newcomb Hohfeld (1879-1918) que, reunidos em livro em 1919, haviam sido muito apreciados pelos juristas de *common law*. Hohfeld era, porém, desconhecido pelos juristas italianos, sobretudo por mim. Apesar disso, fui incumbido de organizar o livro, no qual incluí alguns escritos para esclarecer o pensamento de Hohfeld e um breve prefácio de minha autoria ("breve demais", reprovou-me gentilmente Bobbio)[4].

Na verdade, imerso nas pesquisas sobre a noção pandectista de sistema, eu me intimidava com a construção intelectual de Hohfeld, porque julgava não ter os instrumentos para compreendê-la a fundo. De fato, eu temia transferir para Hohfeld as concepções sistemáticas européias que estava estudando e intuía que as raízes de seu sistema jurídico eram diferentes. Além disso, na época, as bibliotecas italianas apresentavam muitas lacunas sobre o *common law*: no início do século XX, o estudo do direito era rigorosamente eurocêntrico e, com os anos 1920, o fascismo fechou as portas para os textos escritos na língua da "pérfida Albion".

---

4. Wesley Newcomb Hohfeld, *Concetti giuridici fondamentali*. Con un'introduzione di Walter W. Cook ed un'appendice di Manfred Moritz. A cura di Mario G. Losano, Einaudi, Torino, 1969, LIII-239 pp. O livro foi organizado com um cuidado puramente filológico: *Avvertenza del curatore. Biografia di W. N. Hohfeld. Bibliografia. Glossario*, pp. VIII-XXXIV. Para um estudo mais profundo: Joseph William Singer, *The Legal Rights Debate in Analytical Jurisprudence from Bentham to Hohfeld*, "Wisconsin Law Review", 1982, pp. 975 ss.; Curtis Nyquist, *Teaching Wesley Hohfeld's Theory of Legal Relations*, 52, "Journal of Legal Education", 2002, pp. 238 ss.

PREFÁCIO DO AUTOR XXIII

Hohfeld propunha que se remontasse aos últimos elementos constitutivos do direito positivo: depois de identificar oito "conceitos jurídicos fundamentais", ele reconstruiu cada instituto jurídico combinando tais conceitos nas duas categorias de "contraposições jurídicas" e de "correlações jurídicas".
Como muitas vezes ocorre nas traduções do inglês para uma língua neolatina, as dificuldades são quase insuperáveis. Também em Hohfeld termos iguais são traduzidos de modo diferente por vários autores, ou – como em Alf Ross, que ainda assim se remete explicitamente a Hohfeld – os próprios termos hohfeldianos ingleses recebem definições diferentes das de Hohfeld. Por esse motivo, no *Glossario* com que se inicia a edição italiana, mencionei os oito termos em inglês, italiano, alemão e espanhol[5]. Não sei se existe uma tradução de Hohfeld em português[6]; na falta de tal tradução, pode-se recorrer à tradução de Genaro R. Carrió[7], da qual extraí os termos em espanhol do já mencionado *Glossario*. Por fim, convém lembrar que a análise conceitual de Hohfeld teve sucesso não apenas entre os juristas: ela está presente também na obra de 1924 do economista John R. Commons[8].

O fato de remontar às "moléculas" primordiais do ordenamento jurídico não fascinara apenas Hohfeld, nem era característica exclusiva do *common law*: Giuseppe Mazzarella também tentara uma reconstrução bem mais comple-

---

5. Hohfeld, *Concetti giuridici fondamentali*, cit., p. XXIVs.
6. Para a terminologia em português, assinalo a dissertação de mestrado de Daniel Brantes Ferreira, *Wesley Newcomb Hohfeld e os conceitos fundamentais do direito*, Pontifícia Universidade Católica, Rio de Janeiro, 2007, que ainda não pude ver. [Há uma tradução portuguesa do livro de Hohfeld: *Os conceitos jurídicos fundamentais aplicados na argumentação judicial*. Tradução de Margarida Lima Rego, Fundação Calouste Gulbenkian, Lisboa, 2008, XXII-192 pp. (N. da T.)]
7. Wesley Newcomb Hohfeld, *Conceptos jurídicos fundamentales*. Traducción de Genaro R. Carrió, Centro Editor de América Latina, Buenos Aires, 1968, 94 pp. (5.ª ed.: México, D.F., Fontamara, 2001, 90 pp.).
8. John R. Commons, *I fondamenti giuridici del capitalismo*, Il Mulino, Bologna, 1981, pp. 160 ss.

xa dos "elementos irredutíveis de cada direito", levando em conta o antigo direito indiano⁹.

Só a permanência na Yale Law School permitiu-me aprofundar o estudo, tanto do sistema de Hohfeld como de sua vida: de fato, sempre estive convencido de que não é possível separar a bibliografia da biografia de um estudioso. Encontrava-me no lugar certo, porque Hohfeld lecionara em Yale¹⁰. Desse modo, pude não apenas reconstruir sua biografia cultural¹¹, mas também retomar as ascendências culturais que lhe permitiram elaborar os conceitos jurídicos fundamentais, uma vez que ele já possuía alguns trabalhos preparatórios significativos¹².

Em suma, caso deseje aprofundar a mais refinada construção sistemática do *common law*, o leitor pode reunir meus ensaios sobre Hohfeld citados nas notas anteriores e compor ele mesmo o opúsculo que ainda não consegui escrever.

* * *

Gostaria, enfim, de esclarecer a trajetória percorrida pela noção de sistema, em sentido técnico, a partir da pandectística alemã – portanto, do direito privado – até o direito público. A noção de sistema passou efetivamente do "primeiro" Jhering (o sistemático do *Espírito do direito romano*, e não o precursor da jurisprudência sociológica de *A evolução do direito*) a Carl Friedrich von Gerber (1823-1891), que não

---

9. Mario G. Losano, *Dagli elementi irriduttibili d'ogni diritto al sistema giuridico universale*, Prefácio a: *L'etnologia giuridica di Giuseppe Mazzarella (1868-1958)*. Antologia di scritti a cura di Carla Faralli e Alessandra Facchi, Unicopli, Milano, 1998, pp. VII-XV.

10. Mario G. Losano, *Hohfeld comes to Yale*, "Yale Law Report", vol. 21, Winter 1974-75, n. 2, pp. 16-18; 47-8.

11. Mario G. Losano, *Wesley N. Hohfeld e l'università americana. Una biografia culturale*, "Materiali per una storia della cultura giuridica. Momenti e figure della teoria generale del diritto", 1978, VIII, 1, pp. 133-209.

12. Mario G. Losano, *Le fonti dei concetti giuridici fondamentali di Wesley N. Hohfeld. Con una appendice di 14 lettere inedite di W. N. Hohfeld a R. Pound*, "Materiali per una storia della cultura giuridica", Il Mulino, Bologna, 1976, vol. VI, pp. 319-416.

PREFÁCIO DO AUTOR XXV

acompanhou sua ruptura sociologizante e chegou a recriminá-lo por ter abandonado o método construtivista anterior. Essa divergência quase levou à quebra de uma amizade de décadas.

Por razões de espaço, não foi possível acompanhar a evolução da noção de sistema no direito público. No entanto, alguns leitores talvez queiram aprofundar a figura de Gerber, mestre de Jellinek (um dos autores que não encontrou lugar neste volume) e grande amigo de Jhering. Os que quiserem maiores informações poderão encontrá-las na vasta correspondência entre Jehring e Gerber, cuja edição definitiva em alemão foi publicada por mim em dois volumes[13]. O segundo volume compreende, entre outras coisas, também a biobibliografia dos dois juristas[14]. A edição alemã foi precedida de uma tradução italiana[15] e as bibliografias de Jhering e Gerber também foram publicadas em italiano em volume separado[16]. Enfim, há outros estudos de minha autoria que podem oferecer indicações de pesquisas sobre Gerber[17].

Gerber fora, portanto, o mestre de Jellinek. Mas este último, por sua vez, teve uma influência cultural sobre Hans Kelsen, embora na relação pessoal entre ambos não faltassem elementos de tensão, como testemunha o próprio Kelsen:

---

13. *Der Briefwechsel zwischen Jhering und Gerber*, Münchener Universitätsschriften. Juristische Fakultät. Abhandlungen zur rechtswissenschaftlichen Grundlagenforschung, Band 55/1, Teil 1, Verlag Rolf Gremer, Ebelsbach, 1984, XXII-693 pp.

14. *Studien zu Jhering und Gerber*, Münchener Universitätsschriften. Juristische Fakultät. Abhandlungen zur rechtswissenschaftlichen Grundlagenforschung, Band 55/2, Teil 2, Verlag Rolf Gremer, Ebelsbach, 1984, XXIII-432 pp.

15. *Carteggio Jhering-Gerber (1849-1872)*. A cura di Mario G. Losano, Giuffré, Milano, 1977, LXVII-733 pp.

16. Mario G. Losano – Ermanno Bonazzi, *Bibliografie di Jhering e Gerber*, Giuffrè, Milano, 1978, VIII-162 pp.

17. *Undici lettere inedite dal carteggio fra Jhering e Gerber*, "Materiali per una storia della cultura giuridica", vol. II, Il Mulino, Bologna, 1972, pp. 291-382; *Savigny en la correspondencia de Jhering y Gerber*, in: *Savigny y la ciencia jurídica del siglo XIX*, "Anales de la Cátedra Francisco Suarez", 1978-79, nn. 18-19, pp. 321-40; *Ricerche d'archivio su Jhering e Gerber*, "Quaderni fiorentini per la storia del pensiero giuridico", X, 1981, pp. 149-67.

"Passei alguns meses [em Heidelberg] trabalhando intensamente nos meus *Hauptprobleme*. Não tive tempo de acompanhar as aulas, freqüentando apenas o seminário de Jellinek, sem contudo receber nenhum incentivo especial de sua parte. Do mesmo modo, não tive contatos pessoais com Jellinek, que vivia cercado por um impenetrável grupo de alunos adoradores, que o envaideciam de modo incrível. [...] Jellinek era melhor como escritor do que como docente. Não suportava a mínima contradição, algo que só percebi muito tarde, o que me custou o seu favor. Antes de ir para Heidelberg, eu já estudara atentamente suas obras, as quais me deixaram a impressão de que ele era fraco e pouco original no âmbito da teoria do direito, embora sua contribuição para a doutrina do Estado oitocentista, no âmbito histórico e sociofilosófico, tenha sido notável. Como eu, ao contrário, estava interessado no aspecto teórico do direito, havia entre nós mais discordâncias do que seria saudável para nossa relação pessoal."[18]

Ainda que a "estrutura em degraus", quintessência do sistema kelseniano, tenha raízes diretas em outros autores (em particular em Adolf J. Merkl), com a seqüência Gerber-Laband-Jellinek-Kelsen o pensamento sistemático passa do direito privado para o público e encontra em Kelsen uma elaboração difícil de superar: mas com ele entra-se no século XX, objeto do segundo volume desta obra.

MARIO G. LOSANO
Milão, julho de 2008

---

18. Hans Kelsen, *Scritti autobiografici*. Traduzione e cura di Mario G. Losano, Diabasis, Reggio Emilia, 2008, p. 78 s.

INTRODUÇÃO
A elegante esperança

O sistema, pilar da sabedoria ocidental. No conto "A biblioteca de Babel", Jorge Luis Borges descreve "o universo (chamado por outros de Biblioteca)" e o esforço de um velho bibliotecário para encontrar nessa Biblioteca uma ordem. "Eu me arrisco – conclui o bibliotecário – a insinuar esta solução: a Biblioteca é ilimitada e periódica. Se um eterno viajante a atravessasse em uma direção qualquer constataria, no final dos séculos, que os mesmos volumes se repetem na mesma desordem (que, repetida, seria uma ordem: a Ordem). Essa elegante esperança alegra minha solidão."[1]

A metáfora da infinita busca da ordem na biblioteca-universo expressa bem aquilo que o sistema foi para gerações de estudiosos: um inalcançável objetivo rumo ao qual os impulsionava uma sempre insatisfeita necessidade de ordem. De fato, o objeto do saber (e, portanto, também do direito) é ilimitado, mas a existência não: é então necessário escolher um fio condutor que permita uma primeira orientação na massa informe dos conhecimentos e, em particular, das normas jurídicas. Muitos escolheram como estrela polar o "sistema", coluna do pensamento ocidental, com a finalidade de ordenar toda a matéria jurídica.

---

1. Jorge Luis Borges, *La biblioteca di Babele*, em: Borges, *Finzioni*. Traduzione di Franco Lucentini, Einaudi, Torino, 1995, p. 78.

Cada estudioso persegue uma ordem na matéria a ser exposta, mas os resultados efetivos jamais correspondem às expectativas do sistemático. Por esse motivo, a busca do sistema é uma "elegante esperança": apesar de todos os esforços, a ordem desejada revela-se irrealizável. Seja como for, a história do pensamento sistemático é a história de uma busca secular que, mesmo orientada para uma meta inalcançável, produziu ao longo do caminho frutos muito abundantes.

Quando um jurista queria assinalar sua construção como particularmente penetrante, anunciava-a já no título como *elegantia iuris*. Quando os holandeses, nos séculos XVII e XVIII, modelaram um direito romano-holandês sobre as exigências do seu império marítimo (e o difundiram até a Cidade do Cabo e o Ceilão), chamaram essa reconstrução de *jurisprudência elegante*, porque operava segundo os cânones do humanismo holandês. No século XIX, Jhering exigia até mesmo que o sistema jurídico respeitasse uma "lei da beleza jurídica". Em 1938, ao ser compulsoriamente aposentado, Radbruch – jurista e político que encontraremos mais vezes – publicou alguns refinados estudos penalistas, intitulando-os *Elegantiae iuris criminalis*: mas advertiu que seu interesse pelo sistema já não tinha nada em comum com a jurisprudência elegante dos humanistas holandeses.

Porém, para quem ia além da reestruturação do *Corpus iuris* de Justiniano, à elegância do fim perseguido acrescentava-se o desconforto pelas dificuldades daquele percurso intelectual. Mesmo um processualista moderno e esmerado como Calamandrei era surpreendido pela dúvida: "Estas nossas construções teóricas são verdadeiramente úteis à justiça? Nosso conceitualismo refinado serve de fato para fazer com que as sentenças dos juízes sejam mais justas? E o processo é de fato aquele mecanismo de precisão, *fruto de elegâncias lógicas*, que teorizamos em nossos tratados?"[2].

---

2. Pietro Calamandrei, *Processo e democrazia. Conferenze tenute alla facoltà di diritto dell'Università nazionale del Messico*, Cedam, Padova, 1954, p. 40; grifo meu.

INTRODUÇÃO

Mesmo um minucioso civilista como Wilburg enfrentava o trabalho sistemático como "o começo de uma demonstração que constitui a tarefa de uma vida e cujo sucesso é apenas uma *esperança*"[3]: aquela elegante esperança que, evocada por Borges, é a auriflama por trás da qual ganha o mar também a nossa presente pesquisa sobre o sistema.

A noção de sistema é, de fato, um pilar da sabedoria ocidental. A ela faz referência – consciente ou inconscientemente, por consenso ou por dissenso – qualquer um que empreenda uma descrição científica ou uma construção teórica. Em suma, ela é uma chave de leitura para passar em revista a evolução de toda a ciência jurídica.

Os anos 60 e as pesquisas sobre o sistema. Completo, com os presentes volumes, as linhas de um quadro iniciado por volta dos anos 60, quando Norberto Bobbio confiou-me o estudo do sistema como tema para a livre-docência. Na Faculdade de Direito de Turim, o interesse pelo sistema já estava no ar desde a metade dos anos 50, quando Bobbio dava aulas sobre o ordenamento jurídico e, para explicar o que transformava um amontoado de normas em um ordenamento, recorria à noção de sistema, inspirando-se em Kelsen e em sua estrutura piramidal do ordenamento. Muitas vezes, Bobbio reconheceu nesse autor o mérito de ter deslocado o pêndulo da pesquisa da norma ao ordenamento jurídico, ou seja, da fragmentariedade à sistematicidade do direito[4]: e, juntamente com os estudos sobre o sistema, tam-

---

3. Walter Wilburg, *Entwicklung eines beweglichen Systems im bürgerlichen Recht*, Kienreich, Graz, 1950, p. 22; grifo meu.

4. É suficiente uma citação: "Nunca será bastante insistir no fato de que em primeiro lugar com Kelsen a teoria do direito tenha se orientado definitivamente para o estudo do ordenamento jurídico em seu conjunto, considerando conceito fundamental para uma construção teórica do campo do direito não mais o conceito de norma, mas o de *ordenamento, entendido como sistema de normas*" (grifo meu); e logo depois é apresentada a contraprova: para o célebre civilista Thon, o direito "é um conjunto de imperativos. Que tipo de conjunto? Era precisamente a esta pergunta que a obra de Thon não dava nenhuma resposta": Norberto Bobbio, *Dalla struttura alla funzione. Nuovi studi di*

bém os relativos a Kelsen foram, para mim, um grato viático que recebi de Bobbio no limiar da vida acadêmica.

Os cursos de Bobbio de 1957-58 e de 1959-60 – dedicados, respectivamente, à teoria da norma jurídica[5] e à teoria do ordenamento jurídico[6] – foram primeiramente divulgados como apostilas, depois reunidos num único volume. No curso sobre o ordenamento jurídico, Bobbio indicava um campo a ser explorado: "Juristas e filósofos falam, geralmente, do direito como de um sistema: mas não está muito claro em que consiste esse sistema."[7] Lá encontrei, portanto, as reflexões sobre o sistema que deram início à minha pesquisa. Aquelas apostilas sobre a norma e sobre o ordenamento são consideradas, por Bobbio, "a síntese e, num certo sentido, a conclusão do período de estudos por mim dedicados preponderantemente à teoria do direito, durante uns vintes anos que abrangem o período após a Segunda Guerra Mundial [...] até, mais ou menos, o famigerado 68, quando os pregadores da imaginação no poder rejeitavam, com desdém, a nua razão sem poder, e eu me encaminhei, cada vez mais assiduamente, para os estudos de filosofia política"[8]. Nos anos dedicados à teoria jurídica,

---

teoria del diritto, Comunità, Milano, 1997, p. 201. Esse juízo de 1973 retorna em suas memórias de 1990 (Noberto Bobbio, *De senectute e altri scritti autobiografici*, Einaudi, Torino, 1996, p. 87): cf. vol. 2, cap. I, 2.

5. Norberto Bobbio, *Teoria della norma giuridica*, Giappichelli, Torino, 1958, 245 pp. (apostilas litografadas).

6. Norberto Bobbio, *Teoria dell'ordinamento giuridico*, Giappichelli, Torino, 1960, 218 pp. (apostilas litografadas); trata-se de uma monografia sobre o sistema jurídico, como indicam os cinco capítulos: I. *Da norma jurídica ao ordenamento jurídico*; II. *A unidade do ordenamento jurídico*; III. *A coerência do ordenamento jurídico* (com os parágrafos fundamentais: *O ordenamento jurídico como sistema; Três significados de sistema*); IV. *A completude do ordenamento jurídico*; V. *Os ordenamentos jurídicos em recíprocas relações*. Não pude consultar *O ordenamento jurídico como sistema*, em *Centro di studi metodologici. Anno 1957-1958*, Vinciguerra, Torino, 1958, pp. 34-5.

7. Norberto Bobbio, *Teoria dell'ordinamento giuridico* (1960), cit., p. 70; pp. 201 s. da reedição de 1993; cf. nota precedente.

8. Norberto Bobbio, *Teoria generale del diritto*, Giappichelli, Torino, 1993, p. VII [trad. bras. *Teoria geral do direito*, São Paulo, Martins Fontes, 2007]. A segunda parte do volume (pp. 159-292) corresponde às apostilas *Teoria dell'ordinamento giuridico*; sobre seu conteúdo, cf. nota 6.

INTRODUÇÃO XXXI

escreviam também sobre o sistema jurídico Giorgio Lazzaro[9], outro aluno turinês de Bobbio, e Claus-Wilhelm Canaris na Alemanha[10]. Efetivamente, "o famigerado 68" dessistematizou todo o projeto: a mudança de interesses científicos de Bobbio culminou com sua passagem para a faculdade turinesa de ciências políticas em 1972; minha estadia em Paris, para preparar o livro sobre o sistema, foi interrompida, e no final de 1968 passei para a Universidade de Milão depois de ter concluído, ainda em Turim, a publicação do meu livro[11]. Mas a inquietude dos tempos aconselhava projetos modestos: por isso, a descrição das origens da noção de sistema e da sua evolução cristalizou-se em um "primeiro volume" que – como seus co-irmãos – esperava receber o complemento anunciado. Vê-lo na prateleira fazia com que eu sentisse uma branda repreensão e ao mesmo tempo me incitava a não desistir.

Desde aquela época até hoje, os estudos sobre o sistema jurídico se enriqueceram com algumas pesquisas monográficas, entre as quais pelo menos duas precisam ser lembradas: uma histórico-jurídica, a outra filosófico-jurídica.

A história das origens do sistema jurídico, sobretudo no século XVIII tardio e na pandectística, foi traçada com riqueza documental e com análises aprofundadas pelo historiador do direito Paolo Cappellini, que, em 1984-85, publicou os dois volumes do seu *Systema iuris*[12]. Neles são analisados – entre muitos outros – também os juristas de que eu

---

9. Giorgio Lazzaro, *Storia e teoria della costruzione giuridica*, Giappichelli, Torino, 1965, 284 pp.; Lazzaro publicou além disso o volume *L'interpretazione sistematica delle leggi*, Giappichelli, Torino, 1965, 163 pp., e o verbete *Sistema giuridico*, na *Enciclopedia del diritto*.

10. Claus-Wilhelm Canaris, *Systemdenken und Systembegriff in der Jurisprudenz entwickelt am Beispiel des deutschen Privatrechts*, Duncker & Humblot, Berlin, 1969, 169 pp.: ao seu "sistema aberto" dediquei um capítulo inteiro: cf. vol. 3, cap. VIII.

11. Mario G. Losano, *Sistema e struttura nel diritto*. Vol. I: *Dalle origini alla Scuola Storica*, Giappichelli, Torino, 1968, XXXII-313 pp.

12. Paolo Cappellini, *Systema iuris*, Giuffrè, Milano: vol. I, *Genesi del sistema e nascita della "scienza" delle Pandette*, 1984, XI-637 pp.; vol. II, *Dal sistema alla teoria generale*, 1985, XII-414 pp.

havia tratado em 1968 e que retornam hoje na primeira parte deste primeiro volume. A amplitude da pesquisa histórica de Cappellini permite-me remeter a ela para todo e qualquer aprofundamento. Por essa razão, reduzi ao mínimo as referências do meu texto, mais teórico, ao dele, mais histórico, porque a coincidência dos temas é constante e seu desenvolvimento é freqüentemente complementar. Em seu primeiro volume, ele aborda "o tema da construção, da gênese de um *systema iuris*, na ciência civilista alemã do século XIX"[13] a partir do século XVIII tardio alemão. O segundo volume apresenta-se, ao contrário, como "parte especial" que marca a passagem da ciência das Pandectas para a teoria geral do direito. Com o século XIX, "a consolidação da noção de sistema em sentido idealista impõe [ao jurista], como tarefa imprescindível, a fundação técnica de um sistema, mais do que a reflexão metateórica sobre sua noção geral". O jurista já não sente a exigência de explicar o sistema "no âmbito das concepções gerais da ciência e da lógica: estamos diante de uma verdadeira fuga da metodologia e das lógicas tradicionais"[14], caras, ao contrário, aos pandectistas. As crescentes generalizações dos sistemáticos foram, portanto, transformando o sistema do direito romano atual em uma teoria geral. Mas o título do segundo volume de Cappellini deve ser corretamente entendido: ele traça o *percurso histórico* "do sistema à teoria geral" no âmbito da ciência oitocentista do direito. Ao contrário, neste volume, eu tento traçar uma "teoria geral do sistema externo", identificando os elementos que constituem sua *estrutura*. Talvez seja inútil lembrar quão complementares são a história e a estrutura.

A outra pesquisa sobre o sistema nasceu, em 1970, da filosofia do direito, em particular da escola de Hart. O texto de Joseph Raz[15], hoje professor em Oxford, é um trabalho

---

13. Cappellini, *Systema iuris*, cit., vol. I, p. 1.
14. Cappellini, *Systema iuris*, cit., vol. II, p. XI.
15. Joseph Raz, *The Concept of a Legal System. An Introduction to the Theory of Legal System*, Oxford University Press, London, 1970, IX-212 pp.; segunda

INTRODUÇÃO

excêntrico em relação aos mencionados em minha pesquisa, porque se move em um contexto exclusivamente anglo-saxão, portanto tem interesses e autores de referência diversos. Mesmo o único autor em comum com minha pesquisa – Hans Kelsen, cf. vol. 3, caps. II e III – é tratado com os métodos e para os fins próprios da *jurisprudence*. Em síntese, Raz dá como resolvidos os problemas que os europeus continentais, ao contrário, colocam no centro de suas pesquisas. Raz usa, mas não explica, comenta Comanducci, "a expressão 'natureza sistemática do direito', que como tal suscita, a meu ver, perplexidade [...]. Afirmar que o 'direito' tem alguma 'natureza' é dizer uma coisa notadamente ambígua", pois parece que, para Raz, o direito pertence ao mundo empírico; além disso, Raz fala do direito como de um sistema, mas "não declara qual significado ele atribui à palavra 'sistema', nem por que a usa"[16]. Os principais autores ao redor dos quais Raz constrói sua teoria do direito jurídico são: Austin, Bentham e Kelsen (e, em parte, Hohfeld e Salmond); a literatura à qual faz referência é apenas em inglês (também para Kelsen), e no texto não há referências aos estudos desenvolvidos sobre o sistema jurídico na Europa continental. Por isso, não tratei de Raz nestes volumes e, antes, preferi deixar totalmente de lado o tema da noção de sistema no *commom law*: trata-se de uma perspectiva tão diversa que acabaria por resultar heterogênea em relação ao tema central[17]. Com razão, Bobbio coloca essa elabo-

---

edição: 1980, 256 pp. (atualizada sobretudo por um *Postscript: Source, Normativity, and Individuation*, pp. 209-38, na qual esclarece seu ponto de vista levando em consideração as críticas que lhe foram dirigidas); trad. it.: *Il concetto di sistema giuridico. Un'introduzione alla teoria del sistema giuridico*. Traduzione di Paolo Comanducci, Il Mulino, Bologna, 1977, 286 pp.; Comanducci escreveu um prefácio ao volume intitulado *Introduzione alla teoria del sistema giuridico*, pp. 7-35.

16. Comanducci, *Introduzione*, cit., p. 13, nota 14.

17. Algumas referências ao sistema no *common law* encontram-se no segundo e no terceiro volumes (e é possível acessá-las por meio dos índices remissivos) e, sobretudo, nas pesquisas sobre Hohfeld que, precisamente em virtude de uma nova edição, eu tinha iniciado na Itália, traduzindo a obra (Wesley, Newcomb Hohfeld, *Concetti giuridici fondamentali*, Einaudi, Torino,

ração entre as "importantes e merecedoras da máxima consideração", mas parece-lhe que "não acolhem e não aprofundam esse aspecto [XXI] do ordenamento jurídico"[18], ou seja, a diferença entre sistema normativo estático e sistema normativo dinâmico: o centro da concepção sistemática de Kelsen.

O presente livro não é nem o ininterrupto trabalho de décadas nem uma retomada após uma longa interrupção, mas um compromisso: mesmo sendo atraído por temas diversos do sistema, continuei a tratar desse assunto em uma série de pesquisas setoriais que prepararam o segundo e o terceiro volumes. Eu tinha indicado, já no primeiro, a linha de pesquisa que pretendia seguir nos volumes posteriores: obviamente, no decorrer de três décadas afastei-me dessa linha, mas não muito, e o índice atual não está assim tão distante do plano original[19]. Mas a evolução do pensamento sistemático no direito não é tanto o tema para uma monografia quanto – como já foi dito – uma chave de leitura para tratar da inteira história do pensamento jurídico: e a vastidão impõe escolhas. Olhando para a floresta da ciência, há quem se ocupa das folhas e não vê mais a vastidão do bosque, e há quem se ocupa do bosque e não vê mais a variedade das folhas. Eu, ao contrário, procuro seguir uma

---

1969, LIII-239 pp.), e continuado na Yale Law School com os artigos *Hohfeld comes to Yale*, "Yale Law Report", vol. 21, Winter 1974-75, n. 2, pp. 16-8; pp. 47-8; *Le fonti dei concetti giuridici fondamentali di Wesley N. Hohfeld*. Com um apêndice de 14 cartas inéditas de W. N. Hohfeld a R. Pound, "Materiali per una storia della cultura giuridica", 1976, vol. VI, pp. 319-416; *Wesley N. Hohfeld e l'università americana. Una biografia culturale.* "Materiali per una storia della cultura giuridica", 1978, vol. VIII, 1, pp. 133-209.

18. Norberto Bobbio, *Dalla struttura alla funzione. Nuovi studi di teoria del diritto*, Comunità, Milano, 1977, p. 206 e nota 37: Bobbio refere-se ao livro de Raz e ao de Carlos E. Alchourrón – Eugenio Bulygin, *Normative Systems*, Springer, Wien-New York, 1971, XVIII-208 pp. O texto dos dois argentinos move-se no âmbito da lógica formal e constitui o inevitável passo a ser dado quando se pretende ir além da teoria kelseniana, a meu ver a última fronteira para uma análise do sistema jurídico em linguagem natural.

19. O projeto de pesquisa futura está delineado com juvenil imprudência na *Introduzione*, em Losano, *Sistema e struttura nel diritto* (1968), pp. XXV-XXXI.

senda que de árvore em árvore atravessa o bosque, e de vez em quando fico parado olhando para alguma folha que me parece atraente.

Os três volumes em uma casca de noz. Os três volumes compõem-se, respectivamente, de dezesseis, oito e quatro capítulos, mas tratam, respectivamente, de dezoito séculos, de um século e de meio século: essas aparentes desarmonias exigem explicações também para o leitor não adepto da numerologia. Nos três volumes, a extensão e a exposição seguem um andamento peculiar, que a mnemotécnica medieval teria aconselhado a relacionar à forma de uma ampulheta.

I. No *primeiro volume*, a pesquisa sobre o uso dos termos "sistema" e "estrutura" estende-se da teologia à filosofia e até ao direito: um campo vasto, pançudo como a parte superior da ampulheta. Da época do direito romano à da pandectística alemã do século XIX, o pensamento sistemático é raramente objeto de uma exposição específica; em geral é tratado apenas como uma digressão metodológica em relação ao tema central. Os fragmentos sobre o sistema devem ser buscados em disciplinas e em diferentes obras, distribuídas em um período histórico de aproximadamente dezoito séculos. A sucessão das épocas e a fragmentariedade dos achados impõem exposições breves, para que sejam homogêneas. São, portanto, necessários *dezesseis capítulos* para passar em revista a história e a análise do pensamento sistemático das origens gregas aos estudos jurídicos da Alemanha do século XIX: uma articulação que não retornará nos dois volumes restantes.

II. Com a perda de influência da Escola Histórica alemã e o advento do positivismo jurídico e de seus adversários (os jusliberistas), o campo de investigação restringe-se ao direito, e o período de tempo examinado restringe-se ao século XX. O *segundo volume*, mesmo com alguma referência ao neo-kantismo e ao neo-hegelianismo, está mais firmemente ancorado no direito, ainda que os fortes ventos do totalitarismo obriguem a algum desvio na direção da história política. No século XX, o uso dos termos "sistema" e "estrutura" se faz mais técnico, tanto nos defensores quanto nos adversários da visão sistemática do direito. A noção de sistema já não é uma consideração acidental no contexto filosófico, teológico ou jurídico, mas é, ela mesma, objeto de análise, de dissecações, de avaliações particularizadas. Por trás de tudo isso está naturalmente uma filosofia: mas na maioria das vezes ela é apenas mencionada, ou totalmente subentendida como pressuposta. Essa reflexão sobre si mesmo faz com que o sistema no século XX se transforme profundamente: de sistema para *descrever* o direito transforma-se em sistema para *aplicar* o direito. Passa-se da teoria à prática. Essa transformação, ocorrida no decorrer de menos de um século, é descrita de maneira aprofundada em *oito capítulos*: a metade dos que tinham sido necessários no primeiro volume para traçar a síntese de aproximadamente dezoito séculos. Agora, porém, capítulos inteiros são dedicados à análise pontual das construções jurídicas que, na segunda metade do século XX, se autodefinem como sistemas. São, porém, minúsculos sistemas que reestruturam não todo o ordenamento jurídico, mas um de seus segmentos: já não são os sistemas abrangentes da filosofia clássica alemã ou iluminista, já não plasmam todo o direito positivo de um Estado, mas organizam em sistema o direito privado alemão ou o austríaco ou, até mesmo, um setor específico de um desses direitos positivos. Do sistema jurídico universal ao sistema do ressarcimento do dano no direito civil austríaco: chegamos assim à cintura de vespa da ampulheta.

III. Com o término da Segunda Guerra Mundial, o direito volta a buscar sua ligação com os valores democráticos: atenua-se o positivismo jurídico, que limitava a análise ao direito, e simetricamente o direito se abre às ciências sociais, como ao *genus* do qual o direito é uma *species*. Por isso, no *terceiro volume* reaparecem temas e sistemas gerais, e com eles retornam as visões teóricas do direito não mais vinculadas a um direito positivo específico. A parte inferior

INTRODUÇÃO XXXVII

da ampulheta começa a dilatar-se. A segunda metade do século XX é caracterizada por uma crescente vastidão e pelo caráter abstrato dos sistemas jurídicos, pois os grandes sistemas de pensamento voltam a se ocupar do direito. Porém, esses grandes sistemas já não são os dos filósofos, mas os dos sociólogos, dos lingüistas ou dos cientistas: são superteorias que atribuem ao direito um espaço no edifício novamente abrangente, exatamente como tinha ocorrido no século XIX com os grandes sistemas filosóficos. O direito recebe assim das superteorias aqueles modernos princípios metodológicos que os juristas parecem ansiosamente buscar fora do direito. Porém, por causa de sua extrema especialização, essas superteorias são quase inacessíveis aos não-especialistas. Nas décadas mais recentes – mal definidas como pós-modernas porque se olha para o passado sem um projeto para o futuro –, desses enxertos interdisciplinares nascem o estruturalismo jurídico, a cibernética jurídica e a teoria geral dos sistemas aplicados ao direito. Por essa razão, as últimas décadas do século XX e o início do terceiro milênio – cerca de meio século – são objeto apenas de *quatro capítulos*, cada um dos quais possui, porém, as dimensões de uma pequena monografia: de fato, ao lado das novas teorias jurídicas, é necessário também dar uma descrição mínima dos grandes sistemas científicos extrajurídicos em que elas se inspiram. E assim a parte inferior da ampulheta recomeça a dilatar-se e, com a chegada das superteorias, volta à mesma amplitude da parte superior.

Síntese do primeiro volume: das origens à Escola Histórica. Da mesma forma que para os outros dois volumes, será agora sintetizada a linha ao longo da qual se desenvolve o primeiro volume. A exposição divide-se em uma primeira parte histórica e em uma segunda parte teórica, de modo que forneça as informações essenciais que se devem ter como referência também quando, nos próximos volumes, serão expostas as teorias sistemáticas mais modernas.

A história da noção de sistema da Grécia clássica ao Iluminismo francês, objeto da primeira parte, é limitada à história semântica do termo "sistema", para restringir um campo de investigação de outra forma incontrolável. Seguindo a evolução do significado de "sistema" no grego antigo, constata-se que os dois significados técnicos, ligados à música e à métrica, extinguiram-se com o mundo clássico, ao passo que os dois significados atécnicos chegaram até nós, um no sentido geral de "conjunto", o outro com uma referência mais específica à ordem que reina no cosmos. Ao traduzir em latim *systema*, os romanos encontraram as dificuldades que sempre deviam superar na tradução de termos abstratos. Resolveram o problema ou usando a palavra grega ou traduzindo-a com um verbo e com um sinônimo. Sob a influência da lógica grega, o direito romano clássico começou a desenvolver um embrião de ordem sistemática, que se transferiu para o *Corpus iuris* de Justiniano e, a partir daí, para a cultura jurídica européia.

Com a Idade Média, *systema* consolidou-se no direito e na teologia. Nesta última, aproximadamente a partir de 1500 e por causa da Reforma Protestante, multiplicaram-se as exposições teológicas destinadas a fortalecer a fé dos fiéis de uma ou de outra parte: desenvolveu-se assim uma *teologia sistemática*. A lógica dos gregos, filtrada através dos humanistas, tornou-se o cânone expositivo para os juristas de 1500. A matéria era organizada do geral ao particular. Entretanto, ia-se em busca de uma *mathesis universalis*, quase uma premonição do futuro pensamento sistemático. Com o século XVII, o uso de "sistema" já estava consolidado e vários autores começaram a refletir sobre o conceito expresso por esse termo, introduzindo distinções no interior de seu significado inicial. Em geral, por sistema entende-se o sistema externo, ou seja, a organização lógica da exposição de uma disciplina: nesse sentido, o termo permaneceu em uso até nossos dias. Sobretudo com Leibniz e Wolff, em 1700, o conceito de sistema externo sofreu uma elaboração que já pode ser vista como uma teoria do sistema externo. Ela alcançou seu ápice com o pensamento de Kant, tão próximo ao de Wolff que em seguida se falará freqüentemente de sistema wolff-kantiano.

INTRODUÇÃO

Essa série de exposições rápidas e sintéticas sobre a evolução mais antiga de "sistema" dá lugar, em seguida, a uma análise mais aprofundada dos sistemas jurídicos universais (cap. VI), fenômeno do século XIX nascido na onda da história universal que Hegel coloca no vértice de sua filosofia do direito. Mesmo divergindo de Kant em muitos pontos, Hegel constrói sistematicamente sua filosofia. Portanto, também as histórias jurídicas universais de inspiração hegeliana tentam construir um sistema que compreenda não apenas os direitos vigentes, mas também os históricos, não apenas os direitos europeus, mas também os extra-europeus. São assim fundidas uma visão sistemática da história e uma visão sistemática do direito, uma filosofia da história e uma filosofia do direito. Um exemplo são as histórias universais do direito hereditário (Gans) e do direito matrimonial (Unger); além disso, um exemplo inédito documenta que também Jhering dera aulas sobre a história jurídica universal. Mas com o fim do século XIX essas histórias jurídicas muito vastas e muito filosóficas dissolveram-se no direito comparado.

Os adversários da noção de sistema se opunham à crescente abstração das construções sistemáticas. Os iluministas franceses rejeitavam as noções deduzidas logicamente dos primeiros princípios e se voltavam para a observação da realidade (cap. VII). Sua rejeição do sistema não era, porém, total: limitava-se ao sistema abstrato, ou seja, nãofundado sobre verificações empíricas. Todavia, se as regras lógicas já não são o critério unificante do sistema, é preciso descobrir quais são os nexos empíricos que unem suas várias partes: com os iluministas começou a se afirmar o discurso sobre o *sistema interno*, percebido como sistema dentro das coisas e verificado sobre a natureza, em contraposição ao *sistema externo*, fundado sobre a dedução lógica.

Na segunda parte do presente volume, propõe-se uma teoria do sistema *externo*, ou seja, procura-se identificar quais características deve apresentar um conjunto organizado de noções, para que possa ser considerado um sistema. Os pressupostos do sistema externo são a *caoticidade do mundo externo*, sobre os quais, portanto, o sistematizador pode impor de fora a sua ordem. Por conseguinte, o sistema está *no discurso sobre a ciência*, e não no objeto estudado; por sua vez, a ciência é feita de proposições descritivas, ligadas entre si por um *nexo lógico*: este é, portanto, o elemento que une as partes de cada sistema externo. A teoria do sistema externo determina tanto o nível inferior da sistematicidade (cap. IX) quanto seu nível superior (cap. XVII). Entre esses dois extremos coloca-se a teoria geral do sistema externo (cap. X), que esclarece quais são os requisitos desse sistema: *coerência* do sistema; *completude, independência* e *necessidade* dos axiomas dos quais se origina o raciocínio lógico. É preciso, enfim, prestar atenção a uma peculiaridade dos sistemas externos jurídicos: nem todos os requisitos do sistema externo *em geral* valem também para o sistema *jurídico* externo.

A teoria do sistema jurídico externo tem seu *haut lieu* na ciência romanística alemã, que analisa sistematicamente o direito antigo para adaptá-lo como direito comum à sociedade alemã do século XIX. Esse processo de gradual sistematização (operante por indução sobre o material romanístico) começa com a atividade *dogmática*, que reúne em institutos jurídicos os elementos comuns a cada norma. Com o mesmo método podem ser realizadas abstrações ulteriores (unificando mais institutos) para chegar à construção de um sistema jurídico unido sob um único princípio, segundo os cânones da filosofia clássica alemã. Nos capítulos XII e XIII, os principais juristas alemães (Hugo, Thibaut, Heise, Savigny, Puchta) são analisados apenas no que concerne a suas teorias construtivas (ou seja, sistemáticas). A exposição torna-se mais detalhada para o romanista Jhering (que na primeira parte de sua vida teorizou a construção – cap. XIV – mas em seguida passou a uma jurisprudência de tipo sociológico ou realístico: ele representa, portanto, a articulação entre as teorias sistemáticas do século XIX e as do século XX, e por isso retorna no vol. 2) e sobre o germanista Gerber (que transferiu para o direito germânico, privado e público, os princípios sistemáticos que tinham sido aperfeiçoados pelos romanistas: cap. XV). É assim completado o quadro do

INTRODUÇÃO

sistema jurídico *externo*, tanto em sua teoria quanto em sua aplicação por parte dos juristas alemães. O segundo volume, ao contrário, será dedicado ao sistema jurídico *interno*.

Como é construído cada volume: instruções para o leitor. Para orientar o leitor e tornar-lhe mais evidente o fio do discurso, coloquei uma síntese no início de cada um dos três volumes e em cada um dos capítulos. Essas sínteses chamam a atenção para os pontos principais dos textos que as seguem e, pelo menos nas minhas intenções, mais do que resumos do que será dito, são verdadeiros colóquios com o leitor, com o intuito de explicar-lhe a arquitetura do texto e suas conexões com aquilo que o precede e o segue.

Chegamos assim às características textuais deste livro, que associa a teoria do direito à história cultural. De fato, para compreender a sucessão das várias teorias, é necessário saber em qual contexto histórico elas tomaram forma e, portanto, ampliar o ângulo visual para a história social e cultural de determinada época. Para compreender, ao contrário, o conteúdo de cada teoria, é necessário parar o filme da história e analisar um fotograma.

Dessas duas diversas exigências derivam algumas características da exposição. As partes históricas apresentam sinteticamente as linhas gerais de determinadas épocas e se detêm, ao contrário, sobre os aspectos relevantes para a evolução das teorias jurídicas. Além disso, no terceiro volume, é reconstruída a evolução do pensamento científico que forneceu os métodos transferidos depois para a ciência jurídica: o advento da cibernética, o surgimento do estruturalismo, a formação das disciplinas cognitivas e da teoria geral dos sistemas são os pressupostos indispensáveis para entender em que consistem certos enxertos de idéias derivadas das ciências físico-naturais no direito, e em que medida eles são vitais e frutuosos.

Além disso, serão encontradas aqui muito mais *datas históricas, biográficas e também editoriais* do que se encontram normalmente nos livros de teoria. Em particular – o entrelaçamento no tempo de noções físico-naturalísticas e de noções jurídico-teóricas –, as datas de alguns eventos históricos relevantes, as datas biográficas dos autores e as datas das primeiras edições de alguns livros significativos deveriam facilitar a colocação de cada teoria em seu contexto histórico. Essa ancoragem no tempo é particularmente importante também porque algumas teorias se desenvolveram nos mesmos anos, ao passo que a descrição que delas se pode dar é necessariamente seqüencial. As datas permitem manter bem distinta a seqüencialidade expositiva dos capítulos, da evolução paralela dos eventos concomitantes: como na literatura, o tempo da narração é muitas vezes diverso do tempo do evento.

Na análise das teorias foi reservado um grande espaço às *citações* extraídas de cada autor. A meu ver, esse é o modo mais correto de apresentar o pensamento de outros autores, reduzindo ao mínimo as possíveis distorções que derivam do fato de resumi-los ou triturá-los em fragmentos avulsos do contexto.

As citações implicam, porém, o problema das *traduções* das várias línguas do original. Todos os textos são citados em tradução italiana, que extraí de traduções já publicadas, ou que eu mesmo fiz. Quando me pareceu oportuno assinalar também alguns termos típicos de certas teorias, preferi reproduzir os textos originais nas notas, para evitar tropeços na leitura do texto.

Como o texto analisa eventos, teorias e pessoas de tempos e de lugares diversos, as *notas de rodapé* são freqüentemente densas e ricas de indicações bibliográficas. Elas dão indicações para aprofundar um assunto que o desenvolvimento equilibrado do discurso permite apenas aludir.

Enfim, uma *bibliografia final* sobre o sistema colocou-me diante de três dúvidas: em primeiro lugar, sua utilidade, porque na Internet estão disponíveis os catálogos sempre atualizados das principais bibliotecas do mundo (mesmo que nem sempre as antigas fichas manuais tenham sido transferidas para suporte magnético); além disso, sua am-

INTRODUÇÃO XLIII

plitude, porque acrescentaria páginas a livros já por si só volumosos; e enfim sua heterogeneidade, porque o primeiro volume poderia ser concluído com uma única bibliografia, o segundo seria subdividido em mais sub-bibliografias, e o terceiro exigiria uma bibliografia específica para cada um dos capítulos. Muitas dúvidas: apliquei o mote radical: "*In case of doubt, strike it out*" e não as publiquei, mesmo estando prontas. As notas de rodapé deveriam, de qualquer modo, ser suficientes também para uma primeira orientação bibliográfica.

Agradecimentos. Este pode parecer um livro alemão escrito em italiano: impressão fundada, porque o primeiro volume, começado em Paris mas interrompido a partir de maio de 68, foi completado na Staatsbibliothek de Unter den Linden, na então Berlim Oriental, e os outros dois foram escritos principalmente na Bayerische Staatsbibliothek de Munique e na Faculdade de Direito daquela Universidade, graças à constante generosidade da Fundação Alexander von Humboldt de Bonn.

Meu agradecimento vai, antes de tudo, a Norberto Bobbio: tive a rara felicidade de estar próximo a ele durante toda a minha vida acadêmica, ou seja, do primeiro exame do primeiro ano de universidade, em 1958, à livre-docência obtida com o primeiro volume de *Sistema e estrutura no direito*, até a realização deste trabalho e, também, até o último dia de sua vida em 9 de janeiro de 2004.

Quero expressar minha gratidão à Fundação Alexander von Humboldt de Bonn, por ter-me agraciado com o Prêmio Alexander von Humboldt, permitindo-me assim completar estas pesquisas em 1996-97 e em 2001; a Peter Landau, então diretor do Leopold-Wenger-Institut para a história do direito da Faculdade de Direito da Ludwig-Maximilians-Universität de Munique, à qual estive afiliado de 1996 a 1997 e em 2001; a Lothar Philipps, que me hospedou em 1996-97 no Instituto de Filosofia e Informática do Direito daquela mesma faculdade; a Wolfgang Kilian, diretor do Instituto de Informática Jurídica da Universidade de Hannover: Universidade que me conferiu o doutorado *honoris causa* em Direito. A eles devo não apenas a hospitalidade acadêmica, como também uma proximidade amiga e preciosos conselhos.

Como o *edictum translaticium*, o edito repetitório que passava de pretor em pretor, assim eu renovo de livro em livro um agradecimento – que se tornou enfim uma *translaticia gratiarum actio*, uma ação de graças repetitória – à Bayerische Staatsbibliothek de Munique, porque no templo laico do saber a cortesia das pessoas e a riqueza dos textos criam as condições ideais para o trabalho intelectual.

É impossível agradecer individualmente a quem, nestas décadas, contribuiu de alguma forma para o presente livro, também porque, entre os amigos, cada capítulo foi divulgado como *pre-print* em fascículos artesanais, pequenos e amarelos: os *Amaliensträßler Hefte*, que recebem o nome da rua de Munique em que eu morava.

Renovo aqui meu agradecimento a quem me ajudou na preparação do primeiro volume: Amedeo G. Conte, da Universidade de Pavia, e Hermann Klenner, da Humboldt-Universität de Berlim (então Leste).

Enfim, gostaria de lembrar também quem me deixou antes do término desta obra mas está vivo em minha memória: Alessandro Passerin d'Entrèves, que nos anos turineses me iniciou no mundo anglo-saxão; Renato Treves, paterno amigo dos anos milaneses mais belos; Sten Gagnér, cosmopolita catedrático de Munique que, por anos, encorajou minhas pesquisas sobre Jhering. E ainda Michel Villey e Charles Eisenmann em Paris, que contribuíram na formação do meu primeiro volume, mesmo quando o maio de 1968 interrompeu meu doutorado parisiense e imprimiu uma virada mais *alemanizante* aos meus estudos.

Entre o primeiro e o último destes livros, o ciclo da minha vida não apenas acadêmica quase se concluiu. À minha mãe tinha dedicado, havia quase quarenta anos, o primeiro volume desta pesquisa: em 2002 tive a fortuna e a felicidade de poder dedicar-lhe também os volumes que a concluem.

PARTE I
História semântica do termo "sistema"

Capítulo I
O termo "sistema" e sua história

Pontos de intersecção e desenvolvimentos do discurso. No grego clássico, o termo "sistema" tem dois significados técnicos (na métrica e na música) e dois significados atécnicos. O significado mais genérico indica qualquer forma de agregação: é um "sistema" também a corporação dos apicultores. O outro significado, atécnico, mas menos impreciso, é referido à ordem do mundo social e natural: o cosmos distingue-se do caos porque é um conjunto. Um problema de fundo, debatido mas não resolvido, é se o cosmos deva ser visto como ordenado por leis em analogia com a sociedade, ou se a ordem da sociedade se modela sobre a do cosmos: nos dois casos, o pensamento grego recorre à noção de sistema.

Esse termo abstrato foi recebido não sem dificuldades em latim. Língua propensa ao concreto, o latim tendia a substituir por um verbo o "sistema" dos textos gregos, ou também extraía metáforas da arquitetura: *construere, structura* são termos que adquirirão significados técnicos somente nos séculos posteriores. No direito (sem dúvida, o legado de maior relevância da civilização romana), o termo "sistema" entrou mais tarde sob a influência bizantina, mas a exigência de ordenar o material jurídico esteve presente já a partir da época clássica, ou seja, aproximadamente desde o século II a.C. A compilação ordenada por Justiniano em 528 d.C. foi uma ciclópica empresa sistemática, mesmo que seu produto fosse chamado de *Digestum* ou *Corpus iuris*. Hoje, fala-se de sistemática do direito romano, entendendo a ordem com que os juristas latinos expunham a matéria jurídica: a sistemática pode ser de tipo lógico (modelo gaiano), pode inspirar-se nas fontes (reproduzindo a estrutura do Edito perpétuo), ou pode tornar própria a ordem do *corpus* justiniano. Em todo caso, a organização do material jurídico respondia, principalmente, às exigências práticas ou didáticas. Somente em épocas muito recentes tentou-se identificar uma técnica sistemática romana à luz da evolução posterior da noção de sistema e recorrendo também às teorias mais modernas. Com a dissolução do mundo romano no mundo medieval, continuaram e se enriqueceram vários saberes hoje esquecidos (também mágicos e pseudocientíficos) de algum modo conexos com o pensamento sistemático: *mathesis universalis,* mnemotécnica, *clavis universalis,* línguas artificiais perfeitas, *arbor scientiarum* são alguns dos "fósseis intelectuais" que marcam uma transição e uma continuidade destinada a durar até o Renascimento tardio.

1. A terminologia da concepção sistemática do direito

O jurista concebe a própria matéria como uma totalidade sistemática, quase como um cosmos de preceitos contraposto ao caos de eventos. Porém, ele nem sempre expressa essa sua concepção com uma terminologia constante e rigorosa: freqüentemente limita-se a evocar, de modo aproximado, uma idéia de ordem ou de composição harmônica, confiada mais à intuição do leitor do que à demonstração do autor. Essa idéia da ordem que reina no cosmos social exprime-se (tanto nos técnicos do direito quanto em quem trata desse assunto apenas ocasionalmente) em uma miríade de sinônimos, cujo uso se entrelaça e se confunde no decorrer dos séculos.

Em grego clássico, por exemplo, encontramos σύστασις, σύνταγμα, ούστημα. Em latim, *systema, compages, compago, collectio, compositio, concretio, congregatio, caterva, coetus, conturbernium, factio, globus, manus militum, turma, congruere, congruitas, struere, construere, structura; concinnatus.* Em italiano, *sistema, sistematica, sistematicità, sistemazione, sistematizzazione, tutto, unità, unitarietà, modello, modellizzazione; olismo, universalismo.* Todos esses termos estão traduzidos nas línguas românicas, e muitos são até traduções italianas de termos originários de outras línguas (por exemplo, *estruturalismo* é tradução do francês, *holismo* – embora de origem grega –, do inglês). Em alemão, os termos mais característicos são, antes de tudo, algumas metáforas derivantes da arquitetura (*Aufbau, Bau, Gebäude, Lehrgebäude*); além disso, termos usados em sentido ora corrente, ora técnico: *Ganzes, Ganzheit, Totalität, Einheit, Einheitlichkeit, Gestalt* (fortunado termo técnico nas ciências da *psichê*), *Ausgestaltung, Gestaltung; Menge; Modell; Gefüge; System; Systematisierung*.

A esses termos básicos e ao entrelaçamento de suas traduções nas várias línguas, acrescenta-se uma vastíssima gama de sinônimos e perífrases, começando com termos correntes como *Gehäuse* (habitáculo), *Gliederung* (articulação), *Beschaffenheit* (constituição no sentido de estrutura), *Gebilde* (formação); passando em seguida a formulações menos usuais, mas ainda atécnicas, como *configuration harmonique*, "conformação rigorosamente lógica", "estrita coordenação", *systematischer Einheitsgedanke* (pensamento sistemático unitário), *systematischer Gedankenbau* (constituição conceitual sistemática), *wissenschaftlicher Zusammenhang* (nexo científico) ou a imagens como *systematisches Fachwerk* (em que *Fachwerk* é o termo arquitetônico para indicar uma típica técnica de construção da casa alemã na qual o muro preenche as divisões ou os espaços entre as traves de madeira à vista), ou *Gestell* (suporte) em Heidegger, para chegar à "elaboração perfeita de materiais existentes sob outra forma"[1]. *Caveat lector*: cada uma dessas expressões pode conter o pensamento sistemático, mesmo que, com freqüência, em sua forma mais ingênua e inconsciente. No fundo, todas poderiam ser traduzidas por "sistema" ou "estrutura".

---

1. "Kunstgerechte Verarbeitung von zwar in anderer Gestalt vorliegenden Stoffen": Otto Ritschl, *System und systematische Methode in der Geschichte der wissenschaftlichen Sprachgebrauchs und der philosophischen Methodologie*, Werber, Bonn, 1906, col. 50.

Mesmo limitando-me a citar os termos mais típicos encontrados no decorrer de amplas leituras jurídicas, sem a pretensão de exaurir o âmbito semântico de "sistema" e sinônimos, uma lista desse tipo começa a ser enfadonha antes mesmo de ser completada. Ela dá apenas a documentação de determinado modo de conceber a realidade (e em particular a realidade jurídica), mas não indica nenhum critério para pôr ordem nessa mesma realidade. Antes de tudo, esses termos não são usados simultaneamente em todas as línguas, mas tiveram diversos êxitos: são as facetas historicamente condicionadas de um componente constante do pensamento humano, principalmente ocidental, em geral, e do pensamento jurídico em particular. Uma história de todo o pensamento sistemático poderia confirmar essa hipótese; mas tal história nunca foi escrita.

2. Fins e limites de uma história semântica do termo "sistema"

Falta, portanto, uma exposição ordenada das informações que deveriam constituir o pano de fundo de um estudo estrutural do direito. Por esse motivo, é oportuno antepor a tal estudo uma sumária história semântica do termo "sistema" e de alguns de seus sinônimos. Essa história semântica, modesta na estrutura e ainda mais nos resultados, constitui o primeiro passo para uma mais ampla história do pensamento sistemático, cuja inoportunidade, em um estudo jurídico, seria igual apenas à dificuldade de realizá-la. A despeito de seus limites, essa premissa histórica deveria contribuir para uma melhor compreensão das sucessivas considerações analíticas.

Essa história semântica tem uma configuração peculiar: em relação a uma exposição jurídica, apresenta-se como uma pesquisa interdisciplinar, envolvendo argumentos que geralmente não são estudados apenas pelos juristas; em relação a uma exposição histórica, ela se põe como pesquisa limitada aos únicos problemas semânticos conexos com o termo "sistema" e com alguns de seus sinônimos. É, portanto, uma exposição filosófica, caracterizada por um recorte particular: o de fornecer elementos úteis, mesmo indiretamente, para a melhor compreensão do debate sobre a natureza sistemática do direito. Para traçar um mapa mais exato dessa história semântica, é preciso explicar agora os motivos tanto da extensão interdisciplinar quanto da limitação histórica que aí se encontram.

a) A história semântica no âmbito extrajurídico

A extensão torna-se necessária pelo fato de que não se pode analisar o pensamento jurídico sem, ao mesmo tempo, levar em conta o que ocorre em outras disciplinas. Grandes teorias jurídicas foram formuladas por grandes filósofos, que trataram o direito como parte de suas teorias filosóficas gerais (e então também a exposição do direito precisa ser reconduzida a essas teorias filosóficas, assim como a parte precisa ser reconduzida ao todo), ou por grandes juristas, que não criaram uma filosofia própria na qual incluir a exposição do direito, mas limitaram-se a deduzir de determinado autor ou de determinada corrente o fundamento filosófico da própria teoria jurídica. Mesmo neste último caso, a análise do âmbito extrajurídico é essencial para a compreensão da doutrina jurídica. Na história semântica do termo "sistema", portanto, encontrar-se-ão mais filósofos e teólogos do que juristas; ou melhor, levando em conta a falta de especialização dos estudiosos dos séculos anteriores, encontrar-se-ão mais obras filosóficas e teológicas do que obras jurídicas.

b) A limitação da história semântica à evolução do termo

À extensão fora do direito corresponde uma limitação nos argumentos tratados: uma história semântica deve limitar-se a registrar a terminologia com que os vários autores exprimem a própria abordagem sistemática ou estrutural da matéria. Pelo conteúdo das várias doutrinas, ela deve interessar-se somente na medida em que isso é necessário para verificar o significado dos termos, objeto da pesquisa. Desse modo, limita-se a extensão, seja ao campo de investigação, seja à exposição que sobre ele se funda.

O fato de que estas primeiras páginas sejam uma história *semântica* explica o aparente desequilíbrio na exposição dos vários autores. Um estudo semântico, de fato, recorre a critérios de avaliação diversos dos habitualmente utilizados pelo historiador da filosofia: quem introduziu, pela primeira vez, uma certa acepção do termo "sistema" deve ser abordado mais extensamente do que aquele que se ateve a um uso já consolidado do termo. E isso não depende da importância que as doutrinas desses autores possam ter tido na história geral do pensamento filosófico ou teológico. Isto explica por que a terminologia de certos autores do século XVI ou XVII é apresentada mais detalhadamente do que, por exemplo, a dos filósofos pós-kantianos. Na economia geral do presente trabalho, por outro lado, esse aparente desequilíbrio é compensado pelo fato de que os autores mais antigos permanecem confinados à história semântica, ao passo que as teorias de filósofos mais modernos e importantes são retomadas com maior amplitude na exposição analítica.

Por fim, uma certa perplexidade pode ser suscitada pela ausência de autores igualmente relevantes para a história do pensamento sistemático. Também isso deve ser reconduzido ao limite conscientemente imposto a esta pesquisa: na medida do possível, esta análise histórico-semântica procura identificar a linha evolutiva de um termo, e não de uma concepção do mundo. Em relação a uma história geral do pensamento sistemático, a presente análise constitui apenas uma primeira e limitada contribuição.

3. Os significados do termo grego σύστημα

"Sistema" deriva do grego: portanto, é preciso referir-se (mesmo que brevemente) ao grego para conhecer o étimo e os significados originários desse termo.

O étimo é claro e indiscutível: σύστημα deriva de σύν, "conjunto", e ἱστάναι, "estar". O *Thesaurus graecae linguae* de Henricus Stephanus traduz o termo, a cada vez, por *coagmentatio, concretio, compages, compositio, collectio, congregatio, acervus, cumulus* e, ainda, por outros termos, que serão individualmente examinados.

Nos textos gregos podem ser distinguidos quatro usos do termo σύστημα. Para os quatro vale uma observação preliminar: a etimologia do termo era clara a qualquer falante e, portanto, delimitava o âmbito das possíveis oscilações semânticas. Σύστημα era, de fato, um vocábulo da linguagem corrente e, da linguagem corrente, tinha passado para os tratados de métrica e de música, adquirindo um significado técnico. Os quatro significados, portanto, podem ser divididos em dois significados técnicos (na métrica e na música) e dois significados atécnicos (um menos, e outro mais rigoroso).

Para a noção moderna de sistema, interessam apenas os dois significados atécnicos do termo grego, em sua acepção mais ou menos rigorosa: enquanto o latim clássico conserva o termo somente nos dois significados técnicos, métrico e musical, os dois significados atécnicos ressurgem na teologia medieval para indicar o conjunto dos artigos de fé e, daqui, passam à filosofia. Examinemos, portanto, quais são em grego os dois significados atécnicos.

Na *acepção atécnica menos rigorosa*, σύστημα indica – segundo o *Thesaurus graecae linguae* – uma "*quavis collecta multitudine et coetus*" e corresponde ao latim *coetus, contubernium, caterva, factio, conventus, turma, globus, manus militum*. Nesse sentido, para Políbio, são σύστημα também os rebanhos do rei[2]. É preciso relacionar sempre a essa acep-

---

2. "Σύστημα βασιλικὰ τῶν ἱπποτροφιῶν" (10.27.2).

ção o uso do termo, próprio da época bizantina, para designar a organização econômica, social ou religiosa de várias pessoas. Na época imperial, σύστημα é o termo coletivo para indicar o conjunto de cada municipalidade da Ásia menor. Daqui o termo passa em seguida a designar a assembléia que rege a cidade. Típico é o caso de uma inscrição encontrada em Pérgamo, na qual a mesma assembléia é designada uma vez com σύστημα e outra com συνέδριον. Esse uso se estende depois a qualquer forma de comunidade: no século III, por exemplo, é σύστημα até mesmo a corporação dos apicultores.

Esse uso tipicamente grego serve apenas indiretamente para esclarecer a noção de sistema na linguagem moderna: ele mostra unicamente como, na origem, σύστημα designava qualquer forma de organização de qualquer elemento.

Na *acepção atécnica mais rigorosa*, σύστημα indica a organização do mundo, seja natural, seja social. Nesse sentido, o termo encontra-se em vários excertos de Aristóteles e Platão. Para ser breve, será oportuno deter-se apenas em um excerto de Aristóteles, que explica como o cosmos é um sistema constituído pelo céu, pela terra e pelos seres que nele habitam[3]. O *Thesaurus graecae linguae* dá duas possíveis versões latinas do excerto. A primeira é literal e complicada: "*Mundus est compages ex coelo terraque coagmentata, atque ex is naturis, quae intra ea continentur*"; a segunda é livre e simples: "*mundus ex coelo terraque constat [...]*". Essa simplificação tem um precedente ilustre: Cícero traduz a asserção estóica "τέχνη ἐστὶ σύστημα ἐκ πολλῶν καταλήψεων" por "*ars ex multis animi perceptionibus constat*". Também nesse sentido mais rigoroso, portanto, o termo abstrato "sistema" revela-se pleonástico (ou, pelo menos, substituível); por essa razão, os latinos, de uma maneira mais concreta, preferem freqüentemente traduzir o termo por um verbo.

---

3. "Κόσμος ἐστὶ σύστημα ἐξ οὐρανοῦ καὶ γῆς καὶ τῶν ἐν τούτοις περιεχομένων φύσεων" (*De Mundo*, c. 2).

Pode-se concluir, portanto, que o termo σύστημα tinha na origem um significado atécnico, derivado do uso corrente e, como tal, não univocamente determinado.

4. A cultura grega e a noção de sistematicidade

Apesar desse significado genérico, o termo σύστημα exprime um dos elementos que diferenciam o pensamento grego do pensamento das civilizações que o precederam. Desde os tempos mais antigos, de fato, o grego revela-se particularmente adequado à elaboração dos conceitos científicos. No momento do seu pleno desenvolvimento, o grego conhece três tipos de substantivo: o nome próprio, o nome comum e o abstrato. Este último é mais tardio (certos substantivos abstratos que parecem antigos eram, no princípio, nomes próprios: Phobos não era "o medo", mas, ao contrário, "o demônio do medo") e está ligado à evolução do artigo definido: examinando a terminologia latina, resultará plena a importância desse artigo (cf. *infra,* 6). Esses três tipos de substantivo contêm *in nuce* o modo de pensar típico dos gregos, ou seja, o pensamento sistemático. De fato, o nome próprio permite *reconhecer* uma coisa, mas é somente com o nome comum que se começa a *conhecer*: "No nome comum – sublinha Bruno Snell – existe um princípio de classificação: nele se encontra uma forma embrionária da subsunção numa classificação científica."[4] O substantivo abstrato, enfim, oferece à língua grega a possibilidade de sair da realidade material – seja ela constituída por um único (nome próprio) ou por uma pluralidade em particular (nome comum) – e de tratar argumentos imateriais.

É graças a essa base lingüística que o pensamento grego, de um lado, começa a reconduzir cada fenômeno a um

---

4. Bruno Snell, *La cultura greca e le origini del pensiero europeo.* Traduzione di Vera Degli Alberti e Anna Solmi Marietti, Torino, 1963, p. 316.

princípio geral e, de outro, a deduzir o particular do geral. É possível, assim, definir cada fenômeno; a caótica massa dos dados é dividida segundo a definição proposta, e tudo o que pode ser reconduzido ao mesmo princípio é tratado de forma unitária. Tudo isso é arte, τέχνη: quando a Europa assistir ao renascimento do pensamento sistemático, esse termo recorrerá com freqüência nas exposições e nas disputas dos humanistas e dos autores posteriores a eles.

A concepção sistemática grega encontrou aplicação em diversos campos além do direito: retórica, gramática, arquitetura, astronomia[5] e, principalmente, matemática e geometria. Estas duas últimas disciplinas tinham alcançado um notável grau de desenvolvimento com os egípcios, os babilônicos e os indianos, mas somente com os gregos as soluções tecnicamente perfeitas de cada problema são fundidas em unidade[6]. A rigorosa estrutura da geometria euclidiana será o modelo a que tenderão, nos séculos seguintes, todas as ciências.

Uma história do pensamento sistemático nas ciências sociais deveria, portanto, percorrer paralelamente a história das ciências exatas, já que muitas vezes estas últimas tiveram um valor paradigmático para as outras disciplinas. Desse modo, o pensamento sistemático grego encontra expressão, principalmente, na geometria teórica, e talvez um primeiro exemplo de conjunção entre raciocínios sociopolíticos e ciências exatas seja a estrutura numérica do universo, proposta pelos filósofos pitagoristas. O renascimento de uma visão sistemática do mundo, em épocas mais recentes, acompanha a descoberta de novos setores da matemática e sua aplicação a vários setores da física e da geometria. O florescimento de sistemas abrangentes, a que se assiste a par-

---

5. Cf. por exemplo: Rudolf Schottlaender, *Früheste Grundsätze der Wissenschaft bei den Griechen*, Akademie Verlag, Berlin, 1964, pp. 19 ss. (sobretudo o capítulo: *Anaximander der Systematiker*).

6. Uma análise das relações entre geometria grega e geometria dos povos anteriores encontra-se em Solomon Gandz, *The Origin of Angle-Geometrie*, "Isis", 1929, pp. 452-81.

tir do século XIX, é de clara inspiração kantiana, mas às vezes é explicado como um reflexo filosófico da descoberta do princípio de conservação da energia: se é verdadeiro o princípio segundo o qual a força que rege a natureza é uma só, então todos os fenômenos têm uma origem comum e devem, portanto, ser reconduzíveis a uma exposição unitária.

Não é possível ocupar-se a fundo dessas relações entre ciências exatas e pensamento sistemático; todavia seria oportuno lembrar, mesmo de forma sumária, que os limites de uma história semântica não devem fazer perder de vista que, na realidade, resta a ser estudado um campo muito mais vasto.

5. Cosmos e sistema, natureza e cultura

Essas breves considerações sobre σύστημα e sobre a sistematicidade no pensamento grego seriam incompletas se às já numerosas faltas ainda se acrescentasse uma: ou seja, se o quesito sobre a origem da sistematicidade do pensamento grego permanecesse sem uma alusão de resposta. O problema é de particular interesse para o jurista, pois se trata de estabelecer se o ordenamento jurídico da sociedade é um reflexo das regras que regem o cosmos, ou se a ordem do cosmos é um reflexo do ordenamento jurídico-político da sociedade, ou seja, se a ordem cósmica não é, na realidade, uma legalidade cósmica. Enfrenta-se assim um problema de fundo da filosofia: a relação entre realidade e sociedade, entre natureza e cultura. O σύστημα está tanto no κόσμος como na πόλις: mas seria o κόσμος modelo da πόλις ou seria a πόλις modelo do κόσμος? Sustenta-se que os primeiros esquemas lógicos (ou seja, sistemáticos) tivessem sido extraídos de modelos jurídicos: é neste sentido que Toulmin fala da lógica como de uma *generalized jurisprudence*.

O confronto das duas teses torna-se claro na polêmica entre Rodolfo Mondolfo e Werner Jaeger, que na realidade, mais do que uma polêmica, foi uma cooperação crítica com a finalidade de esclarecer esse problema. A tese de Werner Jaeger está sintetizada nesta sua frase: "Toda a nossa tradição ocidental repousa sobre esta clássica construção grega de um mundo do direito que pressupõe um κόσμος, no qual o homem está vinculado a uma ordem divina das coisas."[7] Para Rodolfo Mondolfo, ao contrário, as experiências sociais são anteriores em relação às experiências naturais: "A cosmologia filosófica, reunindo o legado das cosmologias teogônicas, nos apresenta originariamente a mesma concepção ético-religiosa da natureza que deriva da anterior concepção ético-religiosa do mundo humano. Desse mundo humano derivam e se projetam na natureza [...] também os conceitos de injustiça ou prevaricação violenta e insolente (ὕβρις, πλεονεξία, ἀδικία), e de sua expiação (τίσις) infalível na ordem do tempo: razão pela qual se afirma que a lei eterna de justiça (δίκη), cuja introdução permite também ao conceito de *cosmos*, originado na esfera dos fatos humanos, ser transferido para a representação da natureza física e da ordem de seus acontecimentos fenomênicos."[8]

O progresso técnico-científico aprofundou o sulco entre cosmos e sociedade, entre natureza e cultura, tanto que, a partir do século XIX, a contraposição entre cultura humanista e cultura técnico-científica gerou o aceso debate entre as "duas culturas". Como, a partir daquela época, os modelos científicos influenciaram também as concepções do direito e da sociedade, os próximos volumes voltarão a tratar desse debate entre as duas culturas (cf. vol. 3, cap. III, 7).

---

7. Werner Jaeger, *L'elogio del diritto*, "Rivista italiana per le scienze giuridiche", 1948, n.os 1-4, pp. 1-3. O ensaio tinha sido publicado pela primeira vez em 1947 (*Praise of Law*, em: *Interpretations of Modern Legal Philosophies. Essays in Honor of Roscoe Pound*, New York, 1947, pp. 352-75).

8. Rodolfo Mondolfo, *Alle origini della filosofia della cultura*. Traduzione di Lavinia Bassi, introduzione di Renato Treves, Il Mulino, Bologna, 1956, p. 17. Para uma exposição mais aprofundada dessa disputa e para uma tentativa de conciliação das duas teses, cf. Pietro Piovani, *Una critica di Rodolfo Mondolfo a W[erner] Jaeger e le origini della filosofia del diritto*, "Atti dell'Accademia Pontaniana", Nuova serie, vol. VI, 1925, pp. 71-85.

Sobre esse problema não se pode nem se deve dizer mais nada neste estudo. Todavia, essas duas diversas concepções da ordem cósmica e social (sejam elas interagentes ou contrapostas) encontram expressão no único termo σύστημα, com o qual a língua grega designa um modo de pensar que caracteriza ainda hoje a cultura ocidental. Nas páginas seguintes procurarei seguir a história da recepção desse termo (e, portanto, do modo de pensar que ele designa) em nossa cultura. A exposição pretende identificar uma linha evolutiva, e não já tratar a fundo de todos os seus aspectos: ainda uma vez, que isso sirva para explicar – mesmo que não para desculpar – as inevitáveis lacunas.

6. A dificuldade de traduzir em latim a noção de σύστημα

No latim clássico *systema* ocorre apenas nas acepções técnicas referidas à métrica e à música; não se encontra referência, ao contrário, ao uso atécnico do termo, ou seja, àquela *"ingeniose excogitata rerum dispositio"*, de que fala Egidio Forcellini em seu *Lexikon totius latinitatis*. Tal desaparecimento pode ser reconduzido, seja ao fato de que o étimo do vocábulo é estranho aos romanos (que preferem usar *compago* ou *constructio*), seja à tendência, típica do latim clássico, de evitar abstrações. Um exemplo claro desta última atitude é a já citada tradução ciceroniana do excerto estóico sobre a natureza do cosmos, em que o substantivo grego σύστημα é traduzido pelo verbo latino *constare* (cf. *supra*, 2, 3).

Essa tradução não é senão um dos exemplos adequados para ilustrar um problema mais geral, concernente às relações entre a língua grega e a língua latina. O latim deve desdobrar a frase grega, porque a estrutura das duas línguas é tão diversa que torna quase impossível a tradução literal de conceitos filosóficos: o artigo definido – que falta no latim – é no grego o pressuposto lingüístico do desenvolvimento do pensamento filosófico, porque por meio dele um substantivo, adjetivo ou verbo pode ser elevado à categoria universal. O latim, ao contrário, é avesso às abstrações porque não pode expressá-las plenamente. Cícero "procura forjar um conceito filosófico mesmo sem artigo, mas pode fazê-lo apenas porque toma emprestado o pensamento"; as perífrases às quais é obrigado a recorrer testemunham que "a língua [latina] acolhe, aqui, alguma coisa que supera suas possibilidade de expressão"[9]. Por exemplo, para traduzir τὸ ἀγαθόν, Cícero deve dizer: "*Id quod (re vera) bonum est.*"[10] Bruno Snell explica assim essa tradução: "Ele cumpre com uma circunlocução propriamente aquilo que, de forma concisa, cumpre o artigo definido grego: aquilo que é predicado (... *bonum est*) assume uma forma tal (*id quod*...) que se torna objeto de novos juízos: Cícero, porém, deve valer-se do acréscimo de *re vera* ou de coisas similares para fazer compreender que não se trata, aqui, de uma única coisa boa." Na passagem do grego para o latim, em suma, *o bem torna-se o que é bom*. Isso explica por que a passagem de um conceito do pensamento grego para o latim nem sempre foi acompanhada, também, pela recepção do termo correspondente.

Sempre em Cícero – mesmo que o texto seja duvidoso, porque nos adveio apenas por uma citação de Lactâncio – encontra-se um excerto em que, sem que jamais surja um substantivo abstrato, a estrutura social é igualada à do cosmos. Escreve Lactâncio: "*Quod quidem Cicero vidit, disputans enim de legibus: Sicut una, inquit, eadem natura mundus omnibus partibus inter se congruentibus cohaeret ac nititur, sic omnes homines inter se natura confusi pravitate dissentiunt nec se intelligunt esse consaguineos et subiectos sub unam eandemque*

---

9. Snell, *La cultura greca e le origini del pensiero europeo*, cit., p. 314.
10. Snell, *La cultura greca e le origini del pensiero europeo*, cit., pp. 319 s. Ou seja, o latim encontra-se no mesmo plano da língua dos poetas gregos mais antigos, que não tinham o conceito abstrato mas indicavam com o plural neutro a soma de cada individualidade em particular. Cf. Hesíodo: "ἐς τὰ δίκαια" (*As obras e os dias*, 217); "τὰ δίκαι ἀγορεῦσαι" (280) ou "δίκαιον" sem artigo (226).

tutelam" (*Inst. Div.*, V, 8.10). A comparação é muito densa: as coisas do mundo *congruent* entre si, assim como os homens estão unidos pela *consanguineitas* (sistema interno); além disso, como as partes congruentes do cosmos são unificadas pela *natura* que as circunda, assim os homens consangüíneos são unificados pela *tutela* a que estão submetidos (sistema externo). As noções de sistema interno e externo serão definidas amplamente na segunda parte do volume, sobretudo nos caps. VIII-X.

Para expressar a concepção da sociedade como sistema, como totalidade coerente, os escritores romanos recorrem a termos de étimo latino; por exemplo, o mais célebre talvez esteja em Tácito, quando, ao falar do Império Romano, ele escreve: "*octingentorum annorum fortuna disciplinaque compages haec* [i.e.: *imperium Romanorum*] *coaluit*" (*Hist.*, 4,74). O paralelismo entre *compages* e σύστημα não diz respeito, porém, apenas ao significado originário: também a evolução do termo latino, na época pós-clássica, é semelhante à do termo grego. *Compages* designa qualquer tipo de conexão: as fileiras de anjos são uma *compages angelorum* (Prosp., *Psalm.*, 134, 20-21), ao passo que o matrimônio é freqüentemente indicado como *compages corporum*.

Esse uso excessivamente genérico do termo latino (em certa medida análogo à acepção menos rigorosa do termo grego em sentido atécnico) tornou, porém, impossível expressar com ele uma conexão particularmente estrita. Por isso, tendo de indicar uma relação não-genérica entre vários elementos, numerosos textos recorrem a uma hendíadis, na qual o termo *compages* é associado ao termo *structura*[11]. O termo *structura* – e mais ainda os verbos *struere* e *construere* – começam, assim, a ser usados em um sentido

---

11. Cf. por exemplo: "*nomine* [...] *aedificii structuram compaginemque corporum atque parietum voluit intellegi*" (Aug., *Psalm.*, 121, 4); "*induitur compagine Deus, structura ligatur ossibus et nervis*" (Drac., *Laud. Dei*, 2, 84); "*resolutis structurae compaginibus*" (Colum., 9, 6, 4).

muito importante para os filósofos e, portanto, também para os juristas modernos. De fato, o pensamento sistemático forja a própria terminologia, referindo-se constantemente a metáforas arquitetônicas, às quais precisamente esse uso latino tinha conferido dignidade filosófica: basta lembrar que Lambert e Kant designam com "Architectonic" as suas teorias do sistema (cf. *infra*, cap. V, 2, b). Assim, o latinizante alemão dos pandectistas do século XIX recorrerá ao termo *Konstruktion* para indicar a organização dos elementos de que consta um ordenamento jurídico. Como termo técnico da linguagem jurídica, *Konstruktion* retornará, em seguida, do alemão às línguas românicas, para designar a peculiar atividade do jurista que organiza em totalidade coerente o material, objeto do seu estudo (cf. *infra*, caps. XII e XIII).

Essa acepção é, todavia, estranha à linguagem jurídica latina. *Structura* ou *compages* não aparece no *Corpus iuris* a não ser em significados marginais, e *systema* é usado apenas sob a manifesta influência da terminologia bizantina, para indicar assembléias e organizações sociais. O próprio fato de o termo estar escrito em caracteres gregos ressalta seu caráter estranho e incomum em relação ao contexto latino.

O confronto analítico entre um excerto de Cícero e sua tradução italiana mostra, melhor do que qualquer discurso, como o latim clássico não sentisse a exigência de recorrer ao termo "sistema". A autonomia do latim em relação à terminologia grega é ressaltada por uma tradução atual, que em italiano usa com naturalidade "sistema" e seus derivados, introduzindo assim um termo estranho ao texto a ser examinado[12]. Esse anacronismo é legítimo para que o leitor

---

12. Particularmente relevantes para esta pesquisa são os estudos de Giorgio La Pira, *La genesi del sistema nella giurisprudenza romana. L'arte sistematrice*, "Bullettino dell'istituto di diritto romano Vittorio Scialoja", XLII (vol. I, Nuova Serie), 1934, pp. 336-55; *La genesi del sistema nella giurisprudenza romana. Problemi generali*, em *Studi in onore di Filippo Virgilii nel XL anno d'insegnamento*, Società editrice del "Foro italiano", Roma, 1935, pp. 159-82; *La genesi del*

moderno entenda logo do que se está falando. Porém, é preciso prestar atenção aos problemas de "retroversão": quem vê o termo "sistema" na tradução italiana não deve pensar que ele esteja presente também no texto latino. O confronto da límpida tradução de Schiavone com o original de Cícero dá um exemplo vivo de como os romanos evitavam o uso do termo abstrato "sistema" e, ao mesmo tempo, de como esse termo seja hoje inevitável na linguagem jurídica.

Cícero, no *De oratore*, descreve o que para ele deveria ser o direito romano maduro: "Desde quando as fórmulas das ações judiciárias foram publicadas pela primeira vez por Gnaeus Flavius – traduz Schiavone –, *não houve mais ninguém que organizasse tal matéria segundo uma ordem sistemática* e a construísse por gênero[13]. De fato, não existe nada *que possa ser reduzido de forma sistemática*, se primeiramente *quem possui aquele saber que quer organizar em sistema* não domine a ciência por meio da qual, *daquele saber não ainda ordenado, possa nascer o sistema*. [...] Quase todas as formas de saber *já reduzidas nos respectivos sistemas* estavam antes desvinculadas e desarticuladas [...]. Foi, portanto, necessá-

---

sistema nella giurisprudenza romana. Il metodo, "Studia et documenta historiae et iuris", I, 1935, n.º 1, pp. 319-48; *La genesi del sistema nella giurisprudenza. 4. Il concetto di scienza e gli strumenti della costruzione scientifica*, "Bullettino dell'istituto di diritto romano Vittorio Scialoja", XLIV (vol. III, Nuova Serie), 1936-37, pp. 131-59. Esses ensaios foram reunidos em volume em 1935 (que eu não pude ver) e retomados como apostilas para os estudantes: Giorgio La Pira, *La genesi del sistema nella giurisprudenza romana*, Facoltà di Giurisprudenza, Firenze, 1972, 117 pp. Sobre a sistemática de cada jurista romano, cf. por exemplo Elmar Bund, *Untersuchungen zur Methode Julians*, Böhlau, Köln-Graz, 1965, VIII-206 pp.; Gino Segrè, *Di alcune pericolose tendenze nello studio sistematico del diritto romano*, em: *Scritti vari di diritto romano*, vol. I, Giappichelli, Torino, 1952, pp. 559-77; Giuseppe Grosso, *Problemi sistematici nel diritto romano. Cose, contratti*. Organizado por Lelio Lantella, Giappichelli, Torino, 1974, IV-176 pp.

13. "O *genus* é aquilo que compreende duas ou mais partes, tendo todas alguns traços em comum, mas distintas por características próprias", explica Cícero no trecho citado no texto: Mario Schiavone, *Giuristi e nobili nella Roma repubblicana. Il secolo della rivoluzione scientifica nel pensiero giuridico antico*, Laterza, Roma-Bari, 1987, p. 39.

rio *recorrer a um preciso método sistemático,* externo a esses ramos do saber, e proveniente de outro campo, do qual os filósofos se atribuem um controle total, que fosse *capaz de conectar juntamente um saber cindido e fragmentado* e dar-lhe *uma forma racional unitária*"[14]. Esse excerto deve ser lido duas vezes: a primeira, para entender como Cícero concebia a reordenação do direito romano; a segunda, para confrontar os trechos grifados com o original latino, abaixo citado.

A tradução italiana baseia-se em um original tão atormentado, que o próprio Cícero admite ter tido dificuldade para escrevê-lo. Realizando uma recomendável operação mental diante de cada boa tradução, o leitor deve considerar o excerto acima mencionado como uma bela página italiana, sem, contudo, tentar imaginar através dela qual fosse o original. De fato, neste trecho, Cícero não usa uma única vez a palavra "sistema", mas recorre às perífrases e aos sinônimos com os quais os latinos exprimiam esse conceito grego. Limito-me, aqui, a pôr lado a lado o original latino com cada frase em italiano:

[1] "*non ci fu più nessuno che organizasse tale materia secondo un ordine sistematico*" [não houve mais ninguém que organizasse tal matéria segundo uma ordem sistemática]:
"*nulli fuerunt, qui illa artificiose digesta generatim componerent*";

[2] "*niente vi è che possa essere ridotto in forma sistemática*" [não existe nada que possa ser reduzido de forma sistemática]:
"*nihil est enim, quod ad artem redigi possit*";

[3] "*chi possiede quel sapere che vuole organizzare in sistema*" [quem possui aquele saber que quer organizar em sistema]:
"*qui illa tenet, quorum artem instituere vult*";

[4] "*da quel sapere non ancora ordinato, possa nascere il sistema*" [daquele saber ainda não ordenado, possa nascer o sistema]:
"*ut ex eis rebus, quarum ars nondum sit, artem efficere possit*";

---

14. Schiavone, *Giuristi e nobili nella Roma repubblicana*, cit., pp. 38 s.; original em latim, pp. 202 s., nota 51. Este excerto de Cícero, *De orat.*, 1, 41, 186-42, 191, é um clássico da sistemática romana.

[5] *"che ormai sono state ridotte nei rispettivi sistemi"* [que já foram reduzidas nos respectivos sistemas]:
"quae sunt conclusa nunc artibus"

[6] *"dovette quindi venire in aiuto un preciso metodo sistematico"* [foi, portanto, necessário recorrer a um preciso método sistemático]:
"adhibita est igitur ars quaedam extrinsecus ex alio genere quodam";

[7] *"in grado di connetteere insieme un sapere scisso e frammentato"* [capaz de conectar juntamente um saber cindido e fragmentado]:
"quae rem dissolutam divulsanque conglutinaret",

[8] *"una forma razionale unitaria"* [uma forma racional unitária]:
"et rationem quadam constringeret"

Depois de ter analisado as disciplinas que já tinham sido sistematizadas (*"conclusa nunc artibus"*: a música, a métrica, a geometria, a astronomia, a gramática), Cícero convida a aplicar essas mesmas regras também ao direito: alguém deverá ser "o primeiro a construir o *ius civile* por gêneros", distribuindo depois os gêneros "como membros de um corpo"; e assim, conclui Cícero, "tereis um sistema perfeito do *ius civile*":

[9] *"il primo a costruire il ius civile per genera"* [o primeiro a construir o *ius civile* por gêneros]:
"ut primum omne ius civile in genera digerat";

[10] *distribuire i genera "come membra di un corpo"* [distribuir os gêneros como membros de um corpo]:
"quase quaedam membra dispertiat"[15];

[11] *"avrete un sistema perfetto del ius civile"* [tereis um sistema perfeito do *ius civile*]:
"perfectam artem iuris civilis habebitis".

---

15. O verbo *dispertio* indica a subdivisão, podendo em certos contextos ser considerado um modo para expressar o pensamento sistemático: em outro lugar Cícero fala de subdividir *"coniecturam in quattuor genera"*.

Portanto, o jurista hodierno fala de sistema, ao passo que o latino usava outros termos, igualmente expressivos e reveladores de um pensamento sistemático. É portanto legítimo perguntar-se como se expressava, concretamente, a sistematicidade dos juristas romanos.

7. A sistemática dos juristas romanos

A ausência do termo "sistema" no latim clássico não significa necessariamente a ausência do conceito, sobretudo considerando os recursos recém-examinados da língua latina: daí a oportunidade de realizar uma breve digressão sobre a sistemática desses juristas que não usavam o termo "sistema". Por um instante, é preciso abandonar o cômodo artifício de falar do direito romano como se ele fosse um bloco monolítico e lembrar as diversas fases de seu desenvolvimento[16].

A ciência do direito passou da enunciação de meras noções práticas à elaboração dogmática, sobretudo por causa da influência grega. No último período da República, os princípios da *diaíresis* e da *sýnthesis*, extraídos da lógica aristotélica, penetram no direito romano[17]: os *Topica* de Cícero são uma prova disso, mesmo que do exemplo, talvez, mais característico dessa tendência – o escrito ciceroniano

---

16. Para uma primeira aproximação aos conceitos do direito romano, cf. Losano, *I grandi sistemi giuridici. Introduzione ai diritti europei ed extraeuropei*, Laterza, Roma-Bari, 2000, pp. 27-39 e a literatura a pp. 55 s.

17. Sobre a influência da dialética aristotélica na jurisprudência romana, cf. para todos Michel Villey, *Logique d'Aristote et droit romain*, "Revue historique du droit français et étranger", XXIX, 1951, pp. 309-28 e a literatura aí indicada; sobre a influência do pensamento grego no direito romano: Johannes Stroux, *Römische Rechtswissenschaft und Rhetorik*, Stichnote, Postdam, 1949, 107 pp.; Stroux, *Summum ius summa iniuria: un capitolo concernente la storia della interpretatio iuris*. Versão do alemão de Gino Funaioli. Com prefácio de Salvatore Riccobono, Stabilimento Tipografico Commerciale, Cortona, 1929, pp. 639-91 (extraído dos "Annali del Seminario giuridico di Palermo", vol. 12); o original é: *Summum ius summa iniuria: Ein Kapitel aus der Geschichte der Interpretatio Iuris*, Teubner, Leipzig, 1926, 46 pp.

De iure civili in artem redigendo – reste somente uma breve notícia em Aulo Gélio (I, 22, 7).

Para ser simples, na jurisprudência romana podem ser distinguidas duas grandes correntes sistematizadoras: uma extrai seu esquema expositivo de considerações lógicas e trata cada problema *generatim*, ou seja, reunindo os institutos pertencentes ao mesmo *genus*; a outra atém-se, ao contrário, ao esquema expositivo próprio do texto analisado. Já a compilação justiniana não se refere a nenhuma das duas correntes em particular, mas a ambas.

a) *O esquema expositivo de tipo lógico*. Segundo o testemunho de Pompônio, o primeiro sistematizador na história do direito seria Quinto Múcio Cevola, que *"ius civile primus constituit generatim in libros decem et octo redigendo"* (Dig., 1, 2, 2, 41). Juristas modernos tentaram uma reconstrução, seja do sistema muciano, seja do sistema sabiniano (proveniente do nome do outro sistematizador, Masúrio Sabino)[18]. Ambos, em seu aspecto exterior, não diferem muito das sistematizações elaboradas ainda no século XIX, na fase do pensamento jurídico que prepara o caminho para a Escola Histórica[19].

---

18. Por exemplo, Mario Schiavone, *Giuristi e nobili nella Roma repubblicana. Il secolo della rivoluzione scientifica nel pensiero giuridico antico*, Laterza, Roma-Bari, 1987, 254 pp., que analisa a passagem do direito romano arcaico ao direito clássico: é a "revolução científica" do II século d.C.; cf. em particular *I concetti e il sistema*, pp. 25-73.

19. Os sistemas muciano e sabiniano são aqui reproduzidos para que seja possível confrontá-los com o sistema proposto em 1807 pelo pandectista Georg Arnold Heise (cf. *infra*, cap. XII, 7).

a) Sistema muciano: 1. testamentos, legados, sucessão *ab intestato*; 2. manumissões não-formais; 3. *iura itinerum*; 4. *aqua pluvia*; 5. aquisição por meio de terceiros; 6. estipulações; 7. tutela; 8. *Lex Aquilia*; 9. *statuliberi*; 10. *patria potestas, possessio* e *usucapio, non usus e libertatis usucapio*; 11. venda e locação; 12. *iura aquarum*; 13. comunhão e sociedade; 14. *postliminium*; 15. *furtum*.

b) Sistema sabiniano: 1. testamento com aceitação, renúncia da herança, *testamentum ruptum* e testamento dos libertos, sucessão *ab intestato* e dos libertos; 2. legado; 3. *patria potestas*, adoção, emancipação, manumissão, *statuliberi, operae libertorum*; 4. *mancipatio, traditio, leges traditionis*; 5. venda, *leges venditionis, stipulatio duplae*, sociedade, *actio familiae erciscundae* e *actio communi dividundo*; 6. dote; 7. tutela; 8. *furtum, lex Aquilia, damnum infectum, iniuria*,

Essas sistematizações têm, sobretudo, um valor mnemônico ou didático, como a celebérrima tripartição gaiana entre *personae, res* e *actiones*. Essa partição se transmitiu até os códigos do século XIX, do Código de Napoleão de 1804 a todos os que nele se inspiraram não apenas na Europa, chegando ao Código civil austríaco de 1811 e ao italiano de 1865.

b) *O esquema expositivo modelado sobre as fontes*. Ao lado desses primeiros manuais continuaram, porém, a ter grande difusão escritos exegéticos dedicados não à sistematização de uma ampla matéria, mas à exposição do que era regulado por um único texto legislativo. O jurista, neste último caso, era estritamente vinculado ao texto que expunha e acabava, portanto, por reproduzir sua estrutura. Como, para os juristas clássicos, a fonte jurídica mais importante é o *Edictum perpetuum* do pretor, seus livros *responsorum* (ou *digestorum*) se modelam sobre suas cinco partes, acrescentando-lhes, porém, uma sexta, em que colocam de modo desordenado todos os argumentos que não se incluem na pentapartição do edital. Ainda uma vez, isso mostra o caráter marginal e puramente instrumental da ordem expositiva dos romanistas e, portanto, a inoportunidade de designá-la com o termo "sistema", ao qual o jurista moderno costuma atribuir significados menos genéricos.

Na época pós-clássica, sente-se a necessidade de reunir em códigos a crescente acumulação de dados jurídicos, e os compiladores resolvem o problema da disposição da matéria no modo mais simples: tanto as coletâneas privadas (como o *Código Gregoriano* e o *Hermogeniano*) quanto as

---

condictio, edito de construção, *operis novi nutiantio*; 9. *stipulatio, novatio*, obrigações solidárias, fidejussória, *vadimonium, stipulatio* dos escravos, *stipulatio* para aquisição de herança, *acceptilatio*; 10. *interdictum de vi, interdictum quod vi aut clam, interdictum de precario, iurisdictio, rei vindicatio*, aquisição de propriedade, *usucapio, non usus*; 11. doações; 12. servidão predial; 13. *iura aquarum*; 14. confiança; 15. *postliminium*.

Talvez seja supérfluo acrescentar que o termo "sistema" é utilizado pelos estudiosos modernos para indicar esses esquemas expositivos da época clássica.

coletâneas oficiais (como o *Código Teodosiano*) adotam a ordem dos *livros digestorum* dos juristas, que, por sua vez, reproduziam a ordem do *Edictum perpetuum*.
c) *O* Corpus iuris. Com Justiniano, as duas correntes sistemáticas ora examinadas se fundem: em seu *Corpus iuris*, o *Código* e o *Digesto* seguem o esquema do edito com leves modificações, ao passo que as *Instituições* se referem à obra homônima de Gaio, que reproduz um esquema expositivo que remonta à disputa entre sabinianos e mucianos. A respeito das subdivisões dessas coletâneas foram dadas também outras explicações; todavia, as aqui expostas parecem as mais aceitáveis[20].

Essa evolução revela quão caótica foi a composição do *Corpus iuris* e explica por que, no momento de escolher um termo que indicasse a unidade da própria matéria, os teólogos rejeitaram o termo *corpus*, que eles entendiam como sinônimo de *aggregatum*, ou seja, como negação do sistema.

Por isso, falar de "sistema" a propósito da disposição da matéria jurídica em uma compilação romanística[21] constitui um uso moderno (aliás, quase um abuso) do termo, devido provavelmente também ao eco das disputas do século XIX, das quais trataremos em seguida. No *Corpus iuris*, de fato, entrelaçam-se a corrente do edito (no *Código* e no *Digesto*), a corrente gaiana (nas *Instituições*) e – em cada excerto incluído na compilação – os testemunhos de várias correntes. Sobre esse magma intervém, em seguida, a atividade de compiladores, aos quais era estranho o hodierno respeito filológico do texto: os *emblemata Triboniani* (ou seja,

---

20. Uma curiosa explicação é fornecida por Vasili Sinaïski, professor em Riga nos anos 30, que pôs em relação a sistemática das compilações com os diversos sistemas utilizados pelos antigos para subdividir o ano solar (decimal, duodecimal, setenário): Vasali Sinaïski, *Ordre des matières dans la législation de Justinien*, em *Studi in memoria di Aldo Albertoni*, Cedam, Padova, 1935, pp. 179-204. Mais aceitáveis e aceitas são, ao contrário, as idéias expressas por Gaetano Scherillo em numerosos estudos sobre esse assunto: cf. a nota seguinte.

21. Cf., por exemplo, Gaetano Scherillo, *Il sistema del Codice Teodosiano*, em *Studi in memoria di Aldo Albertoni*, cit., pp. 513-38.

as interpolações) inserem modos de pensar bizantinos em contextos da época clássica, de modo que a Escola dos Cultos, nos primeiros séculos depois do ano 1000, falará não de *emblemata*, mas de *facinora Triboniani*.

Até o início do século XX, esse atormentado *Corpus iuris* foi a base de qualquer atividade jurídica, seja teórica, seja prática. Explica-se assim por que, desde a Idade Média, o estado de espírito do jurista coincida com o de Dom Juan de Max Frisch, quando confia ao amigo: "Eu preciso dessa pureza, meu amigo, dessa sobriedade, dessa precisão"[22]; explica-se também a razão pela qual eles fizeram desse *Corpus* a arena de suas lutas sistematizadoras. Enfim, dada a heterogeneidade do *Corpus iuris*, compreende-se também por que essas disputas perduram há dois mil anos sem chegar a um ponto firme: o *Corpus iuris* fornece imparcialmente argumentos em apoio a todas as partes contendentes.

8. A sistemática romana e as teorias modernas

Ainda que o direito romano não seja construído sistematicamente, mas tenha nascido por estratificações sucessivas, seus expositores buscaram sempre colocar uma certa ordem na matéria, para facilitar sua aprendizagem e compreensão. Por isso, transferindo ao passado um uso mais recente, fala-se freqüentemente de sistemática dos juristas romanos.

Se a sistemática é uma ordem da exposição, é oportuno ocupar-se dela também do ponto de vista lingüístico. Logo surge o problema se a língua reflete o mundo ou se a língua faz o mundo, o que equivale a voltar ao problema se o sistema ou a estrutura estão nas coisas observadas ou na

---

22. Max Frisch, *Il teatro*. Organizado por Enrico Filippini, Feltrinelli, Milano, 1962, p. 202. "*Ich sehne mich nach dem Lauteren, Freund, nach dem Nüchternen, nach dem Genauen*": Max Frisch, *Stücke*, vol. II, Suhrkamp, Frankfurt am Main, 1962, p. 47.

cabeça do observador. O romanista Lantella não toma posição a respeito desse problema, mas empreende uma investigação sobre a "interpretabilidade pragmática"[23] da sistemática romanística, finalidade que a leitura não conseguiu me esclarecer em profundidade. Seu escrito é uma das raras monografias sobre a sistemática romana – mesmo que sobre esse tema existam numerosos artigos eruditos e hiperespecializados, divulgados em revistas e volumes coletivos – e apresenta uma análise minuciosa do direito romano do ponto de vista da linguagem usada pelos juristas. Ainda que eu tenha me limitado a buscar em Lantella os autores que retornarão nos dois volumes seguintes, é preciso lembrar que as fontes de sua investigação são também textos de lingüística, semiótica, sociologia etc., dos quais ele extrai os instrumentos para a análise das fontes romanas. Mas, naturalmente, a maior contribuição deriva-lhe da literatura romanística.

Esse romanista aventura-se na reconstrução do *discurso* sobre o direito romano (e não sobre o direito romano *tout court*), usando a categoria da sistemática (e não do sistema) e distinguindo suas três possíveis acepções em relação ao discurso jurídico. Sistemática pode, em primeiro lugar, referir-se a cada palavra do discurso jurídico (contrato, negócio jurídico); pode, em segundo lugar, referir-se a mais palavras agregadas em enunciados ("é preciso que haja o encontro de vontades para que se realize o contrato"); e pode, em terceiro lugar, examinar a ordem em que os enunciados se sucedem no discurso do romanista, criando vastos agregados (obrigações, direitos reais). Para distinguir os três sentidos de "sistemática", a esta palavra é aposto um número depoente, que a acompanha por toda a obra[24]. Com base na

---

23. Lelio Lantella, *Il lavoro sistematico nel discorso giuridico romano. Repertorio di strumenti per una lettura ideologica*, Giappichelli, Torino, 1975, p. 289.
24. Essa tentativa de esclarecer o próprio termo resulta menos dispersiva, para o leitor, do que a proposta no volume de Wilhelm Steinmüller, *Informationstechnologie und Gesellschaft. Einführung in die angewandte Informatik*, Wissenschaftliche Buchgesellschaft, Darmstadt, 1993, XVIII-998 pp., em que

redefinição das três acepções de "sistemática", o autor propõe como fim utópico "a história do léxico jurídico, a história dos sistemas de enunciados jurídicos, a história do uso de seqüências no discurso jurídico: *tudo referido à experiênca romana*"[25]. Portanto, a pesquisa é canalizada por uma tríplice barreira: refere-se apenas ao *discurso* sobre o direito; analisa esse discurso segundo as categorias redefinidas da *sistemática*; tem por objeto o *direito romano*.

A análise de Lantella não contém, portanto, referências às obras sobre o sistema do direito, já em circulação há cerca de uma década antes da publicação dessa investigação romanística, mas algumas referências aos lingüistas estruturalistas Jakobson e Saussure[26], uma única referência a dois textos jurídicos sobre o estruturalismo[27] e uma tentativa desesperada de aplicar as teorias de Foucault à Lex Fufia Caninia[28]. Na realidade, diante das novas metodologias, o autor constata que "o conceito de 'sistemática' cristalizou-se historicamente, no interior do setor jurídico, sem levar

---

numerosas palavras estão munidas de letras do alfabeto para especificar seu significado: a tentativa de esclarecimento de Steinmüller é, porém, excessivamente complexa e acaba por confundir o leitor. Cf. vol. 3, cap. I, 7, b.

25. Lantella, *Il lavoro sistematico nel discorso giuridico romano*, cit., p. 27.

26. Lantella, *Il lavoro sistematico nel discorso giuridico romano*, cit., p. 18, nota 5; os dois estruturalistas são citados a propósito da "linearidade" também do discurso jurídico, ou seja, sobre o fato de que as palavras devem ter uma seqüência, isto é, uma ordem. São citados Saussurre (com outros) sobre a motivação do léxico, p. 47, nota 51; sobre o campo associativo, p. 96, nota 126; o *Trattato di semiotica generale*, de Eco, p. 57, nota 67; o semiólogo Greimas, p. 95, nota 124; p. 110, nota 141; pp. 202 s., notas 253, 254; p. 209, nota 260.

27. Lantella, *Il lavoro sistematico nel discorso giuridico romano*, cit., p. 26, nota 18: "A desconfiança em relação à 'estrutura', dentro do setor jurídico, não diz respeito apenas à descrição do *discurso jurídico*, mas também à descrição do *direito*" (grifo no original); aqui Lantella refere-se a Carbonnier e Mathiot, dos quais se voltará a falar no contexto mais amplo do estruturalismo jurídico: cf. vol. 3, cap. II, 7, a.

28. Michel Foucault, *L'ordine del discorso*. Traduzione di Alessandro Fontana, Einaudi, Torino, 1972, pp. 9 ss.; pp. 41 ss.; a citação está a pp. 272, nota 332; mas a esse respeito Lantella admite: "De tudo isso seria difícil buscar indícios no discurso jurídico romano" (p. 272).

em consideração o enorme desenvolvimento que outros setores da cultura atribuíram a conceitos análogos, como, por exemplo, o de 'estrutura'"[29]. Porém, ele prefere não seguir as novas modas e redefinir o termo 'sistemática', usado entre os romanistas, tentando alcançar pelo menos em parte os três objetivos utópicos indicados acima: se não é ainda possível uma "história das respostas", bastar-lhe-ia escrever pelo menos uma "história das perguntas". Todavia, o juízo sobre os resultados propriamente jurídicos do amplo trabalho lingüístico de Lantella permanece reservado aos romanistas: aqui é necessário se perguntar em que medida essa pesquisa é relevante para a investigação que se ocupa da noção de sistema no direito.

É, antes de tudo, curioso que em um livro sobre a sistemática não se fale quase nunca do sistema. Quando o faz, esclarece "que 'sistema', para nossos fins, pode ser tomado como sinônimo de 'estrutura'"; porém, não de estrutura em sentido atécnico, mas, ao contrário, de estrutura assim como a definem os estruturalistas[30]. Não obstante essa afirmação e não obstante o recurso a textos estruturalistas, essa análise do discurso sobre o direito romano não é um trabalho estruturalista, comparável, por exemplo, ao de Arnaud[31]; é, ao contrário, uma análise lingüístico-jurídica caracterizada por um certo ecletismo metodológico.

Por outro lado, em todo o texto de Lantella paira, mesmo se nunca toma forma, a noção de sistema em sentido atécnico, como, por exemplo, nesta frase: "Tende-se a chamar de sistemáticas aquelas categorias que, na história da cultura jurídica, representaram (ou representam hoje) uma dimensão unificante em relação a alguma coisa que *antes*

---

29. Lantella, *Il lavoro sistematico nel discorso giuridico romano*, cit., p. 26.
30. Lantella, *Il lavoro sistematico nel discorso giuridico romano*, cit., pp. 94 s.
31. A referência é André-Jean Arnaud, *Essai d'analyse structurale du code civil. La régle du jeu dans la paix bourgeoise*. Préface de Michel Villey, Postface de Georges Mounin, Librairie Générale de Droit et de Jurisprudence, Paris, 1973, IX-182 pp.: esta análise do código civil francês de 1804 é tratada no vol. 3, cap. II, 8, a.

não parecia unificada. É por isso que 'negócio jurídico' parece ter produzido um trabalho sistemático, ao passo que, ao contrário, 'gestão de negócios' parece um conceito que indica uma coisa só, uma coisa simples"[32]. O negócio jurídico foi uma construção dos pandectistas, ou seja, foi um fruto do pensamento sistemático; mas o que interessa a este autor não é o direito, mas o discurso sobre o direito: "Tem-se a equivalência entre léxico e sistemática quando, adotando um ponto de vista semântico e estrutural, um conjunto de palavras é considerado uma grade que *institui* uma tipologia da experiência: o léxico jurídico é, portanto, uma sistemática do mundo."[33] Concluindo, essa noção de sistemática parece se aproximar mais da de estrutura como morfologia da ação de Frosini[34] do que daquela clássica de sistema ou estrutura, típica dos juristas sistemáticos ou estruturalistas.

Acredito, ao contrário, que esteja mais próximo da realidade dos juristas romanos um sistema externo "que se contenta em identificar nexos discretos"; estamos, portanto, no âmbito da lógica que rege o sistema externo, mesmo que esta seja "uma lógica um pouco particular" porque, mais do que uma dedução lógica, seria uma "cadeia de associações". Precisamente esta última constituiria "o método predominante da jurisprudência republicana, e teria havido uma inversão de tendência somente quando Sérvio ou Múcio começaram a 'organizar' o direito civil". Essa mudança de perspectiva está mais ligada à filosofia grega do que às teorias modernas: "A passagem da 'ordem associativa' ao 'sistema' estaria especificamente relacionada à adoção do método dialético, assim como foi elaborado pela linha Platão-Aristóteles-estóicos."[35]

---

32. Lantella, *Il lavoro sistematico nel discorso giuridico romano*, cit., pp. 14 s.
33. Lantella, *Il lavoro sistematico nel discorso giuridico romano*, cit., p. 15.
34. Sobre a concepção de estrutura como morfologia da ação, cf. vol. 3, cap. II, 7, a; cf. *infra*, cap. IX, 2, b.
35. Lantella, *Il lavoro sistematico nel discorso giuridico romano*, cit., p. 241. Também La Pira vê na influência aristotélica uma das causas do novo paradigma sistemático. Cf. *supra*, nota 17.

9. A arqueologia do sistema e os "fósseis intelectuais"

A história do sistema é feita também de exigências práticas outrora urgentes, mas hoje satisfeitas pela técnica, por modos de pensar que não são mais os nossos, por crenças religiosas ou mágicas que conduziam a caminhos tenebrosos ou a becos sem saída. Não é possível, aqui, examinar todas elas, nem sequer omiti-las de todo. Limitar-me-ei a abrir janelas, mostrando esses vastos panoramas e evocando a aura que adejava ao redor das primeiras reflexões sobre a ordem sistemática dos pensamentos e das coisas.

Essas janelas abrir-se-ão sobre objetos de estudo, como a mnemotécnica, a lógica combinatória, os teatros do mundo, a *clavis universalis*, a *arbor scientiarum*, a *mathesis universalis* ou a linguagem universal perfeita. Nesses esforços intelectuais manifestou-se o desejo de colocar ordem nos conhecimentos, de conservá-los na própria memória e de transmiti-los de modo eficaz aos outros: tais esforços influíram sobre o pensamento sistemático, mas depois se extinguiram e constituem hoje a arqueologia do sistema. Pertencem, enfim, "à categoria dos fósseis intelectuais"[36], afirma Paolo Rossi em um dos melhores estudos sobre essas ciências arcanas. Tais saberes, que prepararam o pensamento sistemático de modo ainda confuso e inadequado, têm fronteiras vastas e evanescentes. Aqui, pode-se apenas fazer uma alusão a tudo isso; mas recomenda-se a leitura do texto de Paolo Rossi para todo e qualquer aprofundamento dos argumentos que dele extraio em abundância.

a) Ars memoriae

As sociedades letradas sempre tiveram de lutar com o problema da memória, principalmente antes da imprensa

---

36. Paolo Rossi, *Clavis universalis. Arti della memoria e logica combinatoria da Lullo a Leibniz*, Il Mulino, Bologna, 1983, 2.ª ed., 340 pp. A primeira edição é de 1960. Alguns temas retornam em: Walter Tega, *Arbor scientiarum. Enciclopedia e sistemi in Francia da Diderot a Comte*, Il Mulino, Bologna, 1984, 405 pp.: cf. *infra*, cap. VII, 2.

e da informática. Para Aristóteles, a ordem e a regularidade são os instrumentos fundamentais da memória. Cícero, no *De Oratore*, indica uma técnica para reter na mente o que se deverá dizer em seguida: cada assunto deve estar ligado a uma imagem ou a um lugar, e assim, seguindo a ordem das imagens, serão encontradas as noções que devem ser lembradas.

Da Idade Média provêm oito preceitos áureos para bem lembrar: 1. aprender desde criança; 2. prestar muita atenção; 3. repensar freqüentemente; 4. ordenar as coisas a serem lembradas; 5. começar do princípio; 6. observar as semelhanças; 7. não sobrecarregar a memória; 8. usar versos e rimas[37]. Alguns desses princípios retornarão nos sistemas externos ou didáticos com denominações mais filosóficas (cf. *infra*, cap. X, 1). Às técnicas hoje em desuso pertencem, ao contrário, o *carmen mnemonicum*, a poesia escrita para melhor recordar. Ainda em meados do século XIX, Ampère serviu-se de um *carmen mnemonicum* para enunciar seu sistema global das ciências[38]: e naqueles versos menciona-se, pela primeira vez, a cibernética como arte do governo (cf. vol. 3, cap. I, 3).

Desde a Idade Média até 1600, certas técnicas puramente práticas, como a *ars predicandi* ou *ars memoriae*, transformaram-se em instrumentos para penetrar os segredos da realidade e acabaram assim "por carregar-se de significados místicos, por relacionar-se a temas da cabala, do exemplarismo místico e da pansofia". Para além dessas transformações, "permanece bem firme, do século XIV aos últimos anos do século XVII, uma efetiva continuidade de idéias e de discussões: uma continuidade que tem caráter

---

37. São os princípios do frei Bartolomeo de San Concordio (falecido em 1347), autor de um *Ensinamentos dos antigos*, citado por Rossi, *Clavis universalis*, cit., pp. 40 s.

38. André-Marie Ampère, *Essai sur la philosophie des sciences ou exposition analytique d'une classification naturelle de toutes les connaissances humaines*, Bachelier, Paris, 1843, vol. II, p. 140; cit. no meu *Giuscibernetica. Macchine e modelli cibernetici nel diritto*, Einaudi, Torino, 1969, p. 128.

europeu e é verificável mediante a documentação da difusão de um grande número de textos e de idéias em grupos de homens bem determinados". No século XVIII, época das Luzes e da Razão, muitos autores sobre os quais tinham se formado Leibniz, Bacon ou Descartes "são eliminados da cultura européia"; entre esses, o sistemático e enciclopedista alemão Alsted, do qual trataremos mais a fundo (cf. *infra*, cap. III, 4). Naquele período de tempo, também os lógicos seguidores de Lúlio são reduzidos "à manifestação de uma mentalidade irremediavelmente arcaica e provinciana". Os simbolismos imaginários recebem o golpe de graça de Leibniz, que os leva à sua extrema perfeição, transformando-os em simbolismos lógicos e imprimindo à ciência européia uma reviravolta que levará a cancelar do mapa do saber aqueles antigos estudos fantasiosos. Por sua vez, o advento do empirismo dos iluministas arrastou Leibniz "para a categoria dos expoentes fora de moda dos sistemas *a priori*"[39]. Nessa parábola cultural colocam-se as técnicas que, de algum modo, podem ser reconduzidas ao pensamento sistemático.

Depois de 1400, a manualística sobre a "memória artificial" prodigalizou-se em descrições sempre mais detalhadas sobre os lugares ou "edifícios" nos quais colocar as noções a serem lembradas. Essa *ars memorativa* persegue apenas uma finalidade prática e revela sua origem ciceroniana quando explica que, para vencer nas discussões, é preciso lembrar bem o fio do discurso. É, portanto, inevitável que os juristas (e, por razões diversas, os médicos) estivessem particularmente interessados no uso da *ars memorativa*.

Um dos autores europeus eliminados da mnemotécnica foi o jurista Pietro Tommai de Ravena, professor de direito, bem como autor de um *Phoenix seu artificiosa memoria* de 1491. Ele "afirmava poder dispor de mais de cem lugares que havia construído para superar quem quer que fosse no conhecimento das Sagradas Escrituras e do direito"[40]. Esse

---

39. Rossi, *Clavis universalis*, cit., pp. 20-2.
40. Rossi, *Clavis universalis*, cit., p. 51.

método funcionou quando na Universidade de Pavia o jovem de vinte anos Pietro de Ravena recitou ao seu professor *totum codicem iuris civilis*, completo de texto e glosas. Mais tarde, em Pádua, ele dava aulas de direito canônico sem nenhum texto e sem omitir sequer uma única glosa. "Coloquei em dezenove letras do alfabeto – sustentava – vinte mil trechos do direito canônico e do direito civil", além de muito outro material literário. Que essas não fossem invenções fica comprovado pelas admiradas cartas de recomendação de Eleonora de Aragão e de Bonifácio de Monferrato, bem como por sua fama e por seu *Phoenix* em toda a Europa até 1600.

A técnica de associar os lugares às noções transmitiu-se até os nossos dias e se encontra na manualística que explica como alcançar o sucesso material na vida. Mas essa hodierna mentalidade é de todo estranha àquela renascentista; e Paolo Rossi explica, com clareza exemplar, que valor poderiam ter para o homem renascentista esses manuais que hoje parecem, afinal, técnicos e áridos: "Quem reflete sobre a importância dos sinais, das empresas e das alegorias na cultura renascentista, quem evoca à mente os textos ficinianos sobre os 'símbolos e figurações poéticas que escondem divinos mistérios' e percebe o significado daquele gosto pelas alegorias e pelas 'formas simbólicas' presente nos escritos de Landino, Valla, Pico, Poliziano (e mais tarde de Bruno) não poderá deixar de notar a ressonância que a arte da memória como *construtora de imagens* era destinada a ter em uma época que adorava incorporar as idéias em formas sensíveis, que se deleitava em transferir sobre o plano das discussões intelectuais a Febre e a Fortuna, que via nos hieróglifos o meio usado para tornar indecifrável ao vulgo a verdade, que adorava os 'alfabetos' e as iconologias, que concebia verdade e realidade como alguma coisa que vai progressivamente se revelando através de sinais, 'fábulas', imagens."[41]

---

41. Rossi, *Clavis universalis*, cit., p. 59.

b) A estrutura arborescente (arbor) *como instrumento mnemônico*

O homem medieval possuía em muitas coisas uma percepção diferente da atual: mesmo estruturas de pensamento que hoje parecem simples, como as relações de parentesco, muitas vezes lhe pareciam complexas. Além disso, como em toda sociedade sem imprensa e sem uma alfabetização difusa, o que ajudava a compreender e a recordar não era tanto a audição, e sim a imagem. A antiga convicção da superioridade da visão sobre a audição encontra expressão nas *Instituições* de Justiniano: "Uma vez que a verdade se imprime no espírito humano mais através dos olhos que dos ouvidos, consideramos necessário, depois de expor os vários graus [do parentesco], reproduzi-los também neste livro, de modo que o adolescente possa atingir o mais completo conhecimento desses graus tanto pela audição como pela visão."[42] Assim, o uso de esquemas gráficos já estava difundido naquela época, porque o texto de Justiniano refere-se a eles sem explicações adicionais, como algo já conhecido pelos estudiosos. Tais gráficos remetem às rudimentares construções sistemáticas dos juristas romanos (cf. vol. 1, cap. I, 7), mas permanecem vivas também nos séculos seguintes: "A Idade Média sabe apenas aquilo que vê."[43]

Para sintetizar situações complexas também externas ao direito recorria-se a figuras geométricas, denominadas *estemas*. Ao *emblema* ou ao *estema*, acrescentava-se uma representação figurativa, "a imagem total da representação artística e da estrutura jurídica"[44], que assumia o nome de *esque-*

---

42. *Inst.* 3. 6. 9.: "Sed cum magis veritas oculata fide quam per aures animis homines infigitur, ideo necessarium duximus post narrationem graduum etiam eos praesenti libro inscribi, quatenus possint et auribus et inspectione adulescentes perfectissimam graduum doctrinam adipisci."

43. Hermann Schadt, *Die Darstellung der Arbores Consanguinitatis und der Arbores Affinitatis. Bildschemata in juristischen Handschriften*, Verlag Ernst Wasmuth, Tübingen, 1982, 410 pp. + 171 fotografias em preto-e-branco em pp. nn. A frase citada está na p. 14.

44. Note-se como nesse trecho aparecem os termos típicos de toda descrição de um sistema: "die gesamtheitliche Erscheinung von künstlerischer Aus-

ma. Além disso, também se utilizava a imagem do cacho de conceitos, ou seja, da "pirâmide"[45], e da "construção" arquitetônica[46], que se tornarão símbolos típicos do sistema a partir do direito do século XIX. Enfim, para as relações de parentesco constituídas por poucos elementos, a mão constituía o instrumento mnemônico mais simples, ainda mencionada em texto de 1872[47] destinado a orientar a atividade prática do clero. Mas a imagem mais antiga e significativa é a da *árvore* (*arbor*), que conheceu grande difusão em todos os campos do saber, a ponto de nos textos italianos medievais *estema* (*stemma*), *esquema* (*schema*) e *árvore* (*arbor*) acabarem sendo usados como sinônimos.

Do classicismo romano até o humanismo nasceram assim *arbores* de todos os tipos: *actionum, agnationis, amoris, bigamiae, caritatis, conversa* (árvore invertida), *crucis, hereditatis, philosophiae, porphyriana* (árvore de Porfírio, à qual voltaremos em breve), *sapientiae, scientiarum* (tema do subitem c), *virtutum* (*et vitiorum*: árvore dupla), *vitae*. Também na Idade Média muitos conheciam essa imagem através do estudo das artes liberais e do direito. Neste último campo, a estrutura arborescente mostrava-se particularmente adequada para representar as situações de parentesco, importantes especialmente no direito hereditário romano e, depois, no direito matrimonial canônico, em que se usou esse recurso gráfico até 1917 para ilustrar o direito canônico vigente.

---

gestaltung und juristischem Gerüst" (Schadt, *Die Darstellung der Arbores Consanguinitatis und der Arbores Affinitatis*, cit., p. 15).

45. Andrea Errera, *Arbor actionum. Genere letterario e forma di classificazione delle azioni nella dottrina dei glossatori*, Monduzzi Editore, Bologna, 1995, XVI-406 pp. (com 8 reproduções coloridas). Ali fala-se da "pirâmide" de *subdistinctiones* nos glosadores como alternativa à estrutura arborescente herdada de Porfírio nas pp. 24n, 66, 66n, 67, 67n, 68, 304, 306, 308, 309.

46. Schadt, *Die Darstellung der Arbores Consanguinitatis und der Arbores Affinitatis*, cit., fala de "Architektonische Vorstellungen" e, em particular, de "scala-gradus-Gedanke" nas pp. 24, 32, 34, 37, 42, 55 s., 80, 95 s., 117, 123, 130 s., 191, 288, 312 s., 315, 332 s., 350-353, 357.

47. Josef Weber, *Die kanonischen Ehehindernisse nach dem geltenden gemeinen Kirchenrechte. Für den Kuratklerus praktisch dargestellt*, Herder, Freiburg i.B., 1872, p. 79.

Nasceram assim as *arbores consanguinitatis* e as *arbores affinitatis*, que descreviam respectivamente a relação de sangue (*consanguinitas*, matrilinearidade) e a relação de agnação (patrilinearidade). A Escola de Bolonha usou a estrutura arborescente também para ilustrar as ações processuais. Nasceram assim as *arbores actionum*.

Dois textos modernos podem servir como ponto de referência para maiores pesquisas em ambas as direções. O livro de Andrea Errera, de 1995, é uma obra de história jurídica dedicada às *arbores actionum*. O exame de suas múltiplas formas é precedido por uma ampla explicação do contexto filosófico no qual nasce a estrutura arborescente como instrumento de sistematização do saber jurídico[48]. O livro de Hermann Schadt, de 1982, por sua vez, concentra-se em esquemas de parentesco e entra logo *in medias res*[49]. Este último livro analisa inúmeros manuscritos jurídicos, mas seu interesse está ligado também à forma artística da representação: de fato, origina-se de uma dissertação de história da arte da Universidade de Tübingen. Essa tendência multidisciplinar reflete-se na abundante iconografia, que compreende quase duzentas ilustrações.

O texto lógico mais conhecido sobre a estrutura arborescente é a *Isagoge*, escrito no século III d.C. pelo filósofo neoplatônico Porfírio[50]. Na tentativa de conciliar platonismo

---

48. O livro de Errera, *Arbor actionum*, cit., está subdividido nos seguintes capítulos: A *arbor actionum* e as outras "árvores"; A classificação das ações no *corpus* justiniano; As elaborações pré-bolonhesas; As primeiras elaborações da Escola da Glosa; *Distinctiones* e *arbores* da metade do século XII (tanto italianas como transalpinas); Entre 1160 e 1180: raízes da *arbor* de Bassiano; A *arbor actionum* de Giovanni Bassiano; De Giovanni Bassiano à Glosa comum.

49. O livro de Schadt, *Die Darstellung der Arbores Consanguinitatis und der Arbores Affinitatis*, cit., subdivide-se nos seguintes capítulos: Os esquemas romanos de parentesco; As formas de representação medievais até o *Decretum Burchardi*; Os esquemas de parentesco do *Decretum Gratiani* até o Quarto Concílio de Latrão de 1215; Os esquemas de parentesco depois do Quarto Concílio de Latrão de 1215; As representações gráficas do final do século XIII até o final do século XIV; Os esquemas de parentesco do século XV; Os esquemas de parentesco a partir da época do humanismo.

50. Giuseppe Girgenti (a cura di), *Porfirio. Isagoge*, Rusconi, Milano, 1995, 212 pp.: texto bilíngue; em apêndice contém ainda a versão latina de Boécio.

e aristotelismo, Porfírio adotou os cinco conceitos aristotélicos de *genus, species, differentia, proprium* e *accidens*, indispensáveis para compreender as categorias de Aristóteles. Para melhor explicar a principal categoria, a de substância, Porfírio usou o método "diairético", que se fundamenta nas sucessivas divisões dicotômicas até atingir a última espécie não mais divisível, a *species infima*[51]. A distinção entre todo e parte (*partitio*) implica apenas uma diferença quantitativa entre o todo e a parte, e não é aqui tratada[52]. Ao contrário, a distinção entre gênero e espécie (*divisio*) implica uma diferença qualitativa entre o gênero e a espécie. Partindo da categoria superior de substância, Porfírio distinguiu dicotomias sucessivas: as *espécies* contidas naquele *gênero*. Retomada por Boécio, essa técnica "gera assim uma estrutura lógica que apresenta um ápice (o gênero supremo, ou seja, a categoria de substância), vários níveis de ramificação especular (o encadeamento das espécies destinadas a se tornar gêneros das espécies inferiores) e raízes (cada um dos indivíduos isoladamente considerados, que dependem da última espécie do raciocínio)"[53]. Tal estrutura heurística pode ser aplicada a qualquer disciplina. Devido a sua forma, a estrutura passou a ser denominada *arbor porphyriana*. A passagem do esquema lógico-gráfico ao esquema iconográfico ocorreu por volta dos séculos XI-XII, sempre com referência direta às obras de Porfírio e de Boécio.

Outras traduções italianas: Bruno Maioli (a cura di), *Porfirio. Isagoge*, Liviana, Padova 1969, VII-169 pp.; Ernesto Passamonti (a cura di), *Porphyrius. Isagoge o Introduzione alle categorie di Aristotele*, Nistri, Pisa, 1889, XVI-91 pp. (é a primeira tradução italiana desse texto). Ver também as observações de Umberto Eco, L'albero di Porfirio, in *Semiotica e filosofia del linguaggio*, Einaudi, Torino 1984, XVIII-318 pp.

51. O método diairético em Platão também é estudado por Theodor Viehweg, *Topica e giurisprudenza*, Giuffrè, Milano 1962, pp. 75-6. Cf. vol. 2, cap. VII, 12; cap. VIII, 8.

52. Em contrapartida, a diferença quantitativa entre o todo e a parte tem sua relevância nas teorias holísticas: cf. vol. 3, cap. II, 2; cap. III, 4. Cf. também Dieter Nörr, *Divisio und Partitio. Bemerkungen zur römischen Rechtsquellenlehre und zur antiken Wissenschaftstheorie*, Schweitzer, Berlin, 1972, 64 pp.

53. Errera, *Arbor actionum*, cit., p. 20.

A *divisio* da linguagem filosófica foi usada pelos juristas medievais com o nome de *distinctio*. No século XII, a lógica, com o nome de *dialectica*, era matéria de estudo no *trivium* e constituía assim uma base cultural comum a quem se dedicava ao estudo do direito. Além disso, alguns glosadores de Bolonha e o próprio Irnério tinham a lógica em grande consideração. Neles a estrutura arborescente aparece tanto como instrumento para adquirir novos conhecimentos (a *arbor* como instrumento de análise que oferece certezas, aprofundando o conceito inicial), quanto como critério útil para classificar e recordar matérias complexas (a *arbor* como instrumento taxonômico de noções já adquiridas). Em síntese, é a distinção entre sistema interno e sistema externo ou didático, à qual este texto voltará a seguir.

Ainda que a forma iconográfica dos dois tipos de *arbores* seja a mesma, o significado das representações de ambas é diferente. As duas *arbores* são tanto mais úteis quanto maior o número de suas ramificações: no entanto, a árvore heurística ideal aprofunda um único ramo até as últimas conseqüências, até a *species infima*, enquanto a árvore classificatória ideal oferece todos os desdobramentos de todos os ramos, tendendo a se apresentar como um sistema didático abrangente. Em ambos os casos, a *distinctio* é o principal instrumento dos glosadores, por "sua utilidade exegética (ligada à possibilidade de se aprofundar nas complexidades dos textos legais através do corte da questão problemática nos diversos aspectos particulares de que era composta)" e por "sua eficácia sistemática (que no campo do direito se manifestava na construção e na organização de categorias classificatórias nas quais se inseriam os institutos jurídicos e suas especificações)"[54].

A *arbor actionum* de Giovanni Bassiano remonta provavelmente ao final do século XII e propõe uma classificação das ações previstas pelo *Corpus iuris civilis*. Errera, que a submete a um estudo aprofundado, assim a descreve: nas "duas

---

54. Errera, *Arbor actionum*, cit., pp. 64 s. e a rica literatura citada nas notas.

ilustrações (tábuas) estão representados cento e oitenta discos, todos do mesmo tamanho [...]. Cada disco contém o *nomen* de cada uma das ações extraídas da leitura das fontes justinianas; além disso, as ações estão distribuídas de modo que as pertencentes à categoria das ações dos pretores ocupam a maior tábua à esquerda, enquanto as ações civis, menos numerosas, encontram-se todas na tábua da direita. Além da indicação do nome de cada ação, no âmbito de cada disco – que não está ligado aos discos que o circundam por nenhum tipo de vínculo ou de dependência recíproca – estão reproduzidas também as primeiras doze letras do alfabeto, e acima de cada uma delas estão assinalados um, dois, três ou quatro pontinhos. Enfim, aos pés das duas tábuas está colocada uma lista das *distinctiones* gerais das ações, nas quais a cada *distinctio* está associada uma letra do alfabeto; essa lista é acompanhada por três breves anotações sobre o mecanismo de funcionamento da *Arbor*"[55].

Esse "mecanismo classificatório" atribui "uma ordem lógica rigorosa" ao conjunto, a ser usada segundo as instruções de Bassiano: "Quando quiser conhecer a natureza da uma ação qualquer, leve em conta primeiro as *divisiones*, depois a figura, em terceiro lugar os pontinhos" e as relativas explicações[56]. Desse modo, a página não se apresenta ao leitor com a forma de uma árvore, e sim como uma seqüência de círculos ou discos; a árvore é a estrutura conceitual intuída na contraluz dessa seqüência de círculos. Essa técnica para decompor o dado (jurídico ou de outra natureza) nas suas partes constitutivas, para depois remontá-lo de modo mais adequado à mnemônica ou à reconstrução científica, preparava a mente dos estudiosos para a construção de sistemas cada vez mais articulados.

---

55. Errera, *Arbor actionum*, cit., pp. 290-2, seguidas das tábuas com a reprodução dos códices.

56. "Quotiens de natura alicuius actionis queris, primo diuisiones, secundo figuras, tercio puncta considerabis": *apud* Errera, *Arbor actionum*, cit., p. 294.

c) A classificação das ciências

A paixão pela classificação reflete-se não apenas em temas específicos como as ações judiciárias ou as relações de parentesco, mas se estende também a temas mais amplos como a classificação de todo o saber com as *arbores scientiarum*. As tentativas de organizar as várias formas do saber constituem uma das primeiras manifestações do pensamento sistemático a partir da Grécia clássica, ou seja, daquela Antiguidade a partir da qual o "sistema" toma forma e nome[57]. Contudo, aqui precisamos nos limitar a oferecer apenas um exemplo: o das classificações espanholas das artes e das ciências na Idade Média e no *Siglo de Oro*, seguindo o percurso de uma obra alemã cuja bibliografia permite remontar aos autores que se ocuparam do tema[58].

Na Idade Média, assume especial relevo a figura de Domingos Gundissalvo, que viveu no século XII e atuou na Escola de tradutores do árabe de Toledo. Ele se posiciona efetivamente como união entre o saber árabe e o saber ocidental, por ser responsável pela primeira tradução das obras de al-Farabi, ou Alfarábi, sobre a classificação das ciências. Uma tradução sucessiva será realizada depois por Gerardo de Cremona, ao qual a ciência ocidental deve também a tradução do árabe do célebre *Almagesto* de Ptolomeu[59]. A clas-

---

57. Sobre a ligação entre a classificação das ciências e a noção de sistema: Siegfried Dangelmayr, *Methode und System. Wissenschaftsklassifikation bei Bacon, Hobbes und Locke*, Hain, Meisenheim am Glan, 1974, 137 pp.

58. Helmut C. Jacobs, *Divisiones philosophiae. Clasificaciones españolas de las artes y las ciencias en la Edad Media y el Siglo de Oro*. Traducción de Beatriz Galán Echevarría, Iberoamericana, Madrid, 2002, 129 pp. O volume em espanhol é a tradução ampliada da edição original alemã: *Divisiones philosophiae. Spanische Klassifikationen der Künste und der Wissenschaften im Mittelalter und Siglo de Oro*, publicada em 1996 pela editora Vervuert de Frankfurt. Na tradução espanhola, os acréscimos mais significativos dizem respeito ao novo parágrafo sobre o *Libro de Alexandre* (pp. 18 s.) e à revisão daquele sobre *Alfonso X el Sabio* (pp. 19-26). O texto é constituído de 80 pp., às quais se acrescentam mais 34 pp. de bibliografia. Minha resenha do volume está in *Rivista di Filosofia*, XCV, abr. 2004, n. 1.

59. Sobre Gerardo ou Gherardo de Cremona (1114-1187) e sua importância para as artes mecânicas no Ocidente, cf. Mario G. Losano, *Storie di automi. Dalla Grecia classica alla Belle Époque*, Einaudi, Torino 1990, p. 23, e 40.

sificação das ciências retorna em muitos autores. O catalão Raimundo Lúlio supera a divisão tradicional entre *artes liberales* e *artes mechanicae*, apresentando estas últimas "como argumentos necessários para quem queira sobreviver nas piores épocas. Sua visão pragmático-utilitarista das *artes mechanicae* e o fato de considerá-las de um ponto de vista fortemente economicista e pedagógico são realmente extraordinários para sua época"[60], a ponto de ele ser definido – ainda que tenha vivido no século XIII – um "précurseur des Encyclopédistes"[61]. Todavia, uma classificação das ciências está presente também na *Ars Cisoria* de 1423, com a qual Enrique de Villena expõe a arte de cortar a carne nos banquetes. Nesta e em outras obras do mesmo autor a classificação se complica, atingindo sessenta artes permitidas e quarenta proibidas[62].

O *Siglo de Oro* passa das artes liberais aos *studia humanitatis*, seguindo um caminho aberto pelo Renascimento italiano. Aqui os autores vão de Inácio de Loyola (que nas *Constitutiones* da ordem jesuíta, de 1552, "exige como requisito para a instrução teológica o conhecimento do latim e das *artes liberales*"[63]) a Juan Huarte de San Juan, que em 1575 propõe uma classificação completamente nova e fundada em princípios tão incompatíveis com uma sociedade fortemente hierarquizada que seu *Examen de ingenios para las ciencias* termina no Índex da Inquisição. O livro, de volta à circulação numa versão purificada, "transformou-se num dos livros de maior sucesso do *Siglo de Oro*", tanto que foi traduzido em alemão em 1572 por Gotthold Ephraim Lessing[64]. Mas na história da cultura européia a classificação de Huarte foi superada pela de Bacon.

---

60. Jacobs, *Divisiones philosophiae*, cit., p. 29.
61. Assim escreve Armand Llinarès, organizador da obra de Raimundo Lúlio, *Doctrine de l'enfant*, Klincksieck, Paris, 1969, p. 12.
62. O complexo plano classificatório de Villena está sintetizado por Jacobs em um esquema na p. 36 s. Da classificação de Villena ocupou-se Carla De Nigris nos *Annali della Facoltà di Lettere e Filosofia di Napoli* (1978-1979, pp. 169-98) e nos *Quaderni Ibero-Americani* (1979-1980, pp. 289-98).
63. Jacobs, *Divisiones philosophiae*, cit., p. 51.
64. Jacobs, *Divisiones philosophiae*, cit., p. 54.

A evolução da ótica, da perspectiva e das técnicas levou os italianos a reconhecer a pintura, a escultura e a arquitetura como artes liberais já mais ou menos no final do século XV, ao passo que esse reconhecimento foi bem mais lento na Espanha. Os escritos espanhóis para afirmar a *nobilitas* da pintura continuam até o início do século XVIII. Os tratados espanhóis sublinham a *nobilitas* da pintura para afastá-la das artes mecânicas, não apenas por serem estas desqualificadas como atividades manuais (*sordidae*, assim as chamava Cícero), mas também por serem fiscalmente onerosas: de fato, os produtos das artes mecânicas eram taxados com a "alcabala" de dez por cento; além disso, recaíam sobre os *mechanici* o serviço e o imposto militar, além da proibição de aceder a cargos honoríficos. Portanto, a passagem de uma arte a outra comportava também vantagens práticas: os pintores espanhóis lutaram para obtê-las, incentivados pelas retribuições mais elevadas recebidas pelos pintores italianos chamados por Filipe II para trabalhar no palácio do Escorial. Na Espanha, essa evolução foi lenta. Só em 1659 o primeiro pintor espanhol foi elevado a título nobiliárquico e apenas poucos anos antes Velásquez representara nas *Meninas* a si próprio e à família real, fundindo assim a nobreza do sangue com a nobreza da arte[65].

O debate sobre tais classificações atenua-se progressivamente no século XVIII, no decorrer do qual a reavaliação iluminista da técnica levou a separar as belas artes das artes mecânicas. Com um certo atraso em relação à França (onde por volta de 1750 estabeleceu-se um padrão de cinco *beaux arts*: poesia, música, pintura, escultura e arquitetura), em 1770-1780 a Espanha classificou-as em um número que va-

---

65. Os pintores espanhóis reproduziram de vários modos em imagens as classificações teóricas das artes liberais, mas essas representações atingiram o ponto mais alto com a construção da biblioteca do Palácio do Escorial. Os afrescos da abóbada foram confiados ao pintor italiano Pellegrino Pellegrini, cujas pinturas "representam o ponto culminante, mas também o ponto final das representações das artes liberais na Espanha " (Jacobs, *Divisiones philosophiae*, cit., p. 79).

riava de quatro a oito. Apenas mais tarde, já no século XIX, fixou-se o número padrão de seis disciplinas, acrescentando a retórica às artes apontadas pelos franceses.

O jurista também pode retomar a evolução da própria matéria a partir da mudança dessas classificações. Por exemplo, acompanhando nas várias classificações o surgimento e o desaparecimento do direito, descobre-se que, depois de 1250, Afonso, o Sábio, escreveu, a encargo do pai, uma obra enciclopédica, o *Setenario*, "para unificar a ciência do direito do seu país": e de fato "nas suas partes jurídicas o *Setenario* se revela como o precursor das *Siete Partidas*"[66], texto fundamental na história jurídica não apenas da Espanha e de Portugal, mas também da América do Sul[67].

d) Na direção do "sistema", como auxílio da memória

No século XVI, a arte mnemônica encontrou a lógica medieval combinatória de Lúlio. Essa *ars magna* não era nem a antecipação da lógica moderna, nem um momento de *défaillance* de pensadores, aliás, sérios. A paixão pelos significados recônditos por trás dos símbolos e dos sinais estava ligada ao interesse pela cabala, pelo hermetismo, pela magia, pela interpretação dos hieróglifos, pelas perfeitas línguas artificiais, por qualquer lógica que fornecesse uma chave interpretativa de todo o universo: a *clavis universalis*. Essa lógica desempenhava duas funções: como *ars ultima* explicava o universo e, como *systema mnemonicum*, permitia descrever e transmitir essa explicação; era, portanto, uma representação, um teatro do mundo. Se na mnemotécnica ciceroniana se dispunham as noções em lugares ou figuras, da mesma forma podia ser feito com o saber universal: das modestas representações ligadas às exigências cotidianas pôde-se as-

---

66. Jacobs, *Divisiones philosophiae*, cit., p. 20.
67. Um aprofundamento desse tema está em Kenneth H. Vanderford, El "Setenario" y su relación con las "Siete Partidas", *Revista de Filología Hispánica*, 1941, pp. 233-62.

sim chegar, em 1556, com Giulio Camillo, dito o Delmínio, a um sistema mnemotécnico para os aspectos eternos das coisas, fundado sobre a astrologia e sobre a cabala. Interesses assim tão multiformes imprimiram ao lulianismo direções heterogêneas. Para o pensamento sistemático teve particular importância a *Arbre de Sciencia*, de 1296, na qual Lúlio organizava o conjunto das ciências segundo a imagem da árvore com os seus ramos: aqui voltam os símbolos e os sinais. Entre os autores que se encontram na presente pesquisa sobre o sistema, Leibniz e o esquecido Alsted se inspiraram diretamente na *arbor scientiarum* de Lúlio. Em geral, "agirá por muito tempo no pensamento europeu a aspiração luliana em direção a um *corpus* orgânico e unitário do saber, em direção a uma classificação sistemática dos elementos da realidade"[68]. Em 1600, esse ideal pansófico se manifestará confusamente na redação de enciclopédias (que então tinham a forma de compêndios sistemáticos, e não de elencos alfabéticos) e na construção de sistemas abrangentes, conservando, porém, uma ligação com as técnicas anteriores: por exemplo, a enciclopédia de Alsted de 1610 anunciava no título ser um "sistema *mnemonicum*".

Petrus Ramus, ao projetar sua lógica, levou os estudos de mnemotécnica para o interior da retórica, podendo com isso referir-se à autoridade de Cícero: desse modo, aquelas que tinham sido técnicas expostas com finalidades práticas foram incluídas em um sistema filosófico geral. Para nós, é importante notar que Alsted recebeu essas idéias de Lúlio e de Ramus e (mergulhando-as em sua transbordante erudição) transferiu-as para sua enciclopédia, que os enciclopedistas franceses conheciam e, dentro de certos limites, apreciavam (cf. *infra*, cap. VII, 2). Em seu *Systema mnemonicum*, Alsted escreve: "A única lógica é a arte da memória. Não existe nenhuma mnemônica fora da lógica. E parece que Raimundo Lúlio se deu conta disso [...]."[69]

---

68. Rossi, *Clavis universalis*, cit., p. 75.
69. Alsted, *Systema mnemonicum duplex [...]*, 1610; citado por Rossi, *Clavis universalis*, cit., p. 202.

A memória ajuda a reter, e a lógica a organizar as noções. Porém, essas noções e classificações são expressas em uma língua, e sempre em uma língua elas são comunicadas aos outros, pois uma das tarefas originárias da mnemotécnica (e do sistema externo, que pode ser considerado sua ramificação última e talvez inconsciente) consiste também em ensinar, ou seja, em comunicar as noções guardadas de maneira ordenada na memória. Mas, entre a língua na qual Deus falou a Adão e as sociedades históricas, existe a Torre de Babel e a *confusio linguarum*. Outra janela deve, assim, ser acrescentada àquela recém-aberta sobre os mundos que não visitaremos: a da língua universal e perfeita, com a qual exprimir os conceitos da *mathesis universalis,* do sistema das ciências e assim por diante. Uma língua perfeita e universal, esperava-se, poderia talvez levar à paz perpétua ou, pelo menos, à conversão dos pagãos ao cristianismo. De fato, eurocentricamente, dava-se por certo que inventores da língua universal seriam os cristãos, ou seja, os europeus, e os outros ficariam muito felizes de aceitá-la como língua altamente racional.

As tentativas de construir essa língua se desenvolveram, sobretudo, na Inglaterra por volta da metade de 1600, quando a viagem de Comênio difundiu naquele país sua teoria sobre a linguagem universal e sobre o conseqüente cristianismo universal. A construção de uma língua universal pode ser vista como um setor da *ars combinatoria,* da *clavis universalis,* da *ars ultima* ou teatro do mundo, da *mathesis universalis,* mas também do cabalismo ou de uma das várias formas de misticismo que povoavam o século XVII: em suma, como uma ulterior manifestação daquele enciclopedismo ou pansofismo até aqui examinados. Mas uma língua perfeita deve estar fundada sobre uma filosofia perfeita? Descartes tinha dúvidas a esse respeito e acreditava que a linguagem universal fosse uma utopia. Leibniz, ao contrário, acreditava que a perfeição formal da linguagem não dependesse da perfeição da filosofia que está em sua base.

Ainda nos dias de hoje, com fins e estruturas diversas, são repropostas novas línguas universais e não se extinguiu o interesse pelo estudo das do passado: o capítulo que Paolo Rossi dedica à *Construção de uma língua universal* foi uma das fontes do volume de Umberto Eco sobre as línguas perfeitas[70]. Para não nos afastarmos demasiadamente da história do sistema, basta lembrar que as línguas universais fazem parte, mesmo de modo marginal, do saber sistemático.

Porém, a arqueologia do pensamento sistemático não compreende apenas a mnemotécnica, a lógica combinatória, os teatros do mundo, a *clavis universalis*, a *arbor scientiarum*, a *mathesis universalis* ou a linguagem universal perfeita que examinamos: os caminhos recobertos de "fósseis intelectuais" que conduzem para o sistema são tão variados, complexos e bizarros, que jamais se chega ao sistema. Tampouco se chega a ele por outros caminhos mais seguros e "científicos": o sistema permanece a utopia a que tendem muitos estudiosos, "a elegante esperança" que anima e orienta suas pesquisas.

---

70. Umberto Eco, *La ricerca della lingua perfetta nella cultura europea*, Laterza, Roma-Bari, 1993, 413 pp.; com ampla bibliografia: pp. 383-410.

Capítulo II
A afirmação do termo "sistema" na cultura européia

Pontos de intersecção e desenvolvimentos do discurso. Desde a Idade Média, "sistema" passou a indicar também o conjunto dos artigos de fé: a discussão teológica, antes mas sobretudo depois da Reforma Protestante, revelou-se uma oficina de novos usos e significados do termo "sistema". A redescoberta dos lógicos gregos e de Aristóteles passou do mundo grego ao Humanismo europeu e foi acompanhada pela retomada dos estudos do *Corpus iuris* de Justiniano. A partir do século XII – época do renascimento do *Corpus iuris*, graças aos glosadores bolonheses –, os juristas tenderam a destacar-se do texto latino, dos *verba*, e a buscar formulações autônomas: os *brocharda*, sínteses mínimas de preceitos jurídicos; as *summulae*, comentários sobre temas circunscritos; as *summae*, coletâneas de *summulae* ou verdadeiras reexposições de partes também amplas do texto justiniano. A progressiva liberação do vínculo textual, a passagem dos glosadores aos comentadores (século XIV), do *mos italicus* ao *mos gallicus* marcam a passagem em direção à reconstrução sistemática do direito romano. Os teólogos, porém, eram relutantes em designar suas doutrinas como um *corpus*, porque a seus olhos a compilação justiniana não era tão monolítica como deveria ser uma teologia, especialmente em tempos de guerras de religião. Os teólogos preferiram falar primeiramente de *loci communes* – ou seja, de compêndios que reuniam os excertos que tratavam de argumentos similares – e depois de sistema. A partir de 1500, este último termo entrou para a teologia luterana, graças à obra de Melanchthon (1497-1560). Especializou-se em um significado religioso em *Selnecker* (1530-92), para o qual o "sistema" é o caminho que conduz a Deus. Em

1581, *Ursinus* (1534-83) falava de um *"systema doctrinae christianae"*. Escrito, enfim, em caracteres latinos, o termo é assim recebido na teologia, na filosofia e no direito, mesmo sendo ainda impreciso, porque indica nada mais do que um conjunto coerente. No direito, por meio da influência do lógico Petrus Ramus (1515-72), afirma-se uma técnica expositiva ordenada segundo critérios decrescentes de generalidade: é o sistema usado pelos juristas do Humanismo durante todo o século XVI.

1. Do mundo romano ao medieval

O *Glossarium mediae et infimae latinitatis* de Charles Du Cange registra três significados de *systema*: os dois primeiros são os que poderíamos chamar de tradicionais (1. qualquer forma de união ou conexão; 2. a estrutura do cosmos); o terceiro significado, ao contrário, é novo: os teólogos recorrem ao termo *systema* para indicar o conjunto dos artigos de fé. Como *systema* é vocábulo grego recebido pelo latim clássico apenas em acepções marginais, é verossímil supor que os teólogos tenham extraído o termo dos estudos de um humanista, o qual, por sua vez, teria se referido diretamente aos textos gregos.

Uma possível relação entre o mundo grego e o do humanismo poderia vir das referências ao pensamento grego contidas nos lógicos medievais. Todavia, não consegui provar que esses lógicos tenham usado o termo *systema*. Ele não se encontra nas obras do catalão Raimundo Lúlio (Ramón Llull ou Raimundus Lullus: 1235-1315), freqüentemente indicado como um precursor do pensamento sistemático, e seu uso nem sequer é mencionado na precisa história da lógica de Karl von Prantl[1]. Passando para épocas posteriores, é necessário citar Pierre de la Ramée ou Petrus Ramus (1515-72). A história da filosofia de Friedrich Ueberweg parece confirmar essa suposição. Nela, a doutrina

---

1. Karl von Prantl, *Geschichte der Logik im Abendlande*, Akademische Druckund Verlagsanstalt, Graz, 1955, 8 vols. (cf. especialmente o vol. I).

do juízo de Petrus Ramus está sintetizada em três pontos: o primeiro é o silogismo, que serve para demonstrar a verdade ou a falsidade de uma asserção; o segundo é "o sistema, que consiste em uma cadeia de silogismos e no ordenamento de princípios reciprocamente relacionados"[2]; o terceiro é a ligação de todas as ciências com Deus. Porém, um exame da dialética de Petrus Ramus revela que o terceiro termo é uma interpretação moderna do pensamento desse autor: nas partes correspondentes ao primeiro e segundo ponto da exposição de Ueberweg, ele fala apenas de *syllogismi simplices* e de *syllogismi conjuncti*. O exame de outras obras desse autor revela-se também infrutífero: se está presente o pensamento sistemático, não está presente, porém, o termo *systema*[3].

A verificação do uso do termo "sistema" nos escritos de lógica medieval é, porém, marginal em relação a esta pesquisa: limito-me, portanto, a assinalar a lacuna da minha exposição, deixando ao especialista a eventual tarefa de preenchê-la. De fato, qualquer história semântica que se pretenda completa deve ser fruto de uma pesquisa interdisciplinar, na qual a contribuição decisiva virá dos historiadores e dos lingüistas.

2. A sistemática dos glosadores e dos comentadores

Nos escritos dos juristas medievais encontram-se algumas alusões sistemáticas no âmbito jurídico, mas não o

---

2. Friedrich Ueberweg, *Grundiss der Geschichte der Philosophie*, Bearbeitet und herausgegeben von Max Heinze, 3, Teil, 1. Band, Mittler, Berlin, 1896, p. 35.
3. Sobre a influência ramista testemunha uma obra retórica dos primeiros anos de 1600, cuja atribuição é incerta (supõe-se que seja de Clemens Timpler): *Philippo-Ramaeum rhetoricae artis systema ex praeceptis Rami conformatum*, Steinfurt, 1606. Cf. ainda Charles Tzaunt Waddington, *Ramus (Pierre de la Ramée). Sa vie, ses écrits et sés opinions*, Meyrueis, Paris, 1855, pp. 370 ss.; Otto Ritschl, *System und systematische Methode in der Geschichte der wissenschaftlichen Sprachgebrauchs und der phisophischen Methodologie*, Webers, Bonn, 1906, col. 9.

termo "sistema". Obviamente, não estou em condições de afirmar que esse termo nunca foi usado na obra de algum jurista medieval europeu; contudo, é bastante certo que ele não desempenhe funções de primeiro plano nas principais obras jurídicas daquele período.

Com o século XII, a retomada da atividade especulativa condiciona e é condicionada pela redescoberta dos textos clássicos, entre os quais os dos lógicos gregos. Os princípios destes últimos são agora aplicados ao estudo do *Corpus iuris*, que aqui se presta de modo particular porque sua compilação tinha sido diretamente influenciada por eles. No âmbito jurídico criam-se assim as condições para retomar o discurso dogmático iniciado pelos juristas romanos. A técnica adotada para essa finalidade é a glosa, ou seja, a anotação do jurista ao lado de um excerto do texto latino. Na glosa limita-se a evidenciar o significado do texto latino, tendo porém o cuidado de pô-lo em relação com outras passagens, capazes de confirmar ou de contestar a interpretação proposta. A *expositio verborum* torna-se, assim, uma reelaboração de partes diversas do texto latino, unidas apenas pela homogeneidade da matéria tratada. Com essa técnica, os glosadores da escola bolonhesa elaboram conceitos e institutos próprios do direito, desvinculando a própria disciplina seja da metodologia escolástica própria da teologia, seja da simples reexposição dos *verba*.

Essa progressiva separação do texto latino assume também uma forma concreta: as glosas, originadas por aposição ao texto latino, são separadas dele e publicadas de forma autônoma. Nascem assim as listas de lugares paralelos ou contrários, que se referem a um mesmo instituto jurídico mas estão dispersos por todo o *Corpus iuris*; são chamadas de *summulae*, e nelas o glosador expõe um argumento jurídico específico, também de uma certa amplitude. Nessa obra de síntese e de esclarecimento, diminui o valor dos *verba* justinianos, que são substituídos por formulações mais fáceis e adequadas às novas exigências: os famosos *brocharda*, expressões dos princípios gerais implícitos (mas não expressos) no *Corpus iuris*. Muitas *summulae* são reunidas em uma *summa*, que é a reexposição autônoma de um livro ou também de uma parte da compilação justiniana. Em uma *summa*, a ordem dos excertos do *Corpus iuris* não é mais respeitada, porque o recurso ao princípio lógico da *distinctio* ou *divisio* permite cindir um conceito contido na compilação justiniana, para reuni-lo em outros. Começa assim aquela forma particular de pensamento sistemático que, com o nome de dogmática jurídica, dominará a jurisprudência européia continental até nossos dias. Em uma primeira aproximação pode-se fazer coincidir com essa forma o início do pensamento sistemático no direito, ainda que, como se verá, dogmática e sistema jurídicos não sejam noções coincidentes.

Esses germes sistemáticos desenvolveram-se, sobretudo, por volta do século XIV, quando os comentadores conceberam o direito romano como *ratio scripta*, desvinculando-se ulteriormente do respeito pelo texto justiniano e concebendo o ordenamento como uma totalidade, que pode ser analisada e exposta seguindo rígidos preceitos lógicos. Mas, se já se vislumbra uma concepção sistemática que prenuncia o abandono do fragmentário *mos italicus* pelo mais construído *mos gallicus* da escola dos Cultos, o termo *systema* parece não ter ainda penetrado na língua dos juristas. Na jurisprudência e na teologia, a história desse termo é ainda confundida com a de *summa*.

3. A inadequação da terminologia teológica tradicional e a afirmação de "sistema"

Na linguagem dos teólogos, a descrição global dos artigos de fé costuma ser designada com o termo *loci communes* ou *loci communissimi*: desse modo, sublinhava-se que existiam elementos comuns a vários artigos de fé, com base nos quais se podia proceder a uma primeira sistematização da matéria⁴. Tratava-se, em suma, de enunciações em certa medida análogas às que, em campo jurídico, eram os *generalia* ou *brocharda* dos glosadores.

Em 1500, os teólogos concentraram-se sobre a análise lógica da própria disciplina, criando uma nomenclatura destinada a se tornar parte integrante da linguagem técnica da filosofia moderna. Em particular, a partir da segunda metade do século XV até o início do século XVII, começava a surgir a exigência de dar uma nova denominação às exposições cada vez mais articuladas que, originariamente, eram indicadas como *loci communes, corpus* ou *summa*. Essas designações tradicionais, porém, não expressavam integralmente aquelas características que aos teólogos urgia sublinhar, ou seja, a *unidade* e a *completude* da exposição. De fato, os teólogos que se referiam a Políbio, segundo o qual escrever história é um σωματοποιεῖν, ou seja, criar um *corpus* (σῶμα) coerente, um todo orgânico. Eles, conseqüentemente, conceberam a teologia dogmática como um *corpus*, mas – precisamente para sublinhar sua unidade e completude – não se contentaram em usar esse termo sozinho; em geral, esclareceram que se tratava de um *corpus integrum*⁵. Também essa tendência testemunha a insuficiência do termo *corpus* para os teólogos. Esse vocábulo apresentava de-

---

4. Cf., por exemplo, Rudolf Agricola, *De inventione dialectica libri tres*, Köln, 1520, 1. 1 e 2; Johannes Herolt, *De eruditione Christifidelium [seu loci communes]*, Strassburg, 1490 [HC 8521] e numerosas obras sucessivas, sobretudo as de Melanchthon.

5. Cf., por exemplo, David Chytracus, *De ratione studii theologici recte instituendi*, Wittenberg, 1561, f. 8: "*corpus integrum verae de deo doctrina coagmentatum ex praecipuis membris seu locis, certo ordine distributis et perspicua oratione esplicatis*"; Jacob Heerbrand, *Compendium theologiae, methodi quaestionibus tractatum*, Tubingen, 1575, f. 2: "*totum quasi corpus doctrinae*"; Victorinus Strigel, *Loci theologici, quibus Loci communes [...] Melanchthonis illustrantur et velut corpus doctrinae Christianae integrum proponitur*, Neustadt an der Hardt, 1581; no prefácio a esta obra, Christoph Pezel explica o que se entende por *corpus*: em cada ciência, o discente deve poder referir-se "*ad certam aliquam et explicatam doctrinae formam, quae initia, progressiones ac metas et quasi integrum corpus cuiusque doctrinae complectantur*" (f. 2a).

pois outro defeito, porque evocava à mente o *Corpus iuris* justiniano, sobre cuja peculiar composição já nos detivemos: o *Corpus iuris* não era considerado um sistema, mas, ao contrário, um *aggregatum*: e, também àquela época, uma designação excluía a outra[6]. Dada a insuficiência da terminologia latina, prejudicada também por um longo uso pós-clássico, os teólogos debruçaram-se sobre o grego para encontrar um termo que expressasse a unitariedade e a completude da exposição teológico-dogmática.

Para essa finalidade, o grego clássico usava não tanto σύστημα quanto σύνταγμα. Visto que os dois termos são sinônimos, é hoje difícil explicar por que um fosse preferido em vez do outro no uso grego. De qualquer modo, é evidente que, no início, a teologia – ao lado de *locis communes*, *corpus integrum* e *summa* – começou a falar de σύνταγμα unicamente por fidelidade ao modelo clássico a que se referia. Em um primeiro momento, o termo foi escrito em caracteres gregos, mas em seguida, com sua consolidação, foi transliterado em caracteres latinos: a essa altura, já não era percebido como um termo extraído de outra língua, mas como um termo técnico da linguagem teológica.

À medida que a referência aos clássicos tornou-se menos rigorosa, ao lado de *syntagma*, começou-se a usar *systema*, também ele escrito primeiramente em caracteres gregos, depois latinos. Após um período de coexistência, *syntagma* desapareceu (e também aqui, mais do que difícil, é impossível explicar a razão disso) e *systema* difundiu-se sem dificuldades[7].

---

6. Apesar disso, Friedrich Wilhelm Gass, *Geschichte der protestantischen Dogmatik in ihrem Zusammenhange mit der Theologie*, Berlin, 1854, vol. I, p. 203, fala de um *systema aggregatum*, que seria um sistema constituído por mais matérias reciprocamente conexas. Todavia, não fornece citações textuais que comprovem o uso simultâneo e efetivo dos dois termos, em geral contrapostos.

7. O uso de *systema* (que, seguindo o exemplo teológico, ia se afirmando também em outras disciplinas) não era ainda percebido como um uso técnico: Rudolf Göckel, no início de 1600, não registra o verbete *systema* nem

A freqüência dos vocábulos em grego não deve causar surpresa. No mundo dos sábios era tido como certo o conhecimento de ambas as línguas clássicas, e o grego, em particular, era considerado à maneira de uma língua técnica para especialistas. Um autor alemão sobre o qual se retornará no próximo capítulo, Dasypodius, em 1570 escreveu em grego e em latim um manual de matemática: de fato, sendo gregas as fontes daquela matéria, o confronto entre as duas versões do texto bilíngüe (*collatione facta*) permitia entender melhor o legado dos gregos, dos quais os humanistas se consideravam "discípulos". Portanto, os textos do século XVI apresentam com freqüência termos em grego, cujo uso, porém, foi rareando no tempo, à medida que os conceitos assim indicados foram recebidos pela cultura da época.

4. Melanchthon e a consolidação de "sistema" na teologia

Segundo Otto Ritschl, o termo *systema* teria sido introduzido na teologia dogmática por Filipe Melanchthon (1497-1560)[8], figura central no Humanismo alemão e na

---

para a filosofia moderna, nem para a grega (o que é bastante arbitrário). Cf. Rudolf Goclenius, *Lexicon philosophicum quo tamquam clave phisophiae fores aperiuntur*, Georg Olms Verlagsbuchhandlung, Hildesheim, 1964, 1143+390 pp. É esta a edição fac-similar de duas obras de Rudolf Göckel: 1. *Lexikon philosophicum quo tamquam clave philosophiae fores aperiuntur [...]*, Typis Viduae Matthiae Beckeri, Impensis Petri Musculi & Ruperti Pistorij, Frankfurt MDCXII, 1143 pp.; 2. *Lexicon philosophicum graecum [...]*, Typis Rudolphi Hutwelkeri, Impensis Petri Musculi, Marchioburgi MDCXV, 390 pp.

8. Seu nome alemão era Philipp Schwarzerd, que o tio Johann Reuchlin (célebre humanista e educador de Melanchthon) traduziu em grego, primeiramente, por Melanchthon e depois, desde 1531, por Melanthon, do qual deriva a forma italiana. Cf. Otto Ritschl, *Dogmengeschichte des Protestantismus. Grundlagen und Grundzügen der theologischen Gedanken und Lehrbildungen in den protestantischen Kirchen*, Hinrichs-Vandenhoeck & Ruprecht, Leipzig-Göttingen, 1912-37, 4 vols. Ritschl foi também autor de um dos raros livros sobre a noção de sistema: *System und systematische Methode in der Geschichte der wissenschaftlichen Sprachgebrauchs und der phisophischen Methodologie*, Webers, Bonn, 1906, VII-95 pp.

Reforma luterana. Como humanista, reformou os estudos universitários alemães de modo tão profundo, que passou à história como *praeceptor Germaniae*. Como teólogo reformado, foi amigo e sucessor de Lutero, mas menos radical do que ele na aversão aos católicos. Deve-se a Melanchthon a primeira formulação sistemática da teologia luterana nos *Loci communes rerum teologicarum* de 1521 e nos *Loci communes theologici* de 1535. Os títulos, como se vê, referem-se à terminologia tradicional, ao passo que no interior de suas obras o termo *systema* parece recorrer apenas duas vezes.

A primeira vez, Melanchthon fala do *quadrivium* comparando-o a um *quaternum lyrae systema*, ou seja, ao conjunto das quatro cordas da lira[9]; esta acepção não se afasta daquela clássica já mencionada, segundo a qual o sistema é um conjunto de elementos genericamente relacionados um com o outro.

A segunda vez, o termo σύστημα aparece em uma citação grega que reproduz com uma certa liberdade um trecho em que Luciano dá uma definição da arte[10]. Porém, o que interessa a Melanchthon não é tanto a concepção da arte em Luciano quanto citar uma *auctoritas* clássica a favor da própria argumentação: quem não possui uma clara finalidade nos estudos "*et vagatur temere ac sine ordine ac ratione per varias disciplinas*", jamais chegará a uma "*perfecta doctrina*"[11]. Em outros termos, o sistema é a condição necessária de uma *perfecta doctrina*: concepção de um curso ordenado dos estudos que inspirou sua reforma universitária, realizada em Wittenberg em 1536.

Nesse autor, o sistema é definido apenas *ex negativo*, contrapondo-o ao vagar ao acaso, sem ordem nem escopo;

---

9. Philipp Melancthon, *De artibus liberalis oratio, Tubingae habitae anno 1517*, em *Corpus Reformatorum*, Halle-Brunswig, vol. IX, p. 12.
10. Luciano, περὶ παρασίτου, c. 4: "τέχνη, ἐστίν, ὡς ἐγὼ διαμνημονεύω σοφοῦ τινος ἀκούσας, σύστημα ἐγκαταλήψεων ουγγεγυμνασμένων πρός τι τέλος εὔχρηστον τῶν ἐν τῷ βίῳ". Melanchthon omite o inciso de ὡς a ακούσας.
11. Philipp Melancthon, *Praefatio in officia Ciceronis*, em *Corpus Reformatorum*, Halle-Brunswig, vol. XI, p. 257.

querendo defini-lo com as próprias palavras de Melanchthon (fazendo-o, porém, afirmar alguma coisa que ele nunca disse), poder-se-ia dizer que o sistema é *ordo ac ratio* de uma exposição científica. Mas com isso se retorna à acepção geral do termo, típica dos clássicos e ainda distante do uso preciso de autores mais recentes.

Com toda probabilidade, é a esses trechos de Melanchthon que se pode reconduzir a origem do termo "sistema" na teologia, na filosofia e, portanto, também na ciência jurídica[12]. Nas páginas seguintes procurarei mostrar, em linhas gerais, como o vocábulo ingressou na discussão jurídica e quais significados ele assumiu nela: de fato, esse termo tem ainda uma longa evolução diante de si, antes de chegar aos significados mais rigorosos (e também mais discutidos) em que será usado pelos autores modernos.

Depois de Melanchthon, o termo *systema* já é empregado – se não ainda nos títulos, onde se prefere usar σύνταγμα – nos textos de obras de teologia dogmática.

5. Um significado particular de *systema*: Selnecker

O teólogo protestante Nicolaus Selnecker (1530-92), durante seus estudos em Wittenberg, morou na casa de Melanchthon, que influenciou suas primeiras obras. Tornado professor e pastor, as atormentadas vicissitudes da sua vida não lhe impediram de publicar 175 escritos. Em alguns deles, *systema* deixa de ser usado em sentido clássico e assume um significado pessoal, que o afasta de maneira quase arbitrária do uso que então ia se afirmando. Segundo esse autor, o caminho que conduz a Deus consta de *"tribus gradibus vel systematis"* [sic]. O primeiro *systema* é a *"agnitio*

---

12. Sobre o método de Melanchthon, mas também de Keckermann, Alsted e outros, cf. Jan Schröder, *Die ersten juristischen "Systematiker". Ordnungsvorstellungen in der Philosophie und Rechtswissenschaft des 16. Jahrhunderts*, em Maximiliane Kriechbaum (Hrsg.), *Festschrift für Sten Gagnér zum 3. März 1996*, Aktiv, Ebelsbach, 1996, pp. 115-20.

majestatis, essentiae et voluntatis"; o segundo é a *"humilitas et subjectio"*; o terceiro é a *"renunciatio sui ipsius et virium et fortunarum suarum"*[13]. Ao lado do caminho que conduz a Deus, Nicolaus Selnecker põe um caminho que conduz ao Filho de Deus e outro que conduz ao Espírito Santo. Dado que também esses caminhos estão subdivididos em três graus, ele pode resumir sua construção da seguinte forma: *"Haec novem sunt systemata scholae Jacobae, quibus decimum, quod est vita et salus aeterna, succedit."*

Essa acepção subjetiva é importante para nós porque demonstra claramente que, para Nicolaus Selnecker, o termo *systema* já não é um empréstimo lexical de outra língua, mas, ao contrário, faz parte integrante da terminologia técnica dos teólogos. Perdida a auréola clássica que, ainda em Melanchthon, o tornava intangível, *systema* conhece uma evolução autônoma.

6. *Systema* como "exposição sistemática": Ursinus

A noção de sistema se afirma ulteriormente com o teólogo reformado Zacharias Ursinus (1534-83), cujo nome é ligado ao Catecismo de Heidelberg. Em um escrito de 1581, ele fala finalmente de um *"systema doctrinae christianae"*[14], e em 1582 resume e conclui a evolução terminológica até aqui vista: "[...] *omnis cognitio manet confusa et imperfecta, nisi omnes doctrinae partes certo ordine tradantur et mente concipiantur. Deinde ut theologiae studiosi suis aliquando auditoribus summam integrae doctrinae ordine ac perspicue tradere possint, necesse est ipsos prius perfectum doctrinae* σύστημα *quasi corpus*

---

13. Nicolaus Selneccerus, *Institutio christianae religionis*, Frankfurt am Main, 1573, p. 24. O dativo e o ablativo plural *systematis*, em vez de *systematibus*, é freqüente nos teólogos alemães dos séculos XVI e XVII, que usam também as formas de dativo e ablativo plural *dogmatis* e *schematis*.

14. Zacharias Ursinus, *De libro concordiae, quem vocant, a quibusdam Theologis, nomine quorundam Ordinum Augustanae Confessionis edito Admonitio Christiana*, Neustadt and der Hardt, 1581, p. 191. Ursinus é a forma latinizada de Bär ou Beer.

quoddam mentem conceptum habere"[15]. Como se vê, o excerto repercute as concepções de Melanchthon (*ordo ac ratio* como condição de uma *perfecta doctrina*), mas o termo σύστημα, embora esteja ainda em caracteres gregos, já é explicitamente equiparado ao mais corrente sinônimo latino *corpus*.

Pouco a pouco, a grafia latina substitui a grega, e no início de 1600 o termo *systema* é enfim recebido na teologia[16]. Agora que o termo já se consolidou, os teólogos encontram-se diante do problema de esclarecer seu significado.

7. O significado de *systema* no momento de sua afirmação

É preciso agora procurar esclarecer o que se entendia por *systema* na época em que esse termo começou a fazer

---

15. *Explicationum catecheteticarum Zachariae Ursini absolutum opus: totiusque theologiae purioris quasi novum corpus*. David Pareus opera extrema recogn. [...], Neustadt an der Hardt, 1582, p. 12.

16. Por exemplo, cf. Aegidius Hunnius, *Colloquium de norma doctrinae et controversiarum religionis judice [...] Ratisbonae habitum mense novembri a. d. MDCI. Ex authentico, ab utriusque partibus constitutis revisoribus et notariis subscripto et obsignato exemplari*, Lauingae, 1602, p. 108; do mesmo autor, *Relatio historica de habito nuper Ratisbonae colloquio inter Augustanae confessionis theologos*, Wittenberg, 1602, p. 312; aí são recorrentes as expressões *systema doctrinae mosaicae*, *systema mosaicae scripturae*, *systema sive corpus doctrinae mosaicae*. Johann Gerhard, *Loci theologici* (1610), ed. Fr. Cotta, Tübingen, 1763, t. II, p. 356, seguindo a definição de Aegidius Hunnius, fala de todos os escritos da Bíblia como de *unum continuum scripturae corpus, unum credendorum, faciendorum et sperandorum systema;* deste *systema* indica-se também o elemento unificador: *omnia namque ab uno spiritu sunt profecta, omnia etiam ad unum eundemque finem tendunt*. Cf. enfim Leonhard Hütter, *Irenicum vere christianum, sive de synodo et unione evangelicorum non fucata concilianda*, Wittenberg, 1616, p. 39: *Systema articulorum fidei;* no prefácio a outra obra sua (*Compendium locorum theologicorum*, Wittenberg, 1629) encontra-se uma explicação do significado que esse autor dá ao termo *systema*: "*Ea enim est ipsorum* [i.e.: *articulorum fidei*] *conditio vel mutua potius affectio, ut, quemadmodum ansulae in catena quapiam cohaerent, ita in sacratissima scientia nostra theologica unus semper articulus alium et distinctum de se gignat, hic rursus alium, et sic deinceps, donec integrum doctrinae christianae corpus sive systema perfectum absolutumque habeas.*" Hütter parafraseia aqui uma concepção expressa por Lutero em 1545: cf. a nota 17 deste capítulo.

parte da linguagem científica. Como ponto de partida, constata-se que os teólogos do século XVI concebem a própria matéria como um organismo: neles, é freqüente a comparação entre a *fides, quae creditur*, de um lado, e o corpo e os membros, de outro. Não recorreram ao termo *corpus* para designar a totalidade dos artigos de fé (que é diversa e superior à soma de cada artigo), porque aí encontraram aquela insuficiência de que já falamos.

Essa harmônica construção de partes tem por finalidade não tanto descrever os nexos internos de uma matéria quanto facilitar a compreensão da própria matéria. Portanto, o termo *systema*, em suas origens, designa indiferentemente tanto o sistema interno (aquilo que está no objeto e do qual parte o estudioso: estrutura como *terminus a quo*) quanto o sistema externo (aquela ordem que o estudioso põe no objeto caótico: estrutura como *terminus ad quem*). Dois exemplos permitem esclarecer como essa distinção não estava ainda formulada em termos precisos, embora se revelasse nos vários autores uma inconsciente propensão a um ou outro tipo de sistema.

Martinho Lutero concebe a fé como uma estrutura interna. Ele pressupõe uma estrita conexão sistemática entre os artigos de fé e, comparando-os aos anéis de uma corrente, conclui: *"Denn gewiss ists, wer einem Artikel nicht recht gläubet [...], der gläubet gewisslich keinen mit Ernst und rechtem Glauben [...]. Darum heisst, rund und rein, ganz und alles gegläubt, oder nichts gegläubt! Der Heilige Geist lässt sich nicht trennen noch theilen, dass er ein Stück sollt wahrhaftig, und das ander falsch lehren und gläuben lassen."*[17] ["Quem não crê plenamente em um artigo de fé, não crê certamente em nenhum outro com seriedade e reta fé [...]. Por isso, dito claramente, ou se crê em tudo, ou não se crê em nada! Não se pode dividir ou separar o Espírito Santo, de modo que Ele permita que se ensine ou se creia uma parte como verdadeira, e outra como falsa."]

---

17. Martin Luther, *Kurzes Bekenntnis vom heiligen Sacrament* (1545), Erlanger Ausgabe, vol. 32, pp. 414 s.

Uma formulação da ciência teológica concebida como sistema externo encontra-se, ao contrário, no excerto já citado de Zacharias Ursinus, em que se afirma que, para poder ensinar com ordem e clareza a teologia (ou qualquer outra disciplina, é lícito acrescentar), é necessário que na mente do docente preexista uma *"perfectum doctrinae* σύστημα *quasi corpus quoddam"*[18].

Nessa primeira fase, portanto, o *systema* recorrente sobretudo na teologia é ambíguo, pois pode ser referido tanto à estrutura interna do objeto de investigação quanto ao sistema de proposições coerentes com que se descreve aquele objeto.

A esse ponto de sua evolução, porém, o termo é comumente usado pelos teólogos e, precisamente por isso, alguns autores sentem a necessidade de esclarecê-lo em todo o seu alcance, analisando seus significados assumidos em vários contextos. Essas análises não devem ser superestimadas, pois em geral o autor limita-se a especificar em que sentido pretende empregar o termo "sistema" na própria exposição. Atribuindo a elas um alcance demasiado vasto, introduzem-se forçadamente conceitos modernos em um contexto em que são de todo estranhos. Mas nem sequer é preciso subestimar esses primeiros e limitados esforços: eles marcam o início da reflexão filosófica sobre a noção de sistema e, portanto, de estrutura.

8. A sistemática da ciência jurídica do século XVI

De excesso de material romanístico e judiciário sofriam tanto os juristas dos séculos XIV-XV quanto os do século XVI. Por que, então, apenas com estes últimos põe-se com urgência o problema de um "método", de um "sistema" que pusesse ordem no direito vigente? Foram apresentadas várias respostas de tipo social, como a difusão da imprensa,

---

18. Cf. *supra*, nota 15 deste capítulo.

que obrigava a passar do saber mnemônico-auditivo da Idade Média ao saber visivo-espacial dos primórdios do Renascimento; o incremento do comércio, que exigia uma maior certeza do direito; a impressão de que (já então!) faltava tempo para pesquisar com calma; além disso, também o mundo do direito ressentia da tendência geral à sistematização. Essas explicações sensatas contribuem para explicar o desejo sistemático do jurista do século XVI, mas não exaurem as questões abertas sobre essa mudança de paradigma.

A concepção sistemática do direito romano como *ratio scripta*, típica dos comentadores, tinha aberto o caminho à grande inovação da escola francesa e alemã dos Cultos: o distanciamento dos textos justinianos e a tentativa de reconstruir racionalmente o direito. Esse procedimento seguia paralelamente àquele que, na lógica, levava a rejeitar o método aristotélico-escolástico: também a ciência jurídica desejava livrar-se do complicado esquema de raciocínio medieval. Um impulso decisivo para uma elaboração mais autônoma do direito derivou das doutrinas de Petrus Ramus, cujo pensamento se une à atividade de juristas, que costumam ser indicados como os primeiros sistemáticos do direito. Parece, porém, que esses sistemáticos – como de resto seu mestre – não usaram o termo *systema*. O vocábulo recorrente naquele século é "método", cujo aparecimento em um texto assinala a presença do pensamento sistemático, mesmo que de forma elementar ou, freqüentemente, inconsciente.

A técnica proposta por Petrus Ramus, e recebida pelos juristas, é simples: ele recomenda dispor a matéria segundo critérios decrescentes de generalidade e dificuldade e expô-la passando do geral ao particular e do complexo ao simples. A exposição que daí resulta poderia ser chamada de *systema*, entendendo, porém, esse termo na acepção indiferenciada em que é usado pelos seguidores de Melanchthon e pelos teólogos contemporâneos de Petrus Ramus[19].

---

19. Vincenzo Piano Mortari parece superestimar a elaboração sistemática dos juristas do século XVI quando escreve: "A idéia moderna do sistema ju-

Dominado pelo princípio da criatividade da razão humana, o século XVI produz, portanto, uma série de juristas que tentam uma reorganização da matéria. Sobre eles influi o exemplo da teologia, a referência ao rigor das ciências exatas – componente sempre recorrente do pensamento sistemático – e a influência de Petrus Ramus. A ele se referem, na França, Hugues Doneau ou Donellus (1527-91): este jurista huguenote é considerado – com Cujacio – um dos maiores juristas do Humanismo; porém, depois de 1572, teve de emigrar para Genebra e em seguida para Leida, de modo que sua influência se une à dos teólogos protestantes examinados anteriormente. Estudioso da compilação justinianeia, deu início à sua reformulação sistemática naquela que chamou de *iuris in artem redactio*. Mesmo não tendo concluído a empresa, abriu o caminho à reelaboração sistemática autônoma do *corpus* justiniano. Seu mestre, François Duaren (Duarenus, 1509-59), tinha inaugurado o *mos gallicus*, ou seja, uma exposição mais livre da letra e dos comentários medievais do *corpus* justiniano, com sua *De ratione docendi discendique iuris epistola* de 1544.

Mas foi sobretudo na Alemanha – onde, talvez, o terreno tinha se tornado mais receptivo em virtude da disputa teológica – que floresceu uma escola ramista da jurisprudência: basta lembrar aqui Johann Oldendorp (aproximadamente 1488-1567), cujo ensinamento se apresentava como uma

---

rídico como unidade das várias partes em torno de um único princípio informador e animador, em torno de um centro ideal do qual elas deveriam ter se originado e a que deveriam intimamente referir-se os vários institutos jurídicos, gerais e particulares, foi igualmente apresentada pela primeira vez pelos juristas cultos em suas tentativas de construir obras jurídicas panorâmicas, independentes dos esquemas tradicionais justinianos" (*Enciclopedia del diritto*, Giuffrè, Milano, 1964, s. v. *Dogmatica giuridica [Storia]*). A noção de sistema como organização de uma matéria sob um princípio único será formulada por Kant e influenciará a jurisprudência apenas na época pós-kantiana (cf. a doutrina pura do direito de Hans Kelsen: cf. *infra*, vol. 2, caps. I e III). Na mesma frase, o autor usa o termo "panorâmicas" (e não "sistemáticas") para indicar as obras desses juristas, cuja atividade poderia ser mais bem definida como "síntese" em vez de "sistema".

"*connexio causarum et effectum, qua nihil concinnius cogitari potest*"[20]. A ele podem ser adicionados os humanistas Sebastian Derrer, Nicolaus Vigelius e Matthaeus Wesenbeck.

De fato, alguns juristas se distanciaram da ordem tradicional do *Corpus iuris* e tentaram novas formas de organização do material jurídico, tendo como objetivo não as fontes, mas um método, um sistema. Procuravam reconduzir cada elemento disperso a princípios mais gerais, assim como Cícero já havia proposto reconduzir as partes aos *genera* para obter "um perfeito direito civil" (cf. *supra*, cap. I, 6). Nos juristas nos encontramos, sem dúvida, na presença de um pensamento sistemático ainda embrionário, mas análogo ao que animava a filosofia de Melanchthon, Keckermann ou Timpler. Alguns juristas modernos vêem nesses sistemas dedutivos um sistema *interno* do direito; outros perseveram em ver aí apenas um sistema *externo* de tipo dedutivo. Como uma história sintética da noção de "método" naquela época já foi esboçada e como as posições sistemáticas de alguns filósofos já foram ilustradas neste capítulo, é possível agora tentar tirar as conclusões desse debate.

Parece comumente aceita a convicção de que, seja qual for sua definição, o método quinhentista exprime um sistema externo: "Os métodos do século XVI visavam apenas a representação da matéria jurídica, ou seja, um 'sistema externo', se quisermos assim denominá-lo. Não existia a idéia de um 'sistema interno' que pudesse conduzir a um conhecimento dedutivo decorrente de princípios, e os métodos em uso não eram capazes de produzir um sistema desse tipo."[21]

---

20. Assim se expressava o contemporâneo Georg Tanner, cit. por Roderich von Stintzing, *Geschichte der deutschen Rechtswissenschaft*, Oldenbourg, München-Leipzig, 1880, Abt. 1, p. 144; ver também o parágrafo *Ramismus*, pp. 145-50.

21. Jan Schröder, *Die ersten juristischen "Systematiker". Ordnungsvorstellungen in der Philosophie und Rechtswissenschfat des 16. Jahrhunderts*, em Maximiliane Kriechbaum (Hrsg.), *Festschrift für Sten Gagnér zum 3. März 1996*, Aktiv, Ebelsbach, 1996, p. 148.

No máximo, poder-se-ia perguntar se o método quinhentista cumpria alguma função mais elevada do que a puramente didática: mas aqui tudo depende do que se entende por didática. Em sentido estrito, pode-se entender como "didático" apenas o que serve à escola, à relação entre docente e discente. Neste caso, e em certos autores, o método quinhentista ia efetivamente um pouco além: servia para instruir o principiante, mas também para guiar o jurista já experiente na busca do trecho sobre o tema pesquisado. Portanto, "não servia apenas para quem estudava, mas também para o jurista prático e para qualquer um que estivesse em busca de um ensinamento jurídico concreto"[22].

Em sentido lato, ao contrário, se se contrapõe a atividade de aprendizagem para fins práticos (na escola e fora dela) à atividade de reflexão para fins científicos, o método quinhentista pode ser definido como didático. Eu também vou me ater a esta última acepção, com base na tipologia dos estudiosos do direito que será em seguida delineada (cf. *infra*, cap. XI, 1, 2).

---

22. Mas note-se que, ao declarar que o sistema externo não é apenas didático, Schröder usa termos típicos da didática: aquele sistema externo serve para "um concreto ensino jurídico", para uma *"konkrete rechtliche Belehrung"* (Jan Schröder, *Die ersten juristischen "Systematiker". Ordnungsvorstellungen in der Philosophie und Rechtswissenschaft des 16. Jahrhunderts*, em Maximiliane Kriechbaum (org.), *Festschrift für Sten Gagnér zum 3. März 1996*, Aktiv, Ebelsbach, 1996, p. 148).

Capítulo III
A difusão da noção de sistema

Pontos de intersecção e desenvolvimentos do discurso. No século XVII, o uso do termo "sistema" já havia se consolidado na Europa culta. Os estudiosos tendiam agora a aprofundar seu significado. No início daquele século, *Keckermann* recorre freqüentemente a "sistema" em seu *Systema logicae,* por acreditar que a lógica é a única disciplina legitimada a fazer uso desse termo. Porém, sua forte contribuição para a difusão de "sistema" em muitas outras disciplinas (em contradição, portanto, com seu pensamento) foi involuntária: depois de sua morte, suas obras foram todas publicadas com o título de *Systema* (apócrifo, mas afortunado), seguido do nome da matéria.

Como o termo já era comumente aceito, alguns estudiosos começaram a analisar seu conteúdo. Nos primeiros anos do século XVII, *Timpler* introduziu um embrião de distinção entre o *sistema externo* e o sistema *interno,* diferenciando a *doctrina* do *habitus*: esta é, porém, apenas uma antecipação aparente das teorias modernas. O teólogo Timpler chamava de "externo" o sistema didático que ensinava a se comportar corretamente; o fato de ter absorvido (interiorizado) esses preceitos levava a um comportamento habitual (*habitus*) que Timpler chamava de "sistema interno": mas interno ao indivíduo, não à matéria estudada.

Também o mais conhecido desses estudiosos, *Alsted* (1588-1638), retornou a essa distinção. O sistema em sentido objetivo indica um conjunto de coisas ligadas (por exemplo, o cosmos da citação aristotélica), ao passo que o sistema em sentido subjetivo é uma *compages,* explica Alsted, *non congesta, sed digesta.* Todavia, ele não esclarece o que une entre si, internamente, as partes do sistema subjetivo. Mas preocupa-se em ordenar sua imensa erudição também em enciclopédias. No início do século XVIII, o verbete "sistema", em suas várias acepções, já está tão difundido que é recebido também nas enciclopédias. Elas mesmas eram expressão do pensamento sistemático, porque até aquela época apresentavam-se como compêndios de todas as ciências nas quais os conceitos não seguiam a ordem alfabética mas antes a da *arbor scientiarum* (cap. I, 9).

Em conclusão, na elaboração do século XVII perfilavam-se as primeiras distinções no interior da noção de sistema, mas a única noção clara era a de sistema externo, ou seja, de descrição ordenada de um certo objeto, ao passo que o sistema interno se apresentava como uma intuição ainda à espera de seu desenvolvimento. Percorrendo de forma extremamente sintética a evolução da noção de sistema, Keckermann (aperfeiçoado por Timpler e por Alsted) expõe pela primeira vez uma série de distinções no interior do sistema. Leibniz (cap. IV) tende a uma *mathesis universalis*, concebe o sistema como ordem matemática e tenta aplicá-lo a todas as disciplinas. Wolff (cap. IV) funda a teoria do sistema externo. Lambert (cap. V) escreve o primeiro tratado dedicado ao sistema, a *Systematologie*. Kant (cap. V) enuncia a teoria segundo a qual o sistema deve brotar de um único princípio. Até aqui nos movemos no sistema dos filósofos: a partir de Wolff, a inovação sistemática se difunde entre os juristas: esta ulterior evolução está sintetizada no final do sumário do cap. XII.

1. A aspiração dos matemáticos por uma *mathesis universalis*

Favorecidos também pela imprensa que dava ampla circulação aos textos clássicos gregos, no século XVI a aritmética e a geometria retomaram um desenvolvimento lento e sinuoso. Como as preocupações dos matemáticos renascentistas se dirigiam aos problemas técnicos de suas matérias ou à sua didática, a exigência de encontrar os elementos comuns a essas disciplinas expressava-se em formas ainda oscilantes e incertas, à margem de obras de outros assuntos. Portanto, é difícil extrair-lhes um projeto completo, mesmo porque freqüentemente a aspiração à *mathesis uni-*

versalis era mais um desejo ou um projeto do autor do que uma teoria enunciada com precisão. Sua própria denominação é múltipla: o estudo de Crapuli, em um apropriado *Índice terminológico*, elenca 45 termos latinos e gregos usados para indicar a *mathesis universalis*. Este termo comparece, certamente, apenas nas *Regulae ad directionem ingenii* de Descartes (1596-1650), publicadas aproximadamente cinqüenta anos depois de sua morte. Mas seu célebre *Discours de la méthode* de 1637 deveria ser o "projeto de uma ciência universal, capaz de elevar nossa natureza à mais alta perfeição". Assim como a mnemotécnica, como o ordenamento das ciências em um único *arbor scientiarum*, também a *mathesis universalis* escondia uma aspiração sistemática e preparou, portanto, o terreno para o desenvolvimento das teorias do sistema.

A *mathesis universalis* afirmou-se por volta do final do século XVI para indicar uma ciência matemática comum a qualquer setor da geometria ou da aritmética. Essas reflexões tiveram origem, sobretudo, nos *Elementos* de Euclides de Megara, que durante todo o século XVI tinham constituído o texto de maior difusão para o ensino da geometria e da matemática. O rigor da geometria euclidiana inspirou não só os matemáticos, mas também todos os que tinham interesses sistemáticos. Para seu tradutor latino, Bartolomeo Zamberti, Euclides era o guardião da matemática – *mathematicarum disciplinarum ianitor* –, assim como Jano era o guardião do céu, e Cérbero, do inferno; uma tradição árabe dizia até mesmo que os filósofos gregos tinham fixado na porta de suas escolas o seguinte aviso: "Não terá acesso à nossa escola quem antes não tiver estudado os *Elementos* de Euclides." A disputa sobre a *mathesis universalis* está centrada, portanto, nesse texto e nos comentários que lhe foram dedicados ao longo dos séculos.

Particularmente importante foi o *Comentário* de Proclo[1], porque a ele se referiram Petrus Ramus (cf. *supra*, cap. II, 1)

---

1. Proclo de Constantinopla, filósofo do V século d.C., escreveu um *Comentário ao primeiro livro de Euclides*, fonte insubstituível na história da geometria e ponto de referência para quem escreveu sobre *mathesis universalis*.

e Konrad Dasypodius (1532-1600) na elaboração de uma *dialectica* ou *communis scientia universalis*.

A renovação que Ramus introduziu no pensamento dialético do século XVI está ligada à noção de sistema: seguindo as linhas de Melancthon (cf. *supra*, cap. II, 4) e de Johann Sturm (que foi seu mestre em Paris e do alemão Dasypodius), ele "chega, em contraste com a técnica formalista da tradicional escolástica tardia, a uma 'dialética funcional', ligada aos métodos da *civilis eloquentia* e concebida, sobretudo, como um instrumento racional para o ordenamento sistemático de cada *disciplinae et artes*"[2]. O problema da exposição bem estruturada estava no fulcro da atenção de quem se ocupava das ciências matemáticas: no ordenamento escolástico do *quadrivium*, elas eram a aritmética, a geometria, a astronomia e a música, na qual "sistema" tivera um significado técnico nos tempos da Grécia clássica. Ao comentar um trecho de Aristóteles, Ramus observa incidentalmente que teria intenção de escrever um livro "com um método específico" (*singulari methodo*) que tratasse de todo o saber matemático e geométrico de um modo "que até agora ninguém conseguiu descrever"[3]. Porém, a essa antecipação da *mathesis universalis* não seguiu nenhuma realização.

Também Dasypodius parte dos *Elementos* de Euclides e os vê como o núcleo central de todas as ciências matemáticas, das quais se originam "numerosas colônias como de uma cidade populosa"[4]. Em suas obras, Dasypodius esforçava-se para encontrar aqueles elementos comuns à matemática e à geometria que se fundissem em uma "universalis μαϑηματική", em uma "*universalis disciplina mathemati-*

---

2. Giovanni Crapulli, *Mathesis universalis. Genesi di una Idea nel XVI secolo*, Edizioni dell'Ateneo, Roma, 1969, 285 pp.; o excerto citado está a pp. 64. Deste texto erudito, extraí muitos materiais aqui citados; deste é preciso indicar também o apêndice de textos não encontráveis.

3. Crapulli, *Mathesis universalis*, cit., p. 69.

4. "*Tamquam ex urbe aliqua populosa, plurimae deductae sunt coloniae*": citado por Crapulli, *Mathesis universalis*, cit. p. 73.

ca". Já com idade avançada, em 1593 publicou uma *Protheoria mathematica*, cuja sistemática causa um pouco de surpresa por apresentar assonâncias com o *Corpus iuris* justiniano. De fato, aquele texto se apresenta como uma descrição do *corpus mathematicus* subdividido em três volumes, dois de "Instituições" e um de "Pandectas"[5]. Seus escritos são valiosos para o ensino das matemáticas, mas permitem apenas entrever "a consciência de um núcleo doutrinário específico no âmbito das matemáticas que legitimasse uma ciência primeira entre as outras e distinta em seu objeto e em seus princípios"; o que era para ele essa ciência "não está documentado de forma inequívoca em suas obras"[6]. No decorrer do tempo, essas considerações gerais parecem separar-se sempre mais da matemática e dirigir-se para a metafísica.

Detivemo-nos aqui sobre Dasypodius não tanto pela curiosa sistemática romanística, mas porque Johann Heinrich Alsted, um autor sistemático ao qual voltaremos no parágrafo 4, faz referência a ele. Em sua *Methodus admirandorum mathematicorum*, de 1613, Alsted refere-se explicitamente à *Protheoria* de Dasypodius e tenta, também ele, construir uma *mathematica generalis*, embora depois não desenvolva esse projeto[7].

Alsted refere-se também à obra do jesuíta espanhol Benito Pereira (1535-1610), cujo manual de filosofia – *De communis omnium rerum naturalium principiis*, publicado em Roma em 1576 – divide a filosofia em especulativa e prática e se pergunta quais dos três ramos da filosofia especulativa

---

5. Dasipodius, *Protheoria mathematica* [...]. *Brevis quoque Corporis mathematici in tria volumina, Institutionum duo et Pandectarum unun distincti, descriptio*, Argentorati imprimebat Iodocus Martinus anno 1593 (cit. p. 82, nota 25).
6. Crapulli, *Mathesis universalis*, cit. p. 90.
7. Johann Heinrich Alsted, *Methodus admirandorum mathematicorum* (1613) está reproduzido em Crapulli, *Mathesis universalis*, cit., pp. 243-71. "É o único texto de Alsted em que se delineia uma 'mathematica generalis'." Em suas obras posteriores não se encontra mais indício desse conceito; sua *Encyclopaedia* (nas duas edições de 1620 e de 1630) divide em verbetes separados as matérias antes reunidas na *mathematica generalis*.

(metafísica, matemática e física) deve ser considerado o primeiro. Pereira propõe uma classificação dessas disciplinas a partir de dois pontos de vista: *secondum naturam* (ou seja, por sua natureza intrínseca) e *secondum nos*. *Secondo natura*, a primeira ciência é a metafísica, por ser a mais geral, ao passo que *segundo nós* é a física, porque é a partir do contato com as coisas que aprendemos os primeiros elementos do saber. A partir desses princípios desenvolve-se uma classificação das ciências, da qual faz parte também uma *scientia mathematica communis*: esta, porém, deve ser entendida "como ciência pertinente ao campo das matemáticas". Portanto, não chegamos ainda à *mathesis universalis*, mas já estamos a caminho.

À *mathesis universalis* chega-se por vias transversais, por causa de uma polêmica hoje esquecida sobre a quadratura do círculo. Giuseppe Giusto Scaligero (1540-1609), desviando-se de seus estudos de filologia[8], publicou em 1594 *Cyclometrica elementa duo*, em que sustentava ter resolvido o secular problema da quadratura do círculo e criticava, de modo excessivo, o *De mensura circuli* de Arquimedes. "*In magnis vel errare laudabile* – escrevia um contemporâneo na costumeira mistura de línguas –, *mais non certes avec tant de confiance en soi, avec tant de mepris des anciens et de modernes. Je crains la prochaine foire de Francfort pour lui.*"[9]

Contra aquele *Cyclometrica* (depois retratado por Scaligero), o matemático belga Adriaan van Roomen (Adrianus Romanus, 1561-1615) escreveu uma defesa de Arquime-

---

8. Francês, filho de italiano, Giulio Cesare Scaligero foi um dos maiores conhecedores da Antiguidade clássica. Entre outras coisas, estudou direito com Cujacio. Lecionou em Genebra e Leida porque, sendo calvinista, teve de abandonar a França depois da Noite de São Bartolomeu. Sua memória está totalmente atrelada aos estudos filológicos, e seu estudo sobre a quadratura do círculo está hoje esquecido.

9. Carta de um amigo de Scaligero ao embaixador da França na Holanda, em Crapulli, *Mathesis universalis*, cit. p. 102, nota 4. A feira do livro de Frankfurt já era naquela época tão importante que era considerada a "Academia da Feira das Musas" (Nundinalis Musarum Academia).

des. Esse escrito trata explicitamente da *mathesis universalis*, ou *prima mathematica* ou *prima mathesis*.

Na raiz das críticas de Scaligero e da réplica de Roomen encontra-se um trecho de Aristóteles sobre a incomunicabilidade dos gêneros, ou seja, sobre o fato de que os métodos de uma disciplina não possam ser usados em outra, a não ser que esta última esteja subordinada à primeira. Esse tema é ainda de extrema atualidade e se deverá retornar a ele tratando da recepção dos métodos científicos modernos na teoria do direito (cf. vol. 3, cap. III). Petrus Ramus tinha sintetizado esse princípio – que a *auctoritas* de Aristóteles fazia-lhe considerar uma lei universal: a *catholica Aristotelis lex* – na linguagem greco-latina dos humanistas: "Aquilo que é aritmético é, na geometria, a-geométrico; aquilo que é geométrico é, na matemática, a-matemático." Remontava-se a Aristóteles porque a polêmica sobre a quadratura do círculo tinha por objeto precisamente a mensuração numérica de uma figura geométrica. Antes de tudo, Roomer demonstra que, dentro de certos limites, é legítimo estender os métodos da matemática à geometria, e vice-versa. Mas, se tal extensão é possível, deve existir uma base comum[10], um método comum, uma *mathesis universalis*: para ele deve "existir uma ciência comum à aritmética e à geometria, que trata das *affectiones* comuns a todas as quantidades [...] não apenas àquelas abstratas como os números e as grandezas, mas também àquelas concretas, como os tempos, os sons e as vozes, os lugares, os movimentos, as potências"[11]. Segun-

---

10. Sobre aquela que hoje seria chamada de "meta-estrutura", cito um trecho do meu vol. 3 (cap. I, 3): "A estrutura tem, portanto, uma própria coesão interna, que permite descobrir semelhanças entre sistemas diversos. Mas para comparar sistemas diversos é preciso ter em mente um *sistema dos sistemas*: se a língua se articula segundo um código lingüístico e a parentela segundo um código parental e assim por diante, para poder compará-los é preciso aquilo que Eco (não Lévi-Strauss) designa como um metacódigo, um Ur-código." Além do parágrafo citado, cf. também o vol. 3, cap. II, sobre o estruturalismo.

11. O texto latim está em Crapulli, *Mathesis universalis*, cit., p. 112.

do Roomer, antes dele apenas Pereira tinha intuído a possibilidade dessa disciplina de nível superior.

A polêmica sobre a quadratura do círculo concluía-se, portanto, com dois resultados: no plano prático, Scaligero retratou suas críticas a Arquimedes; no plano teórico, puseram-se as bases para legitimar o uso dos números na geometria, uso que nós, modernos, damos até mesmo como certo. Mas da união das duas disciplinas nascia a exigência de uma metadisciplina: "Do conjunto das considerações lógicas e históricas emergia o conceito de uma *mathesis universalis* comum a toda espécie de quantidade e, portanto, mais geral do que a aritmética e a geometria, ciência universal em que se tem um amplo emprego de números. Daí resultava que tal uso realizado em uma demonstração pertinente à *mathesis universalis* não a caracteriza por essa razão como *arithmetica*, mas, antes, como *mathematica*, e as aplicações práticas dos números devem reportar-se a uma disciplina igualmente mais universal do que a *arithmetica*, que se contrapõe à geometria, ou seja, à *arithmetica practica universalis*. Restava esclarecer o âmbito desta última e a sua relação com a *mathesis universalis* no rol sistemático das ciências matemáticas."[12]

A exposição da *mathesis universalis* não é senão "o conteúdo dos tradicionais manuais de aritmética prática, mas van Roomen atribui-se o mérito de lhe ter dado aquela *estrutura sistemática* segundo a qual toda a exposição pode se apresentar como *methodus arithmeticus practicae universalis*, '*quod a nemine antea praestitum scio*'; o mesmo mérito que, em relação à 'matemática geral', Alsted reivindicará a si mesmo na *Methodus admirandorum matematicorum*"[13]. Em 1602, Roomer publicou uma *Universae mathesis idea*[14], que se apre-

---

12. Crapulli, *Mathesis universalis*, cit., p. 118.
13. Crapulli, *Mathesis universalis*, cit., p. 117.
14. *Universae mathesis idea, qua mathematicae universim sumptae natura, praestantia, usus et distributio brevissime proponuntur*. Authore A. Romano, Herbipoli apud G. Fleischmann, 1602.

senta como uma classificação sistemática das ciências geométrico-matemáticas: nela, a *mathesis universalis* é apresentada como *organum scientiae*, mas sua descrição não é desenvolvida, dado o caráter esquemático-recapitulativo daquele escrito quase mnemotécnico.

Essas imperfeitas tentativas de chegar a uma *mathesis universalis* são passos igualmente hesitantes no caminho da noção de sistema, mesmo porque os autores renascentistas praticavam uma interdisciplinaridade que hoje se tornou impossível mas na época facilitava enormemente a circulação das idéias de uma disciplina a outra. O estudo de Crapulli, até aqui utilizado como fonte, é sobre a história da matemática: mas nela estão presentes não apenas Alsted, como também Keckermann e Timpler, que em seguida encontraremos entre os primeiros teóricos do sistema.

2. A afirmação de *systema* na teologia: Keckermann

No início do século XVII, depois de ter se afirmado na linguagem teológica, o termo *systema* comparece também em outras disciplinas. Segundo a bibliografia redigida por Otto Ritschl, no decorrer do século XVII são publicados mais de noventa livros que se apresentam como *systema* de alguma disciplina[15].

A falta de uma rígida especialização dos estudiosos facilitava a rápida difusão da nova terminologia de uma disciplina à outra. Um claro testemunho dessa passagem da teologia às outras disciplinas encontra-se nas várias obras do teólogo e filósofo Bartholomaeus Keckermann. O *Systema logicae*[16] desse autor é provavelmente a primeira obra fi-

---

15. Otto Ritschl, *System und systematische Methode in der Geschichte der wissenschaftlichen Sprachgebrauchs und der philosophischen Methodologie*, Webers, Bonn, 1906, p. 26 e, em apêndice, a bibliografia A (pp. I-IV).

16. Bartholomaeus Keckermannus, *Systema logicae, tribus libris adornatum pleniore praeceptorum methodo et commentariis scriptis ad praeceptorum illus-*

losófica alemã em que, desde as primeiras páginas, procura-se definir a acepção em que o termo *systema* é usado. Em seu tratado, Keckermann explica que a lógica é uma arte, mas logo adverte que é preciso distinguir um duplo uso do termo "lógica": "lógica" pode estar tanto *pro habitu ipso in mentem per praecepta et exercitationem introducto*, quanto *"pro preceptorum logicorum comprehensione seu systemate"*. Somente deste último uso pretende ocupar-se Keckermann, que fala da lógica igualando-a seja à arte, seja ao sistema: ele se refere explicitamente à frase de Luciano citada por Melancthon (cf. *supra*, cap. II, 4).

Não obstante essa tentativa de delimitar o âmbito semântico de *systema*, em Keckermann se encontram ainda oscilações notáveis: em primeiro lugar, o termo conserva em seus escritos a mesma ambigüidade já encontrada nos tratados teológicos; em segundo lugar, Keckermann tem uma noção elástica do sistema, que aflora claramente nas páginas em que ele explica a gênese e a estrutura das próprias obras: traduzidas em termos modernos, elas dizem que, para esse autor, a completude e a unitariedade não são elementos indispensáveis do sistema. No prefácio ao *Systema logicae*, Keckermann explica que, convidado pelos estudantes para reunir suas lições em uma obra unitária, ele tinha se esforçado, de um lado, para estruturar a matéria segundo critérios de praticidade e de coerência e, de outro, para estender o tratado de modo que não omitisse nenhum problema logicamente relevante. A concepção de sistema que transparece dessas asserções não pode, todavia, ser aplicada às outras obras do mesmo autor. A elaboração de um escrito pouco depois do precedente revela que, para Keckermann, completude e unitariedade não são tão indispensáveis: no *Systema logicae minus* de 1606, o autor aban-

---

trationem et collationem cum doctrina Aristotelis atque aliorum [...]. Editio 3.ª ab authore recognita cum rerum et verborum indice locupletissimo, apud G. Antonium, Hannover, 1606, 598 pp. Os problemas concernentes à datação de cada obra de Keckermann são aqui omitidos, porque irrelevantes aos fins da pesquisa: é suficiente advertir o leitor que tal datação é problemática.

dona algumas partes do *Systema logicae*, sem temer destruir a sistematicidade da obra. Todavia, nesse caso, o uso impreciso de *systema* é devido não tanto a uma contradição do autor quanto à elasticidade de um termo ainda não suficientemente definido.

Em outras obras de Keckermann, ao contrário, existe efetivamente uma contradição no uso do termo *systema*, mas ela não é imputável ao autor. A origem dessa contradição merece um breve exame, porque contribuiu para a difusão do termo em disciplinas diversas da teologia e da filosofia.

Keckermann distingue o raciocínio do lógico daquele do matemático e do físico: enquanto no primeiro caso pode-se falar de uma *ars*, nos outros dois casos estamos na presença apenas de formulações didascálicas. Disso decorre que, para Keckermann, o sistema é próprio da lógica, mas não da matemática e da física. Em conformidade com essa concepção, enquanto Keckermann era vivo, vieram à tona os sistemas da teologia (1602), da retórica (1606) e da política (1608)[17].

Em 1609, morreram Keckermann e logo depois seu editor Wilhelm Anton. Os herdeiros deste último publicaram arbitrariamente, com o título de *systema*, todas as aulas – relativas aos mais diversos assuntos – dadas por Keckermann na Universidade de Dantzig. Assim, em aberta contradição com as idéias precedentemente sustentadas, Keckermann acabou se tornando, inconscientemente, o autor de um sistema da metafísica (1609), da astronomia (1611), da geografia (1612), da física (1615), da língua hebraica (1615) e toda a matemática. O coroamento desse abuso é constituído por uma coletânea de obras de Keckermann, que em 1613 veio à tona com o título *Systema systematum*[18].

---

17. Bartholomaeus Keckermannus, *Systema disciplinae politicae, publicis praelectionibus, anno 1606, propositum in gymnasio [...]*, apud G. Antonium, Hannover, 1608, VIII-600 pp.

18. Bartholomaeus Keckermannus, *Systema systematum*, Hannover, 1613.

O arbítrio do editor, mesmo falseando as concepções do autor, apresentava um aspecto positivo: o termo, usado até então principalmente na teologia, era aplicado a muitas outras disciplinas, em que a autoridade e a fama de um teólogo como Keckermann contribuíam para introduzir ou fortalecer seu uso. Nas ciências exatas, de fato, a referência ao sistema criado por Euclides era muito forte, ao passo que nas outras disciplinas a exigência de organicidade era cada vez mais sentida e a referência ao modelo da geometria euclidiana cada vez mais freqüente: os tratados filosóficos e teológicos davam, portanto, um nome a uma exigência do próprio tempo, e o abuso editorial em relação às obras de Keckermann contribuiu para difundi-lo em todo campo do saber.

3. Primeiras distinções no interior do sistema: Timpler

Porém, no âmbito das ciências sociais não foi Bartholomaeus Keckermann o primeiro a intitular *systema* um tratado de política, mas, provavelmente, Otto Casmann, que publica um *Doctrinae et vitae politicae methodicum ac breve systema*[19] alguns anos antes do *Systema disciplinae politicae* de Keckermann. Todavia, com exceção do título, a obra de Casmann não dá esclarecimentos sobre o uso do termo "sistema".

Àqueles anos remonta também o primeiro sistema jurídico que consegui encontrar: o tratado sobre as Pandectas de Sebastian Naevius, de 1608. Nas décadas sucessivas, outros se lhe acrescentam: o tratado de Johann Stück sobre a jurisprudência feudal, o de Johann Rudolf Schmidt sobre o direito civil, penal, canônico e feudal, o de Karl Schaarschmidt sobre o direito público romano-germânico (que já

---

19. Otto Casmann, *Doctrinae et vitae politicae methodicum ac breve systema ex variorum theologorum [...] scriptis excerptum et adornatum*, E collegio musarum Paltheniano, Frankfurt am Main, 1603, 408 pp.

nos leva ao último quarto do século XVII) e, enfim, um não datado sistema juspublicista de Nicolaus Christopher Lyncker[20]. Os títulos dessas obras não parecem trazer nenhum esclarecimento sobre o uso de "sistema" próprio daquela época. Alguma surpresa poderia vir do seu conteúdo; porém, não é fácil achar essas obras.

Um passo à frente nessa direção é constituído, ao contrário, pelos estudos de Clemens Timpler, sucessor de Otto Casmann no ginásio de Steinfurt e, como ele, aluno em Marburg de Rudolf Göcker, de cujo *Lexicon* falou-se anteriormente (cf. *supra*, cap. II, 3, nota 7). Timpler escreveu quatro sistemas (da metafísica, em 1604; da física, em 1607; da lógica, em 1612; e da retórica, em 1613) e, no decorrer dessas exposições, preocupou-se repetidas vezes em esclarecer sua concepção de sistema.

Retomando, no sistema da metafísica, a discussão já tradicional a respeito de essa disciplina ser uma ciência ou uma arte, Timpler também faz referência a Melancthon e a Luciano, concluindo que a metafísica é uma arte se, em conformidade com a definição de Luciano, ela é entendida *"pro systemate ver pro notitia certorum praeceptorum methodice dispositorum ad finem aliquem utilem in vita humana, non autem quatenus sumitur pro habitu cum recta ratione efficiendi"*[21]. Segundo uma concepção já tradicional, distingue-se, desse modo, arte e ciência e iguala-se a arte ao sistema. Porém, tudo isso não satisfaz Clemens Timpler, que na nova edição de seu sistema da metafísica introduz uma distinção que ele mesmo declara ser nova na história da filosofia. De fato, se lermos o excerto seguinte levando em conta o fato de que

---

20. Sebastian Naevius, *Systema super pand. et Cod. et feudal.*, Frankfurt, 1608; Johannes Stuckius, *Systema jurisprudentiae feudalis*, Basel, 1620; Johannes Rudolphus Faber, *Systema triplex iuris civilis et criminali, canonici et feudali*, Genève, 1634; Carolus Schaarschmidt, *Systema iuris publici Romano-Germanici*, Frankfurt, 1677; Nicolaus Christophorus Lyncker, *Systema iuris publici Romano-Germanici*. s.l., s.d.

21. Clemens Timpler, *Metaphysicae systema methodicum libris quinque comprehensum*, Hannover, 1608, pp. 4 s.

arte é sinônimo de sistema, encontraremos aí a primeira formulação – embora ainda imprecisa e indireta – da distinção entre sistema interno e sistema externo.

Timpler já não fala de *ars* e *scientia*, mas, ao contrário, de *ars liberalis* e de *ars illiberalis seu mechanica* (ou, às vezes, *manuaria*). Apenas a primeira é objeto de sua investigação; e, em seu interior, Timpler faz uma distinção de grande importância: *ars liberalis* é o termo usado ora *pro disciplina, quae verbis vel prolatis traditur vel scriptis comprehenditur*, ora *pro habitu intellectuali seu notitia habituali, ex perceptione sedula eiusmodi disciplinae comparatae*. Ou seja, parece que, de um lado, a *ars liberalis* seria um sistema de enunciados sobre uma certa disciplina e, de outro, seria aquela disposição interior adquirida graças ao constante hábito do correto raciocínio, segundo uma acepção que remonta a Aristóteles.

Seria arbitrário entender esse *habitus* como uma expressão que indique um sistema de relações objetivas (quase uma estrutura no sentido moderno), contraposto a um sistema de proposições. Todavia, Timpler percebe que, em se tratando de sistemas, é preciso distinguir o conjunto das proposições que descrevem um certo objeto de outro conjunto, que ele define em harmonia com a tradicional doutrina aristotélica. Em outras palavras, Timpler evidencia a ambigüidade do uso de "sistema": e, como seus predecessores e seus contemporâneos usam o termo para indicar a organização didática da matéria, ele distingue a dupla natureza do sistema, mas identifica com clareza apenas o sistema externo. Todavia, ele se dá conta de mover-se em uma direção promissora e, com receio de que o leitor, rejeitando a nova terminologia proposta por ele, rejeite também a distinção que está em sua base, conclui: "*Quod si tamen hi termini alicui ob novitatem non probantur, priorem vocem systematicam seu enunciatam, posteriorem habitualem seu conceptam [...]. Et si verbis quidem a me discrepabit, sensu autem plane conveniet.*"

Se por *systema* se entende – como Timpler – um *integrum doctrina corpus ex diversis partibus coagmentatum*, poderá ser *systema* apenas a arte liberal externa: somente ela, de fato, assume a forma de um conjunto de proposições que descrevem determinado objeto; a arte liberal interna é apenas um *habitus*, uma *qualitas permanens*, que leva o homem a agir bem ou mal[22]. As duas artes, porém, não são contrapostas, mas se integram ao menos parcialmente. Três causas são indispensáveis, segundo Timpler, para que o homem possa agir bem: 1. a atitude para receber a doutrina (*docilitas*, no sentido etimológico de capacidade de aprender); 2. a própria doutrina, objeto de aprendizagem (*doctrina*); 3. o exercício daquilo que a doutrina prescreve (*exercitatio*). Desse modo, a arte liberal externa, como *doctrina*, torna-se parte integrante da arte liberal interna, como *habitus* de se ater ao que prescreve a doutrina. Explica-se assim por que, no primeiro excerto citado, Timpler especifique que o sistema deve tender a um fim útil ao homem: o sistema deve ser uma exposição doutrinária clara a ponto de permitir que cada um possa conhecer o bem e ater-se a ele.

Especialmente na tradução dos trechos jurídicos de Cícero, o latim clássico *ars* é traduzido por "sistema", o que é correto do ponto de vista do significado. Mas, transferindo em Timpler essa correspondência dos termos, obtêm-se efeitos distorcidos porque a língua e os conceitos sofreram nesse meio-tempo uma evolução que deve ser levada em consideração. Timpler parece introduzir a distinção entre sistema interno e sistema externo, antecipando as doutrinas do século XIX. Na realidade, porém, sua distinção tem um significado diverso e peculiar, porque no século XVI a noção de sistema, arduamente conquistada, designava apenas o sistema externo. Efetivamente, em sua *Metaphysica*, Timpler define a "*ars* externa" como o "sistema metódico de ensinamentos certos sobre um argumento cognoscível e

---

22. Clemens Timpler, *Metaphysicae systema methodicum*, cit., p. 28.

útil, transmitido ao ouvinte para instruí-lo e melhorá-lo"[23]; a "*ars* interna" é, para ele, "ter transformado em hábito a informação recebida por meio da arte externa" (*habitualis artis externae notitia*). Os excertos aqui citados não deixam dúvidas sobre o sistema externo: é a arte de transmitir o saber, ou seja, o sistema no sentido didático tradicional[24]. Ao contrário, o sistema que Timpler define como interno depende do significado que ele dá ao termo *habitualis*: como já vimos, o *habitus* (ou "*ars* interna") é o comportamento em conformidade com os ensinamentos recebidos: diríamos hoje que é o hábito que provém da interiorização do preceito. Em Timpler, portanto, "sistema externo" indica um método expositivo, ao passo que "sistema interno" designa um comportamento (ou, pelo menos, a predisposição para determinado comportamento que nos foi ensinado). Em outros termos, os adjetivos "interno" e "externo" têm como ponto de referência não tanto o objeto da sistematização (como no uso moderno) quanto os sujeitos da sistematização, ou seja, quem ensina e quem aprende, o construtor do sistema externo e o destinatário desse sistema. O sistema interno é, em suma, o reflexo do sistema externo na alma de quem aprende.

Sua teoria tem contornos imprecisos, mas uma coisa é certa: com Timpler começa-se a distinguir o sistema das proposições que descreve uma ciência daquilo que não é um sistema de proposições. A distinção não é nítida ainda, mas em suas palavras já se delineia o sistema externo, ao passo que o interno está apenas esboçado.

---

23. "Systema methodicum certorum praeceptorum de re aliqua scibili utilique traditorum ad erudiendum et perficiendum hominem": Clemens Timpler, *Metaphsysicae systema methodicum*, cit., respectivamente, pp. 3 e 4.

24. "Este sistema metódico, para ele, não é outra coisa senão a representação de uma inteira disciplina por meio da 'methodus universalis'" (que Schröder descreve a pp. 141-7, demonstrando sua insuficiência para a construção de um sistema interno): Jan Schröder, *Die ersten juristischen "Systematiker". Ordnungsvorstellungen in der Philosophie und Rechtswissenschaft des 16. Jahrhunderts*, em Maximiliane Kriechbaum (Hrsg.), *Festschrift für Sten Gagnér zum 3. März 1996*, Aktiv, Ebelsbach, 1996, p. 137.

A dicotomia proposta por Timpler tem, portanto, um significado completamente diverso do que ela adquirirá no século XIX, quando Savigny, por exemplo, distinguirá entre a descrição de noções de que nos apropriamos para depois poder comunicá-las aos outros (sistema externo ou didático) e "o conhecimento e a descrição do nexo interno ou de parentela que reúnem em uma grande unidade cada conceito e preceito jurídico" (sistema interno)[25]. A teoria do século XIX tinha o mérito de identificar com progressiva clareza a dicotomia entre sistema externo e sistema interno, porém não conseguia identificar com exatidão o sistema interno (cf. *infra*, caps. XIII, XIV). Um sistema interno preciso e completo ter-se-á apenas com Kelsen, no século XX (cf. vol. 2, caps. II, III).

Em 1612, o sistema da lógica de Timpler reitera essas concepções com uma referência às teorias de Keckermann. Mas essa referência não deve enganar: a distinção de Keckermann entre as ciências sistemáticas (que, como a física e a matemática, transmitem noções) é substituída por uma distinção menos clara entre artes liberais externas e artes liberais internas. Provavelmente, a separação de Keckermann e a tentativa de trilhar novos caminhos devem ser atribuídas também à incoerência – não imputável a Keckermann, mas, como vimos, aos herdeiros de seu editor – da qual suas obras parecem padecer no uso da noção de sistema.

4. Distinções mais aprofundadas: Alsted

A propensão a pôr ordem e sistematizar cada campo do saber parece ter sido um dos traços não só característicos, mas também típicos da índole do filósofo e teólogo protestante Johann Heinrich Alsted (1588-1638). Ele mes-

---

25. Friedrich Carl von Savigny, *System des heutingen römischen Rechts*, Veit, Berlin, 1840, vol. I, p. XXXVI.

mo se definia "φιλομέθοδον καὶ φιλοκαθόλου". Em seu *Dictionnaire historique et critique*, Bayle fala de Alsted e diz que "uma de suas principais ocupações era compor métodos e reduzir a sistemas todas as partes das artes e das ciências". Essa paixão pela sistemática e a vastíssima cultura levaram-no a escrever obras enciclopédicas, nas quais a *mathesis universalis* se faz presente, mas não é desenvolvida. Do ponto de vista das matemáticas, portanto, "Alsted toma emprestado a idéia da *mathematica generalis* de Pereira e Dasypodius, elabora um esquema baseado em critérios tradicionais de exposição didática no qual é hábil e especialista, preenche a trama das distinções e divisões conceituais com freqüentes citações, às vezes aproximadas e imprecisas, nem sempre declaradas, mantendo-se, porém, em um nível superficial de análise"[26]. Mas os estudos matemáticos foram um aspecto marginal de sua atividade.

Eco retrata bem a complexidade, e em certa medida também a contraditoriedade, desse "autor importante para a utopia de uma enciclopédia universal, que inspirou também Comênio: "Mesmo contemporizando ao ver em Lúlio elementos cabalísticos, [Alsted] dobra, no final das contas, a combinatória à construção de um sistema do saber ferreamente articulado, em um emaranhado de sugestões aristotélicas, ramistas e lulianas ao mesmo tempo."[27] Entre seus interesses destacam-se a mnemotécnica e o enciclopedismo. Neste último campo, ele é reconhecido hoje por sua posição inovadora: "reformar as técnicas de transmissão do saber; realizar uma classificação sistemática de todas as atividades manuais e intelectuais: tais projetos coincidem, para Alsted, com a construção de um novo 'sistema' das ciências que reúna em um único *corpus* os princípios de todas as disciplinas". Para Alsted, a enciclopédia trazia à luz

---

26. Crapulli, *Mathesis universalis*, cit., p. 126.
27. Umberto Eco, *La ricerca della lingua perfetta nella cultura europea*, Laterza, Roma-Bari, 1993, p. 144.

a sistematicidade do saber[28]. Sua *Encyclopaedia* de 1630 é tida como de grande importância também pelo próprio Diderot, que – no verbete *Leibnitianisme* da *Encyclopédie* que deveria pôr na penumbra todas as precedentes – reconhecia ao poliédrico compilador alemão o mérito de ter procurado fundamentar a arquitetura enciclopédica sobre novas bases, indicando os nexos entre as várias ciências.

Alsted ensinava na Universidade protestante de Herborn, fundada em 1585 no condado de Nassau-Dillenburg, em um clima cultural particularmente aberto: "O edifício enciclopédico de Alsted nascia da sólida aquisição e da original articulação de uma cultura que entrelaçava sabiamente os temas da religião reformada, insistia sobre um calvinismo moderado, com motivos ramistas e neo-aristotélicos; mas esse ecletismo, que se punha em seguida como fundamento de todo o importante movimento pansófico e enciclopédico de Herborn, era percorrido também por sugestões neoplatônicas e lulianas hauridas diretamente dos textos de Cusa, de Bruno, de Campanella."[29] Segundo Leibniz, não faltou capacidade a Alsted, mas faltaram-lhe os materiais e a tranqüilidade, perturbada pelos dissídios religiosos da época. Porém, esse rápido olhar para o Alsted enciclopedista não deve nos desviar do Alsted sistemático, que aqui deve ser posto no centro da atenção.

De fato, Alsted está ciente de ser um compilador, mas sabe também que é um sistematizador. Com ele, a ênfase passa do conteúdo da *mathesis universalis* ao método expositivo. Em seu latim entremeado por palavras gregas, expressa essa sua consciência dizendo que o que ele fornece "é um primeiro esboço da matemática geral: quebramos o

---

28. Paolo Rossi, *Clavis universalis. Arti della memoria e logica combinatoria da Lullo a Leibniz*, Il Mulino, Bologna, 1983, 2.ª edizione, p. 199. Sobre o sistema mnemônico universal de Alsted, pp. 199-203. Sobre Paolo Rossi (que orientou a pesquisa de Tega, citada na nota seguinte), cf. *supra*, cap. III, 1.

29. Walter Tega, *Arbor scientiarum. Enciclopedia e sistemi in Francia da Diderot a Comte*, Il Mulino, Bologna, 1984, p. 19; sobre Alsted, pp. 18-25. Sobre as relações entre Iluminismo e sistema abstrato, cf. *supra*, cap. VII.

gelo no que diz respeito ao método"; com ele, "a matemática, até então transmitida de maneira confusa, é agora proposta metodicamente (μεϑοδικώτερον)". Em suma, o que Alsted propõe é um esquema, um sistema externo, em que um especialista poderá despejar um conteúdo específico. Seu interesse enciclopédico não vai além do método. De fato, após essa proposta, Alsted não se ocupou mais da *mathesis universalis* e dedicou-se à sistematização de outras disciplinas.

No início do século XVII, as subdivisões disciplinares são ainda confusas, e precisamente por isso multiplicam-se as tentativas de classificar as matérias, sobretudo para fins mnemônicos e didáticos. No entanto, mesmo seguindo aqui as partes mais estritamente ligadas à noção de sistema nesses trabalhos, não é preciso esquecer que essa noção nascia ligada a exigências hoje esquecidas, mas que então eram potentes impulsos da ação intelectual. Tratando agora Alsted como sistemático, não se deve, porém, esquecer sua enciclopédia, seus escritos sobre a matemática e seu *Systema mnemonicum duplex*, hoje achados históricos de disciplinas extintas. Uma história da noção de sistema impõe seguir uma linha temática, e esta última freqüentemente obriga a renunciar a desvios fascinantes.

As teorias de Clemens Timpler eram destinadas a se afirmar cada vez mais. Em 1610, Alsted publicou no já citado *Systema mnemonicum*[30] em que recorria à conhecida distinção entre filosofia ἀρχέτυπος e ἔκτυπος para melhor explicar as concepções de Clemens Timpler.

Mesmo que na obra de Alsted *systema* e *syntagma* sejam tratados como sinônimos, o termo *systema* já se afir-

---

30. "*Philosophia archetypa est habitus a Deo per naturam mediante arte et usu in hominibus informatus. Alias dicitur philosophia habitualis. Ektypa est systema sive syntagma ex archetypa informatum, quae procedit ex archetypo praeceptoris ut introducatur similis archetypus in animum discentis*" (Johann Heinrich Alsted, *Systema menomonicum duplex*, Frankfurt am Main, 1610, p. 21 [*Systema maius*, lib. III]; "*Philosophia ektypa est systematum variorum comprehensio*", ibid, p. 8 [*Systema minus*]).

mou. Em geral, *syntagma* serve apenas para designar as coletâneas e miscelâneas de escritos sobre o mesmo assunto; o termo filosófico, ao contrário, já é *systema*: chegando a essa fase da evolução, o problema não está tanto em delimitar externamente o uso desse termo em relação a outros vocábulos quanto, ao contrário, em distinguir internamente seus diversos significados. As primeiras tentativas nessa direção são puramente intuitivas e não rigorosas, todavia constituem um passo importante para uma concepção moderna do sistema. Se a distinção de Timpler, tendo por objeto a arte liberal interna e externa, constituía uma distinção relacionada apenas indiretamente ao sistema, o discurso de Alsted está centrado, ao contrário, sobre o termo "sistema".

Systema, observa Alsted, pode ser usado em sentido objetivo ou subjetivo. Em sentido objetivo, "σύστημα *significat collectionem*", ou seja, um conjunto de coisas reciprocamente (mas genericamente) reunidas; como exemplo de sistema objetivo, Alsted apresenta a célebre definição aristotélica do cosmos, como sistema da terra, do céu e dos seres ali compreendidos (cf. *supra*, cap. I, 3). Em sentido subjetivo, σύστημα é uma "*compages, non quaelibet, sed methodica: non solum congesta, sed digesta*"[31]; é um conjunto posto juntamente com método; ou seja – para tornar explícito o elegante jogo das palavras latinas –, são noções não amontoadas, mas assimiladas. Deixando de lado outra distinção, que Alsted aplica apenas aos sistemas teológicos[32], é interessante notar como a distinção entre sistema em sentido objetivo e sistema em sentido subjetivo contém, com certa clareza, a distinção moderna entre sistema interno e sistema externo: todavia, o sistema subjetivo adquire o sig-

---

31. Alsted, *Systema menomonicum duplex*, cit., p. 27.
32. Alsted, *Systema menomonicum duplex*, p. 280: Alsted distingue os sistemas teológicos redigidos com *methodo populari* dos *exquisita methodo*. A distinção valeria também para âmbitos extrateológicos, mas não é necessário deter-se aqui, dada sua evidência. Sobre a *Popularität* da filosofia, cf. vol. 3, cap. IV, 1, a.

nificado técnico de organização de uma certa matéria, segundo determinados princípios metodológicos, ao passo que o sistema objetivo não é concebido como um ordenamento específico e intrínseco ao objeto da disciplina, mas, ao contrário, como uma simples indicação do fato de que certos elementos estão reciprocamente conexos (por meio do quê, Alsted não diz). Em outros termos, o sistema subjetivo já está muito perto da noção hodierna de sistema externo; o sistema objetivo, ao contrário, está ainda ligado ao confuso significado originário de *systema*, como se viu para o grego.

Apesar disso, a concepção de Alsted revela-se mais clara e mais ponderada do que a de Clemens Timpler. A intuição deste último foi enunciada de maneira tão convincente que houve uma grande difusão entre os contemporâneos, ao passo que o mérito de Alsted consistiu em assinalar, de modo direto e explícito, o duplo significado do termo, fazendo assim progredir o discurso iniciado por Timpler. Porém, como este último, também Alsted identifica com clareza apenas o sistema externo; por isso não trata ainda do verdadeiro problema, ou seja, não indica qual nexo une os elementos num e noutro tipo de sistema.

5. A prevalência do significado de sistema externo

O ensinamento de Keckermann e Timpler, reunido na obra de Alsted, constituiu o núcleo doutrinário dos teólogos reformados e, como tal, foi atacado pelos luteranos, salvo poucas e tardias exceções. A discussão versava sobre o problema de a lógica ser arte ou não; portanto, todas as considerações sobre o sistema e todas as distinções em seu interior estavam no centro de uma viva polêmica, que seria inútil querer reconstruir aqui em pormenores. É suficiente lembrar que, rechaçando a distinção entre *habitus* e *systema* – ponto central da teologia reformada –, os filósofos de Wittenberg usaram o termo *systema* no sentido de "exposição doutrinária". Isso é uma volta ao passado: *systema* é, de fato, levado a coincidir com *corpus doctrinae integrum*, e o adjetivo *systematicum* já não é contraposto a *habitualis*, mas substitui o sempre menos usado *loci communes* de memória melancthoniana. Foi no contexto dessa disputa que, na metade do século XVII, a teologia didática ou dogmática recebeu cada vez mais freqüentemente o nome de teologia sistemática.

Porém, a atividade de análise do sistema desenvolvida pelos filósofos e teólogos reformados não podia ser anulada. O resultado da polêmica entre reformados e luteranos levou a considerar que a tarefa da teologia já não seria a exposição de um sistema de dogmas realmente existente (Alsted teria falado de sistema objetivo), mas a construção de um novo edifício teórico a partir do material de uma construção precedente[33]. Na distinção proposta pelo reformado Johann Heinrich Alsted entre sistema objetivo e subjetivo, este último prevalece e é considerado o verdadeiro sistema de qualquer ciência. Por causa dessa escolha, qualquer discurso sobre o sistema continuará a ser durante muito tempo um discurso que tem por objeto mais a metodologia didática do que a conformação interna de uma certa realidade, objeto de análise.

Tome-se como exemplo a distinção de August Pfeifer entre *systemata compendiaria*, de um lado, e *systemata plenioria et locupletiora*, de outro[34]: essas distinções já não se referem nem sequer às regras construtivas do sistema externo, identificando apenas a extensão da matéria tratada.

Sobre esse tipo de sistema, que Gustav Radbruch chamaria de sistema didático[35], exprimiu-se com clareza o filósofo e teólogo Johann Georg Walch[36]. Toda disciplina é um

---

33. Cf., por exemplo, Franciscus Buddeus, *Isagoge historico-theologica ad theologiam universam singulasque ejus partes*, Leipzig, 1727, vol. I, p. 338.
34. August Pfeifer, *Isagoge zu Hieronymo Kromayer, Theologia positivopolemica*, c. 1, par. 4.
35. Sobre a noção de sistema interno em Radbruch (1878-1949), cf. vol. 2, cap. I, 6.
36. Johann Georg Walch, *Einleitung in die dogmatische Gottesgelahrtheid*, Jena, 1749, p. 12.

conjunto de verdades que devem ser expostas segundo uma certa ordem, mas essa ordem não coincide necessariamente com o que se observaria em um colóquio ou em um compêndio. É preciso descrever essas "verdades em seu nexo verdadeiro e natural". Com isso, põe-se aqui, finalmente, o problema das relações que devem existir entre cada elemento que compõe um sistema. Todavia, a análise do tipo de ligação é ainda muito embrionária.

O que Walch entende por "nexo verdadeiro"? "Se o conhecimento de uma coisa é verdadeiro, o ordenamento sistemático exige que se ponham aqui, como base, definições exatas que se constituam em princípios e que destes se tirem conclusões." Parece, portanto, que o nexo que deve unir cada parte do sistema é, antes de tudo, constituído pelas regras da dedução lógica. Mas esse único nexo não basta para criar o sistema: além de verdadeiro, o nexo deve ser "natural". Não é claro o que Walch entende com esse termo. Ele afirma que "nós visamos a um ordenamento das matérias de tal forma que estas últimas estejam ligadas uma a outra e devam ser tratadas uma depois da outra, assim como elas se sucedem pela própria natureza". Talvez nesse excerto ressurja a concepção do sistema interno, ou seja, daquilo que Alsted chamava de objetivo. Todavia, os tempos não estavam ainda maduros para essas considerações: dado que o sistema era percebido por todos como alguma coisa de externo à matéria tratada, o autor sufocou esse tema com uma consideração conclusiva em que reiterava o valor puramente didático do sistema construído sobre nexos verdadeiros e naturais: "Esse método é de grande utilidade. Ele torna o conhecimento não só mais profundo, mas também mais fácil."

6. Uma extensão ulterior do uso de "sistema"

Já lembramos que o dicionário filosófico de Rudolf Göckel, em 1613, não mencionava o termo "sistema". O termo é registrado em dois importantes dicionários filosóficos da primeira metade do século XVIII: o *Philosophisches Lexikon* de Johann Georg Walch, publicado em Leipzig, em 1733, e o grande *Universal Lexicon aller Wissenschaften und Künste*, publicado por Johann Heinrich Zedler em Leipzig e Haia, em 1794.

Para Walch – que em outra obra sua já mencionada procura esclarecer quais são os nexos entre as partes do sistema – também vai o mérito de ter retomado as tentativas de distinguir entre sistema interno e externo. Walch define o sistema como "uma recíproca e ordenada ligação de coisas diversas, ou um conceito de coisas ordenadamente conexas". Aquilo que hoje chamaríamos de sistema interno é, para ele, "a ligação de coisas singulares, assim como existem realmente" (e, mesmo sem se referir aos célebres excertos aristotélicos, apresenta como exemplo a expressão *systema mundi*, que traduz, porém, por *Weltgebäude*, "edifício do mundo"); outra coisa é, ao contrário, "a ligação recíproca de certas verdades, assim como ocorre no intelecto humano". Aqui Walch parece ter colhido a verdadeira diferença entre os dois tipos de sistema: o sistema interno tem por objeto as relações entre os elementos, objeto de uma disciplina, ao passo que o sistema externo tem por objeto as proposições dessa disciplina sobre aqueles elementos.

Sobre essas enunciações funda-se também o verbete *Systema*, contido no quadragésimo volume da imponente obra de Johann Heinrich Zedler. Nela, porém, a distinção agora exposta não é retomada, porque em Zedler a análise do sistema é sufocada pelas exigências polêmicas das quais o autor se fez porta-voz[37]. De fato, a tentativa realizada pela

---

37. Não seria adequado expor em pormenores essa polêmica; no entanto, a indicação dos protagonistas e das obras principais pode constituir uma contribuição setorial para a história semântica do termo 'sistema'. A crítica à teologia sistemática começou com o quaker Robert Barclay, ao lado do qual se põe em seguida o jusnaturalista Christian Thomasius e a sua escola. Em defesa da exposição sistemática desce ao campo Wilhelm Baier com uma *Sinopsis t examen theologiae recentiorum seu Quakerianorum, praecipue Roberti Barclaii*, Iena, 1701, cuja última parte (que permaneceu incompleta) deveria ser uma *Dissertatio de theologia systematica*. Contra os escritos anti-sistemáticos de

corrente sincretista de superar o contraste entre luteranos e reformados não alcançou seu objetivo; ao contrário, levou a uma radicalização das posições das duas partes. O pietistas reagiram às concepções sistemáticas expostas pela corrente dogmática, e o uso do sistema encontrou-se assim no centro de enérgicas polêmicas.

Mas as disputas sobre o uso do sistema como meio heurístico provocaram mudanças relevantes também para a história semântica do termo. *Systema* acabara de se estabilizar (fazendo com que caíssem em desuso outros termos mais ou menos sinônimos, como *syntagma, corpus* e *summa*) e, desde então, os melhores tratadistas perceberam a insuficiência desse termo. Assim como tinha ocorrido com *corpus* (cada vez mais freqüentemente reforçado pelo adjetivo *integrum*), eles procuraram esclarecer o termo *systema* acrescentando-lhe adjetivos que sublinhassem sua unitariedade, sua completude, sua coerência e assim por diante: Clemens Timpler preferia o adjetivo *methodicum*; Johann Heinrich Alsted, *harmonicum*; Johann Georg Walch e, seguindo suas pegadas, Johann Heinrich Zedler, *ordinatum*. Essa especificação permitia-lhes sustentar, polemicamente, que os inimigos do sistema eram na realidade inimigos de qualquer exposição científica ordenada. Todavia, partindo dessa exigência polêmica, Zedler acaba por usar *systema* no sentido muito genérico de "livros, nos quais não se tratam apenas todos os pormenores da ciência, mas também a estrutura (*wie sie zusammenhänget*)".

Identificando o sistema com a exposição sistemática, perde-se a distinção de Walch entre sistema interno e externo, mesmo que a defesa da exposição sistemática resulte mais simples e eficaz, como mostra a lista das vantagens que Zedler atribui aos *systemata*: 1. "Todos os argumentos se encontram tratados mais difusamente do que nos *libri*

Dippel, Johann Ernst Gerhardt escreve um *Schediasma problematicum de theologia systematica*, Giessen, 1705 e Christophorus Tobias Wideburg publica *De systematica theologia tractandi ratione*, Helmstadt, 1707. Zedler, enfim, defende o sistema contra os ataques de Christian Thomasius e da sua escola.

symbolici [...]"; 2. nos *systemata*, tudo é mais bem ordenado, "de modo que os temas específicos possam logo ser encontrados muito mais facilmente do que em uma enciclopédia" (*"so dass Specialia nachgehends als gleichsam in einem Lexikon viel leichter können gefunden werden"*); 3. com o uso assíduo dos *systemata* aprende-se a compreender cada vez mais a fundo o núcleo das Sagradas Escrituras, porque neles os mais importantes autores são sempre citados no momento oportuno, o que facilita a compreensão da matéria; 4. a ciência, como se deduz *ex systematibus*, é um bom início para a teologia polêmica (é clara, aqui, a referência à situação concreta em que se encontrava então qualquer teólogo, obrigado a tomar posição pró ou contra o estudo dogmático, ou seja, sistemático, das Sagradas Escrituras). Mesmo nesse excerto, *systema* é usado no sentido genérico de exposição ordenada segundo determinados critérios de economia de ensino e aprendizagem. É essa a acepção mais difusa; a distinção proposta por Timpler entre *habitus* e *systema*, pouco seguida na teologia, não teve seguimento fora dela.

O caráter genérico do termo *systema* torna possível sua aplicação também fora da filosofia e da teologia. Trata-se, porém, de um uso ainda extremamente confuso, dado que algumas vezes o termo se refere à exposição doutrinária de um certo autor, do qual o sistema recebe o nome (por exemplo: sistema ptolemaico, copernicano, ticônico, semiticônico), outras vezes refere-se ao nexo que une vários elementos de uma realidade, objeto de estudo (por exemplo, Zedler fala de um sistema teológico, jurídico[38] etc.); enfim,

---

38. "Sistemas desse tipo encontram-se hoje em quase todas as disciplinas, e, no que diz respeito especificamente ao direito, Struv. tratou de muitos sistemas em *Bibl. Juris*, c. VII, 15 ss." Não me foi possível ver essa obra, mas deveria tratar-se da *Bibliotheca iuris selecta*, publicada em 1703 por Burkhard Gotthelf Struve (1671-1738). É preciso mencionar a evolução do título de outra obra do mesmo autor: o *Syntagma iuris publici Imperii Romano-Germanici* de 1711 recebeu em seguida o nome de *Corpus iuris publici Imperii Romano-Germanici*.

no século XVIII, na medicina começa-se a falar de um sistema nervoso.

Ao lado dessas acepções eruditas encontram-se também usos curiosos do termo: o *Lexikon* de Zedler cita os verbetes *ingenia systematica* e *vita systematica*.

Os engenhos sistemáticos seriam aqueles que conseguem construir qualquer disciplina em sistema, encontrando "conexões mais na própria coisa do que em particularidades exteriores (*äusserliche Weitläufigkeiten*)". Esse verbete evoca dois pensadores: de um lado, quase certamente Johann Georg Walch com sua distinção entre sistema interno e externo; de outro, Malebranche com suas asserções sobre os inventores de novos sistemas, das quais trataremos em seguida.

No verbete *vita systematica*, o termo *systema* é usado em sentido completamente diverso: sistemática seria a vida do ensaio, em que tudo tende à felicidade verdadeira e na qual, portanto, toda ação tende a um fim preciso e nada é realizado por acaso. A sistematicidade consistiria, aqui, na coordenação de vários elementos (no caso específico, de mais ações) para um fim comum; o nexo teleológico seria portanto o elemento unificador do sistema assim entendido.

Esse uso atécnico e curioso do termo deveria ser bastante difuso, porque ele não ocorre apenas em Zedler[39]. Tal uso talvez se torne mais compreensível se for referido à difusa concepção segundo a qual o respeito das regras morais é condição para uma vida feliz. Partindo dessa base, é possível pensar uma sucessão lógica, que explica a crescente conexão entre a noção de vida feliz e a de sistema: como as regras morais são expostas em sistema, a noção deste último corre, primeiramente, em paralelo à de vida feliz[40]; por

---

39. No fim do verbete, Zedler cita o livro de Johann Christian Bucky, *De vita systematica*, Leipzig, 1731, que deve ser a fonte da qual extraiu o material para seu verbete.

40. Por exemplo, cf. Louis-François Ladvocat, *Entretiens sur un noveau système de morale et de physique, ou la recherche de la via heureuse selon les lumières naturelles*, J. Boudot et L. Rondet, Paris, 1721.

conseguinte, pode-se dizer que o sistema da moral é o sistema da verdadeira felicidade[41]; portanto, a vida adequada será aqui uma vida sistemática, ou seja, em conformidade com o sistema das regras morais e, portanto, feliz.

Conclui-se assim uma primeira fase da evolução do termo *systema*: originado como termo de uso corrente na Antiguidade clássica, depois de séculos de esquecimento e de uso erudito, o termo retorna à linguagem corrente.

---

41. Por exemplo, cf. Jean Henri Samuel Formey, *Système du vrai bonheur*, Sorli, Utrecht, 1751.

Capítulo IV
A gênese de uma teoria do sistema externo

Pontos de intersecção e desenvolvimentos do discurso. A noção já consolidada de sistema é esclarecida pelo francês Malebranche (1638-1715) – que dá a ela uma conotação mística: o sistema nasce das qualidades particulares do sistematizador – e, sobretudo, por dois astros do pensamento alemão, Leibniz e Wolff.

Em sua vasta obra, *Leibniz* (1646-1716) usou "sistema" no sentido corrente de "teoria" ou "conjunto", mas também em um sentido mais específico, que abria caminho para os futuros desenvolvimentos dessa noção. Em sua visão de um mundo em que tudo está inter-relacionado, tornando impossível uma única *scientia generalis*, Leibniz aproxima o procedimento sistemático do matemático. Em sentido especificamente leibniziano, o sistema é um conjunto de demonstrações que partem de princípios explícitos, como no raciocínio matemático. Com Leibniz, *a análise da noção de sistema concentra-se sobre o sistema externo*, ou seja, sobre a técnica ordenada da exposição de um objeto.

O pensamento de *Wolff* (1679-1754) dominou o Iluminismo alemão, exerceu forte influência sobre Kant e ligou ulteriormente a noção de sistema ao procedimento matemático: *Imitatur astronomos* era sua exortação. Wolff distingue três graus de conhecimento: o conhecimento histórico constata os fatos; o conhecimento filosófico explica-lhes a razão; o conhecimento matemático fornece-lhes a medida. O conhecimento histórico confirma o filosófico, ao passo que o matemático torna-o certo. Atinge-se a máxima certeza, portanto, unindo o conhecimento filosófico com o matemático: para Wolff, nada é mais importante do que a certeza: esta pode ser alcançada concatenando as proposições de uma demonstração com um nexo ininterrupto (*continuo nexu*). Com Wolff, portanto, o interesse dos sistemáticos dirige-se para esse *nexo que liga as partes de um sistema*. Na *Ethica* wolffiana (1750), as páginas sobre o sistema podem ser consideradas o início do estudo científico da noção de sistema. A solidez do nexo é também a prova da *soliditas* de seu autor: quem enuncia definições sem prová-las produz um "pseudo-*systema*", obstáculo para uma *solida doctrina*; quem, ao contrário, apresenta um *nexus veritatum* fornece uma explicação, ou seja, constrói um "sistema verdadeiro". Um sistema estruturado com *soliditas* ajuda a lembrar; um sistema fundado sobre a *profunditas* ajuda a entender. Wolff identifica, portanto, os contornos científicos do sistema externo de que se ocuparão os filósofos posteriores, em particular Kant, que irá inspirar a teoria sistemática da construção jurídica (caps. XII-XV).

1. Uma concepção mística do sistema: Malebranche

As oscilações do termo "sistema" entre o final do século XVII e o início do século XVIII surgem com clareza nas obras filosóficas de Nicolas Malebranche (1638-1715) e de Gottfried Wilhelm Leibniz (1646-1716).

O oratoriano francês dedica um parágrafo de seu *De inquirenda veritate* aos inventores de novos sistemas[1]. Para criar um verdadeiro sistema não bastam a doutrina e a aguda engenhosidade, ele diz; é preciso também a capacidade de identificar quais são os elementos reconduzíveis a uma totalidade, para trazer novamente à sua unidade originária cada parte, freqüentemente difícil de ser identificada. As observações de Malebranche sobre o sistema são infelizmente incompletas, porque ele – interrompendo sua exposição para tratar dos perigos relacionados ao agnosticismo – não retorna ao tema deixado em suspenso. Essas observações, contudo, expressam com clareza a concepção

---

1. Nicolas Malebranche, *De inquirenda veritate* [...], Genevae, 1691, l. 2, c. 8, 1, pp. 157 s.

de que o sistema é produzido não tanto pelos conhecimentos, mas por uma capacidade particular do indivíduo. A esse místico espírito sistemático vão os grandes louvores do autor, que vê nele a fonte da suprema atividade criativa do filósofo. Essa concepção testemunha o crescente sucesso da noção de sistema, destinado a culminar, na filosofia clássica alemã, com a identificação entre sistematicidade e cientificidade de uma exposição. Por outro lado, Malebranche fala do sistematizador, e não do sistema. O elogio do primeiro transforma-se no elogio do segundo; porém, como um elogio não é uma explicação, o de Malebranche é um convite para empregar a noção de sistema, mas não uma contribuição propriamente dita para a teoria do sistema externo.

2. Os dois significados de "sistema" em Leibniz

Ao lado dessa concepção mística, o termo "sistema" é usado pelos filósofos como termo atécnico, referido, sobretudo, à exposição de uma certa matéria. Neste último sentido, aparece muitas vezes na obra de Gottfried Wilhelm Leibniz, embora ele tenha uma noção de sistema própria e específica. Em suas obras é preciso, portanto, distinguir uma acepção corrente e uma acepção especificamente leibniziana do termo. Essa distinção vale também para os autores posteriores a Leibniz. Um dos mais típicos fatores de confusão na delimitação do significado de "sistema" reside no fato de que cada autor dá uma definição do termo, sem contudo ater-se depois de modo unívoco a ela.

a) "Sistema" em sentido tradicional

Nos anos posteriores a 1717 (ano em que publicou seus *Principes de la nature et de la grace fondés en raison*), em suas cartas, Leibniz retorna repetidas vezes ao problema da harmonia preestabelecida, designando-a como *mon système* e *mon nouveau système*. Sempre nas cartas, ele fala de um *système des causes efficientes*, de um *système des causes finales* e, com referência à doutrina de Nicolas Malebranche, de um *système des causes occasionnelles*. Em todos esses casos, o termo "sistema" é usado em lugar de "doutrina", "teoria", "opinião" ou "conjunto".

O exame de um escrito de Leibniz dedicado exclusivamente à jurisprudência confirma o uso atécnico desse termo. Leibniz se propõe aplicar ao direito a *partitio* usada em teologia: ao propor seu sistema jurídico, refere-se aos filósofos e teólogos já examinados nestas páginas e para cada um deles emite um breve juízo, geralmente positivo[2]. Precisamente essa clara referência às teologias faz com que o sistema por ele proposto para o direito seja um sistema externo. Leibniz compara o sistema a um certo mapa geográfico: à primeira vista abraça-se toda a matéria, mas um exame sucessivo e mais atento revela a existência e a forma de províncias mais limitadas[3].

Esse novo sistema jurídico terá de se desvincular da reverência, muitas vezes demasiado servil, ao *Corpus* justiniano, que por tanto tempo tinha paralisado a atividade criadora dos juristas. Prudentemente realizado, ele trará *incredibilia commoda*: 1. facilitará a aprendizagem, visto que toda

---

2. Gottfried Wilhelm Leibniz, *Nova methodus docendae discendaeque jurisprudentiae*, em *Philosophische Schritten*, vol. I (1663-72), a pp. 278 menciona Alsted; a pp. 280, Calow; em uma nota ao parágrafo 38, acrescentada revendo o texto originário, Leibniz lembra (pp. 288 ss.) Melancthon (*"illius compendia diversa ad usum profecta facta, in systema jungi possunt"*, p. 289), Keckermann (*"etiam Keckermanni systema systematum spernendum non est"*, *ibid.*), Alsted (*"dicendi artes tractat laudabiliter, historica et mathematica mediocriter"*, *ibid.*), Timpler (*"systema Tympleri valde laudat Scioppus difficilis alias judex"*, *ibid.*) e outros autores.

3. Leibniz, *Nova methodus docendae discendaeque jurisprudentiae*, cit., p. 296 (7), em que se refere a Petrus Ramus, mesmo reconhecendo que os ramistas *"anxietate dichotomiarum"* acabavam por *"rem coangustarent magis quam comprehenderent"*, de forma que o objeto da pesquisa *"velut anguilla elubebatur"* de seus esquemas.

a matéria será ordenada do geral ao particular (e do particular se ilustrará apenas o que não pode ser referido ao geral *nuda subsumptione*); 2. essa ordem rigorosa permitirá lembrar com facilidade a matéria; 3. enfim – *cum accurata methodus non esse possit nisi accuratis terminorum definitionibus* –, o rigor terminológico permitirá uma melhor aplicação prática do direito. Isto é um sistema, para Leibniz; e quando, em outra parte de sua obra, ele retornar a esses problemas para propor um sistema jurídico, este sistema se apresentará como o índice ou a ossatura de um tratado geral de todos os problemas jurídicos.

Nessa obra dedicada ao direito, o termo "sistema" aparece raramente. Todavia, para Leibniz, esse termo coincide com a exposição ordenada, como ele mesmo propôs em seu volume. Tal fato fica demonstrado também pela crítica dirigida ao manual de Jacobus Gothofredus, a quem Leibniz repreende por expor toda a matéria jurídica sem nenhum "*ordo systematicus*"[4].

b) "Sistema" em sentido específico

Todavia, Leibniz usa "sistema" também em outra acepção, que corre de forma paralela (e algumas vezes se confunde) com aquela ilustrada precedentemente. O sistema não é a simples aproximação harmônica de elementos, como muitas vezes entende a linguagem corrente, mas é, sobretudo, o conjunto das demonstrações que lhes dizem respeito; portanto, a ordem científica perfeita é aquela em que cada elemento é exposto com base na maior ou menor sim-

---

4. Leibniz, *Nova methodus docendae discendaeque jurisprudentiae*, cit., p. 327 (49). Nesse texto aparece ainda duas vezes o termo *syntagma* (p. 350, 84; p. 355, 90), mas sempre para designar coletâneas não-orgânicas: é esta, enfim, a única acepção em que o termo é usado. Jacobus Gothofredus (Jacques Godefroy, 1587-1652) não deve ser confundido com Dionysius Gothofredus (Denis Godefroy, 1549-1622).

plicidade de sua demonstração. "Sistema" adquire assim uma acepção específica, diretamente influenciada pelo raciocínio matemático.

Já foi dito que pensamento matemático e pensamento sistemático têm freqüentemente uma história paralela. Em Leibniz, a relação entre a concepção filosófica do mundo e a atividade matemática está exemplarmente ilustrada pela descoberta do cálculo infinitesimal: sua busca de uma *scientia generalis*, sua convicção de que cada coisa existente está ligada às outras, de modo que no mundo não existe solução de continuidade, é o fundamento filosófico do qual se originam tanto suas pesquisas sobre o cálculo infinitesimal quanto suas tentativas de sistematização de várias disciplinas. Essa voracidade sistematizadora manifestar-se-á plenamente, como veremos, na última fase de sua vida. Basta lembrar aqui que ela envolveu até mesmo o sistema divinatório chinês, na esperança de que a aplicação matemática binária (inventada por Leibniz e por ele interpretada também em sentido místico) a tal sistema demonstrasse a superioridade do pensamento ocidental e levasse os chineses à conversão ao catolicismo[5]. Todo o saber, sem exceção, era para Leibniz um imenso sistema.

Nesse contexto, "sistema" se enriquece de uma ulterior qualificação: não é apenas um discurso dedutivo, cujas partes estão logicamente relacionadas, mas é também um discurso que deve fundar a dedução sobre certos princípios, assim como ocorre no raciocínio matemático.

Nas obras de Leibniz, "sistema" recorre, portanto, seja na imprecisa acepção própria da linguagem corrente, seja em um sentido mais específico, presente nos escritos mais reflexivos desse autor, em que ele enfrenta o problema dos princípios do qual deve partir o discurso dedutivo próprio

---

5. Mario G. Losano, *Gli Otto trigrammi (pa kua) e la numerazione binaria*, em AA. VV., *Leibniz, Calcolo con uno zero*, Etas Kompass, Milano, 1971, pp. 17-37.

do sistema⁶. Observa-se nesse ponto um desdobramento do significado de "sistema": de um lado continua a subsistir o uso atécnico (que encontramos em quase todos os autores, como em Leibniz, ao lado de um significado mais específico); de outro, nos filósofos posteriores, o discurso sobre o sistema irá se deslocar da estrutura do sistema para a natureza dos princípios da qual deriva o discurso sistemático. Todos esses autores posteriores a Leibniz estão abertos à influência das ciências exatas: Johann Heinrich Lambert era, antes de tudo, matemático e astrônomo, Christian Wolff e Immanuel Kant (sobre o qual Lambert exerceu grande influência) referem-se expressamente às ciências exatas, considerando-as modelo de toda ciência.

A análise das acepções de "sistema" em Malebranche e em Leibniz – tão diversas uma da outra: mística no francês, corrente e técnica no alemão – mostra, porém, que estamos na presença de diversificações no interior de uma mesma categoria. De fato, apesar da diversidade dessas duas acepções, o termo "sistema" estabilizou-se no âmbito externo à matéria tratada. Seja ele o resultado de uma sublime e inexplicável atividade criativa do filósofo, ou o trabalho paciente daquele docente lembrado por Leibniz, que para facilitar o estudo do direito tinha disposto toda a matéria nos contornos de um burro, estamos sempre diante de uma atividade humana que põe ordem em um amontoado de dados.

A partir desse momento de sua evolução, o termo "sistema" já indica, enfim, apenas o sistema externo.

3. O fundamento da teoria do sistema externo: Wolff

O pensamento de Christian Wolff (1679-1754), o mais representativo filósofo do Iluminismo alemão, está diretamente relacionado ao de Leibniz. A relação entre os dois

---

6. Leibniz, *Méthode de la certitude*, em *Operae*, ed. Erdmann, pp. 174 s.

pensadores é tão estreita, que desde a época de Wolff fala-se de um sistema leibniziano-wolffiano, no qual Wolff desempenharia a função de coordenador das idéias de Leibniz, nem sempre expostas de modo sistemático. Aqui não importa tanto estabelecer em que medida Wolff era um seguidor de Leibniz quanto, ao contrário, fixar os pontos fundamentais de sua concepção sistemática, que teve uma extraordinária difusão. De um lado, ela influenciou Immanuel Kant seja diretamente, seja por meio das obras de Johann Christian Lambert, muito estimado por Kant, e de Martin Knutzen, filósofo wolffiano que foi professor de Kant na universidade de Königsberg. De outro lado, sendo Wolff o filósofo principal dos escolásticos católicos alemães, suas teorias tiveram grande difusão também fora da Alemanha, especialmente na Itália e na Espanha.

A formação de Christian Wolff era mais teológica e matemática que filosófica: portanto, como Leibniz, também ele constitui um caso de união pessoal das duas tendências sistemáticas mais relevantes naquela época. Mas, enquanto a teologia via na sistematicidade, sobretudo, um auxílio didático, as ciências exatas visavam – por meio da exposição sistemática – a obtenção de um conhecimento o mais certo possível. Em Wolff, as duas finalidades se fundem e ele concebe a filosofia como destinada ao escopo de fornecer noções não apenas claras, mas também certas e, portanto, suscetíveis de serem utilizadas na prática. Nessa concepção, o peso das ciências exatas é preponderante.

Wolff deixou uma sumária autobiografia cultural em que ilustra o peso que a matemática teve em sua formação filosófica. Já na universidade – escreve no prefácio a um livro seu pouco conhecido[7] –, foi lamentavelmente atingido pela discrepância entre o que lhe era ensinado na filosofia e o que lhe era ensinado na teologia. Sua aversão por essa di-

---

7. Christian Wolff, *De differentia nexus rerum sapientis et fatalis necessitatis, nec non systematis harmoniae praestabilitae et hypotesium Spinosae luculenta commentatio, in qual simul genuina Dei existentiam demonstrandi ratio expenditur et multa religionis naturalis capita illustrantur*, Officina Libraria Rengeriana, Halle, 1724, 80 pp.

vergência nas argumentações cresceu a tal ponto que ele já pensava em abandonar os estudos, apesar da paixão inicial que o tinha animado; mas, precisamente naquele período de desânimo, descobriu nos antigos estudiosos de matemática e de geometria um método de exposição que obrigava ao assentimento fosse quem fosse que tivesse compreendido o raciocínio proposto. A partir daquele momento, sua atenção se concentrou sobre o estudo das demonstrações matemáticas, para extrair delas regras demonstrativas que tivessem validade geral. Segundo Wolff, a *ars inveniendi*, típica dos matemáticos, é a álgebra; e à álgebra Wolff dedicou-se com paixão até que, "*luce inexpectata collustratus*"[8], ficou-lhe clara a causa da desordem que tanto o havia perturbado no início dos estudos: às exposições que ele tinha sido obrigado a estudar faltava uma ordem que concatenasse cada asserção: "*quod veritates concatenato nexu copulantur*"[9]. Nessa direção decidiu, portanto, orientar sua futura atividade.

Essa posição reflete-se, antes de tudo, nos títulos de suas obras, que em um primeiro momento são constituídas pelo nome da matéria, acompanhadas da fórmula *methodo mathematica pertractata*; em seguida, a fórmula torna-se *methodo scientifica pertractata*. Nos títulos, portanto, nunca figura o termo "sistema", embora o próprio Wolff costumasse designar com esse termo as próprias obras.

Em seus escritos, "sistema" tem dois significados: em uma acepção mais ampla, o termo designa qualquer teoria filosófica, ao passo que em uma acepção mais estrita indica uma construção filosófica realizada segundo o método proposto pelo autor. Para Wolff, pode-se atingir a clareza das idéias apenas por meio de uma rigorosa sistematicidade da especulação filosófica. Sobre a noção e função do sistema, ele falou explicitamente (mesmo que, em certa medida, de forma incidental) em duas obras: na *Philosophia rationalis sive logica* e na mais tardia *Philosophia moralis sive ethica*, que serão agora brevemente examinadas.

---

8. Wolff, *De differentia nexus rerum* [...], cit., p. 2.
9. Wolff, *De differentia nexus rerum* [...], cit., ibid.

a) "Sistema" na Lógica

No *Praefatio* à *Philosophia rationalis sive logica*, Christian Wolff contrapõe ao *nugaciter philosophari* o filosofar sistemático, cujo rigor ele deduz "da atividade dos estudiosos da geometria". Se, portanto, a filosofia não quer se apresentar como um aglomerado de tagarelices, de *nugae*, o discurso filosófico deve admitir somente asserções explicadas e provadas precedentemente, mesmo que de forma breve; além disso, conceitos e termos devem ser definidos com precisão. Desse modo, pode-se chegar a distinguir o verdadeiro do falso, e essas *veritates inter se connexae* erigem-se em *systema harmonicum*. Esses princípios fundamentais do sistema filosófico wolffiano são aceitos por um denso grupo de filósofos posteriores, entre os quais o próprio Kant.

O caminho pelo qual se chega ao conhecimento científico é mostrado no *Discurso preliminar sobre a filosofia*, em que Wolff distingue três graus do conhecimento: o conhecimento histórico é o grau inferior, limitando-se a constatar os fatos; o conhecimento filosófico visa explicar a razão dos fatos; o conhecimento matemático, por fim, visa fornecer-lhes a medida. Os três tipos de conhecimento estão relacionados entre si: o conhecimento histórico confirma o filosófico, e o conhecimento matemático torna-o certo. Atinge-se a máxima certeza, portanto, unindo o conhecimento filosófico com o conhecimento matemático: por isso, esses dois tipos de conhecimento, distintos no plano teórico, devem estar unidos na concreta pesquisa filosófica. Para Wolff, de fato, nada é mais importante que a certeza: *"Nihil enim nobis certitudine antiquius est."*[10]

Sobre a certeza do conhecimento, Wolff retorna mais vezes, pois para ele é ciência apenas o conhecimento certo. A definição de ciência, com a qual se abre o capítulo *De phi-*

---

10. Christian Wolff, *Philosophia rationalis sive logica, methodo scientifica pertractata et ad usum scientiarum et vitae aptata. Praemittitur discursus praeliminaris de philosophia in genere*, Officina Libraria Rengeriana, Frankfurt und Leipzig, 1740, p. 13. Esta é a terceira edição da obra.

losophia in genere, é particularmente interessante porque (dada a identificação entre sistematicidade e cientificidade) encontram-se aqui indicações precisas sobre a natureza do nexo que une cada parte do sistema. A ciência é o conjunto das proposições deduzidas *per legitimam consequentiam* por princípios certos e imutáveis[11]. Se, portanto, uma proposição é deduzida da outra, as proposições que constituem uma ciência (ou, em particular, a filosofia) devem estar unidas por um fio ininterrupto: *continuo nexu copulari debent*. Essa conexão é essencialmente lógica, porque o escopo do sistema e da concatenação de suas partes é a criação da ordem de que o filósofo deve fazer uso ao ensinar os dogmas[12]. Foi essa concepção de "sistema" que, de Melancthon em diante, se consolidou na teologia e na filosofia alemã: uma concepção didática, ligada diretamente à tarefa catequética da Igreja e à finalidade educadora da universidade.

Com Wolff, o problema do nexo que deve unir cada elemento no interior do sistema é pela primeira vez formulado e discutido. Do tratado wolffiano resulta que esse nexo é sempre o mesmo, também em disciplinas diversas: de fato, quando Wolff fala de sistema, pretende referir-se a um sistema externo, ou seja, ao nexo entre proposições que descrevem uma certa matéria, e não à estrutura da própria matéria. Nesse sentido, ele pode dizer que o método filosófico é o matemático[13], embora julgue infundada a disputa sobre a derivação do método filosófico do método matemático: de fato, sua coincidência depende da origem comum (*ex veriori logica*) e do fim comum (a certeza do conhecimento).

Tudo isso vale também para o método jurídico. No prefácio ao seu volume *Institutiones juris naturae et gentium*, Wolff retoma e sintetiza uma de suas obras mais vastas e explica ainda uma vez ter-se dedicado ao estudo da mate-

---

11. Wolff, *Philosophia rationalis sive logica*, cit., p. 14.
12. Wolff, *Philosophia rationalis sive logica*, cit., p. 53.
13. Wolff, *Philosophia rationalis sive logica*, cit., p. 69.

mática para descobrir o fundamento da certeza que reina na geometria; uma vez descoberto, sentiu como sua tarefa buscar a verdade por esse caminho também no direito: *"Eodem animo ad jura enodanda accessi."*[14]

Nos excertos até aqui citados, Wolff não usa o termo "sistema". Uma definição do termo, porém, pode ser encontrada em uma frase em que Wolff trata os critérios segundo os quais se devem avaliar os textos dogmáticos. Ele distingue três tipos de autores: o *compilator*, o *systematis conclitor* e o *plagiarius*. Ora, em contraste com a elevada concepção que Malebranche tinha da inteligência sistemática, para Wolff o fundador de um sistema é apenas aquele que deduz as verdades demonstradas por outros autores, escolhendo aquelas adequadas aos fins que ele se propõe alcançar e unindo-as uma com a outra em sua construção: *"Systema enim dicitur veritatum inter se et cum principiis suis connexarum congeries."*[15] A ênfase recai sobre o problema da conexão das partes: o místico criador de sistemas de Malebranche transforma-se, assim, em um compilador particularmente prudente e ordenado. Que a ordem é o mais importante para Wolff pode-se demonstrar pelo fato de que como exemplo de sistema ele apresenta a própria lógica: ela é um *systema logicum*, porque unifica mais verdades entre si e com seus princípios. Em outros termos, quem toma trechos de várias lógicas e os une sem um fim preciso, sem se preocupar em unir as proposições uma com a outra "para que seja revelada sua verdade", não escreveu uma lógica sistemática: *"Is logicam suam compilavit."*

Na *Lógica*, o pensamento sistemático wolffiano é valioso, sobretudo, pela clareza com que expressa concepções até então conhecidas apenas de modo fragmentário e con-

---

14. Christian Wolff, *Institutiones juris naturae gentium, in quibus ex ipsa hominis natura continuo nexu omnes obligationes et jura omnia deducuntur*, Officina Libraria Rengeriana, Halle, 1750, [22 pp. não-numeradas]-432 pp. A *editio maior* é: *Jus naturae methodo scientifica pertractatum*, Officina Libraria Rengeriana, Leipzig und Halle, 1740-48, 8 vols.
15. Wolff, *Philosophia rationalis sive logica*, cit., p. 635 (889).

fuso. Wolff aprofundará essa temática em uma obra mais tardia sobre ética, na qual introduzirá a clássica distinção entre sistema verdadeiro e pseudo-sistema: é a ela, portanto, que deve dirigir-se agora nossa atenção.

b) *"Sistema" na Ética*

Dos cinco volumes que Christian Wolff dedica à filosofia moral, apenas o primeiro contém claras referências ao sistema, concentradas em dois parágrafos[16]. Pela clareza de exposição e pela lucidez de pensamento, essas páginas marcam um dos pontos culminantes na teoria do sistema, tanto que seria possível fazer remontar a elas (ou seja, a 1750) o início da teoria moderna dos sistemas científicos.

Como a característica das obras de Wolff é a íntima conexão entre cada parte de seu discurso (*"jamais l'esprit humain ne s'est si conséquemment égaré"*, escreve criticamente La Mettrie), é necessário, antes de tudo, esclarecer como Wolff chega a falar do sistema.

O pensamento sistemático não é senão um dos meios com que se conduz a luta entre as duas correntes de pensamento, que há muito se entrelaçam e se contrapõem na filosofia: o materialismo e o idealismo. O ponto de partida, para Wolff, é dado pelo fato de que "hoje o materialismo tem sucesso em todo lugar e se propaga com grande fasto, como se os únicos seres inteligentes fossem os adeptos dessa seita absurda"[17]. O sistema wolffiano, portanto, desce em campo contra as idéias materialistas dos iluministas, ou seja, contra seu empirismo ou sensismo (cf. *infra*, cap. VII). Quem quer combater o rapsódico conhecimento próprio

---

16. Christian Wolff, *Philosophia moralis sive Ethica methodo scientifica pertractata*. Pars prima, in qua agitur de intellectu et facultatibus ceteris cognoscendi in ministerium eius perficiendis, atque virtutibus intellectualibus, Officina Libraria Rengeriana, Halle, 1750, [XVII n. n.]-752 pp.; os parágrafos dedicados ao sistema são o 285 (pp. 440 s.) e o 313 (pp. 484-6).

17. Wolff, *Philosophia moralis*, cit., p. 435.

do materialismo – *pestilentissimus error* – deve recorrer à virtude intelectual formal da *soliditas*.

Mas em que consiste a *soliditas*? Qual filósofo pode ser considerado *solidus*? Wolff explica: "Quem é capaz de unir entre si muitas verdades e de deduzir as verdades últimas com um fio ininterrupto de raciocínios, partindo dos primeiros princípios: este demonstra ser *solidus*."[18] São esclarecidas assim as palavras com que se abre o parágrafo 285, que explica o nexo entre *soliditas* e sistema: "Como se demonstra *solidus* quem é capaz de unir entre si muitas verdades e como em um sistema todas as verdades nele contidas estão reciprocamente relacionadas, quem é capaz de construir um sistema revela-se *solidus*."[19] Portanto, a virtude da *soliditas* é o fundamento do sistema; e, de fato, na terminologia de Wolff, *doctrina solida* é sinônimo de *systema*. Mas a esse ponto o autor apresenta o que ele entende com este último termo; depois do debate, de que as páginas anteriores deveriam ter dado uma idéia, era clara a todos os filósofos a ambigüidade da noção de sistema: cabe a Wolff, porém, o mérito de ter esclarecido em que consistia essa ambigüidade.

Quando fala do sistema, Wolff refere-se a uma clara acepção do termo: "Nós falamos do sistema verdadeiro, não dos que costumam ser ditos como tais, abusando de um tão augusto vocábulo."[20] Apenas o "sistema verdadeiro" é um *nexus veritatum*; o outro não é senão uma *farrago veritatum*. A diferença entre os dois é a mesma que existe entre os órgãos de um corpo em sua disposição natural e os mesmos órgãos distribuídos segundo classes anatômicas (o que é possível somente dissecando o corpo, ou seja, perturbando sua ordem natural). Esta última forma de classificação não é destituída de uma certa utilidade, mas não requer nenhuma *soliditas*: ela é apenas uma distribuição didática ou

---

18. Wolff, *Philosophia moralis*, cit., p. 438.
19. Wolff, *Philosophia moralis*, cit., p. 440.
20. Wolff, *Philosophia moralis*, cit., *ibid*.

mnemônica de conceitos; ou seja, uma forma inferior de classificação. De fato, continua Wolff, os casos são dois: o autor limita-se a enunciar as definições, sem prová-las, ou fornece-lhes uma prova. No primeiro caso, temos um pseudo-*systema*, obstáculo ao perseguimento de uma "*solida doctrina*"; no segundo caso, ao contrário, temos uma explicação, ou seja, um sistema verdadeiro.

A diferença entre os dois tipos de sistema, segundo Wolff, não está tanto na forma (existem, de fato, pseudo-sistemas em que "a prova parte dos princípios e as conclusões deduzidas estão corretamente concatenadas")[21] quanto nos princípios dos quais se parte; no pseudo-sistema, os princípios não são demonstrados, de modo que o erro que mais freqüentemente vicia o pseudo-sistema é a petição de princípio. Na teoria wolffiana, esse pseudo-sistema que imita a forma do sistema verdadeiro situa-se a meio caminho entre os dois: "Ele testemunha uma certa *soliditas*, pois aqui se manifesta o hábito de raciocinar claramente e de concatenar as conclusões, mas falta a concatenação que se exige para um sistema."[22] Esse tipo de sistema (que, com termo não-wolffiano, poderíamos chamar de híbrido) é enganoso precisamente por sua ambigüidade: quem quer difundir uma *doctrina solida* não constrói um pseudo-sistema, observa Wolff, mas um sistema verdadeiro. Portanto, quem finge possuir uma *soliditas* que, na realidade, não tem acaba por enganar a si mesmo e a quem acredita nele.

Ao definir o sistema verdadeiro, Christian Wolff evidencia como um esclarecimento dos termos da questão pode ser obtido apenas examinando, no interior de um sistema, os nexos que unem cada uma de suas partes: "Como em um sistema verdadeiro as verdades devem estar reciprocamente ligadas, para esse nexo exige-se também que as definições e as proposições sejam colocadas segundo uma ordem, graças à qual as sucessivas se resolvam nas an-

---

21. Wolff, *Philosophia moralis*, cit., p. 441.
22. Wolff, *Philosophia moralis*, cit., ibid.

tecedentes, assim como as seguintes sejam suficientemente compreensíveis mediante as precedentes."[23] Um sistema assim estruturado permite não apenas lembrar, mas sobretudo compreender as questões: esta última qualidade já não pressupõe a *soliditas*, mas a *profunditas* do autor.

Esse sistema verdadeiro assume o aspecto de uma série de proposições coordenadas de tal modo que "as seguintes sejam demonstradas pelas antecedentes". O discurso de Christian Wolff sobre a estrutura do sistema verdadeiro é um primeiro e claro embrião da teoria geral do sistema externo de que se ocupará amplamente a *Segunda Parte* deste volume[24].

Em conclusão, "de um sistema verdadeiro se deduz a profundidade de intelecto do autor, e de um pseudo-sistema a ausência de tal profundidade"[25]. Mas a simetria do discurso wolffiano é, como sempre, perfeita e quase obsessiva: da mesma forma que existe um pseudo-sistema que tende a ser um sistema verdadeiro, assim um autor *profundus* pode escrever obras mnemônicas ("nas quais as definições e as proposições sejam ordenadas segundo as leis não do intelecto, mas da memória")[26]. Ainda que sistema seja um nome talvez demasiado augusto para essas construções didáticas, elas devem respeitar o princípio segundo o qual aquilo que segue deve ser explicado por aquilo que o precede. Em outros termos, as obras mnemônicas pressupõem que os discentes já tenham *compreendido* os problemas mediante o estudo do sistema, de modo que o obstáculo a ser superado seja apenas *lembrá-los*.

---

23. Wolff, *Philosophia moralis*, cit., p. 484.
24. "*Cum vero inter principia demonstrandi potissimum locum sibi vindicent definitiones* (§ 562, *Log.*), *nec in propositionibus utendum est terminis nisi sufficienter explicatis* (§ 117, *Disc. Praelim.*); *in Systemate condendo inprimis ratio habenda est definitionum, tum ne in iis admittantur termini non antea definiti, aut quibus saltem notio confusa determinata respondet, per quam satis intelligantur, tum ut definitiones eo ordine collocentur, ut termini qui ingrediuntur, qua tanquam principio opus est in demonstrando*": Wolff, *Philosophia moralis*, cit., p. 485.
25. Wolff, *Philosophia moralis*, cit., *ibid.*
26. Wolff, *Philosophia moralis*, cit., p. 486.

Aqui cessa o paralelismo entre pseudo-sistema e sistema verdadeiro: de fato, o fundador de um pseudo-sistema que tenda ao sistema verdadeiro demonstra um indício mesmo discutível de *soliditas*; já o autor de um sistema verdadeiro que escreva obras mnemônicas nada perde de sua *profunditas*. Provavelmente não é estranha a esta última argumentação uma autodefesa de Wolff, autor também de compêndios didáticos. Por outro lado, é importante sublinhar que a mnemotécnica – de que tratamos anteriormente, cap. I, 9 – exerce sua influência também sobre Wolff, pelo menos no sentido de que ele se sente obrigado a levar isso em conta em sua exposição.

À luz das concepções hodiernas, tanto o pseudo-sistema quanto o sistema verdadeiro da teoria wolffiana são sistemas externos: o primeiro, porém, não se preocupa com os princípios dos quais se origina e se propõe uma modesta finalidade didática; o segundo, ao contrário, escolhe claramente os princípios dos quais parte e graças a eles se propõe uma mais elevada finalidade explicativa. Dado que Wolff quer realizar um sistema verdadeiro, a discussão suscitada por suas obras é, sobretudo, uma polêmica sobre a natureza e sobre a fecundidade desses princípios, como se verá no escrito de Condillac, nas páginas dedicadas ao Iluminismo francês (cf. *infra*, cap. VII, 2). Por outro lado, também a polêmica dos idealistas transfere-se do sistema como tal para os princípios que sustentam um sistema.

O único a não ter interesse pelo problema parece ser precisamente aquele que o suscitou. De fato, o sistema construído por Christian Wolff é um sistema externo, ou seja, apto a receber qualquer conteúdo; todavia, em vez de aprofundar a definição dessa forma, Wolff abandona-se à própria criatividade enciclopédica e se dedica a campanhas de sistematização em todo o setor do saber. Seus escritos nunca se distinguiram por fluidez e vivacidade: Condillac notava que "ele segue um método tão abstrato, e que implica uma tal lentidão, que é preciso propriamente ter muita curiosidade pelo sistema das mônadas para ter a coragem de se informar a respeito lendo suas obras"[27]. Na última fase de sua vida, esse estilo pesado foi se acentuando, sobretudo por causa do seu projeto de criar uma enciclopédia sistemática abrangente. Dado que ele se dedicou a essa tarefa com meticulosa precisão (não por acaso Kant vê nele o fundador da *Gründlichkeit* alemã), seu sistema acabou por se transformar em um enorme índice sistemático de cada ciência, em uma espécie de classificação decimal Dewey *ante litteram*. Para perceber isso, basta abrir um dos compêndios em que alguns autores tentaram sintetizar o sistema wolffiano[28]; a tendência à abrangência, típica dos sucessivos sistemas idealistas, já está presente em toda a sua amplitude em seu fundador, ou seja, no sistema wolffiano.

---

27. Étienne Bonnot de Condillac, *Traité des systèmes*, Textes établis et presentés par Georges Le Roy, Presses Universitaires de France, Paris, 1947, p. 151.
28. Frobenius, por exemplo, tentou resumir o sistema wolffiano em uma centena de páginas: disso resultou um livro composto por títulos de parágrafos dedicados (segundo um rígido plano lógico) aos mais diversos assuntos.

Capítulo V
O apogeu da teoria do sistema externo

Pontos de intersecção e desenvolvimentos do discurso. Com Lambert e com Kant toma forma uma articulada teoria do sistema, destinada a ter um grande desenvolvimento no século XIX.

Lambert (1728-77) trabalhou em estreita relação com Kant e dedicou ao sistema dois textos publicados póstumos e fragmentários, mas de grande relevância teórica. Um primeiro fragmento refere-se à concepção do sistema em Wolff, com um esclarecimento: o sistema externo é uma estrutura *formal* que pode ser aplicada a todas as ciências. Porém, Wolff tentara dar um conteúdo à abrangência formal do sistema externo, caindo no enciclopedismo; ao contrário, Lambert sublinha o caráter formal do sistema: toda ciência é um sistema, independentemente do conteúdo. Sua *Systematologie* (publicada póstuma em 1787) é o primeiro escrito que faz uma análise da discussão sobre o sistema. Lambert parte do uso de "sistema" e organiza sua descrição em seis pontos. Os sistemas constam de partes, de forças conectivas, de um nexo comum e de um escopo; podem ser intelectuais, morais (ou políticos) e físicos. As considerações de Lambert sobre os sistemas parecem antecipar algumas visões mais modernas (cf. vol. 3, cap. III). Ainda que *Systematologie* não pudesse ser conhecida por seus contemporâneos, a noção de sistema que emerge em outras obras de Lambert exerceu influência sobre Kant e sobre a filosofia clássica alemã.

Em *Kant* (1724-1804), o sistema recebe um duplo esclarecimento: o sistema é o ideal para o qual deve tender toda ciência; o sistema é um conjunto de proposições deduzidas de um *único* princípio. Em sentido genérico, Kant recebe a noção wolffiana: o sistema se faz "determinando claramente os conceitos, buscando o rigor das demonstrações, evitando os saltos ousados nas ilações" (*Crítica da razão pura*). Em sentido específico, esclarece Kant, "por um sistema entendo a unidade de múltiplos conhecimentos sob uma idéia" (*ibid.*). É possível a "arquitetônica" de mais disciplinas e é possível reuni-las em um único sistema, sob uma *única* idéia. A essa concepção deve ser reconduzido o sistema de Kelsen (cf. vol. 2, caps. II e III). O *nexo* que une as partes de um sistema é a tendência em direção a um único escopo; o *crescimento* de um sistema ocorre por desenvolvimento interno, como em um organismo: alguma coisa de análogo encontra-se em Jhering (cf. *infra*, cap. XIV, 3).

Depois de Kant, a discussão concentra-se sobre o princípio primeiro sobre o qual fundar o sistema. Típica é a posição de *Reinhold* (1758-1823) que, como idéia unificadora do sistema, substitui o escopo kantiano pela consciência, a qual "não admite explicação, é sem dúvida clara". Sobre ela funda a "filosofia elementar", que por sua vez é a base de qualquer outra filosofia. Enquanto a filosofia clássica alemã elaborava esses princípios primeiros, os iluministas franceses e os empiristas ingleses criticavam a noção de sistema externo por ser abstrata e destituída de uma correspondência com a realidade. Antes de examinar as críticas dos iluministas (cap. VII), é, todavia, oportuno determo-nos no próximo capítulo sobre os sistemas jurídicos universais inspirados pela filosofia clássica alemã.

1. Uma concepção formal do sistema externo: Lambert

O mais independente seguidor de Christian Wolff, Johann Heinrich Lambert (1728-77), não se subtrai à vocação matemática de sua época. Da mesma forma que Malebranche tinha descoberto por acaso seu caminho achando em uma loja parisiense o *De homine* de Descartes, também para Lambert o primeiro contato com a matemática é casual, mas determinante. Sua mente é feita para a matemática, escreve um biógrafo, sua personalidade é tal que, se não tivesse encontrado uma matemática já existente, ele a teria inventado¹. E, de fato, ainda hoje Lambert é lembrado por suas descobertas na matemática e na física.

Partindo da definição wolffiana, segundo a qual o conhecimento matemático é medição, seu rigoroso espírito se fixa sobre os problemas da medição e põe, assim, as bases da higrometria, da pirometria e da fotometria modernas. Se Wolff tinha dito: "*imitatur astronomus*"², Lambert vai além: não imita os astrônomos, ele mesmo é um astrônomo de primeira grandeza. Na filosofia, portanto, esteve tão perto de Kant, seja pelas concepções, seja pela terminologia, que nos é conservada uma carta em que ele propõe ao filósofo de Königsberg uma troca constante e recíproca de informações sobre os próprios trabalhos, para que os leitores não suspeitem de um plágio onde existe somente uma extraordinária concordância de visões.

Infelizmente, Lambert é tão grande como pensador quanto obscuro como escritor: contra seu estilo protesta até mesmo o amigo Johann Bernouilli no prefácio aos fragmentos lógicos, editados por ele depois da morte de Lambert. Ao estilo obscuro acrescenta-se outro problema não mencionado por Bernouilli, mas muito importante para compreender a razão da obscuridade e da desorganicidade que, paradoxalmente, reina nos fragmentos desse grande teórico do sistema: seu modo de trabalhar, que ele mesmo descreve em uma carta a Kant de 3 de fevereiro de 1766. "Escrevo breves notas sobre o que me vem à mente acerca de uma coisa, mesmo que não seja claro, mesmo que seja uma hipótese, mesmo que seja duvidoso, mesmo que seja em parte contraditório. Continuo assim até perceber que é possível extrair disso alguma coisa. Então vejo se é possível con-

---

1. *Johann Heinrich Lambert nach seinem Leben und Wirken aus Anlass der zu seinem Andenken begangenem Secularfeier in drei Abhandlungen dargestellt.* Herausgegeben von Daniel Huber, Schweighauserche Buchhandlung, Berlin, 1829, XII-86-29-62 pp. O ensaio aqui examinado é o de Simon Erhardt, *Lambert's Verdienste um die theoretische Philosophie*, Berlin, 1829, 29 pp.

2. Christian Wolff, *Philosophia rationalis sive Logica*, cit., Frankfurt und Leipzig, 1740, p. 70.

ciliar as proposições contrastantes por meio de maior determinação e delimitação, ou se não é ainda o caso de estabelecer o que deve ser conservado disso."[3] Portanto, foram tantas as dificuldades encontradas na publicação dos escritos póstumos que Bernouilli teve de remanejar profundamente os fragmentos. Dado que todas as citações seguintes se referem à coletânea de Bernouilli, é oportuno sublinhar que seu rigor filológico não está acima de qualquer dúvida, mesmo que, substancialmente, os textos publicados pelo cientista suíço reproduzam o pensamento de Lambert.

Lambert é o primeiro a conceber um escrito dedicado a um estudo científico do sistema, como testemunham dois fragmentos póstumos dedicados a esse assunto. O primeiro é uma nota muito breve sobre as características e sobre as finalidades do sistema[4]. O segundo é o projeto de um livro que deveria ser intitulado *Sistematologia*[5]. Embora este último escrito fosse muito mais completo do que o precedente, Bernouilli decidiu publicá-lo por puro acaso: reunidos os fragmentos destinados ao segundo volume, ele se deu conta de que este último era muito mais fino do que o precedente e, por amor de simetria, acrescentou dois trabalhos, o maior dos quais se intitula exatamente *Lamberts Anfang einer Systematologie*.

O primeiro fragmento sobre o sistema refere-se explicitamente à concepção wolffiana, o que implica um deslocamento do discurso da estrutura de uma matéria aos pro-

---

3. Carta citada por Simon Erhardt, *Lambert's Verdienste um die theoretische Philosophie*, cit., p. 8.
4. Johann Heinrich Lambert, *Logische und philosophische Abhandlungen*. Zum Druck befördert durch Johann Bernouilli, bey dem Herausgeber, Berlin-Dessau, 1782, vol. I, XXXII-528 pp.; vol. II, XII-428 pp. O fragmento citado encontra-se no volume I, pp. 510 ss.
5. Lambert, *Logische und philosophische Abhandlungen*, cit., vol. II, pp. 385 ss. Existe também um brevíssimo fragmento intitulado *System* no vol. II, p. 169 (fragmento LV). Ele não merece, todavia, ser levado em consideração porque se trata de "sistema" no sentido de "teoria filosófica": "Um exemplo de sistema desordenado e desconexo é *Kahlii*, Log. probabil.", ou seja, os *Elementa logicae probabilium* (1735) de Ludwig Martin Kahle.

blemas da exposição sistemática: deve-se evitar a equivocidade dos termos, a imprecisão dos conceitos (dos quais derivam explicações errôneas) e assim por diante. Tudo se reduz a uma fórmula tão elementar que chega a ser indiscutível, mas, precisamente por isso, destituída de valor prático: para Lambert, uma ciência pode ser apresentada nas formas mais diversas, e todas são igualmente aceitáveis desde que "contenham proposições verdadeiras, e não erradas"[6].

O fragmento oferece, também, uma tripartição dos possíveis sistemas em sistemas estéticos, históricos e científicos, que, porém, não é ulteriormente explicada. Assim também permanece sem explicação uma definição mais tautológica do sistema como "conjunto de idéias e de proposições que, tomadas em conjunto, podem ser consideradas uma totalidade"[7]. A única coisa nova é que, enquanto o sistema wolffiano visava estender-se cada vez mais, Lambert declara aqui que sistema – no sentido agora definido – é cada ciência ou parte dela: em outras palavras, Lambert se dá conta da natureza puramente formal do sistema externo.

Outra definição parece à primeira vista expressar (mesmo de modo confuso) a diferença entre sistema externo e sistema interno, mas na realidade ela não sai do âmbito do sistema externo. "Na construção de um sistema é preciso levar em conta, de um lado, sua estrutura interna (*innere Nettigkeit*) e, de outro, as impressões do leitor."[8] O que interessa aqui é aquela estranha *Nettigkeit*. No alemão moder-

---

6. Lambert, *Logische und philosophische Abhandlungen*, cit., vol. I, p. 514. Nesse fragmento, como também no fragmento 33 do vol. I, é recorrente o termo *Modell*, provavelmente aqui utilizado pela primeira vez em sentido científico. Além disso, foi Lambert que introduziu no uso científico os termos *Semeiotik* e *Phänomenologie* (cf. *Neues Organon*, *Vorrede*). Seu pensamento foi inovador também no campo das aplicações logísticas; cf. Francesco Barone, *Logica formale e logica transcedentale*, vol. I: *De Leibniz a Kant*, Edizioni di "Filosofia", Torino, 1957, pp. 67 ss.
7. Lambert, *Logische und philosophische Abhandlungen*, cit., vol. I, p. 510.
8. Lambert, *Logische und philosophische Abhandlungen*, cit., vol. I, p. 516.

no, *Nett* indica aquilo que é gracioso e, por conseguinte, agrada: portanto, não parece ser um termo facilmente aplicável a um sistema. Para Lambert, "a *Nettigkeit* consiste na clareza, na ordem, na conexão, na fundação"[9]. Isso faz supor que ele tenha tentado traduzir desse modo a noção de *netteté*, tão recorrente nos escritos filosóficos franceses daquela época[10]. Na realidade, Lambert não fez outra coisa a não ser considerar de dois pontos de vista diversos o mesmo sistema externo: essa *Nettigkeit*, essa estrutura interna é, na realidade, a estrutura que um sistema deve ter para poder realizar o próprio fim didático. Explica-se, assim, a segunda parte da definição (em que se fala de "impressão do leitor"), que à primeira vista resulta pouco compreensível: nela, Lambert quer lembrar que o leitor deve ser posto em condições de entender e de lembrar a matéria sistematizada. Em conclusão, não se conquistou muito espaço em relação às concepções de Christian Wolff.

No pensamento de Lambert, em relação ao de Wolff, é preciso porém sublinhar uma compreensão mais clara da natureza puramente formal do sistema externo, do qual decorre um maior interesse pelo problema do nexo entre cada parte desse tipo de sistema. Em outros termos, Lambert se dá conta de que a tarefa do filósofo não consiste em explorar a capacidade do sistema externo de receber qualquer conteúdo (construindo, como Wolff, uma grande estrutura didática em que expõe *em concreto* todo o saber), mas, ao contrário, em estudar o mecanismo, graças ao qual o sistema externo pode, *em abstrato*, receber qualquer conteúdo. Wolff deixara-se desviar pela função didática do sistema externo; já Lambert concentra sua atenção sobre a própria estrutura lógica do sistema.

---

9. Lambert, *Logische und philosophische Abhandlungen*, cit., ibid.

10. Por exemplo, Jean-Pierre de Crousaz, *La Logique, ou Système des réflexions qui peuvent contribuer à la netteté et à l'étendue de nos connaissances*. Deuxième édition revue, corrigée et considérablement augmentée, L'Honoré et Chatelain, Amsterdam, 1720, 3 volumes.

Enquanto os autores até aqui examinados limitavam-se a dar explicações mais ou menos ocasionais de suas concepções de sistema, Lambert é o primeiro que tenta fornecer um *status quaestionis*. Dado que o termo "sistema" já havia sido utilizado por tantos autores, parece-lhe necessário partir de um exame puramente lingüístico; os primeiros parágrafos do amplo fragmento sobre a sistematologia são dedicados à história do termo: "Por sistema não entendo somente uma estrutura didática (*Lehrgebäude*), mas emprego esse conceito em toda a extensão que foi paulatinamente adquirindo."[11] Vimos, nas páginas precedentes, como "sistema" recebeu diversas definições e como, ao lado do significado específico proposto por cada autor, continuou existindo também um significado corrente. Dessa ambigüidade está consciente Lambert, quando sustenta que qualquer totalidade pode ser compreendida no conceito de sistema. Dado que, originariamente, "sistema" indicava a estrutura do cosmos, o termo conservou uma aparência de solenidade e foi utilizado apenas para construções teóricas relativas às artes ou às ciências; mas, constata Lambert, "nesse meio-tempo desceu-se dessa altura a objetos mais baixos e, portanto, o uso do termo 'sistema' é cada vez mais freqüente. Disso decorre que não é possível pôr limites bem precisos ao conceito"[12].

A primeira tentativa de definição é *ex negativo*: tudo o que é caos, mixórdia, amontoado não é sistema. Mas nem sequer qualquer totalidade é sistema: existem totalidades que são compostas por um único elemento ou que constituem parte de um sistema mais vasto. Para Lambert, "um sistema requer partes, e precisamente muitas partes"[13]. A visão do sistema fundada sobre a relação entre partes e todo é típica da noção clássica de sistema e irá durar até o

---

11. Lambert, *Logische und philosophische Abhandlungen*, cit., vol. II, p. 385. É esta a parte intitulada *Fragment einer Systematologie*.
12. Lambert, *Logische und philosophische Abhandlungen*, cit., vol. II, p. 386.
13. Lambert, *Logische und philosophische Abhandlungen*, cit., *ibid*.

fim do século XX, quando a relação entre as partes e o todo será substituída pela relação entre o sistema e o ambiente (vol. 3, cap. III).

Se se quiser analisar esse conceito segundo a técnica wolffiana (ou seja, buscando esclarecer antes de tudo o alcance do termo), vai-se ao encontro do perigo de regredir ao infinito: se sistema é "um todo estruturado finalisticamente" (*ein zweckmässig zusammengesetztes Ganzes*), será preciso definir "escopo", "estrutura" e "totalidade"; em cada uma dessas definições existirão outros termos a serem definidos, e assim por diante. Lambert propõe, ao contrário, levar em consideração a noção corrente de sistema, tendo o cuidado, no decorrer da exposição, de colocar em evidência tudo o que não for adequado a ela.

Como primeira representação do sistema, Lambert propõe um esquema subdividido em seis pontos não-homogêneos.

1. No interior de um sistema encontram-se quatro elementos: a) *partes* diversamente unidas uma com a outra; b) *forças conectivas* (*verbindende Kräfte*), ou seja, nexos que unem as partes entre si ou as partes com o todo; c) *um nexo comum*, que transforma a união das partes em totalidade (trata-se, geralmente, de uma força conectiva); d) um *escopo* a que o sistema está preordenado.

2. Do ponto de vista interno, para que um sistema possa ser assim estruturado, são necessários: a) a compatibilidade entre cada parte e a compatibilidade entre as forças conectivas e as partes vinculadas; b) a constância do sistema, ou seja, sua capacidade de perdurar no tempo; c) a unidade, ou seja, o fato de que as partes se pressupõem, se exigem e se atraem reciprocamente.

3. Do ponto de vista externo, o sistema apresenta um fundamento, certas regras sistemáticas e uma certa forma ou aspecto.

4. A construção de um sistema põe uma série de problemas, que, porém, são apenas indicados por Lambert.

5. Em relação a outro sistema, um sistema pode ser incorporado, unido, dependente ou interagente.
6. O sistema tem uma precisa função na consciência humana.

Dado que as últimas três partes do esquema lambertiano são extremamente compendiosas, é oportuno limitar a análise às suas três primeiras partes.

Lambert fala do fundamento do sistema e sublinha como esse termo deriva da comparação com os alicerces de um edifício, porque quase todas as metáforas às quais se recorre quando se fala de sistemas derivam da arquitetura. Para Lambert, existem tantos fundamentos quantos são os sistemas, em função da finalidade que o sistema persegue. Essa observação é de fundamental importância. Se ela tivesse sido levada realmente em consideração, teria sido, talvez, evitada a disputa central da filosofia pós-kantiana, que se esgotou na busca inútil de um fundamento cada vez mais amplo para todos os sistemas. Mas esse fragmento de Lambert foi publicado somente em 1787.

Entre todos os elementos característicos de um sistema (elencados na primeira parte do fragmento), Lambert escolhe o nexo entre as partes como elemento sobre o qual fundar a classificação de todos os sistemas. Desse modo, ele dá uma tripartição que ainda hoje pode ser abundantemente utilizada: 1. se o nexo é constituído pelas *forças do intelecto*, têm-se os sistemas das ciências em geral e todos os tipos de exposição, até as fábulas e os discursos[14] (hoje se falaria do nexo lógico que unifica cada sistema de proposições); 2. se o nexo é constituído pelas *forças da vontade*, têm-se os sistemas decisórios, ou seja, os contratos, as sociedades e os Estados[15] (pela primeira vez, mesmo implicitamente, o mundo jurídico é concebido como unificado por um nexo específico próprio); 3. se o nexo é constituído pelas *forças mecânicas naturais*, têm-se os sistemas do cos-

---

14. Lambert, *Logische und philosophische Abhandlungen*, cit., vol. II, p. 395.
15. Lambert, *Logische und philosophische Abhandlungen*, cit., vol. II, p. 396.

mos, os sistemas planetários, o sistema solar e assim por diante.

Em conclusão, os três tipos fundamentais de sistemas são os sistemas intelectuais, os sistemas morais (ou políticos) e os sistemas físicos[16]. Os primeiros são constituídos por conhecimentos, os segundos por decisões (poder-se-ia, talvez, traduzir *Entschliessungen* por "imperativos" ou "preceitos", se não se corresse o risco de fazer com que o autor diga mais do que ele pretenda), os terceiros por elementos materiais.

Duas observações de Lambert poderiam ser muito interessantes se não estivessem expostas de modo demasiado fragmentário.

A primeira diz respeito à existência de sistemas resultantes da combinação dos três tipos fundamentais acima mencionados. Seríamos quase tentados a ver nisso uma hermética alusão ao direito como sistema de normas e à ciência jurídica como sistema de proposições sobre tais normas. Lambert, porém, entende provavelmente alguma coisa de mais simples e indiferenciado: um sistema fundado sobre a vontade pressupõe a existência do intelecto, de outra forma seria um sistema de instintos cegos; ele seria, portanto, fundado sobre dois princípios, a vontade e o intelecto.

Ainda mais embrionária é a segunda distinção entre sistemas destinados a perdurar e sistemas mutáveis: ela não parece ter nada em comum com a hodierna distinção entre sistemas estáticos e dinâmicos nas ciências sociojurídicas, porque Lambert pensou essa distinção com referência apenas aos sistemas físicos. Mas precisamente a instabilidade dos sistemas físicos, sua busca em encontrar o equilíbrio perturbado (homeostase) ou de aprender do elemento de distúrbio (auto-organização) nos reporta à oposição atual entre sistema e ambiente, tema recorrente no terceiro volume. Lambert não poderia certamente imaginar esses desenvolvimentos: mas a combinação lógica dos vários tipos

---

16. Lambert, *Logische und philosophische Abhandlungen*, cit., vol. II, p. 397.

de sistema e das várias características do sistema do século XVIII levaram-no a prenunciar essas categorias modernas, mesmo que apenas com uma alusão vaga e marginal.

A categoria dos sistemas físicos, enfim, é a mais discutível, porque representa uma extensão também demasiado ousada do termo "sistema" então em uso. Isso deriva, provavelmente, de uma apressada conclusão de Lambert. Entre os elementos que compõem um sistema, ele tinha considerado também o escopo; mas isso não significa que toda vez que existe um escopo exista também um sistema, pois o escopo é um elemento necessário, mas não suficiente para a criação de um sistema. Lambert, ao contrário, partindo da consideração de que "o escopo do relógio é mostrar as horas"[17], iguala o mecanismo de um relógio a um sistema. Além disso, ao tratar dos sistemas físicos que mudam com a época, Lambert fala de "sistemas que podem ser utilizados uma única vez" e apresenta este exemplo: "Um fogo de artifício pode ser construído segundo um plano extremamente sistemático. O escopo para o qual ele está preordenado é alcançado com seu acendimento, e com isso tudo se acaba."[18] Essa oscilação entre fundamentação teórica apresentada e incertezas no uso terminológico nos lembra, ainda uma vez, que estamos interpretando um fragmento; mas ao mesmo tempo nos mostra como a categoria dos sistemas físicos antecipa os desenvolvimentos mais modernos da teoria dos sistemas, ainda que no século XVIII essa categoria pudesse parecer uma extensão imprópria em relação à noção então difusa de sistema.

Provavelmente, essas páginas de Lambert deveriam constituir a introdução à sistematologia propriamente dita. De fato, já no final do fragmento, ele afirma ter dado um quadro particularizado do âmbito semântico do termo "sistema": teria assim chegado o momento de passar às consi-

---

17. Lambert, *Logische und philosophische Abhandlungen*, cit., vol. II, p. 401.
18. Lambert, *Logische und philosophische Abhandlungen*, cit., vol. II, p. 402.

derações teóricas. Porém do terceiro capítulo, dedicado à análise do escopo nos sistemas, não restam senão poucas páginas introdutórias.

A discussão desses fragmentos de Lambert foi conduzida com uma certa liberalidade, seja pelo valor intrínseco dos escritos (mesmo que, freqüentemente, muito sumários), seja porque é com Lambert que se começa a refletir com certa amplitude sobre o conceito de sistema, sobre as possíveis distinções entre seus vários tipos e sobre sua possível definição em sentido técnico. Essa concepção do sistema, além disso, é destinada a ter grande influência sobre os futuros pensadores: Immanuel Kant, do qual nos ocuparemos em breve, deduz sua concepção sistemática de Christian Wolff e de Johann Henrich Lambert; Carl Leonhard Reinhold, na tentativa de aperfeiçoar a concepção kantiana do sistema, entra diretamente em polêmica com Lambert, vendo nele a verdadeira fonte dessa concepção.

Embora a importância de Lambert na filosofia seja devida não a esses fragmentos, mas às duas obras maiores, os fragmentos são muito importantes do ponto de vista metodológico, porque – como costumava dizer o próprio Lambert ao amigo Bernouilli – neles sua metodologia encontra expressão na forma mais clara e direta. Eles representam uma das primeiras e mais relevantes contribuições a uma teoria geral do sistema.

Por esse motivo, um exame das duas maiores obras de Lambert confirma os princípios metodológicos já encontrados nos fragmentos. É, todavia, importante notar que os dois volumes publicados em Riga, em 1771, se intitulam *Anlage zur Architectonic*[19]. Seguindo a definição kantiana de sistema, deseja-se construir aqui uma nova metafísica; para esse tipo de construção recorre-se ao termo *Architectonic*,

---

19. Johann Heinrich Lambert, *Anlage zur Architectonic, oder Theorie des Einfachen und des Ersten in der philosophischen und mathematischen Erkenntnis*, Erster Band, Riga bey Johann Friedrich Hartkooch, 1711, XXX-[2 pp. não numeradas]-376 pp.

que em Kant, na parte final da *Crítica da razão pura*, voltará para designar um tipo análogo de construção conceitual. Todavia, esse termo não estava destinado a ter sucesso e não me consta que, depois desses dois autores, tenha sido utilizado no sentido específico por eles indicado.

Preferiu-se constantemente utilizar o termo *Konstruktion*, mais geral e consolidado pelo uso em várias disciplinas. Embora se insira perfeitamente nas metáforas usadas na teoria dos sistemas, *Architectonic* é, de fato, um termo não-unívoco: em particular, na ciência jurídica do final do século XVIII, podia ser causa de confusão com obras que se referiam não à construção de sistemas jusfilosóficos, mas à arquitetura propriamente dita, ou seja, com manuais merceológicos para uso dos juristas[20].

2. A unicidade do princípio do sistema externo: Kant

Os pontos de contato entre a concepção sistemática de Christian Wolff e a de Immanuel Kant se originam do comum interesse pelas ciências exatas (também este último pensador começa a carreira acadêmica em campos ainda distantes da filosofia) e pelo fato de o ensinamento de Wolff ter chegado a Kant por meio de um dos mais importantes alunos desse filósofo: Martin Knutzen, que foi professor de

---

20. Talvez o exemplo mais curioso nesse sentido seja dado pela obra de um homônimo de Carl Leonhard Reinhold, ou seja, pela *Architectura forensis oder die aufs Recht angewandte Baukunst*, Münster und Osnabrück 1784-85, 2 vols. de Christian Ludolff Reinhold, em que se expõem todas as noções práticas de arquitetura que podem ser de alguma utilidade para o jurista. O mesmo vale para inúmeros outros escritos deste último autor: *Arithmetica forensis oder die aufs Recht angewandte Rechenkunst*, Münster und Osnabrück, 1785, 2 vols.; *Geometria forensis oder die aufs Recht angewandte Messkunst*, Münster und Osnabrück, 1781-82, 3 vols.; *Mechanica forensis oder die aufs Recht angewandte Bewegungskunst*, Münster und Osnabrück, 1789, 671 pp. Todos esses títulos não têm nada em comum com uma exposição sistemática do direito exemplificado sobre uma das ciências exatas.

filosofia em Königsberg no período em que o jovem Kant freqüentou essa universidade.

Essas considerações permitem situar as concepções sistemáticas de Kant na corrente que, partindo da teologia protestante, através de Leibniz, Wolff e Lambert, culmina na filosofia clássica alemã. Mas em Kant o termo "sistema" sofre depois uma dupla especificação, que será utilizada pelos filósofos sucessivos: em primeiro lugar, o sistema torna-se o ideal para o qual deve tender toda ciência: não há cientificidade sem sistematicidade; em segundo lugar, o sistema não é apenas um conjunto dedutivo de proposições, mas um conjunto de proposições que deve ser deduzido de um único princípio.

a) O "sistema" em sentido tradicional (wolffiano)

Ao fazer coincidir a sistematicidade com a cientificidade, Kant toma por modelo a matemática: a seu juízo, ela é a única disciplina que, desde os tempos antigos, tinha encontrado "a via real" da elaboração científica[21]. No prefácio à segunda edição da *Crítica da razão pura*, Kant afirma que já está na hora de a metafísica também se pôr nesse mesmo caminho, seguindo o exemplo de Christian Wolff. Explicando, aqui, o que torna Wolff o maior dos filósofos dogmáticos, Kant enuncia aquelas que ele julga serem as características de um sistema científico:

1. *gesetzmässige Feststellung der Prinzipien;*
2. *versuchte Strenge der Beweise;*
3. *Verhütung kühner Sprünge in Folgerunen*[22].

---

21. Immanuel Kant, *Kritik der reinen Vernunft*. Nach der ersten und zweiten Original-Ausgabe neu herausgegeben von Raymond Schmidt (Der Philosophischen Bibliothek Band 37a), Verlag von Felix Meiner, Leipzig, 1930, p. 16 (B X). Nas citações seguintes, serão indicadas as páginas dessa edição e, entre parênteses, as páginas da primeira edição original de 1781 (precedida por A) e as páginas da segunda edição original de 1787 (precedida por B).

22. Kant, *Kritik der reinen Vernunft*, cit., p. 31 (B XXXVI).

As três características do sistema são traduzidas por Giorgio Colli da seguinte forma: é "determinando claramente os conceitos, buscando o rigor das demonstrações, evitando os saltos ousados nas ilações"[23] que se constrói um sistema científico.

Nesse sentido, "sistema" é o tradicional sistema externo, já visto em vários outros autores. Que Kant use aqui o termo nesse significado já corrente é esclarecido também pela fundamentação da própria frase, em que se diz que "o futuro *sistema* da metafísica" deverá ser edificado segundo o "severo *método*" wolffiano. Além disso, na *Crítica da razão pura*, recorrem repetidas vezes expressões como "sistema de todos os princípios da razão pura", "sistema das idéias transcendentes" e "sistema das idéias cosmológicas".

Também em outras obras, "sistema" é usado em sentido atécnico. Duas frases da *Crítica do juízo* serão suficientes para comprovar esse uso de "sistema". No prefácio à primeira edição dessa obra, publicada em 1790, Kant afirma que a crítica da razão pura deve ser acompanhada pela crítica do juízo, embora, "em um sistema da filosofia pura"[24], essa crítica do juízo não esteja inserida como uma parte especial entre a teorética e a prática. Esse edifício teórico, conclui, é um "sistema" ao qual se dá o "nome geral de metafísica"[25]. Utilizando o termo nessa acepção corrente, Kant não dá nenhuma contribuição específica à teoria do sistema. O termo assume um significado particular no final da *Crítica da razão pura*: a esses trechos será dedicado o subparágrafo seguinte.

---

23. Immanuel Kant, *Critica della ragion pura*. Introdução, tradução e notas de Giorgio Colli, Einaudi, Torino, 1957, p. 37.

24. Immanuel Kant, *Kritik der Urteilskraft*. Herausgegeben von Karl Vorländer, Verlag Felix Meiner, Leipzig, 1948 (Der Philosophischen Bibliothek Band 39a), p. 2. Essa edição é a republicação não-modificada da 6.ª edição de 1924.

25. Kant, *Kritik der Urteilskraft*, cit., p. 2.

b) O "sistema" em sentido específico: origem e nexo entre suas partes

Provavelmente sob a influência de Lambert, Kant intitula *Die Architectonic der reinen Vernunft* uma das partes finais da *Crítica da razão pura*. Ele afirma explicitamente que com "arquitetônica" pretende designar "a arte dos sistemas"[26]. A arquitetônica é parte da metodologia, porque somente a unidade sistemática transforma o agregado das noções em ciência, a qual vem assim coincidir com o sistema. E do sistema se dá aqui uma definição destinada a ser aceita pelos filósofos das gerações sucessivas: "Por sistema entendo a unidade de múltiplos conhecimentos sob uma idéia."[27]

Uma história semântica, a essa altura, não pode se perguntar qual é a idéia unificadora das noções separadas, mas deve pôr-se apenas dois quesitos: antes de tudo, de que modo nasce o sistema; em segundo lugar, quais são, segundo o autor, as relações entre as partes constituintes do sistema.

A *origem do sistema* pode ser esclarecida, em certa medida, analisando a concepção de Kant sobre a origem do que ele julga como o sistema paradigmático, ou seja, a matemática, e examinando à luz dessas asserções a descrição kantiana da origem da arquitetônica filosófica. A matemática teve de se contentar, por muito tempo, em reunir cada noção, até que (e aqui Kant fala em primeira pessoa, expressando sua convicção pessoal) a empresa isolada de um indivíduo lançou luz nova sobre o amontoado dos dados: revolução da qual não nos foi conservada a história[28]. Aquele que demonstrou primeiro o teorema que é dito de Tales, afirma Kant, compreendeu que não deveria limitar-se ao que via; deveria remontar "com uma construção" ao

---

26. Kant, *Kritik der reinen Vernunft*, cit., Leipzig, 1930, p. 748 (A 832, B 860).
27. Kant, *Kritik der reinen Vernunft*, cit., *ibid*.
28. Kant, *Kritik der reinen Vernunft*, cit., p. 16 (B X).

que ele mesmo tinha posto dentro da figura do triângulo isósceles.

A sistematogonia das últimas páginas da *Crítica da razão pura* é uma generalização e teorização dessa idéia. Existe uma primeira fase, em que se reúnem dados não especificamente ligados entre si; eles constituem o material de construção com que "traçar arquitetonicamente um todo, segundo os fins da razão"[29]. Ou seja, o sistema nasce da acumulação dos conceitos: Kant fala a esse propósito de uma *generatio aequivoca*, análoga à dos vermes. Sobre esse cúmulo de dados intervém em seguida o autor do sistema, que organiza cada elemento segundo uma idéia. Ninguém, segundo Kant, construiria um edifício científico se não tivesse uma idéia para colocar em sua base. E uma ciência (ou sistema, o que para Kant é o mesmo) deve ser avaliada não com base no que o autor diz a seu respeito, mas com base na idéia que unifica suas partes. Somente desse modo pode-se evitar tornar próprios os erros de uma escola ou de um autor.

Cada um dos sistemas assim gerados é, portanto, unificado pela idéia que está em sua base; permanece, porém, em aberto o problema da unificação dos vários sistemas entre si. Em um primeiro momento, Kant tende a isolar as disciplinas uma da outra, sublinhando que cada uma tem seu critério distintivo: por exemplo, a teologia tem os livros sagrados; o direito, os textos de lei; a ciência, a matemática; e a matemática, a si mesma[30]. Na última parte da *Crítica da razão pura*, porém, ele supera essa concepção e julga não só possível, mas também não difícil construir uma arquitetônica de todo o saber humano. O procedimento deveria ser semelhante ao seguido para construir cada sistema parcial: tratar-se-ia de unificar sob uma única idéia vá-

---

29. Assim a tradução italiana de Giorgio Colli acima citada, p. 808. "Um ein Ganzes nach den Zwecken der Vernunft architektonisch zu entwerfen": Kant, *Kritik der reinen Vernunft*, cit., p. 750 (A 834, B 862).

30. Immanuel Kant, *Prolegomena*, IV, pp. 125 s.

rios sistemas parciais ou "ruínas" de construções teóricas caídas em desuso[31].

Esses sistemas têm, porém, o valor de modelo, de fim ao qual se deve tender. A filosofia, por exemplo, é o "sistema" de todos os conhecimentos filosóficos (sistema no sentido rigorosamente kantiano acima mencionado). Como tal, ele não existe na realidade, mas é um critério para avaliar as teorias filosóficas concretas. Por isso, a filosofia não se aprende, afirma Kant; aprende-se somente a filosofar, ou seja, a aproximar-se do modelo ideal da filosofia. "Sistema" neste sentido é, portanto, o limite supremo para o qual tende o conhecimento humano, sem jamais consegui-lo; ele é portanto incompatível com o uso corrente do termo "sistema" (ou seja, com a acepção equivalente a "teoria filosófica"), que, como já vimos, é recorrente também em Kant. A coexistência dessas duas acepções é fonte de aparentes contradições, porque – poucas páginas depois de ter explicado que o sistema da filosofia é um limite inalcançável – Kant começa a expor seu sistema da filosofia, que é naturalmente uma sistemática, ou seja, uma tripartição orgânica da matéria.

Passemos agora ao *nexo entre as partes do sistema*. Vista a origem e a finalidade do sistema, é necessário examinar em que medida Kant analisa também o nexo entre cada parte do sistema. Essas considerações estruturais estão apenas indicadas em Kant, todavia revelam analogias com determinadas concepções teleológicas do direito[32]. O elemento que unifica as partes do sistema, de fato, é a tendência em direção a um único escopo, de modo que cada parte tem uma função e posição particulares: uma parte não pode ser deixada sem que o sistema resulte incompleto, nem uma parte pode ser acrescentada a não ser dentro de precisos li-

---

31. Kant, *Kritik der reinen Vernunft*, cit., p. 751 (A 836, B 864).
32. A concepção kantiana de crescimento do interior de um sistema lembra a teoria da construção jurídica proposta por Rudolf von Jhering: cf. *infra*, cap. XIV, 3, nota 23.

mites prefixados[33]. A estrutura do sistema é, portanto, a *articulatio* (contraposta à *coarcervatio* do agregado), e dessa sua característica estrutural deriva sua lei de crescimento específica. Com base nessa lei, o sistema não pode ser aumentado mediante acréscimos de fora (*per appositionem*), mas apenas mediante incrementos internos (*per intussusceptionem*). Kant compara esse tipo de crescimento ao desenvolvimento de um corpo animal: esse desenvolvimento não implica o nascimento de nenhum novo membro, mas apenas o desenvolvimento harmônico dos membros já existentes, com a finalidade de tornar todo o corpo mais robusto e apto ao alcance do seu fim.

Se, abandonando a comparação organicista proposta por Kant, passa-se ao mais perspícuo campo da aritmética, o crescimento *per intussusceptionem* encontra um exemplo claro na progressão numérica: em uma certa progressão é possível continuar ao infinito a série dada; isso não se alcança, porém, acrescentando arbitrariamente um número qualquer, mas descobrindo a razão da progressão e operando com base nela. Para evitar mal-entendidos, "razão" tem aqui um significado técnico-matemático, porque indica a diferença constante entre um termo da progressão e o termo que o precede. Na progressão, portanto, a razão exerce a mesma função unificadora do princípio único e supremo sob o qual, segundo Kant, o conhecimento se transforma de rapsódico em sistemático.

3. A estabilização do significado de "sistema" e a filosofia pós-kantiana

Pode-se discutir se Kant construiu uma filosofia próxima ao ideal inatingível de que falava; ou seja, pode-se discutir se seu sistema, entendido no sentido atécnico de "teoria", se aproximou do sistema supremo, entendido na acep-

---

33. Kant, *Kritik der reinem Vernunft*, cit., p. 749 (A 833, B 861).

ção especificamente kantiana[34]. Contentamo-nos aqui em evidenciar que, com Kant, chega-se a uma guinada na concepção do sistema e que os resultados da análise kantiana serão assumidos (mais ou menos criticamente) por toda a filosofia clássica alemã.

Carl Leonhard Reinhold, Johann Gottlieb Fichte, Friedrich Wilhelm Josef Schelling, Friedrich Daniel Ernst Schleiermacher, Georg Wilhelm Friedrich Hegel, Ludwig Feuerbach e inúmeros outros referem-se à concepção e à terminologia kantiana sobre o sistema. Que essa recepção seja freqüentemente muito crítica não altera o fato de o termo ter, enfim, se estabilizado em um preciso âmbito semântico: "sistema" é o sistema externo. Seu caráter unificador de conhecimentos heterogêneos depende de sua referência a uma única idéia fundamental. Essa concepção, pela mediação neokantiana[35], chega até as mais modernas teorias jurídicas: na doutrina pura do direito de Hans Kelsen, como veremos, o elemento unificador do sistema jurídico é a norma fundamental, que não é outra coisa senão a tradução, em termos jusfilosóficos, da idéia fundamental kantiana (cf. vol. 2, caps. II e III).

As concepções sistemáticas, porém, não tiveram uma difusão incontestável: se foi grande seu sucesso na área de máxima difusão do idealismo, em outras áreas elas foram duramente atacadas. No cap. VII, por exemplo, mencionaremos a atitude anti-sistemática dos iluministas franceses. Esse não é o único centro da polêmica anti-sistemática. Como já no século XVII a Inglaterra tinha gerado o movimento pietista, hostil à teologia sistemática, a partir de John

---

34. Emil Kraus, *Der Systemgedanke bei und Fichte*, "Kant-Studien", Ergänzungshefte im Auftrag der Kantgesellschaft herausgegeben von H. Vahinger, B. Bauch und A. Liebert, Berlin, 1916, n. 37, p. 1.

35. Giorgio Lazzaro, *Storia e teoria della costruzione giuridica*, Giappichelli, Torino, 1965, pp. 36-64, traça um quadro da transição *Dos pandectistas aos neo-kantianos* com referências a Windscheid, Stammler e ao código civil alemão de 1900, que enriquecem o que está exposto em meu texto.

Locke (1632-1704) propagavam-se da Inglaterra doutrinas filosóficas de tipo empirista, que se opunham às concepções sistemáticas da filosofia de origem wolffiana[36].

Nessa polêmica insere-se a obra de Carl Leonhard Reinhold (1758-1823), que critica seja certos filósofos sistemáticos[37], seja os filósofos empiristas. Os sistemas filosóficos são criticáveis, segundo Reinhold, na medida em que não se referem a um princípio último, geralmente válido. Não é preciso, porém, cair no defeito oposto, próprio dos empiristas, que consistia "em repetir as tiradas e as zombarias dos franceses e dos ingleses contra o sistema"[38], abandonando-se depois a uma cômoda "exposição rapsódica", que permite evitar qualquer quebra-cabeça. Reinhold coloca-se entre esses dois extremos, assumindo uma clara fundamentação kantiana no que concerne ao sistema (mesmo que, anos mais tarde, suas críticas a Kant o tenham levado a aderir à filosofia de Fichte)[39].

Para Reinhold, como já para Kant, o sistema deve estar fundado sobre uma única idéia, que constitua o elemento

---

36. O leitor que desejar aprofundar o problema do pensamento sistemático na cultura jurídica inglesa encontrará alguns temas em Malte Diesselhorst, *Ursprünge des modernem Systemdenkens bei Hobbes*, Kohlhammer, Stuttgart, 1968, 54 pp.

37. Por exemplo, Reinhold critica a aridez do sistema proposto por Johann Heinrich Lambert no escrito apresentado em um concurso: *Welche Fortschritte hat die Metaphysik seit Leibnitzens und Wolffs Zeiten gemacht?*, Berlin, 1796, pp. 182 ss. Sobre o mesmo assunto escreveu também Salomon Maimon, *Über die Progressen der Philosophie, veranlasst durch den Preis der Königlichen Akademie zu Berlin: Was hat die Metaphysik seit Leibniz und Wolff für Progressen gemacht?*, Berlin, 1793. Esse escrito encontra-se em *Streifereien im Gebiete der Philosophie*, citado à nota 49 deste capítulo. Reinhold tende a distinguir, terminologicamente, o sistema da exposição didática (*Lehrgebäude*); por exemplo, ele intitula assim uma obra sua: *Anleitung zur Kenntniss und Beurtheilung der Philosophie in ihren sämmtlichen Lehrgebäuden*, Wien, 1804.

38. Carl Leonhard Reinhold, *Über das Fundament des philosophischen Wissens, nebst einigen Erläuterungen über die Theorie des Vorstellungsvermögens*, J. M. Mauke, Jena, 1791, pp. 22 s.

39. Herbert Adam, *Carl Leonhard Reinhold's philosophischer Systemwechsel*, Winter, Heidelberg, 1930, 136 pp.: essa obra descreve sua mudança de sistema filosófico, não da sua concepção sistemática.

coesivo das várias partes. A diferença entre a posição de Kant e a de Reinhold está inteiramente contida na identificação do elemento supremo, do qual se origina a unitariedade do sistema. De fato, exige-se que o sistema tenha não só unidade, mas também unitariedade; ou seja, cada parte deve ser unida não somente pelos nexos genéricos da dedução lógica, mas esses nexos dedutivos devem se referir a um único princípio. Deste último depende a sistematicidade e, portanto, a cientificidade da exposição. A esse respeito, a diferença entre Kant e Reinhold é diametral: para Kant, o princípio unificador "é o tender para o escopo"[40]. Reinhold refere-se, ao contrário, à forma da consciência. No primeiro caso, a unitariedade funda-se sobre a teleologia; no segundo, sobre a etiologia. O próprio Reinhold sintetiza sua posição em relação à doutrina kantiana: o fundamento último da unidade do sistema não é encontrável na própria metafísica (que de tal princípio recebe sistematicidade e cientificidade), mas fora dela[41]. Por meio da "propedêutica à metafísica", Reinhold julga superar as concepções kantianas expressas na *Crítica da razão pura*, elaborando um princípio supremo que é o único fundamento de todo o saber.

Em que consiste esse fundamento último? Reinhold julga tê-lo identificado no conceito de representação, que já havia sido analisado em um seu estudo precedente[42]. A representação é deduzida, de fato, da consciência como "o único fundamento da filosofia elementar"[43], sem a necessidade de ulteriores fundamentações filosóficas. A consciência entendida como origem do conceito de representação "não admite explicação, é sem dúvida clara" (*durch sich selbst*

---

40. Kant, *Kritik der reinem Vernunft*, cit., p. 749 (A 833, B 861).
41. Reinhold, *Über das Fundament des philosophischen Wissens*, cit., pp. 68 ss.
42. Carl Leonhard Reinhold, *Versuch einer neuen Theorie des menschlichen Vorstellungsvermögens*, C. W. Widtmann und J. M. Mauke, Prag und Jena, 1789, III-579 pp.; cf. também *Über das Fundament des philosophischen Wissen*, cit., p. 108.
43. Reinhold, *Über das Fundament des philosophischen Wissen*, cit., p. 77.

einleuchtet) e, por isso, está apta a servir como fundamento último de toda explicação. Sem seguir todas as reflexões de Reinhold sobre a consciência, veremos como se configura o sistema da "filosofia elementar" fundado sobre o princípio último assim encontrado. Com notável analogia ao que já foi visto para Kant, o sistema aparece construído em vários graus: todas as asserções devem derivar de princípios superiores, e todos os princípios superiores devem ser subordinados "a um único *primum*" (*unter einem Einzigem Ersten*)[44]. Característica desse princípio supremo é a autodeterminação (*Durchsichselbstbestimmtsein*), "que lhe confere a categoria de mais absoluto entre todos os possíveis absolutos, de modo que o fundamento que ele expressa assume o caráter de fundamento último"[45].

Determinado assim o fundamento da filosofia elementar, é automaticamente determinado também o fundamento de toda a filosofia: de fato, "a filosofia elementar é a fonte científica dos princípios de todas as partes da filosofia que é por ela deduzida"[46].

Com isso deu-se um passo à frente no caminho daquele sistema abrangente, para o qual tende a filosofia pós-kantiana. Reinhold dá o primeiro exemplo formalmente irrepreensível de um sistema capaz de compreender todas as ciências. Ele evitou, contudo, empenhar-se naquelas construções ciclópicas e inúteis às quais Christian Wolff, ao contrário, dedicou os últimos anos de sua existência. Formulou, em vez disso, de modo articulado, aquela visão formal do sistema externo, que nos fragmentos de Lambert tinha sido apenas indicada. De fato, com Reinhold a tendência idealista a construir um único sistema abrangente aprimorou-se e busca uma solução exclusivamente formal desse problema.

---

44. Reinhold, *Über das Fundament des philosophischen Wissen*, cit., pp. 109 ss.
45. Reinhold, *Über das Fundament des philosophischen Wissen*, cit., *ibid*.
46. Reinhold, *Über das Fundament des philosophischen Wissen*, cit., p. 117.

A efetiva utilização desses sistemas gerais já se pusera aos contemporâneos de Reinhold, que não deixaram de formular duras críticas às suas teorias. Objeto dessas polêmicas, porém, não é a sistematicidade da ciência ou a estrutura do sistema; aceitando a definição de sistema dada por Kant, toda a discussão se desloca sobre o infrutífero campo do princípio supremo, sobre o qual deveria fundar-se a unitariedade do sistema. Típica é a crítica de Gottlob Ernst Schulze (1761-1833), segundo a qual a consciência de Reinhold não é absolutamente o *primum* de cada filosofia, mas um fenômeno que acompanha todas as experiências e todos os pensamentos humanos[47]. Sua obra principal é propriamente uma crítica a Reinhold e Kant, em que declara a impossibilidade da "coisa em si", antecipando assim em dois anos a análoga tomada de posição de Fichte.

Salomon Maimon (1754-1800) dá juízos ainda mais duros e pertinentes[48]. Para ele, Reinhold é um puro pensador de conceitos, que não se preocupa em saber se eles correspondem à realidade. Esse excesso de abstração é o elemento criticável no sistema reinholdiano. De fato, o processo dedutivo de cada parte é rigoroso, mas viciado pela base de que se origina: seu princípio supremo é falso, "aliás destituído de qualquer significado"[49]. Para Maimon (que também aceita a concepção sistemática da filosofia), o sistema de Reinhold é um "castelo de areia" no sentido literal

---

47. Gottlob Ernst Schulze, *Aenesidemus, oder über die Fundamente der von dem Herrn Professor Reinhold in Jena gelieferten Elementarphilosophie*. Besorgt von Arthur Liebert [Neudrucke seltener philosophischer Werke, Band 1], Berlin, 1911, pp. 60 ss. Primeira edição: Helmstedt, 1792. O título – citando a crítica de Schulze à cognoscibilidade do *Ding an sich* kantiano – faz referência ao filósofo cético que duvidava da possibilidade de conhecer alguma coisa com certeza.

48. Seu verdadeiro nome é Salomon ben Yehoshua; o pseudônimo deriva-lhe da paixão com que estudou o filósofo e jurista medieval Maimônides (Mosheh ben Maimon). Salomon Maimon levou uma vida errante entre a Polônia, sua pátria, e a Alemanha, e apenas nos últimos anos de sua breve existência publicou importantes obras sobre a filosofia kantiana.

49. Salomon Maimon, *Streifereien im Gebiete der Philosophie*, Erster Theil, Berlin, 1793, pp. 182 ss.

do termo, por estar baseado em alguma coisa que não existe[50]. Em uma carta a Reinhold, Maimon escrevia: "Para o senhor, a coisa mais importante é o sistema, a necessariedade e a validade geral. Por isso, o senhor procura fundar sua filosofia sobre os fatos que se revelam mais adequados a esse fim. Para mim, ao contrário, a coisa mais importante é a verdade, ainda que ela se apresente de modo menos sistemático, necessário e geral."[51]

Trata-se, porém, de vozes críticas isoladas. A estrutura dedutiva do sistema externo, de Wolff a Reinhold, sofreu uma elaboração tão acurada e um aperfeiçoamento tão rigoroso que nenhum filósofo julga necessário colocá-la em discussão. A polêmica se desloca sobre o princípio do qual se origina o sistema e, mesmo que as críticas contra a teoria de Reinhold sejam formalmente aceitas, tenta-se superá-las procedendo na mesma direção, mas de maneira mais radical: tende-se a substituir um princípio abstrato por um princípio ainda mais abstrato, transformando a concepção de sistema em uma abstração cada vez mais inutilizável para fins práticos.

Todavia, essas disputas não devem ocultar um ponto firme: se seu resultado é o manifesto desacordo sobre o princípio primeiro do sistema, seu pressuposto é, ao contrário, o tácito acordo sobre a noção kantiana desse termo. O fato de que Johann Gottlieb Fichte (1762-1814) tenda a substituir o princípio de identidade (*Ich bin ich*) pelo princípio reinholdiano não altera em nada o significado de "sistema", que, enfim, já se estabilizou e cristalizou em um sentido bem preciso: o de sistema externo fundado sobre um único princípio supremo.

---

50. Maimon, *Streifereien*, cit., pp. 207 s.
51. Maimon, *Streifereien*, cit., pp. 241 s.

Capítulo VI
Os sistemas filosóficos
e os sistemas jurídicos universais

Pontos de intersecção e desenvolvimentos do discurso. Por meio da filosofia de Hegel, a noção de sistema exerce sua influência também sobre a comparação jurídica. Enquanto Kant persegue o ideal da paz perpétua e da federação de Estados que realize um direito cosmopolita, Hegel substitui o direito cosmopolita pela história universal, colocada em uma posição de absoluta proeminência. De fato, para Hegel, a idéia de Estado se manifesta em três níveis crescentes: no direito interno, no direito externo e na história universal, que é "absoluto poder para os Estados individuais". Em Hegel, história universal e direito estão, portanto, estritamente ligados.

Passando da filosofia ao direito, é preciso distinguir *dois tipos de estudo comparatista*. Os juristas práticos comparam setores restritos dos direitos positivos, ao passo que os filósofos colocam o direito no interior do próprio sistema e o consideram em sua totalidade. A filosofia clássica alemã propôs uma filosofia da história e uma história universal. Esta última estimulou alguns juristas de inspiração hegeliana a construir uma *história universal do direito, diversa da comparação prática*. Esses estudos eram animados por múltiplos impulsos, de que os juristas nem sempre estavam conscientes. De um lado, impulsionados pela filosofia da época, eles sentiam a exigência de dar à história universal do direito uma estrutura sistemática de tipo idealista, ou seja, um sistema externo voltado para uma idéia unificadora. De outro lado, com a metade do século XIX, o progresso técnico tinha tornado cada vez mais freqüentes as trocas com as civilizações extra-européias, alimentando o desejo de comparar (e também de dominar) culturas diversas.

É nesse híbrido contexto de filosofia idealista e de progresso material que nascem as histórias universais do direito. Os juristas que se lançam a essa tarefa gigantesca não começam enfrentando o direito em sua totalidade, mas concentrando-se em um de seus setores. Eduard Gans (1797-1839), brilhante aluno de Hegel e de Thibaut, conseguiu traçar em quatro volumes as linhas mestras de uma história universal do *direito hereditário*. A ênfase com que Gans tratou do matrimônio no contexto do direito hereditário levou o austríaco Josef Unger (1828-1913) a pôr ao lado da história de Gans uma história universal do *direito matrimonial*. Também Jhering (influenciado por Hegel na primeira redação do seu *Escopo no direito*) deixou entre seus manuscritos os apontamentos para uma história universal do direito, escritos em 1843-44 e ainda hoje inéditos: desses escritos parece claro que também para ele a inspiração vinha de Gans. É provável que a obra póstuma de Jhering sobre a *Pré-história dos indo-europeus* de 1894 esteja relacionada a esses fermentos indiretamente hegelianos: além ser influenciado por Gans, ele estava ligado a Unger por profunda amizade.

Esses esforços abrangentes dissolveram-se no fim do século: demasiado complexo o dever teórico, de um lado; demasiado premente a exigência de noções jurídico-práticas para o comércio e a política, de outro. Assim, a torrente dos sistemas jurídicos universais, nascida da majestosa montanha do hegelianismo, confluiu bem cedo no plácido rio dos preexistentes *estudos comparatistas*: à sua formação é dedicada o parágrafo 2, à sua consolidação o parágrafo 9. Mas o sistema universal nascido da filosofia da história não se extingue: é uma utopia a que quase nenhum estudioso consegue renunciar, tanto que também o grande Burckhardt, embora anti-hegeliano, espera reencontrar o sistema universal, porque "pôs sal na história".

1. De Kant a Hegel: entre direito cosmopolita e história universal

Entre os séculos XVIII e XIX a paixão pelo sistema se difunde em cada disciplina. Lineu reordena a botânica. Os historiadores se põem o problema de uma história universal, ou seja, de uma história sistemática do gênero humano, reconduzida a um único princípio. Essa história universal influenciou também um particular tipo de sistema jurídico: os sistemas jurídicos universais, aos quais este capítulo é dedicado[1].

Nos séculos XVIII e XIX foram, sobretudo, os historiadores alemães que se ocuparam da história universal. A ausência de um Estado nacional alemão impedia a formação de uma visão nacional da história, como na França ou na Inglaterra; ao mesmo tempo, na miríade de pequenos estados alemães não havia ainda se apagado a lembrança da perdida unidade universal do Sacro Romano Império da Nação Alemã. Essa tensão entre presente e passado parecia predestinar os historiadores alemães à história universal. Assim apresentada, essa história poderia, portanto, parecer um fruto do atraso político alemão: e em parte o era. Mas era também o fruto da mundialização do comércio e dos contatos humanos que naqueles séculos iam se intensificando como nunca havia acontecido[2]. A nova geografia e a nova etnografia punham o problema das influên-

---

1. Giovanni Bonacina, *Storia universale e filosofia del diritto. Commento a Hegel.* Guerini, Milano, 1989, 324 pp., obra que me foi de grande ajuda na elaboração destas páginas e a que remeto também pela rica bibliografia. Ela compara as filosofias da história de Kant, Fichte, Schelling e Friedrich Schlegel. Para a época posterior a Hegel, ou seja, de Ranke em diante, cf. Ernesto Ragionieri, *La polemica sulla Weltgeschichte [história universal]*, Edizioni di storia e letteratura, Roma, 1951, 134 pp.; sempre partindo de Ranke e do historicismo alemão: Fulvio Tessitore, *Il senso della storia universale*, Garzanti, Milano, 1987, 326 pp. Limito-me a indicar: Norberto Bobbio, *Studi hegeliani: Diritto, società civile, Stato*, Einaudi, Torino, 1981, XIX-294 pp.; que contém também *Hegel e o jusnaturalismo* (1966); *Hegel e o direito* (1970); *Direito público e direito privado em Hegel* (1977); Paolo Cappellini, *Systema iuris*, Giuffrè, Milano, 1985, vol. II, pp. 271-328.

2. Diferencio a "mundialização" – como conjunto de trocas e comunicações em nível mundial que, convencionalmente, iniciou-se em 1868 com a abertura do Japão na época Meiji – da "globalização", termo hoje na moda, que reservo à recente guinada impressa às trocas mundiais pelo uso da informática.

cias exercidas por um povo sobre o outro, pelo menos a partir de Cristóvão Colombo. Desse ponto de vista, a história universal apresentava-se como um projeto moderno e inovador.

A ampla janela aberta sobre o debate historiográfico deve ser aqui reduzida a uma mínima fresta que, porém, filtre pelo menos um raio de luz. Esse raio de luz, essa epifania iluminante encontra-se na discussão entre Johann Gottfried Herder (1744-1803) e Anton Ludwig Schlözer, autor de uma história universal criticada por Herder. Segundo este último, o fato de, em cada época, amplos setores da terra não terem tido contato entre si tornava pouco proveitoso tentar construir uma história geral. Schlözer respondia que isso não era possível saber, pois os anais e as crônicas deveriam ser estudados e seria necessário pôr-se ao trabalho com uma clara concepção dos resultados que se desejavam obter. Essa contracrítica a Herder fornece, assim, uma definição e uma metodologia sintéticas da história universal.

A história universal não consiste em pôr lado a lado a história de cada povo; é o guia das histórias particulares especializadas ordenadas por povo ou por matéria; em outras palavras, não é um agregado, mas um sistema. A construção desse sistema impõe distinguir os materiais sobre os quais se trabalha e a forma que se dá a eles. Sobre a *matéria da história universal*, Schlözer levanta várias questões: "A história universal (*Universalhistorie*), vista como sistema em antítese ao agregado, deve extrair da grande multidão das asserções de fato, que se encontram no agregado, uma certa quantidade. Mas qual quantidade? Determinei corretamente de qual gênero devem ser essas asserções? Minha exigência em si não é algo impossível na prática? Ou, pelo menos nas poucas tentativas do exercício empreendido, não fui infiel às minhas próprias teorias?"[3]

---

3. Este excerto requer dois esclarecimentos. Antes de tudo, o alemão joga com a possibilidade de usar raízes latinas e germânicas, *Universalhistorie* e

Reunidos os dados, põe-se o problema que Schlözer chama de *forma da história universal*, e aqui o paralelismo com as noções sistemáticas resulta evidente: como os dados são sempre muitos, "sua colocação, como na pintura em mosaico, constitui a inteira essência da ciência; eles *devem ser ordenados*: assim como a botânica para uma aprendizagem mais fácil tem necessidade de um *sistema*, também um livro volumoso, para uma consulta mais ágil, tem necessidade de um registro". Mesmo diante desse requisito formal, Schlözer põe-se uma série de quesitos práticos: "Determinei, em geral, corretamente que esse ordenamento deva ser desdobrado sincrônica e etnograficamente? Determinei corretamente a natureza especial desse duplo ordenamento?" e assim por diante. Aplicada à história universal, parece apresentar-se a contraposição entre história e sistema própria dos Pandectistas[4]. Schlözer tem bem claro o fato de que o sistema é um instrumento formal, ou seja, sem referência ao conteúdo, tanto que conclui: "Isto não quer dizer que estas tabelas, estes sumários estejam destituídos de erros"; o único quesito cientificamente admissível é este: "Está correta a idéia de fundo que neles vigora? Poder-se-ia fazer disso, de agora em diante, algo de mais aplicável e completo, sem a necessidade de uma total transformação, por meio de auxílios e aperfeiçoamentos?"[5]. O que, em linguagem sistemática, significa perguntar-se se os axiomas dos quais o sistema se origina estão corretos e se sua dedução deve ser emendada por even-

---

Weltgeschichte, às quais alguns autores, ao combiná-las, introduzem sutis distinções. Além disso, as linhas finais de Schlözer podem evocar à mente a distinção entre sistema teorizado e sistema realizado em Jhering: cf. *infra*, cap. XIV, 2, 3.

4. Cf. *infra*, cap. XIII: sobre Savigny, 4, nota 24; sobre Puchta, 5.
5. August Ludwig Schlözer, *Vorstellung seiner Universal-Historie*, Dieterich, Göttingen-Gotha, 1773, vol. II, pp. 235-7 (grifos meus); reedição fac-similar com colaboração de Horst Walter Blanke: Spenner, Waltrop, 1997, XLIV-416-61 pp. Esta segunda parte é a resposta às críticas dirigidas por Johann Gottfried Herder à primeira: cf. Bonacina, *Storia universale e filosofia del diritto*, cit., p. 15.

tuais erros, sem, porém, pôr em discussão todo o conjunto de axiomas e deduções; ou seja, se é suficiente uma crítica interna para melhorar o sistema[6].

Mesmo tendo por guia o sistema, a análise histórica e suas ciências auxiliares – antes de todas a cronologia e a geografia, "os dois olhos da história"[7] – impõem escolhas drásticas. Aqui os problemas se avolumam e podem apenas ser mencionados. Devem ser escolhidos somente os fatos que mudaram o mundo, ou somente os que imprimiram uma nova direção à cultura da humanidade? Se se põe a ênfase sobre a cultura, são "povos históricos somente aqueles que aprimoraram e trouxeram em si a cultura espiritual da espécie"[8]. Portanto, existem povos excluídos da história universal, que se torna, assim, eurocêntrica e etnocêntrica (adjetivos que, pelo menos na origem, eram indiferenciados), mas que se abre também a perigosas degenerações racistas, quando do juízo de fato da exclusão do mundo da cultura (européia) se fazem derivar juízos de valor negativos, como a inferioridade e, portanto, a não-igualdade. Por essa via, pode-se justificar o tráfico dos escravos, o extermínio dos índios, dos armênios e dos judeus (cf. vol. 2, cap. V, 3, a). Em suma, também a história universal é um instrumento cultural que deve ser manejado com prudência.

Os fatos que chamavam a atenção dos historiadores dos séculos XVII e XVIII eram, sem dúvida, as guerras, os monarcas e os personagens extraordinários: é a época de Napoleão. Mas esses fatos tinham prejudicado a confiança no progresso linear da humanidade. A história tornava-se realística e aceitava também voar baixo, bem debaixo das ca-

---

6. Sobre o sistema de Kelsen e sobre sua crítica interna, cf. vol. 2, cap. III, 9, 10.

7. Carl von Rotteck, *Allgemeine Geschichte vom Anfang der historischen Kenntniß bis auf unseren Zeiten für denkenden Geschichtsfreunde*, Freiburg i. B., 1824, 5.ª ed., vol. I, p. 42.

8. Karl Friedrich Becker, *Weltgeschichte*. Herausgegeben von Johann Wilhelm Loebell, Duncker & Humboldt, Berlim, 1837, 7.ª ed., vol. 1, p. 4.

beças coroadas. Schlözer parece quase antecipar Braudel e sua história material quando recorda não seguir apenas as "estradas militares, onde conquistadores e armadas marcham ao som dos tímpanos", mas explorar também as "vias laterais, onde inobservados avançam, sorrateiramente, mercadores, apóstolos e viajantes"[9].

Identificado o material e adotado o critério para sua escolha, é preciso passar à escrita, e esta é possível apenas introduzindo uma periodização. A história universal é unitária e requer um princípio sistemático que permita colhê-la globalmente; na periodização é preciso, portanto, ver apenas um instrumento auxiliar que se pode descrever com esta comparação sistemático-arquitetônica: "Aquele que é capaz de ter uma visão de conjunto geral da história do mundo não tem mais necessidade de períodos. Quando a casa está pronta, põe-se o andaime de lado. Mas tenho dúvidas se, eventualmente, um mortal será capaz dessa visão de conjunto, sem ter de se apoiar, de quando em quando, ainda sempre em períodos: por isso, vejo esses períodos não simplesmente como andaimes, mas também como escadas."[10]

A obtenção da unidade da história universal é negada por Herder, mas reafirmada com força por Schlözer: a unidade provém da descendência comum de um único progenitor[11]; o procedimento que gera a unidade sistemática é dado, na leitura dos dados históricos, pela harmonização da primeira ação com a segunda, a segunda com a terceira, e assim por diante. Tem-se a impressão de ouvir novamente o discurso sobre o sistema externo do filósofo, do teólogo e do

---

9. Schlözer, *Vorstellung seiner Universal-Historie*, cit., vol. 2, pp. 272 s. Sobre Braudel, a Escola das "Annales" e o estruturalismo" cf. vol. 3, cap. II, 4.

10. Schlözer, *Vorstellung seiner Universal-Historie*, cit., vol. 2, p. 301.

11. Originariamente, a Bíblia foi o fundamento de qualquer periodização. Sobre os desenvolvimentos e as concepções da periodização, cf. para todos o monumental Johan Hendrick van der Pot, *Sinndeutung und Periodisierung der Geschichte. Eine systematische Übersicht der Theorien und Auffassungen*, Brill, Leiden, 1999, 1001 pp.

jurista, expresso com a linguagem própria do historiador. Assim procedendo, tanto a escolha dos dados quanto as construções históricas podem ser diversas, gerando disputas intermináveis. Schlözer chega assim a propor uma síntese das possíveis histórias universais "para separar um adversário do outro". Mas esse sistema dos sistemas de história universal deve ser bem estruturado: "Deve ser redigido um plano, uma teoria, um ideal dessa ciência."[12] Retorna assim, também para os historiadores, a utopia do sistema abrangente, que retornará mais vezes nas próximas páginas.

Nesse debate sobre a história universal enxertaram-se as concepções da filosofia clássica alemã. Teremos de nos limitar a concentrar nossa atenção sobre Kant, autor clássico da sistematicidade, e sobre Hegel, cujo sistema filosófico afasta-se nitidamente do de Kant na concepção da história universal.

Em Kant não se fala de história universal, mas de direito cosmopolita: o direito começa com o direito do Estado, continua no direito dos povos e culmina no direito cosmopolita. Na filosofia kantiana da história, "o fim supremo da natureza"[13] é uma federação de Estados regidos por um direito cosmopolita tornado vinculante, graças a um pacto federativo entre os Estados. Sobre esse acordo baseia-se o projeto kantiano da "paz perpétua", fundada na inevitável tendência da natureza a compor as divergências humanas (mesmo contra sua vontade: é a "astúcia da razão" presente também em Hegel).

Ao contrário, Hegel não fala de direito cosmopolita; em seu lugar, põe a história universal, que não é apenas mencionada explicitamente, mas colocada em uma posição proeminente no sistema hegeliano do direito: a idéia de Estado se manifesta no direito interno, no direito externo e na história universal, como "absoluto poder para os

---

12. Schlözer, *Vorstellung seiner Universal-Historie*, cit., vol. 2, p. II.
13. Kant, *Idee zu einer allgemeinen Geschichte in weltbürgerlicher Absicht*, VIII, 28 (cit., p. 30).

Estados individuais"[14]. Enquanto Kant reconhece à paz perpétua o valor de fim a que se deve tender, mesmo que irrealizável, Hegel a rejeita, decididamente, porque ela está fundada na vontade de cada Estado e, portanto, é acidental e imprevisível.

No sistema filosófico de Hegel, a história universal ocupa a posição que Kant atribui ao direito cosmopolita. Nos *Princípios de Filosofia do Direito* de Hegel, a seção dedicada ao Estado conclui-se com a parte sobre a história universal, que começa, assim, a fazer parte da idéia de Estado como seu momento culminante. Gustav Hugo (que encontraremos de novo entre os juristas sistemáticos mais relevantes: cf. *infra*, cap. XII, 5) avaliou negativamente essa construção, julgando inadmissível que, do Estado, não fizessem parte a administração da justiça e a polícia, mas, ao contrário, que fosse aqui incluída a história universal[15]. Eduard Gans (jurista de que se ocupará o próximo § 5) vê, ao contrário, o maior valor da obra hegeliana precisamente no fato de ter feito desembocar o direito na história.

Assim como se diferenciam sobre a paz, Kant e Hegel também discordam sobre a guerra. Para Kant, a razão "condena de modo absoluto a guerra como procedimento jurídico, ao passo que eleva a dever imediato o estado de paz"[16]. Hegel, ao contrário, reconhece um direito internacional (o "direito estatal externo"), mas para ele não se pode falar de

---

14. Hegel, *Grundlinien der Philosophie des Rechts oder Naturrecht und Staatswissenschaft im Grundrisse*. Nach der Ausgabe von Eduard Gans. Herausgegeben von Hermann Klenner, Akademie-Verlag, Berlin (Ost), 1981, 259: é um parágrafo-chave para compreender a relação entre direito e história universal. Cf. também Livio Sichirollo, *La "Weltgeschichte" (354-60) della "Filosofia del diritto"*, em Roberto Racinaro – Vincenzo Vitiello (a cura di), *Logica e storia in Hegel*, Edizioni Scientifiche Italiane, Napoli, 1985, 97 pp.

15. Gustav Hugo, *Rezension der Hegelschen Rechtsphilosophie*, "Hegel-Studien", vol. 5, 1869, p. 37.

16. Immanuel Kant, *Zum ewigen Frieden*, em *Gesammelten Schriften*, Berlin-Leipzig de 1900, vol. VIII, p. 355; trad. it.: Kant, *Per la pace perpetua*, em Kant, *Scritti politici e di filosofia della storia e del diritto*. Organizado por Gioele Solari, Utet, Torino, 1965, p. 299.

guerra justa ou injusta, porque apenas o Estado pode decidir um evento prático como a guerra. A história universal representa, por isso, em Hegel, o ápice da construção jurídica, mas contém um direito que não tem nenhuma relação com o do Estado: não pode avaliar se uma guerra é justa ou injusta. A história universal não é o Juízo Universal, para retomar um verso de Schiller que compara a *Weltgeschichte* com o *Weltgericht*.

Dos grandes problemas da paz e da guerra, do federalismo e da autonomia estatal, da justiça e da injustiça é preciso retornar agora ao direito: contentemo-nos em constatar que a história universal é a realização do conceito de direito e de Estado (que, por sua vez, é a manifestação mais elevada do direito). Bonacina resume dessa forma a posição de Hegel: "Hegel superou assim as antigas concepções jusnaturalistas e iluministas do direito natural como realidade a-histórica, dedutível apenas com base nos eternos princípios da razão. Mas o fez para cair em alguma forma de relativismo historicizante, baseado no culto da tradição e das convenções? Já em sua época essa concepção tinha encontrado seus convictos apologetas (em um certo sentido historicistas *ante litteram*) nos expoentes da Escola Histórica do direito (Hugo, Haller, Savigny, os mais conhecidos por Hegel), e a polêmica contra estes últimos será mais dura do que aquela contra a longa tradição de pensamento culminada em Rousseau e Kant."[17]

Em sua polêmica contra a Escola Histórica, Hegel alinha-se ao lado de Thibaut e dos defensores da codificação[18] e combate em duas frentes: de um lado, contra o jusnaturalismo racionalista (contestado também pela Escola Histórica) e, de outro, contra o direito consuetudinário. Para Hegel, não se pode esperar que a necessidade leve à formação de novas regras, sem que o jurista possa, de algum modo, intervir favorecendo o curso da história universal. A idéia de

---

17. Bonacina, *Storia universale e filosofia del diritto*, cit., p. 38.
18. Hegel, *Grundlinien der Philosophie des Rechts*, cit., 211-4.

direito pode ser auxiliada em sua realização mundana. Segundo Bobbio, portanto, a concepção de Hegel é, ao mesmo tempo, a dissolução e a realização da doutrina do direito natural, como foi se desenvolvendo de Grócio a Kant[19].

A posição predominante atribuída à história universal no sistema hegeliano era destinada a exercer uma forte atração sobre alguns juristas, que pensaram em flanquear àquela história universal uma mais específica história universal do direito a ela inspirada. A abertura jurídico-filosófica em Hegel era também o sinal de uma inclinação para posições políticas liberalizantes, ou de qualquer modo não mais ligadas ao *status quo* feudal, defendido, ao contrário, pela Escola Histórica do direito. A mesma ambivalência caracteriza no século XIX as polêmicas entre os germanistas defensores de um direito popular (ou seja, nacional) e os romanistas ligados ao direito romano que tinha regido a época feudal (cf. *infra*, cap. XIII, 6).

Dos grandes afrescos da filosofia clássica alemã é necessário agora derivar os quadros da construção jurídica e as miniaturas dos institutos jurídicos, porque esse desejo de escrever uma história universal do direito tomava corpo em um contexto em que já existia um embrião de comparação jurídica. Portanto, as próximas páginas mover-se-ão nas terras de fronteira entre a filosofia do direito e o direito comparado. Sem dúvida, a história universal do direito deu um forte impulso à comparação de grande fôlego e, em certa medida, ela pode ser considerada a precursora das atuais exposições sobre os grandes sistemas jurídicos. Ao mesmo tempo, porém, a construção das histórias universais do direito pode hoje ser considerada uma aventura concluída, mesmo porque estão superados os pressupostos filosóficos que constituíam seu arcabouço. Mas, precisamente, para

---

19. Norberto Bobbio, *Hegel e il giusnaturalismo*, em Claudio Cesa (a cura di), *Il pensiero politico di Hegel. Guida storica e critica*, Laterza, Roma-Bari, 1979, pp. 5-33; Aldo Schiavone, *Alle origini del diritto borghese: Hegel contro Savigny*, Laterza, Roma-Bari, 1984, X-82 pp.

lembrar sua função e fecundidade serão dedicadas algumas páginas conclusivas à evolução da comparação jurídica que se seguiu ao crepúsculo dos sistemas jurídicos universais (cf. *infra*, 9).

2. Às origens da comparação jurídica: sistemas indutivos e dedutivos

No campo da comparação jurídica, o caminho da filosofia do direito dos filósofos cruza com o caminho da filosofia do direito dos juristas e, enfim, se sobrepõe a ele e funde-se com ele, no direito comparado atual. Enquanto os filósofos elaboravam seus sistemas universais do direito, alguns juristas comparavam fragmentos de direitos provenientes de sistemas jurídicos diversos. O parágrafo anterior identificou as grandes linhas das histórias universais; este irá se deter nas tentativas – mais restritas e voltadas para a prática – de comparar segmentos provenientes de sistemas jurídicos diversos; nos próximos, a comparação jurídica porá as asas da história universal e voará em direção aos sistemas jurídicos universais. A inconfiabilidade daquelas asas não retirará nada da beleza do vôo realizado, e o Destino revelar-se-á menos odioso com os juristas do que com Ícaro.

A comparação jurídica é praticada desde quando existem os ordenamentos jurídicos. A circulação de modelos jurídicos entre as *póleis* gregas atesta um primeiro início de comparação, que continua em qualquer lugar em que dois sistemas jurídicos diversos entrem em contato. Assim, para citar dois exemplos extremos, no final do século XII o rigoroso Ranulf de Glanvill expunha em formas romanísticas o direito inglês, e em 1607 o fantasioso dominicano Gregorio García explicava que os indígenas das Índias Ocidentais descendiam da tribo perdida de Israel e, por isso, reconhecia em suas regras de vida uma semelhança com o direito hebraico.

Em geral, é comparado, por finalidades práticas, cada instituto jurídico proveniente de poucos ordenamentos. Essa comparação pode ser sincrônica ou diacrônica: as normas examinadas no primeiro caso são normas contemporaneamente vigentes nos ordenamentos comparados; no segundo caso comparam-se as histórias de institutos ou de ordenamentos jurídicos inteiros.

No interior do direito comparado, Wigmore (1863-1943) distingue uma nomoscopia (estudo dos vários sistemas como dados de fato), uma nomotética (estudo das políticas do direito) e uma nomogenética (estudo da evolução e das influências recíprocas dos vários sistemas)[20]. Hug distingue a comparação jurídica (subdividida em estudo dos vários sistemas confrontados com o do comparatista e em análise dos grandes sistemas do passado ou do presente) da história comparativa do direito (subdividida em história de cada sistema e história jurídica universal)[21]. Como cada manual tende, pois, a fornecer uma classificação das famílias dos direitos (cf. 4), seria, portanto, supérfluo multiplicar os exemplos de classificação presentes nos vários autores.

A acumulação desses estudos setoriais levou a disciplina a refletir sobre a própria natureza e sobre o próprio método e a tentar sínteses cada vez maiores que comparassem entre si ordenamentos inteiros. Isso ocorreu aproximadamente entre o fim do século XIX e o começo do século XX, quando teve início a revolução dos transportes e das comunicações destinada a se concluir, por volta do final do século XX, com o fenômeno da globalização da economia e também – embora mais lentamente – do direito. Essa época marcou também a institucionalização capilar e definitiva do direito comparado como matéria ensinada nas faculdades de direito, tema ao qual voltará o parágrafo 9.

---

20. John Henry Wigmore, *A Panorama of the World's Legal Systems*, West Publishing Company, Saint Paul, 1928, p. 1115.
21. Walther Hug, *The History of Comparative Law*, "Harward Law Review", 1932, vol. XLV, n.º 6, p. 1028.

Os textos que expõem as grandes sínteses indutivas do direito definem-se a partir do título como tratados sobre os "grandes sistemas jurídicos". Contudo, existem também exposições dedutivas dos grandes sistemas jurídicos, as quais se originam dos sistemas filosóficos: apenas estas últimas, portanto, se apresentam como sistemas no sentido técnico-filosófico do termo. Elas constituem um fenômeno cultural bem identificado no tempo, pois florescem no período que vai do final do século XVIII à metade do século XIX, porque estão ligadas ao Iluminismo e à filosofia clássica alemã. Naquele período, elas se entrecruzaram com os outros estudos comparatistas de tipo dedutivo e, sem dúvida, influíram sobre eles: resta estudar em que medida e de que modo.

Existem, portanto, comparações que buscam elementos comuns entre as normas de dois ou mais direitos positivos e comparações que explicam o direito no contexto de um sistema filosófico abrangente; ou seja, comparações que procedem de baixo e outras que descendem do alto; comparações que procedem por indução e outras que procedem por dedução. Estas páginas examinam alguns textos que, partindo de uma filosofia da história, apresentam o direito como um fragmento dessa visão de mundo e recompõem, no interior dessa visão, dados jurídicos entre si distantes no tempo e no espaço. Mais do que responder à pergunta sobre quais normas seriam objeto da comparação jurídica ou sobre como isso é feito, estas páginas pretendem responder à pergunta sobre o motivo (filosófico) que levou a conceber uma comparação jurídica *universal*.

As histórias universais dos grandes sistemas jurídicos – embora se refiram mais ao mundo celeste da filosofia que ao mundo terreno das normas positivas – têm uma grande dívida para com a fragmentária comparação prática e para com suas sínteses parciais: de fato, delas extraem os dados jurídicos com o que dão consistência às estruturas conceituais extraídas da filosofia. Por outro lado, não existe comparação jurídica, por mais modesta que seja, que não esteja regida por algum princípio filosófico, talvez embrionário e não expresso (cf. 8).

3. Da história universal à história jurídica universal

A crença na razão humana, a convicção no progresso linear da humanidade da barbárie à civilização e os conhecimentos trazidos pela expansão européia de ultramar permitiram aos iluministas conceber a história não mais como história de um povo, de uma época, de uma religião, mas como uma história universal[22]. Ela se delineia nas páginas de Voltaire[23] e de Lessing[24], de Herder[25] e de Kant[26], e, com referência ao direito, em Selden[27], em Grócio[28], em Vico[29] e,

---

22. Para um panorama e uma bibliografia sobre a história universal, ver de Ernst Schulin, *Universalgeschichte*, Kiepenheuer und Witsch, Köln, 1974, 398 pp.
23. Voltaire, *Essay sur l'Historie générale et sur les moeurs et l'esprit des nations depuis Charlemagne jusqu'à nos jours*, Genève, 1756.
24. Gotthold Ephraim Lessing, *Die Erziebhung des Menschengeschlechts* (1780); Reclam, Stuttgart, 1980.
25. Johann Gottfried Herder, *Ideen zur Philosophie der Geschichte der Menschheit,1784*; Wissenschaftliche Buchgesellschaft, Darmstadt, 1966.
26. Immanuel Kant, *Idee zu einer allgemeinen Geschichte in weltbürgerlicher Absicht* (1784); resenha a: *J. G. Herders "Ideen zur Philosophie der Geschichte der Menschheite"* (1785); *Muthmaßlicher Anfang der menschengeschichte* (1786); *Erneuerte Frage: Ob das menschliche Geschlecht im beständigen Fortschreiten zun Besseren sei* (1797), em: *Gesammelte Schriften*, Herausgegeben von der Königlichen Preußischen Akademie der Wissenschaften, Berlin, 1907-23, vol. III, pp. 15-32; pp. 43-66; pp. 107-24; vol. VII, pp. 77-94.
27. John Selden, *The Historie of Tithes*, London, 1618; e *Titles of Honour*, London, 1614, seu *Mare clausum* (1635) é em polêmica com o *Mare liberum* (1609) de Grotius. Cf. também Hans Klee, *Hugo Grotius und Johannes Selden. Von den geistigen Ursprüngen des Kampfes um die Meeresfreiheit*, Haupt, Bern, 1946, 70 pp.
28. Hugo Grotius, *De jure belli ac pacis*, Parigi, 1625.
29. Giambattista Vico, *De uno universi juris principio et fine uno, 1720-21; De constantia jurisprudentis*, 1721; *Principî di una scienza intorno alla natura delle nazioni*, Napoli, 1725; a segunda parte do título foi traduzida em alemão por *Über die gemeinsame* (ou: *gemeinschaftliche*) *Natur der Völker*. Cf. também Guido Fassò, *Vico e Grozio*, Guida, Napoli, 1971, 110 pp.

sobretudo, em Montesquieu[30], o precursor do direito moderno comparado. As tentativas de promover uma história universal do direito encontraram um fundamento nessas obras, mesmo que a importância de seus autores não coincida com uma real difusão do estudo comparativo do direito.

Na Itália, o pensamento de Vico foi retomado apenas um século mais tarde por Emerico Amari (cf. 7). Naquele longo intervalo, as vicissitudes da península italiana imprimiram uma direção diversa aos estudos da história universal.

Por exemplo, a formação de Gian Domenico Romagnosi (1761-1835) sofreu uma forte influência do Iluminismo francês, todavia seu modelo foi Condillac, e não Montesquieu. Guiado por uma concepção do Estado inspirada nos ideais napoleônicos, Romagnosi via, sobretudo, no direito universal um instrumento para o progresso das nações e para a educação do povo[31]. Por isso, de suas obras se origina a ciência da administração, mais que a comparação jurídica. Nessa perspectiva devem ser lidos também os oito volumes do seu "Jornal de jurisprudência universal", publicados em 1812-14.

Ainda mais distante do espírito sistemático e dos interesses jurídicos é, pois, a *História universal* do seu aluno Cesare Cantù (1804-95), ciclópica mas subjetiva coletânea de notícias também bizarras[32]. Na Europa, as histórias jurídicas universais seguiram um caminho diverso.

Montesquieu, no prefácio ao *Espírito das leis* (1748), adverte não ter extraído seus princípios dos próprios preconceitos, mas da natureza das coisas. Porém, a observação empírica não lhe serve para documentar uma verdade, como

---

30. Charles Louis Secondat, baron de Montesquieu, *De l'esprit des lois*, Genève, 1748.
31. Gian Domenico Romagnosi, *Introduzione allo studio del diritto pubblico universale*, Parma, 1805.
32. Cesare Cantù, *Storia universale*, Pomba, Torino, 1848-54; *Narrativa*: 6 volumes; *Documentos*: 4 volumes; a primeira edição de 1838-46 constava de 35 volumes.

em Grócio ou em Vico, ou para alcançar uma verdade, como em Selden, mas para guiar as reformas do ordenamento jurídico. "Cada nação encontrará aqui a razão de seus princípios – lê-se ainda naquele prefácio –, se disso tirar naturalmente a conclusão de que pode propor mudanças somente quem teve a sorte de nascer com a capacidade de penetrar, com um golpe de gênio, a inteira constituição de um Estado."

A gigantesca e solitária síntese de Montesquieu podia ser criticada por um jurista como Eugen Ehrlich (1862-1922) porque usava fontes não-científicas ou de qualquer modo pouco fidedignas, porque avaliava muito mais as influências naturais do que as sociais, porque comparava entre si instituições não-homogêneas por grau de evolução[33]. Com razão, porém, Pollock (1845-1937) via em Montesquieu "o grande precursor da pesquisa histórica e comparativa, e hesitamos em chamá-lo de fundador dessa pesquisa apenas porque seu material básico e seus métodos de trabalho não estavam à altura de suas idéias"[34].

Na Alemanha, a tendência comparatista era favorecida pela organização dos estudos jurídicos, que, em um curso preliminar de "enciclopédia jurídica", forneciam aos estudantes do primeiro ano um conjunto de noções básicas, seja sobre a estrutura e sobre as fontes do direito, seja sobre seu conteúdo (normalmente circunscrito ao direito vigente dos Estados alemães). Da comparação entre os direitos alemães àquela com os direitos de outros povos o passo era breve. Naturalmente, os primeiros autores que decidiram dar esse passo não foram além do convite a estender a comparação, sem, contudo, empreendê-la eles mesmos.

Assim, sob a declarada influência de Montesquieu, Reitemeier, em 1785, expôs as vantagens de uma história uni-

---

33. Eugen Ehrlich, *Montesquieu and Sociological Jurisprudence*, "Harvard Law Review", 1913, vol. 29, p. 582; sobre Ehrlich, cf. vol. 2, cap. IV, 9.
34. Frederick Pollok, "Journal of the Society of Compared Legislation", 1903, vol. 5 n.s., p. 83.

versal da legislação, então "de todo inexistente": "a comparação que ela teria [tido] ocasião de desenvolver entre várias legislações" teria podido "esclarecer muito os direitos vigentes na Alemanha". Aliás, superando o âmbito alemão, ele chegou a propor um estudo global da circulação das idéias jurídicas, examinando "a influência que as leis de um povo tiveram, direta ou indiretamente, sobre as de outro"[35].

Em 1807 Mühlenbruch, defensor da natureza empírica da ciência do direito, convidava a estudar "a história das relações políticas, da constituição, da legislação e da cultura de todos os tempos e de todos os povos"[36]. Como em Reitemeier, essa comparação era apresentada como um instrumento para melhorar a prática do direito. Em seguida, a filosofia da história hegeliana levou a rejeitar nitidamente não a comparação em si, mas essa abordagem prática a ela, como se verá na polêmica de Gans contra a Escola Histórica (cf. 4).

A intuição genial em direção a uma "filosofia da lei" a ser alcançada por meio da comparação veio, em 1810, de Anselm Feuerbach (1775-1833). Sua *Universal-Jurisprudenz* propõe a construção de um sistema jurídico clássico partindo da "comparação das leis e dos costumes jurídicos das nações de todos os tempos e de todos os países, tanto as mais próximas quanto as mais remotas"[37]. Em se-

---

35. Johann Friedrich Reitemeier, *Encyclopädie und Geschichte der Rechte in Deutschland*, Göttingen, 1785, *Vorrede*, p. XXIII.
36. Christian Friedrich Mühlenbruch, *Lehrbuch der Encyclopädie und Methodologie des positiven in Deutschland geltenden Rechts*, Rostock-Leipzig, 1807.
37. Anselm Feuerbach, *Blick auf die teutsche Rechtswissenschaft. Vorrede zu Unterholzners juristischen Abhandlungen* (1810), em *Kleine Schriften vermischten Inhalts*, Nürnberg, 1833, pp. 152-77; a citação no texto está a pp. 163. Além da clássica obra de Radbruch sobre Feuerbach, cf. Heinz Mohnhaupt, *Universalgeschichte, Universal-Jurisprudenz und rechtsvergleichende Methode im Werke P. J. A. Feuerbachs*, em Heinz Mohnhaupt (Hrsg.), *Rechtsgeschichte in den beiden deutschen Staaten (1988-1990). Beispiele, Parallelen, Positionen*, Klostermann, Frankfurt a. M., 1991, pp. 97-128.

guida, dever-se-ia "extrair o geral do particular" e, por fim, reorganizar esses conceitos gerais "em uma grande e significativa (*sinnvoll*) totalidade"[38]. Graças a esses "princípios alcançados indutivamente", observa Kunze, "a experiência histórica fornecia um direito natural *a posteriori*"[39]. Com Feuerbach, a ciência jurídica superou, portanto, as fronteiras do direito nacional. Feuerbach, se de um lado se distinguia de Savigny e da Escola Histórica por essa ligação com o mundo real, de outro polemizava contra a mentalidade fechada dos juristas alemães: a Alemanha inteira parecia-lhe "um Japão literário"[40], aludindo ao fato de o Japão ter se fechado aproximadamente por três séculos a quase todas as influências externas. O próprio Feuerbach desejaria ter empreendido a construção desse gigantesco sistema, mas não conseguiu realizar esse plano. Contudo, jamais abandonou a idéia de construir uma ciência jurídica universal[41].

Com o início do século XIX, embora a idéia de nação levasse os juristas a se concentrarem no direito nacional, o racionalismo iluminista difundia e fortalecia a exigência de uma referência ao direito não apenas nacional. Na polêmica sobre a legislação que eclodiu em 1814, Thibaut referiu-se às vantagens da história universal do direito, ao passo que Savigny continuou a criticá-la como pura e simples "coletânea de exemplos político-morais"[42].

---

38. Feuerbach, *Blick auf die teutsche Rechtswissenschaft*, cit., pp. 169 s.
39. Michael Kunze, *Jherings Universalrechtsgeschichte. Zu einer unveröffentlichten Handschrift des Privatdozenten*, em Mohnhaupt (org.), *Rechtsgeschichte in den beiden deutschen Staaten (1988-1990)*, cit., pp. 151-86; a citação no texto está à p. 160.
40. Feuerbach, *Blick auf die teutsche Rechtswissenschaft*, cit., pp. 169 s.
41. Anselm Feuerbach, *Idee und Notwendigkeit einer Universaljurisprudenz. Naturrecht, Rechtsphilosophie, allgemeine Rechtswissenschaft*, em Feuerbach, *Biographischer Nachlass*, 1853, vol. 2, pp. 378-401.
42. Friedrich Carl von Savigny, *Über den Zwech dieser Zeitschrift*, "Zeitschrift für geschichtliche Rechtswissenschaft", I, 1815, p. 3.

4. Qual história universal do direito: pragmática ou filosófica?

A filosofia da história própria do Iluminismo gerou a história universal, da qual se originou a história universal do direito. Mas, com Feuerbach, também a história universal do direito pede para ser orientada por algo de mais alto, tender a algo de absoluto: aspira à filosofia.

A construção de uma história universal do direito, filosoficamente orientada, apresentava, porém, algumas dificuldades ligadas à evolução do pensamento jurídico daqueles anos. Mesmo movendo-se no contexto de uma filosofia que fazia remontar o direito natural à razão, a teoria jurídica do Iluminismo extraía os conceitos do direito natural abstraindo-os, sobretudo, do direito romano ou, em menor medida, dos direitos locais. Porém, assim fazendo, ela se referia não à razão, mas à experiência. A ciência jurídica do início do século XIX herdava, assim, o insolúvel problema das relações entre direito natural e história. A comparação jurídica herdava, ao contrário, a insatisfação pela simples coletânea das normas positivas e o desejo por uma idéia superior que organizasse aquele material normativo.

Savigny (1779-1861) – e com ele a Escola Histórica do direito que seguiu seu ensinamento – propôs superar essa dificuldade remontando à origem do direito. Para essa escola, o direito tem origem dos costumes de um povo, ou seja, de sua história; é "natural" no sentido de que não surge por meio da legislação, mas existe nos costumes de um povo, no "espírito do povo". Não deve ser criado, mas buscado.

Porém, Savigny não foi radical no seu processo de generalização histórica: como romanista, fundou sua visão do direito principalmente no direito romano; como conservador alemão, rechaçou a idéia iluminista (mas também francesa e revolucionária) de eliminar o pluralismo dos ordenamentos de origem feudal recorrendo à promulgação de códigos gerais. Ou seja, negou à sua época a vocação a legiferar, como enuncia o título do seu escrito contra Thibaut

(1772-1840), o derrotado defensor da codificação para uma Alemanha não tocada pela Revolução Francesa[43].

Sempre em 1814 – o ano da polêmica que teve seu centro em Heidelberg, onde ensinavam os dois contendentes –, Thibaut publicou um ensaio que, no breve espaço de uma exortação, traçava as linhas gerais de uma história universal do direito. Com uma visão mais ampla e coerente do que Savigny, Thibaut exortava a desviar o olhar da história jurídica de um único povo e a incluir na história do direito, "com amplitude e vigor, a legislação de todos os outros povos antigos e modernos"[44]. Essas concepções retornam em outro excerto seu destinado a se tornar famoso: "De fato, não é história jurídica verdadeira e vivificante aquela que fixa o olhar sobre a história de um único povo, reunindo-lhe mesquinhamente cada bagatela e igualando, com sua micrologia, a dissertação sobre as demais coisas de um grande prático. Assim como aos viajantes europeus [...] dever-se-ia dar o conselho de buscar a salvação apenas fora da Europa, também nossas teorias jurídicas – para serem verdadeiramente pragmáticas – deveriam abranger as legislações de todos os outros povos antigos e recentes. Dez legislações inteligentes sobre a concepção do direito para os persas e para os chineses despertariam em nossos estudantes um maior sentido do direito do que cem lições sobre as deploráveis cavilações a que foi submetida a sucessão *ab intestato* de Augusto a Justiniano."[45]

Encontraremos novamente essas palavras de Thibaut em 1824, como epígrafre à obra do seu aluno Eduard Gans que pode ser considerada a primeira exposição sistemática de direito universal.

---

43. Friedrich Carl von Savigny, *Vom Beruf unserer Zeit für Gesetzgebung und Rechtswissenschaft*, Heidelberg, 1814; Anton Friedrich Justus Thibaut, *Über die Nothwendigkeit eines allgemeinen bürgerlichen Rechts in Deutschland*, Heidelberg, 1814. Para ulteriores dados bibliográficos, cf. *infra*, cap. XIII, 4.
44. Anton F. Thibaut, *Civilistische Abhandlungen*, Heidelberg, 1814, p. 433.
45. Em epígrafe a Eduard Gans, *Das Erbrecht in seiner welthistorischen Entwikkelung. Eine Abhandlung der Universalrechtsgeschichte*, Maurerschen Buchhandlung, Berlin, 1824, vol. 1.

5. Um sistema jurídico universal rigorosamente hegeliano: Gans

Durante sua breve vida, Eduard Gans (1797-1839) foi uma figura de primeiro plano no mundo acadêmico alemão. Brilhante aluno de Thibaut e de Hegel na universidade de Heidelberg, tornou-se professor de extraordinário sucesso em Berlim: entre os mais de mil estudantes que assistiam às suas aulas encontrava-se Karl Marx, que recebeu de Thibaut a postura crítica contra a Escola Histórica. O entusiasmo dos estudantes não era, porém, compartilhado por todos os colegas: depois da combatida nomeação de Gans, Savigny (também ele professor em Berlim) recusou-se a participar das atividades da faculdade.

O hegelianismo crítico de Gans (que torna difícil situá-lo em uma das correntes canônicas dessa Escola) manifestou-se principalmente na concepção da filosofia do direito: Hegel unia o direito natural à ciência do Estado, ou seja, à política, ao passo que Gans o ligava à história. Seu programa científico proclamava a unidade do direito natural com a história jurídica, em uma aplicação das idéias hegelianas que se afastava, porém, de Hegel pelo fato de levar às últimas conseqüências as teorias deste último.

Para Hegel, o direito natural derivava do espírito universal (Weltgeist), e não da generalização de um dos direitos particulares[46]. Para aplicar até o fundo essa concepção hegeliana, Gans se propôs escrever uma história verdadeiramente universal dos direitos dos vários povos, mas a morte interrompeu esse seu plano grandioso. Desse resta uma história universal do direito hereditário, publicada em 1824, e uma transcrição fidedigna de suas lições berlinenses do semestre de inverno de 1832-33.

---

46. Hegel, *Grundlinien des Philosophie des Rechts*, 3. Theil, 340, em: *Werke*, vol. 8, Berlin, 1883, p. 430. Essa edição foi organizada por Eduard Gans, que lhe antepôs também uma introdução.

A relação entre as idéias de Hegel e as de Gans foi ilustrada por Manfred Riedel[47], o que nos permite agora concentrar a atenção sobre os aspectos jurídico-filosóficos desses dois textos de Gans.

a) Uma história universal do direito hereditário

O prefácio com o qual se abre o primeiro volume sobre o direito hereditário contém o fundamento filosófico do estudo dos grandes sistemas universais do direito[48]. A crítica cerrada à Escola Histórica traça a fronteira entre Savigny e Gans (entre o cisne e o ganso, como ironiza um recente artigo sobre os contrastes, também pessoais, entre os dois)[49], mas, ao mesmo tempo, indica a linha que separa os grandes sistemas desenvolvidos, por meio da síntese de sistemas menores, dos grandes sistemas nascidos já grandes e globais porque reverberam sobre o direito o infinito da Razão ou da Idéia (cf. 1 e 8).

Gans distingue dois aspectos da Escola Histórica. Ela é, antes de tudo, "a sala para as reuniões plenárias de muitos trabalhadores isolados das fontes"[50], e este é seu lado positivo; mas ela se apresenta também como a "filosofia deste trabalho", e este é seu ponto fraco: como teoria não exerceu nenhuma influência sobre seus adeptos, que "continuaram a trabalhar como antes"[51]. A filosofia da Escola Histórica sus-

---

47. Manfred Riedel, *Vorwort*, em: Eduard Gans, *Naturrecht und Universal-geschichte*, Klett-Cotta, Stuttgart, 1981, pp. 11-30.
48. Gans, *Das Erbrecht in seiner welthistorischen Entwickelung. Eine Abhandlung der Universalrechtsgeschichte*, Maurerschen Buchhandlung, Berlin, 1824, vol. 1, pp. V-XLI. Esse prefácio está reeditado por Manfred Riedel em: Eduard Gans, *Naturrecht und Universalgeschichte*, Klett-Cotta, Stuttgart, 1981, pp. 156-72. Nas citações que se seguem são indicadas as páginas deste último volume.
49. Johann Braun, *Schwan und Gans. Zur Geschichte der Zerwürfnisses zwischen Friedrich Carl von Savigny und Eduard Gans,* "Juristenzeitung", 1979, pp. 769-75.
50. Gans, *Das Erbrecht [...]*, em Gans, *Naturrecht und Universalgeschichte*, cit., p. 158.
51. Gans, *Das Erbrecht [...]*, em Gans, *Naturrecht und Universalgeschichte*, cit., p. 159.

tenta que o direito está contido no passado de uma nação, a qual deve estudá-lo para rejuvenescê-lo, e rejeita, ao contrário, a intervenção do legislador. Gans objeta que o legislador não age arbitrariamente, que "este movimento livre de todo vínculo com o passado não é arbítrio destituído de razão. É propriamente a razão que age em cada época e em cada povo [...]. Todo passado está, para o presente, irremediavelmente morto; o que não está morto é aquilo que constitui a substância, tanto do presente como do passado, ou seja, a divina razão. No espírito de cada povo essa razão se manifesta em um desenvolvimento gradual, e é tarefa do espírito subjetivo reconhecer, honrar e compreender essa razão"[52]. Da crítica da Escola Histórica Gans passou, assim, à fundação da comparação jurídica.

De fato, segundo Gans, a Escola Histórica exerceu duas influências negativas sobre sua época: negando-lhe a vocação à legislação, dirigiu-o ao passado fazendo com que ele preferisse o costume à legislação, ou seja, "a adoção" à "paternidade natural"[53]; mas, sobretudo, levou os juristas a se concentrarem sobre o detalhe e sobre a exterioridade, gerando "aquele ódio obstinado contra a filosofia" que acabou por separar a evolução da jurisprudência daquela das outras ciências.

Uma filosofia "não mais hostilmente contraposta à realidade" aceitou o conteúdo das ciências "positivas", ou seja, as da natureza e do espírito: aliás, indicou no "pensamento" a sua verdade. De sua parte, as ciências positivas admitiram que sua "verdade positiva" estava no "pensamento" que lhes vinha da filosofia. "O passo sucessivo para essa repacificação – conclui Gans – foi uma vivaz tendência à comparação em todas as ciências positivas"; e comparar significa reconhecer que a verdade não reside em cada parte, mas "apenas e unicamente na totalidade" (p. 161).

---

52. Gans, *Das Erbrecht [...]*, em Gans, *Naturrecht und Universalgeschichte*, cit., p. 160.

53. Gans, *Das Erbrecht [...]*, em Gans, *Naturrecht und Universalgeschichte*, cit., p. 161.

A jurisprudência encontra-se, assim, na situação paradoxal de ser obrigada a ficar distante desse movimento geral comparatista, mesmo tendo em Montesquieu um precursor "que deverá sempre ser considerado o criador de uma exposição universal da jurisprudência". De fato, Montesquieu "não se contentava com a mesquinha limitação a um povo e a uma época, mas apenas na totalidade da história encontrava a justificativa e a necessidade de cada povo e de cada época" (p. 162).

Gans coloca ao lado de Montesquieu três alemães: Feuerbach, Thibaut e, de forma menos compreensível, Karl Grolmann (1775-1829), considerado implicitamente comparatista, porque sua revista – *Magazin für die Philosophie* [e, mais tarde, também, *und Geschichte*] *des Rechts und der Gesetzgebung* – não "exclui e zomba da filosofia", nem encerra a história "no âmbito do direito romano e germânico". Também Jhering, seguindo o exemplo de Gans, cita esse autor (cf. 5, a); todavia, "essa colocação de Grolmann entre os historiadores universais do direito é apenas um mal-entendido"[54].

Tomando posição contra a história universal do direito, Savigny tinha defendido a paixão pelo detalhe (ridicularizada, ao contrário, como "micrologia" por Thibaut), tinha sublinhado a ausência ou a pobreza das fontes para conhecer um direito que não fosse romano ou alemão e, por fim, tinha distinguido em mais ou menos interessantes as várias histórias jurídicas[55]. Gans, em resposta, reafirmou a acusação de *Mikrologie*, apontou uma quantidade de fontes para os direitos extra-europeus, mas, sobretudo, confutou por extenso o argumento do diverso grau de interesse dos vários sistemas jurídicos porque baseado em um equívoco de

---

54. Kunze, *Jherings Universalrechtsgeschichte*, cit., p. 175; a revista de Grolmann (publicada de 1758 a 1820) foi reeditada em quatro volumes pelo editor Auvermann, Glashütten (Taunus), em 1972.

55. Friedrich Karl von Savigny, *Stimmer für und wider neue Gesetzbücher*, "Zeitschrift für geschichtliche Rechtswissenschaft", III, 1817, pp. 5-52.

fundo: segundo Savigny, protesta Gans, a ciência jurídica "não seria um fim em si mesma, mas seria útil e importante para alguma outra coisa, que assim viria a sobrepujá-la"[56]. Ou seja, ela seria um instrumento para os juristas, que – tendo de usar o direito romano, germânico e canônico – acham que "apenas esses são importantes para eles". Mas a ciência do direito não deve ser confundida com uma ciência para os juristas: não se deve transformar a *Rechtswissenschaft* em uma *Brodwissenschaft*, a ciência do direito em uma ciência do ganha-pão"[57].

Por isso, Gans distingue nitidamente a jurisprudência (*Rechtskunde, Rechtsgelehrsamkeit*) da ciência jurídica (*Rechtswissenschaft*). A primeira é uma disciplina prática e se ocupa das normas específicas de determinado Estado; a segunda é uma disciplina teórica e se ocupa do conceito de direito e da sua existência no tempo. A primeira dirige-se aos juristas; a segunda, às idéias. A primeira "se aprende para servir ao Estado"[58], a segunda "não apresenta nenhuma utilidade" imediata[59]. A jurisprudência prática, portanto, não é objeto do estudo de Gans; ele se volta, ao contrário, para a ciência do direito, entendida como filosofia do direito (estuda-se "o mundo atual do direito no pensamento da moralidade e do Estado") e como história do direito (estuda-se sua "produção e evolução na forma do tempo")[60].

Concluindo a apresentação do fundamento científico de seu livro, o próprio Gans sintetiza sua visão da história universal do direito. "A história do direito, se não quiser ter por conteúdo apenas abstrações, compreende necessaria-

---

56. Gans, *Das Erbrecht [...]*, em Gans, *Naturrecht und Universalgeschichte*, cit., p. 165.
57. Gans, *Das Erbrecht [...]*, em Gans, *Naturrecht und Universalgeschichte*, cit., p. 166.
58. Gans, *Das Erbrecht [...]*, em Gans, *Naturrecht und Universalgeschichte*, cit., *ibid*.
59. Gans, *Das Erbrecht [...]*, em Gans, *Naturrecht und Universalgeschichte*, cit., p. 167.
60. Gans, *Das Erbrecht [...]*, em Gans, *Naturrecht und Universalgeschichte*, cit., *ibid*.

mente em si a totalidade do desenvolvimento do conceito de direito no tempo, portanto ela é necessariamente história universal do direito: ela não outorga uma importância exclusiva a nenhum povo e a nenhuma época, mas leva em consideração cada povo na medida em que ele se encontra em certo grau de desenvolvimento resultante do conceito. Como, porém, o direito por seu lado não é o absoluto, e considerado como tal levaria, por sua vez, a uma exposição extremamente abstrata (porque ele constitui apenas um momento na totalidade de um povo), a história do direito deve preservar e mostrar o ininterrupto nexo vital do direito com o princípio histórico de um povo. No que diz respeito à exposição, esta pode ser diretamente narrativa (sem, por isso, negar o conceito, de modo que o progredir do conceito pode apresentar-se como um progredir apenas intuitivo, em que não está presente a forma do próprio conceito); ou também a exposição pode colocar-se expressamente a tarefa de expor não apenas no interesse, mas também na forma do conceito."[61]

Aplicando essa concepção da história do direito somente ao direito hereditário, Gans tenta responder a duas questões: qual é "a relação do direito hereditário com o direito" e, ainda, qual é "a evolução desse direito hereditário no tempo"[62]. Fazer derivar cada direito da idéia de direito poderia induzir a buscar os elementos comuns a cada ordenamento, como faziam não poucos estudiosos contemporâneos de Gans: esta é uma "má identidade". Gans escolhe, ao contrário, "a identidade mais plena": para não "subtrair a cada povo o princípio que unicamente lhe é próprio", para não introduzir um nivelamento "que transforma a riqueza da história em perfeita pobreza", é preciso não só colher a diversidade, mas, sobretudo, "mostrar a necessi-

---

61. Gans, *Das Erbrecht* [...], em Gans, *Naturrecht und Universalgeschichte*, cit., p. 168.
62. Gans, *Das Erbrecht* [...], em Gans, *Naturrecht und Universalgeschichte*, cit., *ibid*.

dade dessa diversidade". De fato, "a unidade da multiplicidade dos fenômenos é apenas o espírito que permanece eternamente em si mesmo"[63].

Essa era, portanto, a concepção da história com que Gans enfrentava a exposição do direito hereditário. Veremos, em seguida, qual conteúdo jurídico ele depositou nessa forma.

*b) As lições sobre o direito natural
e sobre a história universal do direito*

O projeto de aplicar o método usado no estudo do direito hereditário também aos outros ramos do direito, como já foi dito, foi truncado pela morte de Gans. Contudo, as linhas principais de todo o projeto podem ser extraídas não somente da estrutura dos volumes sobre o direito hereditário, mas também de um manuscrito publicado em 1981 e intitulado *Lições sobre o direito natural e sobre a história universal do direito de Gans, transcritas em Berlim no semestre de inverno 1823-33 por Immanuel Hegel*[64]. Ele contém os apontamentos escritos durante as lições de Gans pelo segundo filho de Hegel, na época com dezoito anos, estudante de direito. A primeira parte dos apontamentos, dedicada ao direito natural, segue o traçado da obra hegeliana sobre a filosofia do direito, com as inovações também relevantes introduzidas por Gans.

A segunda parte trata da história universal do direito. Aqui o jovem estudante, tendo de se confrontar com uma grande quantidade de noções novas, limita-se a anotar os

---

63. Gans, *Das Erbrecht [...]*, em Gans, *Naturrecht und Universalgeschichte*, cit., p. 169.
64. *Vorlesungen über Naturrecht und Universalrechtsgeschichte nach Gans*, nachgeschrieben in Berlin im Wintersemester 1832/33 von Immanuel Hegel; editado por Manfred Riedel: Eduard Gans, *Naturrecht und Universalgeschichte*, Klett-Cotta, Stuttgart, 1981, 260 pp. O texto das lições está reproduzido a pp. 31-155.

fatos essenciais, em detrimento das considerações teóricas. Apesar da esquematicidade dos apontamentos, o leitor se encontra diante de uma comparação jurídica que vai além dos esquemas do direito romano-germânico, mesmo permanecendo confinada aos direitos da Antiguidade. De fato, os direitos estão subdivididos em cinco seções: direito oriental, grego, romano, medieval e contemporâneo. Por sua vez, o direito oriental compreende o direito chinês, indiano, persa, egípcio, mosaico e muçulmano.

Essa sistemática não se afasta muito da dos volumes sobre o direito hereditário. No primeiro volume, Gans se ocupou dos direitos anteriores ao romano, ou seja, dos direitos indiano, chinês, mosaico-talmúdico, muçulmano e ático. O segundo volume é dedicado à Grécia e a Roma, com particular atenção ao direito hereditário romano e pós-romano. O terceiro contém o direito medieval, subdividido em direito canônico e direitos romanísticos (Itália, Espanha, Portugal). O quarto é dedicado ao direito romano-germânico da França, ao germânico-romano da Inglaterra (com a Escócia tratada no apêndice) e ao direito escandinavo (Islândia, Noruega, Dinamarca, Suécia)[65].

O sistema de Gans não estava ainda completo, mas os outros dois volumes jamais foram publicados: "Devem ainda ser publicados dois volumes – anunciava Gans no prefácio de 22 de junho de 1835. Um tratará da Alemanha e dos povos eslavos na Idade Média, o outro enfim (desvinculado das dificuldades específicas inerentes à fragmentariedade medieval) poderá respirar mais livremente equilibrando-se entre os conceitos gerais."[66]

---

65. A obra de Gans, *Das Erbrecht in seiner welthistorischen Entwickelung. Eine Abhandlung der Universalrechtsgeschichte, 1824-1835*, está assim subdividida: vol. 1, *Das römische Erbrecht in seiner Stellung zu vor- und nachrömischem Recht*, Maurerschen Buchhandlung, Berlin, 1824, XLI-416 pp.; vol. 2, *Das römische Erbrecht in seiner Stellung zu vor- und nachrömischem Recht*, Maureschen Buchhandlung, Berlin, 1825, pp. XIV-471; vol. 3, *Das Erbrecht des Mittelalters*, Cotta, Stuttgart-Tübingen, 1829, XVI-480 pp.; vol. 4, *Das Erbrecht des Mittelalters*, Cotta, Stuttgart-Tübingen, 1835, XIV-714 pp.

66. Gans, *Das Erbrecht in seiner welthistorischen Entwickelung*, cit., vol. IV, pp. IX s.

6. Entre espírito do direito romano e espírito universal: um Jhering inédito

Rudolf von Jhering não publicou escritos sobre a história jurídica universal, mas sua *Pré-história dos indo-europeus*[67] de 1894, publicação póstuma, revela o desejo de superar o âmbito romanístico. Seria, todavia, errôneo representar a evolução científica de Jhering como um processo que vai dos pontuais temas jurídicos das obras de juventude às grandes sínteses histórico-sociológicas da última fase de Göttingen. A publicação de dois inéditos jheringhianos permite afirmar que o pensamento de Hegel sobre a história universal esteve presente em Jhering por toda a sua vida. Mas continuidade não significa também profundidade: Jhering "na filosofia foi apenas um hóspede"[68]; todavia, a persistência do pensamento hegeliano em Jhering é surpreendente.

a) As lições sobre a história universal do direito

Os apontamentos manuscritos para um curso de lições sobre a história jurídica universal remontam ao semestre de inverno de 1843-44 e revelam um contato direto com a obra de Gans. Jhering tinha de ministrar um curso de enciclopédia jurídica[69], mas não se limitou ao direito dos Esta-

---

67. Rudolf von Jhering, *Vorgeschichte der Indoeuropäer*. Aus dem Nachlaß herausgegeben von Viktor Ehrenberg, Breitkopf & Härtel-Duncker & Humblot, Leipzig, 1894, XIII-486 pp.
68. Heinrich Mitteis, *Jhering, Rudolf*, em *Allgemeine Deutsche Biographie*, Leipzig, 1905, vol. 50, p. 698.
69. Na última parte do curso, Jhering refere-se a Niels Nikolaus Falck, *Juristische Encyklopädie, auch zum Gebrauche bei akademischen Vorslesungen*, Leipzig, 1839; ele organizou em seguida a sua "fünfte, verbesserte Auflage" em 1851, depois da morte de Falck (1784-1850). A redação do manuscrito sobre a enciclopédia jurídica é, portanto, anterior a esta última data, porque de outra forma Jhering teria citado a edição que ele mesmo organizara. Sobre Falck, cf. Klaus Volk, *Die juristische Encyklopädie des Nikolaus Falck. Rechtsdenken im frühen 19. Jahrhundert*, Duncker & Humblot, Berlin, 1970, 138 pp.

dos alemães: "Aconselhado por um docente daqui, quero tentar expor uma história universal do direito."[70]

Não se sabe quem era esse docente, mas é certo que em Berlim o ensinamento de Gans ainda não tinha sido cancelado por sua morte em 1839. O jovem Privatdozent Jhering ensinava em Berlim desde o verão de 1843: era, portanto, natural que o espírito da história jurídica universal pairasse ainda sobre aquela universidade. Além disso, Jhering já possuía o livro de Gans sobre a história universal do direito hereditário desde 1838, quando era estudante em Göttingen. Suas lições de enciclopédia jurídica são, portanto, fortemente influenciadas por Gans, mesmo apresentando alguns desenvolvimentos autônomos.

É oportuno aproximar-se do texto de Jhering por meio das palavras de quem pôde ver seu manuscrito. Ele "constitui a lacunosa segunda parte de uma enciclopédia do direito, que começa com o parágrafo 29, intitulado *Livro segundo. História jurídica universal*. Dele é possível reconstruir uma organização em quatro partes. A primeira descreve os direitos orientais, e precisamente o direito indiano, chinês, hebraico e mulçumano. As partes relativas à China, à Índia e a Israel são mais ou menos desenvolvidas. Sobre o direito mulçumano encontram-se apenas algumas anotações e citações, especialmente sobre o direito da Turquia. Em uma segunda parte, Jhering trata do direito da Antiguidade Clássica, da qual encontramos uma descrição do direito ático e um fragmento da descrição do direito de Esparta. Falta o capítulo sobre o direito romano: pode-se supor que ele tenha confluído no material para o primeiro volume do *Espírito do direito romano* de 1852. A terceira parte – dedicada ao 'Direito dos povos neocristãos' – é subdividida em dois capítulos: um trata do tema do 'Elemento comum na for-

---

70. Michael Kunze, *Jherings Universalrechtsgeschichte*, em Heinz Mohnhaupt (Hrsg.), *Rechtsgeschichte in den beiden deustschen Staaten (1988-1990)*, Klostermann, Frankfurt a. M. 1991, p. 157. O manuscrito jheringhiano é ainda inédito: cito seus trechos referindo-me apenas ao artigo de Kunze, no qual se encontram as referências ao manuscrito.

mação do direito moderno' (com subseções, em parte reelaboradas várias vezes, sobre a influência do direito romano e do direito canônico); o outro é dedicado à descrição do direito de cada povo, de que é desenvolvida apenas a parte alemã. A quarta parte dedicada ao direito supranacional – direito internacional, eclesiástico, feudal e comercial – é composta somente por apontamentos fragmentários e por citações"[71].

O manuscrito se abre com o reconhecimento do próprio débito para com Gans, débito maior do que o próprio Jhering parece admitir. Aquele livro era o único ensaio da história universal do direito então existente, mas "teve uma acolhida desfavorável não só porque Gans tomou posições contra a Escola Histórica, mas também porque ele apresenta realmente muitas imperfeições, ou seja, um abuso de fórmulas filosóficas e, depois, uma insuficiente elaboração do material positivo"[72]. Apesar disso, Jhering cita freqüentemente essa obra e utiliza muitas indicações bibliográficas dela. Aliás, declara que foi introduzido a se ocupar da história universal do direito por Feuerbach, Thibaut e Grolmann: reaparece aqui a tríade citada por Gans, inconfundível por causa daquele Grolmann incompreensivelmente evocado (cf. *supra*, 4, a). Na realidade, no decorrer do manuscrito, Jhering não cita nenhum desses três autores: seu inspirador devia, portanto, ser apenas Gans.

Dos poucos documentos sobre a primeira parte do curso (que Jhering chamava de "comparativa"), Kunze deduz que "o autor deles visava uma aquisição empírica do conceito de direito"[73], diferenciando-se, assim, de Gans, que hegelianamente visava descrever "a idéia de direito e de Estado sem acréscimos históricos, pois eles [encontram] em si mesmos a própria justificativa"[74]. Contudo, dos aponta-

---

71. Kunze, *Jherings Universalrechtsgeschchite*, cit., pp. 154 s.
72. Kunze, *Jherings Universalrechtsgeschchite*, cit., p. 175.
73. Kunze, *Jherings Universalrechtsgeschchite*, cit., p. 176.
74. Eduard Gans, *Naturrecht und Universalgeschichte*. Herausgegeben von Manfred Riedel, Klett-Cotta, Stuttgart, 1981, p. 154.

mentos de Jhering resulta claramente que ele via no "contraste" (*Gegensatz*) o motor da história universal: portanto, conclui Kunze, "Jhering enfrenta sua tarefa não de modo empírico, mas especulativo (ainda que ele tenha negado com veemência essa afirmação)"[75].

Jhering não parece ter conhecido as lições de Gans, que em sua época circulavam apenas como manuscritos. Por conseguinte, determinadas assonâncias entre Jhering e Gans devem ser reconduzidas à fonte comum, que é a *Filosofia da história* de Hegel, livro já conhecido pelo estudante Jhering. Os numerosos paralelismos entre Jhering e Hegel diminuem, porém, na periodização. De fato, Hegel e Gans subdividem a história universal em quatro partes (Oriente, Grécia, Roma, Germanos), ao passo que Jhering unifica a cultura grega e romana na "Antiguidade Clássica" (Oriente, Antiguidade Clássica, Cristianismo). Ele permanecerá fiel a essa tripartição até a última fase da sua vida (cf. *infra*, b).

Conseqüentemente, Jhering segue Hegel na exposição dos povos orientais; afasta-se dele apenas, formalmente, na exposição unitária da Antiguidade Clássica; por fim, distancia-se dele ao fazer iniciar a terceira fase não com a civilização romana, mas com o primeiro cristianismo (estudado não apenas no mundo germânico, como em Hegel, mas no mundo latino, eslavo e germânico). Essa nova partição não é puramente exterior, mas responde ao projeto jheringhiano de descrever a progressiva formação da individualidade e sua harmonia final com a totalidade: "Quase um princípio programático do liberalismo político – observa Kunze –, a liberdade de Jhering não é a do espírito universal, do Weltgeist hegeliano, mas, ao contrário, aquela subjetiva da 'vontade individual'"[76]. Esse processo ascendente é, portanto, diverso do hegeliano, mas se realiza com a dialética hegeliana: disso resulta, entre outras coisas, uma

---

75. Kunze, *Jherings Universalrechtsgeschichte*, cit., p. 184.
76. Kunze, *Jherings Universalrechtsgeschichte*, cit., p. 179.

série de dificuldades lexicais, pois a terminologia hegeliana é usada também em contextos não-hegelianos.

Entre os manuscritos de Jhering conservados em Göttingen, Kunze encontrou também uma agenda de apontamentos com o título *Litteratur zur Universalrechtsgeschichte*. Os artigos de revistas citados em sua primeira página indicam que esse manuscrito foi iniciado no inverno de 1843-44: portanto, na época do curso de que se falou até aqui. Todavia, no final das lições, Jhering não interrompeu a coletânea bibliográfica: aquela agenda foi continuada até a metade dos anos 70, como demonstra a página sobre o "Darwinismo"[77].

b) Uma história universal das boas maneiras

Nos anos de Göttingen, Jhering tentou várias vezes, mas em vão, completar os primeiros dois volumes de *O escopo no direito*[78]. Dessas tentativas restam numerosos apontamentos, um conspícuo núcleo que se une ao tema das boas maneiras, tratadas no segundo volume do *Escopo no direito*. Esse núcleo manuscrito, publicado apenas em 1985, contém o esboço de uma história universal das boas maneiras, realizado segundo um explícito esquema hegeliano[79]. É curioso

---

77. Kunze, *Jherings Universalrechtsgeschichte*, cit., p. 155; cf. também p. 180, sobre "Wende der Jurisprudenz zur Philosophie".

78. Jhering, *Der Zweck im Recht*, Breitkopf & Härtel, Leipzig, 1883, vol. II, pp. 275 ss. Aqui Jhering constrói a teoria da cortesia, da compostura (*Anstand*, conduta) e da prudência; precisamente a ela se une novamente o início do manuscrito: "o material histórico [...] me fez involuntariamente passar da teoria à história" (p. 71 da edição citada na nota sucessiva).

79. Volker Müller, *Rudolf von Jherings Untersuchung der Umgangsformen*, Saarbrücken, 1985, V-266 pp. (dissertação mimeografada). O texto jheringhiano está reproduzido às pp. 71-164 com o título (atribuído pelo organizador) *Die Umgangsformen im Lichte der Geschichte*. O Doktorvater do autor é Christian Helfer, organizador do inédito de Jhering, *Der Takt*, Nachrichten der Akademie der Wissenschaften in Göttingen, Vandenhoeck & Ruprecht, Göttingen, 1968, n. 4, pp. 75-97 (cf. Mario G. Losano, *Studien zu Jhering und Gerber*, cit.: *Bibliographie Rudolf von Jherings*, n. 133, p. 241).

lembrar que, também, o pai de Jhering tinha escrito um livro sobre o mesmo tema[80].

Nesses apontamentos, Jhering distingue, antes de tudo, a história universal da história especial (a primeira tem por objeto o mundo, a segunda cada povo em particular) e a história geral da particular (a primeira tem por objeto toda a evolução de um povo, a segunda cada disciplina em particular). Em contraste com a opinião comum que considera cientificamente irrelevantes as boas maneiras, Jhering acredita que esse tema é tão rico que exige o uso de "todos os pontos de vista que a historiografia pode assumir: o da história especial comparada (que descreve os elementos comuns a essa evolução) e, por fim, o da história universal (que segue o progresso dessa evolução de um povo ao outro)"[81].

As páginas conclusivas abrem-se com uma pergunta de Jhering: "As boas maneiras e a história universal! Não é, talvez, atirar nos pássaros com o canhão?"[82] Questão retórica, pois Jhering dedicou as duas análises históricas precedentes precisamente a demonstrar a importância das formas sociais. A elas aplica agora o método da história universal, que "tem por objeto a evolução da vida dos povos em todo o curso da história". Ela já não se limita a unir histórias especiais: "Seria uma união exterior sem unidade interna", semelhante à "unidade criada pelo encadernador que reúne em um volume mais fascículos independentes".[83] "Tarefa da história universal é fornecer a prova desse nexo interno em toda a existência da humanidade"; ou, com uma imagem literária típica do estilo de Jhering, ela

---

80. George Albrecht Jhering, *Zum Begriffe der Höflichkeit*. Herausgegeben von Christian Helfer, "Jahrbuch der Gesellschaft für bildende Kunst und vaterländische Altertümer zu Emden", 1968, vol. 48.
81. Volker Müller, *Rudolf von Jherings Untersuchung der Umgangsformen*, Saarbrücken, 1985, p. 73. O texto trata da história especial, pp. 73-100, da história comparada, pp. 101-22, e da história universal, pp. 123-51, completada por alguns fragmentos sobre este último tema às pp. 152-64.
82. Müller, *Jherings Untersuchung der Umgangsformen*, cit., p. 123.
83. Müller, *Jherings Untersuchung der Umgangsformen*, cit., ibid.

fornece a prova do "modo como a história usa cada povo como fios para extrair seu tecido"[84].

Nas partes precedentes, Jhering predispôs as pedras para o edifício da história universal; trata-se agora de construí-lo. "Mas nós não temos necessidade de desenhar o projeto do edifício; ele já está pronto diante de nós e consiste na conhecida tripartição da história universal fornecida pela filosofia da história: Oriente, Antiguidade Clássica, Mundo Moderno. Tarefa da nossa investigação é ver se é pertinente também para nossos fins"[85].

O modelo hegeliano se manifesta explicitamente também nas páginas sobre a Antiguidade Clássica: "Em sua *Filosofia da história*, Hegel separa os gregos dos romanos, segundo a quadripartição entre mundo oriental, grego, romano e germânico. Eu, ao contrário, reúno o segundo e o terceiro na Antiguidade Clássica."[86] O parágrafo inteiro é dedicado à crítica da relação entre poder e liberdade em Hegel, pois, para Jhering, a contraposição entre Oriente (reino do arbítrio) e Ocidente (reino da liberdade) "depende unicamente da idéia de liberdade pessoal"[87]. Mais que a discutível crítica a Hegel, é aqui interessante notar que Jhering usava a primeira edição da *Filosofia da história*, aquela organizada por Eduard Gans[88]: porém, este último nome jamais é lembrado no manuscrito. Entretanto, precisamente com referência às páginas sobre a história universal, o organizador da edição encontrou-se diante da contradição de um

---

84. Müller, *Jherings Untersuchung der Umgangsformen*, cit., p. 124.
85. Müller, *Jherings Untersuchung der Umgangsformen*, cit., p. 124 e p. 152, nos fragmentos.
86. Müller, *Jherings Untersuchung der Umgangsformen*, cit., p. 136.
87. Müller, *Jherings Untersuchung der Umgangsformen*, cit., p. 153.
88. Hegel, *Philosophie der Geschichte*, org., von Eduard Gans, Berlin, 1837: reproduz o manuscrito das lições hegelianas de 1835 (cf. Wilhelm R. Beyer, *Gan's Vorrede zur Hegelschen Rechtsphilosophie*, "Archiv für Rechts- und Sozialphilosophie", 1959, pp. 257-73); Hegel, *Geschichtsphilosophie*, hrsg. von Karl Hegel, Berlin, 1840. Cf. também Volker Müller, *Rudolf von Jherings Untersuchung der Umgangsformen*, Saarbrücken, 1985, p. 226: "In der zweiten Auflage von Karl Hegel wird die von Jhering zitierte Stelle jeweils nur verkürzt und auf anderer Seitenzahl wiedergegeben."

texto que freqüentemente compreendia mal Hegel mas em outras passagens o reproduzia quase literalmente. De um lado, existia, sem dúvida, uma "leitura insuficiente desse filósofo"; de outro, "essa coincidência quase literal com os pensamentos de Hegel" levanta a questão "sobre a origem desse conhecimento: deveria ser reconduzida ao estudo da literatura secundária"[89], que, porém, não foi citada por Jhering. Apesar disso, o projeto jheringhiano de história universal do direito (descrito no já citado artigo de Kunze) poderia levar a pensar, ainda uma vez, em Gans como mediador entre Hegel e Jhering.

É, portanto, correto concluir que, apesar das críticas feitas a Hegel, Jhering "move-se quase sempre sobre as linhas de Hegel" e que sua obra se desenvolve "à sombra da doutrina hegeliana"[90].

O manuscrito não contém a parte sobre o mundo moderno e, depois da análise da Antiguidade Clássica, se interrompe com uma série de referências aos indo-europeus que ligam novamente esse manuscrito à obra póstuma de Jhering[91].

7. Uma história universal do direito também para o futuro: Unger

Os grandes sistemas jurídicos fascinavam os espíritos não-convencionais, talvez por permitirem destacar-se do direito local e, portanto, do Estado que se regia sobre ele.

---

89. Müller, *Jherings Untersuchung der Umgangsformen*, cit., p. 236; se se tem presente o esquecimento em que caiu Gans depois da morte, pode-se dizer que Müller está perto da verdade quando acredita que "está aqui seguramente a questão das obras de alguns hegelianos não muito relevantes, que jamais tinham alcançado uma grande notoriedade" (p. 237); ou que, tendo-a alcançado como Gans, a haviam perdido depois.

90. Müller, *Jherings Untersuchung der Umgangsformen*, cit., p. 256.

91. Rudolf von Jhering, *Vorgeschichte der Indoeuropäeur*. Aus dem Nachlaß herausgegeben von Viktor Ehrenberg, Breitkopf & Härtel-Duncker & Humblot, Leipzig, 1894, XIII-486 pp. Cf. o n.º 121 da *Bibliographie Rudolf von Jherings* em Losano, *Studien zu Jhering und Gerber*, cit.

Por volta de 1848, portanto, ser não-convencional significava freqüentemente ser liberal e, às vezes, também algo de mais à esquerda.

Assim, na Alemanha, a crítica a Hegel, na filosofia, e à Escola Histórica, no direito, passou de Gans a Ruge e a Marx. Ao contrário, na Áustria foi recebida por Josef Unger (1828-1913), "o maior jurista austríaco da época de Francisco José"[92] e personagem político polivalente, mas não ambíguo. De fato, a ele se deve, de um lado, a difusão do clássico método pandectístico no império austro-húngaro, ou seja, na ciência jurídica não apenas austríaca, mas também polonesa e húngara. De outro lado, com menos vinte anos de idade, Unger tinha participado dos movimentos vienenses de 1848, conservando, assim, por toda a vida as suas convicções: é suficiente dizer que, quando se tornou ministro e converteu-se ao catolicismo, continuou a ser favorável ao divórcio. "Ein Josephiner bin ich", costumava dizer, "Sou um seguidor de Josef II", referindo-se ao monarca iluminado e reformador[93].

Depois de 1848, o jovem Unger estava incerto entre a filosofia e o direito, cujo estudo desenvolvia-se na Áustria segundo os cânones de um método aridamente exegético. Precisamente para evitar esse constrangimento intelectual, Unger decidiu dedicar-se à filosofia. "Em 1850 – registra em suas memórias – publiquei um escrito inspirado em Hegel e Gans (o inteligente adversário de Savigny): *O matrimônio na sua evolução histórico-universal* (*Die Ehe in ihrer welthistorischen Entwicklung*). Era a primeira tentativa de um principiante de vinte anos, que andava ainda às apalpadelas no escuro."[94]

---

92. Peter Landau, *Juristen jüdischer Herkunft im Kaiserreich und der Weimarer Republik*, em Helmut Heinrichs (Hrsg.), *Deutsche Juristen jüdischer Herkunft*, Beck, München, 1993, p. 196.

93. Sobre Unger, cf. Mario G. Losano, *Der Briefwechsel Jherings mit Unger und Glaser*, Arkiv Verlag, Ebelsbach, 1996, XIII-337 pp., em particular pp. 43-56, e a literatura aqui indicada.

94. Joseph Unger, *Mosaik. Der "Bunten Betrachtungen und Bemerkungen"* dritte, vermehrte Auflage, Akademische Verlagsgesellschaft, Wien, 1911, p. 112.

Esse "opúsculo publicado com valente audácia juvenil" não só se referia, mas até mesmo reproduzia o título da obra de Gans, adaptando-o ao tema do matrimônio visto sempre em uma perspectiva de história universal[95]. Quanto Unger estava próximo dos ambientes hegelianos fica provado também pelo fato de ele, jurista austríaco, ter obtido com essa obra o doutorado em filosofia na universidade prussiana da grande tradição filosófica (a kantiana Königsberg), no interior da qual sua candidatura era apoiada por um dos mais importantes alunos de Hegel: Karl Rosenkranz (1805-79).

Unger foi induzido a escolher o matrimônio como tema de sua pesquisa, talvez por obra do próprio Gans, em que "freqüentemente – são palavras de Gans – foi dedicada ao matrimônio e ao pátrio-poder uma exposição mais detalhada que não ao próprio direito hereditário"[96]. Mas Unger encontrou um apoio para sua escolha também no campo adversário, uma vez que a vastidão potencial da investigação lhe foi reafirmada por um pensamento de Savigny: "O matrimônio pertence por metade ao direito e por metade ao costume."[97] Por fim, a idéia de matrimônio permitia ir das origens de um instituto jurídico ao hegeliano "coroamento do edifício", ou seja, o Estado, pois o matrimônio é o fundamento da família, e esta, por sua vez, o é do Estado. Em suma, em uma concepção hegeliana da história, o matrimônio assumia uma posição muito mais central do que em uma exposição de direito positivo.

O subtítulo da obra de Unger especifica que aquele estudo sobre o direito matrimonial é "uma contribuição à filosofia da história", e precisamente à filosofia da história

---

95. Josef Unger, *Die Ehe in ihrer welthistorischen Entwicklung. Ein Beitrag zur Philosophie der Geschichte*, Jasper, Hügel und Manz, Wien, 1850, VIII-167 pp. Essa obra está reproduzida em microficha em: The Gerritsen Collection of Women's History. 1543-1945. A Bibliographic Guide to the Microform Collection, Stanford, 1983.

96. Gans, *Das Erbrecht in seiner welthistorischen Entwickelung*, Cotta, Stuttgart-Tübingen, 1829, vol. 3, p. XV.

97. Savigny, *Beruf*, cit., p. 9.

de Hegel[98]. Unger esclarece em seguida seu débito para com Gans, mas também sua diferença: "Nesse campo, o escrito de Gans, *Erbrecht in seiner weltgeschichtlichen Entwicklung*, é de fato o único trabalho amplo que pude utilizar para minha monografia. Mas também essa obra verdadeiramente clássica, como já se vê por seu título, é uma contribuição não tanto à filosofia da história, mas à história jurídica universal."[99]

De fato, ao chegar aos direitos germânicos Gans trata separadamente os direitos hereditários dos vários povos, ao passo que Unger expõe "o conceito de matrimônio em períodos gerais que incluem cada povo em particular"[100]. Essa colocação torna a exposição de Unger mais densa e sintética que a de Gans, da qual Unger extrai, todavia, o esquema geral. De fato, a análise de Unger se abre com o mundo oriental (China, Índia, Pérsia, Judéia, Egito), dedica um capítulo ao islamismo, continua com o mundo grego, romano e germânico e se encerra com o tema aparentemente inesperado da crítica às concepções socialistas e comunistas do matrimônio.

Na realidade, essa conclusão deriva da visão da história universal como desenvolvimento unitário do espírito, razão pela qual o estudo do passado não só explica o presente, mas prenuncia a evolução futura. Unger quer aplicar ao instituto matrimonial o "método genético", que consiste "em iniciar cada série de observações com o fenômeno originário e em compreender o passado por meio da observação do devir"[101]. O método histórico – aplicado ao direito e, em particular, ao matrimônio – não pode, portanto, limi-

---

98. Unger, *Vorwort*, em *Die Ehe in ihrer welthistorischen Entwicklung*, cit., p. V. A referência a Hegel é tão freqüente que Unger adverte: "Onde Hegel é citado, sem outras indicações, nos referimos aqui sempre à sua *Filosofia da história*" (p. VI).
99. Unger, *Vorwort*, em *Die Ehe in ihrer welthistorischen Entwicklung*, cit., pp. V-VI.
100. Unger, *Die Ehe in ihrer welthistorischen Entwicklung*, cit., p. VI.
101. Unger, *Die Ehe in ihrer welthistorischen Entwicklung*, cit., p. 1.

tar-se ao estudo dos direitos positivos que se sucederam no tempo, mas deve aferrar o "conceito de matrimônio", "a idéia de matrimônio, em que o espírito universal se manifesta e se manifestou". Só assim é possível "compreender o matrimônio em sua forma atual e reconhecer a direção que assumirá no futuro"[102]. Ora, as concepções comunistas e socialistas do matrimônio são, para Unger, as perigosas formas futuras do matrimônio. Se elas fossem aceitas, minariam o matrimônio e destruiriam aquela que, para os hegelianos, é "a mais completa realização do espírito universal", ou seja, o Estado (uma vez que "a família fundada pelo matrimônio é a base do Estado")[103].

Portanto, do passado através do presente até o futuro, graças à idéia de matrimônio: "As duas formas que [o matrimônio] assume – a monogamia e a poligamia – são os eixos sobre os quais gira a história universal." A própria contraposição entre Oriente e Ocidente pode ser reconduzida a essa diversa concepção do matrimônio. Eis, portanto, traçado o itinerário da investigação de Unger: "Ao observar a evolução do matrimônio na história universal, devemos seguir o caminho que, na história universal, tomaram os Estados histórico-universais e assim – com o progredir de um mundo a outro, de um Estado a outro – progredir também, de nível em nível, na evolução do conceito de matrimônio e no estudo das concretas situações matrimoniais."[104]

Nesse método está implícita tanto a fé de origem iluminista no progresso contínuo quanto a visão eurocêntrica dessa progressiva realização da idéia, que do Oriente se desloca (ascendendo) para o Ocidente, para a Grécia: "com o que o espírito cria raízes no solo europeu e, portanto, entra em sua pátria verdadeira e própria"[105].

---

102. Unger, *Die Ehe in ihrer welthistorischen Entwicklung*, cit., p. 2.
103. Unger, *Die Ehe in ihrer welthistorischen Entwicklung*, cit., p. 3.
104. Unger, *Die Ehe in ihrer welthistorischen Entwicklung*, cit., p. 4.
105. Unger, *Die Ehe in ihrer welthistorischen Entwicklung*, cit., p. 5.

8. A parábola descendente dos sistemas jurídicos universais

A filosofia de Kant inspirou Feuerbach, e a filosofia de Hegel inspirou Gans: os grandes sistemas filosóficos caminhavam, portanto, paralelamente, com os grandes sistemas jurídicos (dedutivos). Nos mesmos anos, uma das tantas perturbações causadas por Napoleão imprimiu uma guinada radical no direito europeu continental e em sua ciência. O advento do Código Napoleônico em 1804 e, em particular, sua aplicação na área renana da Alemanha impunham precisos estudos comparatistas: um de seus primeiros frutos foi o tratado sobre o direito civil francês de Karl Salomo Zachariä (1769-1843)[106].

Mas a comparação prática não poderia limitar-se ao encontro com o grande código dos franceses. O espírito universal de Feuerbach animou, sempre em Heidelberg, seu sucessor no ensino do direito e do processo penal, Karl Mittermaier (1787-1867), que, em 1829, juntamente com Zachariä fundou a "Revista crítica para a jurisprudência e a legislação estrangeira" ("Kritische Zeitschrift für Rechtswissenschaft und Gesetzgebung des Auslandes"). Seus vinte e oito volumes constituem uma enciclopédia *in progress* da legislação mundial daqueles anos, continuamente renovada e atualizada por um Mittermaier que, de Heidelberg, mantinha uma gigantesca correspondência com os estudiosos de todas as partes do mundo. Com razão foi considerado "o mais influente representante do direito comparado e o principal mediador entre a ciência jurídica alemã e a estrangeira"[107]. O grupo de Heidelberg tinha do direito comparado uma concepção vasta, mas definida. Ele era movido por um tríplice interesse: pelo direito vigente dos sistemas

---

106. Karl Salomo Zachariä, *Handbuch des französischen Privatrechts*, 1808, 2 vols.; o estudo foi traduzido em francês e em italiano.

107. Levin Goldschmidt, *Vermischte Schriften*, Guttentag, Berlin, 1901, p. 651 e p. 671; reedição fac-similar: Topos, Veduz (Liechtenstein), 1978.

jurídicos mais avançados, pela ciência que os investigava e pelo ensinamento que os transmitia às novas gerações de juristas[108].

Mas logo a parábola da comparação entrou em sua fase declinante e, simultaneamente com a extinção dos grandes sistemas ligados à filosofia, foi diminuindo também a comparação prática em larga escala. A revista cessou suas publicações em 1856, e Mittermaier morreu em 1867: a ciência jurídica alemã deixava para trás, assim, um período de esplendor inigualável em todo o século.

Uma figura central na comparação entre os dois séculos é Josef Kohler (1849-1919), o mais fecundo jurista da época guilhermina. Sua filosofia do direito insere-se na corrente que, partindo de Hegel, chega através de Berolzheimer até o neo-hegelianismo. A tentativa de inserir o espírito de Hegel e de Schopenhauer na Escola Histórica leva Kohler a conceber o direito como fenômeno cultural. A evolução hegeliana torna-se nele "empirismo" que enverada por um número infinito de caminhos para alcançar o fim. Portanto, Kohler não se ocupa da dialética, mas "do estudo do mundo externo", e em particular do "estudo da humanidade nas várias fases de seu pensamento e nas múltiplas formas do seu agir". Multiplicidade que se reflete também em suas 2.500 publicações, muitas das quais são dedicadas à comparação jurídica.

Esse polimorfo escritor encerra dignamente a galeria dos grandes juristas inspirados pela filosofia da história de Hegel. A reedição de 1915 de uma importante enciclopédia do direito se abre com seu ensaio sobre a *Filosofia do direito e história universal do direito*: "A história universal do direito deve mostrar como o direito evolui no decorrer da história e, em conexão com a história da cultura, deve mostrar quais conseqüências culturais estão ligadas ao direito, e como o direito tem condicionado a existência da cultura de um povo

---

108. Walther Hug, *The History of Comparative Law*, "Harvard Law Review", 1932, vol. XLV, n.º 6, p. 1059, também sobre o *case study*.

e tem favorecido seu progresso cultural. Chegando a esse ponto, a filosofia do direito deve nos mostrar qual função teve o ordenamento jurídico no desenvolvimento teleológico do processo mundial, e também qual função ele deve ainda cumprir nas várias relações culturais. Ela deverá mostrar quais fins a humanidade deve alcançar sob a proteção do ordenamento jurídico e de que modo o direito torna-se, assim, partícipe do fim último da história mundial. Sem a história universal do direito não existe uma adequada filosofia do direito, assim como sem a história universal não existiria uma filosofia da humanidade e sem a lingüística não existiria uma filosofia da linguagem. A filosofia do direito atual é o neo-hegelianismo associado à história universal do direito."[109]

9. A comparação de sistema universal à disciplina prática

Paralelamente aos sistemas universais, a comparação jurídica dos juristas práticos foi se desenvolvendo com a mesma intensidade com que iam se intensificando as relações sociais e econômicas. As comparações universais respondem cada vez mais à exigência de uma sociedade cosmopolita, mas são construídas com base na observação direta de cada ordenamento jurídico e não se originam de um sistema filosófico geral. Sem dúvida, a experiência dos sistemas jurídicos universais foi útil a essa ampliação, mas a afirmação do direito comparado já estava desvinculada dos sistemas filosóficos. Já em seu centro tende a pôr-se o direito da nação do comparatista, com o qual são confrontados os direitos estrangeiros. Portanto, com o esgotamento dos

---

109. Josef Kohler, *Rechtsphilosophie und Universalrechtsgeschichte*, em Holtzendorff-Kohler (Hrsg.), *Enzyklopädie der Rechtswissenschaften in systematischer Berarbeitung*, Duncker & Humblot-Guttentag, München-Leipzig-Berlin, 1915, vol. 1, pp. 1-62 (7ª edição). Todas as citações referidas no texto estão a pp. 14.

sistemas universais do direito, o discurso retorna inevitavelmente à comparação preponderantemente prática que tinha precedido aqueles sistemas: a ela é preciso referir-se agora (cf. 2).

Na França, a consciência talvez excessiva da perfeição do Código Napoleônico tinha levado os juristas a se fecharem para os direitos estrangeiros e também para o próprio passado. A maior parte da escassa comparação francesa daqueles anos se inspirava em modelos alemães. Um dos mais interessantes exemplos a esse respeito é a obra de Eugène Lerminier (1803-57), a qual se liga diretamente a Gans: os volumes desses dois autores contêm expressões de grande estima recíproca[110]. Para Lerminier foi criada a cadeira de história jurídica comparada no Collège de France em 1831, mas em 1838 ele teve de interromper seus cursos em virtude da impopularidade política que o envolvia. Quando retomou os cursos na Segunda República, em 1849, não se ocupou mais de direito comparado.

A comparação prática fazia referência à revista "Thémis", fundada em 1819[111], e em 1834 a "Revue étrangère de législation et d'economie politique" foi fundada por Jean Jacques Gaspard Foelix (1791-1853) inspirando-se na revista de Mittermaier, sem, no entanto, alcançar seu nível. No decorrer de alguns anos, os interesses práticos tornaram-se predominantes e, depois de duas mudanças de título, a revista encerrou sua publicação em 1850. Em 1853 extinguia-se também a "Revue de législation et de jurisprudence" (fundada em 1834 pelo economista de origem polonesa Louis François Michel Raymond Wolowski, 1810-76), que tinha demonstrado certo interesse pela comparação.

Obviamente esta última, mesmo vivendo às margens do mundo jurídico, continuou a ser exercida por finalidades

---

110. Jean Louis Eugène Lerminier, *Introduction générale à l'histoire du droit. Suivie de la philosophie du droit*, Tarlier, Bruxelles, 1836, VI-387 pp.

111. Jean Baptiste Coin-Delisle-Charles Million, *Tables analytiques [des revues de droit et jurisprudence]*. Introduction historique de Laferrière, Cotillons, Paris, 1860, 4 partes em um volume.

práticas: aliás, em 1869, os comparatistas se uniram na "Société de législation comparée". No mesmo ano, também, em Oxford foi instituída uma cadeira de direito comparado, confiada a um dos fundadores da etnologia, Henry James Sumner Maine (1822-88).

É tarefa de uma investigação diversa da presente fornecer uma história da comparação jurídica a partir do final do século XIX em diante. Contudo um fato merece ser lembrado, porque marca o início de um dos mais interessantes exemplos de circulação das idéias jurídicas em nível mundial. Em 1846, a universidade de Paris instituiu a primeira cadeira de direito penal comparado e a confiou a Josef Louis Elzéar Ortolan (1802-73)[112]: seu aluno Gustave de Boissonade, tornado conselheiro jurídico do governo japonês, inaugurou a modernização jurídica desse Estado, preparando seu primeiro código penal de estrutura européia[113].

Na península italiana, a comparação jurídica era também impedida pela divisão em numerosos Estados. Gans lamentava não ter encontrado uma exposição geral: mesmo o *gründlich* Tiraboschi parecia-lhe "carente e macilento", e nem sequer extraía "alguma coisa de orgânico" de Muratori. Era melhor, ao contrário, a situação do direito espanhol: "Vê-se logo – concluía Gans – que aqui se tem de lidar com um império."[114]

É por isso que a Itália, mesmo tendo tido um Vico, não ofereceu, no século XIX, senão solitárias figuras de grandes precursores, como Giuseppe Mazzarella (1868-1958) na et-

---

112. Josef Luois Elzéar Ortolan, *Cours de législation pénale comparée*, Joubert, Paris, 1841, VII-295 pp.
113. Mario G. Losano, *Tre consiglieri giuridici europei e la nascita del Giappone moderno*, "Materiais para uma história da cultura jurídica", III, 1, 1973, pp. 517-667. Em 1990 foi organizado um congresso pela Université Panthéon-Assas (Paris II) e pela Maison du Japon: *Boissonade et la réception du droit français au Japon*, Société de Législation Comparée, Paris, 1991, 104 pp.
114. Gans, *Das Erbrecht in seiner welthistorischen Entwickelung*, cit., vol. 3, p. XIV.

nografia jurídica[115] e Emerico Amari (1810-70), o fundador dos comparatistas italianos[116]. Este último referia-se diretamente à *Ciência Nova* de Vico, obra que encontra seu próprio motor – assim afirmava Amari – na legislação comparada. A Itália era um Estado jovem e devia criar um pensamento jurídico comum. Ao redor da figura de Pietro Ellero (nascido em 1833) tomaram forma as revistas que procuraram unir os juristas da Itália unida. Ao "Giornale per l'abolizione della pena di morte" seguiu-se, em 1868, o "Archivio giuridico", enciclopédico como abertura e freqüentemente comparatista como método: sob a orientação de Filippo Serafini, ele era destinado a se tornar uma das principais, senão a principal, revista jurídica italiana[117].

Mas depois desses precursores será preciso esperar até 1927 para que, em Roma, Salvatore Galgano (nascido em 1887) fundasse o "Istituto di Studi Legislativi"[118], ao passo que o instituto milanês dedicado ao direito comercial comparado foi fundado por Mario Rotondi apenas em 1943: e assim chegamos ao limiar dos nossos dias.

---

115. Cf. Mario G. Losano, *Dagli elementi irridutibili d'ogni diritto al sistema giuridico universale*, Prefácio a: *A etnologia jurídica de Giuseppe Mazzarella (1868-1958)*. Antologia de escritos organizada por Carla Faralli e Alessandra Facchi, Unicopli, Milano, 1998, pp. VII-XV.

116. Emerico Amari, *Critica di una scienza delle legislazioni comparate*, Tipografia Sordomuti, Genova, 1857, VII-557 pp. Depois de décadas seguiram Giuseppe Vadalà-Papale, *Di una scienza della legislazione comparata nei rapporti sociologico, storico, legislativo e politico*, Palermo, 1882; Lello Vivante, *Per un metodo di studio del diritto comparato*, "Archivio giuridico", 1909, extrato de 90 pp.; que não pude consultar.

117. Pasquale Beneduce, *Il corpo eloquente. Identificazione del giurista nell'Italia liberale*, il Mulino, Bologna, 1996, 404 pp. (em particular: *L'enciclopedismo delle riviste*, pp. 50 ss.). Para aprofundar o assunto sobre as revistas jurídicas italianas, ver: Pietro Grossi (a cura di), *La "cultura" delle riviste giuridiche italiane. Atti del primo incontro di studio, Firenze, 15-16 aprile 1983*, Giuffrè, Milano, 1984, e Carlo Mansuino (a cura di), *Periodici giuridici italiani (1850-1900). Repertorio*, Giuffrè, Milano, 1994, XIV-365 pp.

118. Salvatore Galgano, *La "funzione giuridica" del diritto privato comparato. A proposito di uno scritto di Raymond Saleilles*, Pierro, Napoli, 1915, 56 pp.; extrato da *Rivista giuridica d'Italia*, 1915.

A Espanha instituiu em 1851 uma cadeira de legislação comparada em Madri, fundada pelo professor Montalbán. Ela teve, infelizmente, breve duração. Na realidade, na Espanha e em Portugal, a comparação tinha tomado um caminho peculiar por causa das colônias sul-americanas. Elas eram regidas, em parte, pelas leis da metrópole, em parte por um direito que, por ser próprio apenas daquelas Índias, se chamava "derecho indiano", objeto de um ramo específico então de direito positivo, hoje de história do direito[119].

Depois da independência, as colônias sul-americanas utilizaram a comparação jurídica para elaborar um direito autônomo próprio em relação aos modelos da metrópole. O autor de uma das primeiras obras nesse campo, o brasileiro Clóvis Bevilaqua (1859-1944), propôs uma classificação dos grandes sistemas que refletia a peculiar situação daquelas ex-colônias. Ele distingue quatro sistemas jurídicos: os sistemas que não sofreram a influência romano-canonística (países escandinavos e Estados Unidos da América); os sistemas romanísticos com influências germânicas e canonísticas (Espanha, Portugal, Itália); os sistemas de origem romanística e germânica (França, Bélgica, Alemanha, Holanda e Suíça); por fim, os sistemas latino-americanos, cujas fontes ibéricas são modificadas por contribuições, sobretudo, francesas no direito privado e norte-americanas no direito público, em um contexto "democrático"[120].

Esse elemento político está presente também na obra do argentino Enrique Martinez Paz (1882-1952), que, em 1927, fundou em Córdoba o "Instituto de Derecho Civil Comparado": ele identifica, entre outros, um sistema romano-

---

119. Como representante da imensa bibliografia sobre o assunto, ver Alfonso García-Gallo, *Estudios de historia del derecho indiano*, Instituto Nacional de Estudios Jurídicos, Madri, 1972, 816 pp.; e do mesmo autor, *Los orígenes españoles de las instituciones americanas. Estudios de derecho indiano*, Real Academia de Jurisprudencia y Legislación, Madrid, 1987, XXII-1106 pp.

120. Clóvis Bevilaqua, *Resumo das lições de legislação comparada*, Recife, 1897, pp. 69 ss. A primeira edição foi publicada em 1893.

canônico-democrático, incluindo aqui os Estados da América Latina, a Suíça e a Rússia[121].

Para além da Mancha, a história seguia caminhos diversos, ainda que fossem aproximadamente na mesma direção da história continental. Toda a história jurídica inglesa é marcada pelo aumento ou pela diminuição da influência do direito romano sobre o *common law*. A primeira metade do século XIX foi, tudo somado, um período de baixa maré romanística, e o interesse fixou-se mais no direito romano clássico do que no uso que dele se fazia na Europa continental. Esse desinteresse dos juristas práticos, naturalmente, não impediu Bentham e Austin de fazer um abundante uso de exemplos extraídos do direito continental.

Um novo impulso à comparação derivou, ao contrário, dos problemas concretos que o Privy Council devia resolver como Supremo Tribunal. A formação de impérios coloniais em escala mundial impunha a um número crescente de juristas práticos que se ocupassem também de direitos estrangeiros. A obra que enfrentou essas exigências foi publicada em 1838 por William Burge (1787-1849). É instrutivo confrontar sua sistemática com a das obras de origem filosófica examinadas nos parágrafos anteriores. Ela contém "1. O *civil law*, a grande fonte da qual hauriu amplamente qualquer outro código; 2. o direito holandês na forma existente antes da promulgação do *code civil*; 3. o direito da Espanha; 4 e 5. o direito consuetudinário de Paris e da Normandia; 6. o direito vigente na França; 7. o direito da Escócia; 8. o direito da Inglaterra; 9. os direitos locais das colônias das Índias Ocidentais e da América do Norte; 10. os direitos dos Estados Unidos da América"[122].

---

121. Enrique Martinez Paz, *Introducción al estudio del derecho civil comparado*, Imprenta de la Universidad, Córdoba (Argentina), 1934, pp. 154 ss.

122. William Burge, *Commentaires on Colonial and Foreign Laws generally, and in Their Conflict with Each Other and with the Law of England*, Saunders and Benning, London, 1838; reeditado com o título: *Commentaires on Colonial and Foreign Laws with a Sketch of the Legal Systems of the World and Tables of Conditions of Appeal to the Privy Council*, Sweet & Maxwell, London, 1907, XXXI-420 pp.; a citação está a pp. XIX.

Também nessa exposição, como nas dos comparatistas sul-americanos, os grandes direitos históricos do Oriente cederam o lugar aos do Novo Mundo. Talvez seja supérfluo sublinhar como essa sistemática tem origem não mais no espírito universal, mas no espírito mercantil.

A revolução das colônias inglesas na América do Norte criou um novo espaço para o direito comparado naqueles territórios. De fato, como sustentava Roscoe Pound (1870-1964), o direito inglês não podia ser recebido nos novos Estados porque suas exigências eram diversas das exigidas pelo direito inglês e, ainda, porque este último era incompatível com a concepção puritana dos colonos americanos e com seu comportamento político depois da revolução[123]. Por isso, nas obras dos principais comparatistas norte-americanos daquela época – James Kent (1763-1847) e Joseph Story (1779-1845) –, são freqüentes as referências aos direitos da Europa continental para integrar as normas do *common law*.

Também nos Estados Unidos da América, a segunda metade do século XIX registrou um menor interesse pela comparação, acompanhado de um acentuado interesse pela preparação prática dos juristas nas Law Schools.

Em conclusão, a formação dos Estados nacionais, depois de 1848, levou os juristas a se concentrarem sobre a construção e sobre o estudo do direito nacional. No plano teórico, o positivismo jurídico reforçou essa tendência e relegou a segundo plano os frutos do pensamento idealista. A história dos grandes sistemas jurídicos universais se encerra, portanto, por volta da metade do século XIX. Será preciso esperar os últimos anos desse século e as primeiras décadas do século XX para assistir à afirmação do direito comparado, mas sobre bases diversas das idealistas.

---

123. Roscoe Pound, *Comparative Law in the Formation of American Common Law*, "Acta Academiae Universalis Jurisprudentiae Comparativae", 1928, vol. I, p. 187.

10. Sistema e comparação no direito

As histórias universais do direito são aparentadas com a noção clássica de sistema, que caracterizou a cultura jurídica européia até o início do século XX e cuja expressão mais completa, em campo jurídico, foi a pandectística, a que será dedicado amplo espaço nos próximos capítulos.

Na realidade, o anseio pelo sistema abrangente está presente em estudiosos de todas as tendências. Sonha-o também o defensor de um jusnaturalismo mitigado como Helmut Coing, que imagina o sistema jurídico como ordenado não com base nas leis da lógica nem nas intrínsecas qualidades do material jurídico, mas com base em um valor de justiça, que varia com os tempos. "No fim das contas – escrevia em 1956 –, o sistema jurídico é a tentativa de compreender em uma soma de princípios racionais a totalidade da justiça em referência a uma certa forma da vida social. De fato, a convicção de que uma estrutura racional, que pode ser aferrada com o pensamento, domine o mundo material e espiritual é a irrenunciável hipótese sobre a qual se funda cada ciência."[124]

Eis então o filósofo do direito propor, segundo os critérios de sua disciplina, um modelo de sistema jurídico bem diverso daqueles dos comparatistas, mas igualmente abrangente: "Um sistema jurídico completo deveria conter: 1. todos os princípios que podem ser levados em consideração em um ordenamento jurídico, ou seja, um mapa completo dos critérios da justiça; 2. todas as situações existenciais (e as regras que as regem) que possam ser levadas em consideração. [...] Um semelhante sistema jamais foi realizado: ele pressupõe a plena consciência do mundo moral e da *natura rerum*."

Na busca de uma aproximação a esse ideal inalcançável, a filosofia do direito se une à comparação: "Aquilo que

---

124. Helmut Coing, *Geschichte und Bedeutung des Systemgedankens in der Rechtswissenschaft*. Rede beim Antritt des Rektorats, Vittorio Klostermann, Frankfurt a. M. [1956], p. 41.

mais se lhe aproxima é, talvez, a sistemática das vastas exposições comparatista: de fato, toda comparação jurídica trabalha, mesmo que não o admita, com um sistema suprapositivo e em certa medida universal."[125] Fecha-se, assim, o círculo: toda comparação, embora limitada, contém uma filosofia que lhe permite expandir-se até o sistema universal.

Essa necessidade de filosofia e essa tendência à abrangência encontram-se também em quem, como Burckhardt, visa não ao sistema, mas à cultura entendida como conhecimento assistemático, como "mundo da liberdade e do movimento, do não necessariamente universal, daquilo que não reivindica para si nenhuma validade constritiva"[126]. Desse ponto de vista, o aristocrata basilense pode zombar da *Filosofia da história* de Hegel e concluir: "Nós não fomos iniciados aos fins da eterna sabedoria, e não os conhecemos."[127] A ironia abrange também os sistemas universais de qualquer tipo: de fato, para Burckhardt, as filosofias da história degeneram ou em "histórias universais da cultura" (e são os sistemas examinados nos parágrafos anteriores), ou "pretendem seguir um esquema universal e, ao fazer isso, sendo incapazes de não ter pressupostos, são coloridas por idéias que os filósofos absorveram desde o terceiro ou quarto ano de vida"[128]. Essas palavras parecem antecipar, assim, a visão de Coing sobre a presença inevitável, mesmo que inconsciente, de um sistema filosófico como ossatura de toda comparação.

A ironia de Burckhardt atenua apenas na superfície sua desconfiança para com todas as matérias que entram em contato com a história: o direito não está decerto excluído. Para ele, as ciências naturais e a matemática são "nossas

---

125. Helmut Coing, *Grundzüge der Rechtsphilosophie*, De Gruyter, Berlin-New York, 1993, 5ª edição, pp. 293 s.
126. Jacob Burckhardt, *Considerazioni sulla storia universale*, Tradução e notas de Maria Teresa Mandalari. Com um escrito de Joachim Fest, SE, Milano, 1990, p. 37.
127. Burckhardt, *Considerazioni sulla storia universale*, cit., p. 14.
128. Burckhardt, *Considerazioni sulla storia universale*, cit., ibid.

únicas desinteressadas companheiras, ao passo que a teologia e o direito querem nos dominar, ou pelo menos nos usar como arsenal de cognições, e a filosofia, que deseja estar acima de todas, é, na realidade, hóspede de todas"[129].

Estamos, portanto, numa situação diametralmente oposta à do sistema e à da filosofia da história; no entanto, também aqui, ressurge a miragem do sistema abrangente: "Desejaríamos ter – sonha Burckhardt – um mapa gigantesco do espírito com base em uma incomensurável etnografia, que deveria abraçar aquilo que é material e aquilo que é espiritual e tender a considerar, imparcialmente, todas as raças, as gentes, os costumes e as religiões em conexão entre si."[130] Essa visão ilimitada é, sem dúvida, a mais vasta entre aquelas até agora encontradas: nela, acham lugar os sistemas jurídicos universais e o sistema de todos os valores de justiça, e também qualquer outra coisa que se possa desejar. Se fosse traduzida em volumes, extrairíamos dela, talvez, a biblioteca de Babel descrita por Borges. Precisamente quem recusa o sistema pode permitir-se sonhar com aquele mais ilimitado, porque sabe que nunca conseguirá alcançá-lo. A prudência dos realizadores, ao contrário, induzia Gans e seus seguidores a certa parcimônia onírica.

Mas esse sonho sistemático não deveria ter sido, na realidade, um pesadelo para o assistemático Burckhardt? Precisamente, depois de ter dito que não era iniciado "aos fins da eterna sabedoria", Burckhardt tinha rejeitado a filosofia da história. Metade filosofia e metade história, portanto nem uma, nem outra, ela "não é senão um centauro, uma *contradictio in adjecto*, uma vez que a história, ou seja, a coordenação, é não-filosofia, e a filosofia, ou seja, a subordinação, é não-história"[131]. Porém, entre as liberdades das quais goza o estudioso assistemático existe também a isenção da coerência demasiado rígida. Burckhardt ironiza so-

---

129. Burckhardt, *Considerazioni sulla storia universale*, cit., p. 30.
130. Burckhardt, *Considerazioni sulla storia universale*, cit., p. 16.
131. Burckhardt, *Considerazioni sulla storia universale*, cit., p. 13.

bre uma filosofia da história pedante e preceptiva, mas está convencido de que a cultura não pode viver sem princípios, ou seja, sem uma flexível filosofia *in nuce* (também da história). Por essa razão, ele pode abandonar-se com a consciência tranqüila ao sonho do sistema como "mapa gigantesco do espírito", porque sente que ele é, sim, irrealizável, mas também inevitável.

Despedimo-nos, portanto, dos sistemas universais do direito como de um feliz momento em que alguns juristas do século XIX tiveram a sensação de que o sonho pudesse ser alcançado. O fato de que aquele momento esteja, hoje, concluído não significa que não possa voltar sob outras formas, assim como sob outras formas pode voltar aquele centauro que foi a filosofia da história hegeliana. Seria preciso sabê-lo acolher e controlar com a culta desenvoltura do anti-hegeliano Burckhardt: "Somos particularmente gratos ao centauro e o saudamos com prazer aqui e ali, no limite da selva dos estudos históricos", porque "pôs sal na história"[132].

---

132. Burckhardt, *Considerazioni sulla storia universale*, cit., p. 15.

Capítulo VII
O espírito anti-sistemático dos iluministas franceses

Pontos de intersecção e desenvolvimentos do discurso. A noção de sistema se afirmou com a filosofia idealista alemã; portanto, no contraste entre idealismo e materialismo, ela também se tornou objeto de crítica e de rejeição. A atitude anti-sistemática foi típica dos iluministas franceses. O sensismo levou-os a se opor ao *esprit de système*, ou seja, ao sistema abstrato não fundado em constatações empíricas: "Basta um fato para derrubar um sistema" (Diderot, 1713-84). Assim, para os iluministas, "sistema" é entendido quase sempre em sentido negativo, como sinônimo de "hipótese" ou "suposição".

O *Traité des systèmes* de Condillac (1714-80) critica a concepção wolffiana de sistema abstrato, baseada em três tipos de princípios: "Os primeiros são proposições gerais exatamente verdadeiras em todos os casos. Os segundos são proposições verdadeiras para os casos mais vistosos e que por isso tendem a ser consideradas verdadeiras sob todos os pontos de vista. Os últimos são relações vagas que se imagina existir entre coisas de natureza completamente diversa. Desses princípios, uns não conduzem a nada, ao passo que os outros conduzem somente ao erro." Os sistemas abstratos são sistemas de palavras, e não de fatos; portanto, impedem a aquisição de "conhecimentos verdadeiros". À recusa do sistema abstrato os iluministas contrapõem a aceitação do sistema fundado sobre a análise dos fatos, o *esprit systématique*. Mas sua construção é difícil, aliás utópica. É "recomendável", segundo Diderot, "registrar as observações e as experiências, deixando para a posteridade a tarefa de fazer um sistema completo, quando houver material suficiente; mas esse tempo está ainda muito longe, se é que um dia chegará" (*Philosophie*, na *Enciclopédia*).

No século XVIII o debate passou da parte interna do sistema (ou seja, da relação entre suas partes) aos princípios primeiros dos quais ele se origina. Mas a noção de sistema já está tão consolidada que até mesmo seus críticos falam dela, embora aceitem o sistema fundado sobre a observação empírica e rejeitem aquele fundado sobre a abstração. Nessas críticas, porém, encontra-se o germe do desenvolvimento de uma nova concepção do sistema, ligada cada vez menos à filosofia e cada vez mais às ciências físico-naturais (como se verá no vol. 3). Essa nova visão se afirmará depois do desabrochar do sistema abstrato no século XIX, e a ela é dedicado este volume e parte do segundo.

1. O anti-sistematismo como aspecto do anti-racionalismo

Para verificar a estabilização do significado do termo "sistema", também fora da Alemanha, limitarei o discurso aos iluministas franceses com especial referência aos *idéologues*. Evidentemente, outros autores – diferentes daqueles de que trataremos a seguir – usam o termo "sistema" com sentido diferente: é suficiente pensar no uso que dele faz Francesco Algarotti em seu *Newtonianismo para as Damas*. A análise de obras desse gênero, contudo, nos afastaria demasiadamente do objeto desta primeira parte da pesquisa, intencionalmente limitado à história do termo como primeira contribuição a uma história da idéia.

São precisamente as páginas dos autores mais críticos em relação ao sistema que confirmam já ter se concluído a evolução semântica desse termo. A polêmica anti-sistemática dos iluministas é apenas um aspecto de sua polêmica anti-racionalista. Portanto, não há contradição entre seus ataques contra as concepções sistemáticas dos racionalistas, de um lado, e o uso da mesma terminologia de seus adversários, de outro. Para os iluministas, "sistema" é um vocábulo solene, do qual a filosofia racionalista abusou; donde a exigência de desmascarar o abuso, devolvendo ao termo sua solenidade originária. Com isso, todavia, o objeto da polêmica não se colocava mais no interior do sistema, mas o precedia: investia os princípios primeiros sobre os quais se fundava o sistema abstrato.

Em si e por si, um sistema não é verdadeiro nem falso; pode ser uma coisa ou outra, conforme os princípios em que se baseia. Uma vez que também os iluministas admitem a existência de princípios sobre os quais podem ser fundados *verdadeiros* sistemas, seu posicionamento anti-sistemático resulta bastante redimensionado. Eles não se opõem a qualquer sistema, mas, ao contrário, a um certo tipo de sistema: ou seja, o sistema wolffiano. Em geral, contudo, os iluministas não se referem diretamente à teoria wolffiana, mas preferem dirigir igualmente seus dardos anti-sistemáticos contra as teorias reconduzíveis a Nicolas Malebranche, Gottfried Wilhelm Leibniz, René Descartes e Christian Wolff. De fato, aos iluministas não interessam os detalhes pelos quais esses autores se diferenciam uns dos outros, mas a posição de base, que reúne todos numa posição favorável aos sistemas abstratos. Enfim, combatendo um certo tipo de sistema, eles combatem na verdade uma certa maneira de fazer filosofia, de pensar.

Dada essa situação, o uso iluminístico do termo não difere do tradicional, ilustrado anteriormente: nota-se nele apenas uma aparente extensão do uso de "sistema" em sentido atécnico. Mas essa acepção corrente do termo se encontra também nos defensores do sistema abstrato, às vezes até mesmo com uma extensão pouco comum, como vimos em Lambert.

Conseqüentemente, o uso iluminístico do termo "sistema" consiste apenas em levar às extremas conseqüências uma tendência já implícita em seu uso tradicional. Não é difícil explicar o motivo: a solenidade que tradicionalmente envolve o termo "sistema" acentua a ironia com que são expostas as teses adversárias, de modo que a extensão do termo para indicar qualquer opinião pode ser freqüentemente considerada nada mais do que um expediente estilístico para dar mais munição à crítica. "Sistema" torna-se, assim, sinônimo de "teoria", "hipótese", "suposição", "opinião"; e essas expressões são quase sempre entendidas de modo negativo. "Os maiores animais são os que disseram que esta alma [ou seja, a dos animais] não é nem corpo nem espírito. Eis um belo sistema."[1] Ou ainda: "O sistema da matéria eterna apresenta graves dificuldades, como todos os sistemas."[2]

2. A crítica de Condillac à noção de sistema abstrato

O deslocamento da atenção do abstrato sistema dedutivo para o sistema indutivo fundado sobre as percepções é precedido, envolvido e seguido por um fermento cultural reconstruído com precisão por Walter Tega, que descreve o contexto em que se move a noção de sistema: basta dizer que as três partes de sua obra são intituladas A *"Encyclopédie" contra o sistema* (e aqui o alvo é o sistema abstrato dos filósofos), *Da "Encyclopédie" ao sistema da natureza* (e aqui se percebe a contribuição dos enciclopedistas para uma concepção unitária e materialista da natureza) e, por fim, *A Enciclopédia como sistema* (a própria Enciclopédia – e em particular o ensaio com o qual se abre, *Système figuré des connaissances humaines* – constitui o ponto de partida para Ampère e para Comte que no século XIX, seguindo caminhos diferentes, querem chegar a uma classificação unitária das ciências)[3].

Os iluministas franceses não se limitam, contudo, a ataques ocasionais contra o sistema, mas lhe dedicam tra-

---

[1]. [François Marie Arouet, conhecido como] Voltaire, *Dictionnaire philosophique*. Avec introduction, variantes et notes par Julien Benda. Texte établi par Raymond Naves, tome I, Garnier, Paris, 1936, p. 73 (Bêtes).

[2]. Voltaire, *Dictionnaire philosophique*, cit., p. 125.

[3]. Walter Tega, *Arbor scientiarum, Enciclopedia e sistemi in Francia da Diderot a Comte*, Il Mulino, Bologna, 1984, 405 pp.

tados críticos autônomos. O mais célebre é, talvez, o *Traité des systèmes* de Étienne Bonnot de Condillac[4] (1714-80), amplamente citado no artigo *Système* da *Enciclopédia* e mencionado positivamente por Julien Offray de La Mettrie (1709-51) em seu *Abrégé des systèmes*[5]. "Foi, sem dúvida, o *Traité des systèmes* de Condillac publicado em 1749 – escreve Tega – que, com maior lucidez e determinação de outros escritos contemporâneos, conduziu a polêmica contra os 'sistemas abstratos' do século anterior; de qualquer forma, depois da publicação desse texto e do *Discours préliminaire*, a rejeição do *esprit de système* e a exigência de afirmar um eficiente *esprit systématique* tornaram-se um motivo recorrente de todos os textos dos *philosophes*."[6]

O *esprit de système* é, portanto, a dedução abstrata herdada dos filósofos do passado: é o "método sintético" que parte das idéias *a priori* (arbitrariamente elevadas a axiomas ou princípios), das quais se extraem deduções sem verificações empíricas; é o método de Descartes que é rejeitado radicalmente (e, com ele, derrota-se a linha de pensamento que chega a Descartes por meio de Espinosa, Malebranche e Leibniz). O "método analítico", do qual nasce o sistema natural, foi exposto por Condillac no *Ensaio sobre as origens dos conhecimentos humanos* de 1746: é preciso observar a realidade, seguir a origem e a transformação dos fenômenos e ordená-los de acordo com a seqüência que eles têm na natureza. O sistema resultante é então baseado na experiência, e não na abstração; é um sistema que se refere em grandes linhas ao pensamento de Newton, não, porém, sem polêmicas internas a esse respeito. Portanto, os enciclopedistas querem substituir o velho *esprit de système* por

---

4. Étienne Bonnot de Condillac, *Traité des Systèmes, où l'on démèle les inconvénients et les advantages,* Arkstée & Merkus, Amsterdam et Leipsick, 1771, 448 pp.

5. Julien Offray de La Mettrie, *Abrégé des systèmes, pour faciliter l'intelligence du traité de l'âme,* em *Oeuvres philosophiques.* Nouvelle édition corrigée et augmentée, Amsterdam, 1774, tomo I, pp. 233-82.

6. Tega, *Arbor scientiarum,* cit., p. 15, nota 3.

um novo *esprit systématique*. Condillac confirma essa oposição também em sua *Logique* de 1780: "A análise começa sempre bem, e a síntese começa sempre mal. Aquela, sem ostentar a ordem, possui naturalmente a ordem porque é o método da natureza. Esta, que não conhece a ordem natural porque é o método dos filósofos, ostenta-a muito para cansar o espírito sem iluminá-lo."[7] Bastem estas poucas linhas para indicar as diretrizes em que se movia o raciocínio sobre o sistema dos enciclopedistas.

Querendo ser breve, examinarei apenas o *Traité des systèmes* de Condillac e, em particular, seus dois primeiros capítulos. De fato, apenas neles se analisa a forma do sistema, ao passo que nos capítulos seguintes se analisa mais o conteúdo dos sistemas, ou seja, as várias teorias filosóficas. A definição de sistema com que se abre a obra de Condillac é muito semelhante à definição de "sistema verdadeiro" dada por Christian Wolff: "Um sistema nada mais é que a disposição das diferentes partes de uma arte ou de uma ciência de acordo com uma ordem, em que elas se sustentam todas reciprocamente e em que as últimas se explicam por meio das primeiras."[8] Condillac prepara o terreno para sua crítica distinguindo três tipos de princípios, que condicionam três tipos de sistemas:

1. "os princípios que coloco na primeira classe – por estarem mais na moda, são máximas gerais ou abstratas. Exige-se que elas sejam tão evidentes, tão bem demonstradas, que não se possa revogá-las por qualquer dúvida"[9]. Uma máxima deste tipo é, por exemplo, a seguinte: é impossível que a mesma coisa seja e não seja;

---

7. Condillac, *Logique, ou les premiers développements de l'art de penser* (1780), em *Oeuvres philosophiques*, Paris, 1947-51, vol. II, p. 405 b; citado por Tega, *Arbor scientiarum*, cit., p. 65. A reconstrução do sistema analítico propugnado por d'Holbach (por meio de sua colaboração com a *Encyclopédie*, suas polêmicas e a redação de seu *Système de la Nature* de 1770) é amplamente tratada em Tega, *Arbor scientiarum*, cit., pp. 115-292.
8. Condillac, *Traité des systèmes*, cit., p. 1.
9. Condillac, *Traité des systèmes*, cit., p. 2.

2. "os princípios do segundo tipo são suposições, imaginadas para explicar as coisas que de outra forma não compreenderíamos". Este segundo tipo de princípios deve sua origem à insuficiência das máximas gerais do primeiro tipo: abrem-se, assim, as portas às suposições e aos sonhos: "*et un philosophe rêve facilement*"[10];

3. os princípios do terceiro tipo são os mais caros a Condillac: "Não é fácil consultar bem a experiência, reunir uma grande quantidade de fatos e distinguir entre eles aquele que deve explicar todos os outros. Assim, os princípios que são apenas fatos bem constatados são raros [...]."[11] Um princípio desse tipo é, por exemplo, a força da gravidade, que por muito tempo foi considerada "um fato bem verificado e apenas em nossos dias foi reconhecida como um princípio"[12].

Essa tripartição dos princípios permite a seu autor chegar a um esclarecimento terminológico e a uma síntese do pensamento sistemático. Condillac chama de "sistemas abstratos" aqueles fundados sobre os princípios do primeiro tipo, ou seja, evidentes até a obviedade; chama de "hipóteses" os fundados em suposições; e, por fim, chama de "sistemas verdadeiros" (os únicos que mereceriam ter esse nome) os fundados sobre os fatos verificados, ou seja, sobre o terceiro tipo de princípios. E conclui: "Eis tudo o que se soube imaginar para progredir na busca da verdade."[13]

Tendo assim delimitado o campo da investigação, Condillac retoma uma temática já enfrentada no *Essai sur l'origine des connaissances humaines*: de fato, o segundo capítulo se intitula *De l'inutilité des Systèmes abstraits*. De acordo com a distinção já exposta (e à fundamentação que o debate sobre o sistema tinha recebido de Christian Wolff), não são os sistemas que são objeto da crítica, mas os princípios

---

10. Condillac, *Traité des systèmes*, cit., p. 8.
11. Condillac, *Traité des systèmes*, cit., ibid.
12. Condillac, *Traité des systèmes*, cit., p. 9.
13. Condillac, *Traité des systèmes*, cit., p. 9.

colocados em seu ápice. Para Condillac, os princípios abstratos não são verdadeiros conhecimentos, mas apenas "um modo abreviado de expressar mais conhecimentos particulares, adquiridos ainda antes de pensar nos princípios"[14]. Seriam, em resumo, a síntese estenográfica de mil sensações empíricas. Dessa forma nos iludimos de descer dos princípios abstratos às verdades particulares, quando na realidade ocorreu o contrário. Essa "fecundidade aparente" do sistema tem duas fontes: a primeira consiste em pensar que os princípios válidos em *muitos* casos sejam naturalmente válidos em *todos* os casos; a segunda, em imaginar o que se ignora como imagem daquilo que se conhece.

Para concluir essas observações, Condillac afirma que os sistemas abstratos se baseiam em três tipos de princípios: "Os primeiros são proposições gerais exatamente verdadeiras em todos os casos. Os segundos são proposições verdadeiras para os casos mais vistosos, e por isso tende-se a acreditar que são verdadeiras sob todos os pontos de vista. Os últimos são relações vagas que se imagina existir entre coisas de natureza completamente diferente. Essa análise basta para demonstrar que, desses princípios, uns não levam a nada, e os outros somente levam ao erro. Nisso consiste todo o artifício dos sistemas abstratos."[15]

Uma asserção desse tipo equivale a negar todo fundamento aos sistemas abstratos e reduzi-los a jogos de palavras tanto mais inúteis quanto mais elegantes. Por isso, Condillac, ilustrando a técnica para a construção de um sistema abstrato, escreve na verdade a involuntária paródia de um elegante excerto wolffiano, citado anteriormente por extenso (cf. *supra*, cap. IV, 3, b): "Eis como se comporta quem quer fazer um sistema (e quem não quer?): prevenido por uma idéia, sem saber freqüentemente muito bem por quê, toma em primeiro lugar todas as palavras que parecem de

---

14. Condillac, *Traité des systèmes*, cit., p. 14.
15. Condillac, *Traité des systèmes*, cit., p. 17.

algum modo referir-se a elas. [...] Depois, com o pretexto de que somos livres para relacionar aos termos as idéias que quisermos, define-as segundo o próprio capricho; a única precaução é escolher as definições mais cômodas para os próprios fins. Por bizarras que sejam, entre elas haverá sempre alguma relação: ei-lo, portanto, em condições de extrair ilações e de raciocinar sem freios."[16]

Fruto dessa técnica é o que Condillac chama de *le premier abus des systèmes*, fonte de numerosos erros: "Nós acreditamos adquirir conhecimentos verdadeiros, mas, ao contrário, nossos pensamentos se movem sobre palavras destituídas de sentido determinado."[17]

É esta a chave para compreender o nervo da polêmica dos *idéologues* contra o sistema: ela não se trava tanto contra o sistema em geral, mas contra o sistema abstrato; ou seja, como já foi dito, contra um certo tipo de princípios não-verificáveis e, portanto, inaceitáveis para os teóricos do sensismo. Infelizmente, a propensão a polemizar e uma certa altiva superioridade em relação aos posicionamentos filossistemáticos levam os iluministas a se ocupar mais da *vis* polêmica e da *verve* irônica do que do rigor terminológico. Em seus textos, "système" designa qualquer uma das categorias que ilustramos; cabe ao leitor compreender a cada vez em que acepção exatamente é usado o termo. Não será, portanto, inútil apresentar alguns exemplos de terminologia ambígua, tentando, ao mesmo tempo, esclarecer seu significado.

3. A ambigüidade no uso iluminista de "sistema"

O mais famoso dos iluministas franceses, Voltaire (1694-1778), observa: "Newton nunca fez sistemas; viu e fez ver,

---

16. Condillac, *Traité des systèmes*, cit., pp. 35 s.
17. Condillac, *Traité des systèmes*, cit., p. 27.

mas nunca colocou suas fantasias no lugar da verdade."[18] Aqui "sistema" é igualado a "fantasia", ou seja, àquilo que em Condillac seria um sistema abstrato ou uma hipótese.

No primeiro parágrafo de seu *Abrégé des systèmes*, La Mettrie chega a dizer que depois de Descartes (1596-1650) "encontram-se apenas sistemas, ou seja, imaginações, erros"[19]. Para La Mettrie, de fato, os princípios cartesianos são "hipóteses falsas", mesmo que se queira considerá-las "erros felizes"[20]. Portanto, as construções cartesianas são "conjecturas frívolas", "sistemas gratuitos", "castelos de areia sem utilidade nem fundamento"[21]. Na verdade, La Mettrie – partindo de concepções tão rigorosamente anti-sistemáticas – deveria evitar recorrer ao vocábulo "sistema"; no entanto, em uma passagem de *L'Homme machine* enuncia tranqüilamente: "*Voilà mon système, ou plutôt la vérité.*"[22] É claro que aqui o mesmo termo designa coisas não apenas diversas, mas até mesmo contrapostas: "sistema" não pode ser sinônimo contemporaneamente de "erro" e de "verdade". Na realidade, no primeiro caso, o termo significa "sistema abstrato"; no segundo caso, significa "teoria", "hipótese" ou – forçando um pouco a mão do autor – "sistema experimental", ou seja, um sistema fundado sobre uma constatação empírica.

Mas por que os iluministas não querem se servir do sistema abstrato? Como motivo de sua inadequação filosófica, Condillac aponta justamente o caráter exclusivamente for-

---

18. Voltaire, *Lettre à Monsieur L. C.*, 23 décembre 1768, em *Oeuvres complètes de Voltaire* (édition Moland), Garnier Frères, Paris, 1882, vol. 46 (vol. 14 da *Correspondance*), p. 202. O destinatário da carta, cujo nome não foi possível verificar, tinha pedido conselhos a Voltaire sobre a melhor maneira de enfrentar o estudo da natureza.
19. La Mettrie, *Abregé des systèmes*, cit., Jean Nourse, London, 1751, p. 214.
20. La Mettrie, *Discours préliminaire*, em *Oeuvres philosophiques*, cit., p. XLIV.
21. La Mettrie, *Traité de l'âme*, em *Oeuvres philosophiques*, cit., p. 162.
22. La Mettrie, *L'homme machine*, em *Oeuvres philosophiques*, cit., p. 80.

mal do sistema abstrato. No sistema abstrato, "não é possível enfrentar um problema em todos os seus aspectos"[23]. De fato, esse tipo de sistema obriga a partir de princípios abstratos deles deduzir logicamente uma série de conseqüências que só poderão ser abstratas. Constroem-se, assim, sistemas de palavras que são apresentados como sistemas de coisas. "Para escrever um sistema – escreve Condillac – basta uma palavra, cujo significado vago possa se prestar a tudo."[24] Uma vez que desse conceito abstrato, dessa "palavra", parte o procedimento dedutivo, colocamo-nos em um caminho no qual já não olhamos para a realidade, mas apenas para o sistema; e acabamos por substituir o sistema à realidade. Era o que queria dizer Condillac quando – ilustrando "Le premier abus des systèmes" – sustentava que *"nos pensées ne roulent que sur de mots"*[25]. Mas, tendo chegado a este ponto, nos damos conta de que a polêmica já não é sobre o sistema, mas sobre o problema do fundamento de toda teoria filosófica e, em última análise, sobre a contraposição entre idealismo e materialismo.

O espírito que leva a não ver mais a realidade para olhar o sistema é aquele *esprit de système*, que, para Jean Senebier, "é bem mais perigoso do que os próprios sistemas"[26], uma vez que é sua origem. Também Voltaire, na carta já citada, adverte: "É necessário precaver-se do *esprit de système*." La Mettrie vê nele "o mais perigoso dos espíritos"[27] e "o obstáculo dos grandes homens"[28]. Mais pacato, Diderot argumenta: "Tende um sistema, concordo; mas não vos dei-

---

23. Condillac, *Traité des systèmes*, Textes établis et présentés par Georges Le Roy, Presses Universitaires de France, Paris, 1947, p. 126.
24. Condillac, *Traité des systèmes*, p. 145.
25. Condillac, *Traité des systèmes*, p. 127.
26. O mesmo autor se pergunta: "Quantos ainda vêem os objetos diferentes do que são, seja por espírito de sistema, seja pela natureza de seus sentidos, seja pelas relações estabelecidas entre seus sentidos e suas almas?" (Jean Senebier, *L'art d'observer*, Cl. Philibert et Bart. Chirol, Genève, 1775, vol. I, p. 22).
27. La Mettrie, *Traité de l'âme*, em *Oeuvres philosophiques*, cit., p. 126.
28. La Mettrie, *Abregé des systèmes*, em *Oeuvres philosophiques*, cit., p. 230.

xeis dominar por ele"[29]; o que significa: procurai colocar ordem nas observações sobre a realidade, mas não dobrai a realidade sob a ordem que vos prefixastes.

Esses sistemas de palavras vazias são gigantes com pés de barro, uma vez que "basta um fato para derrubar um sistema"[30]. Portanto é aos fatos, dizem os iluministas, e não aos sistemas, que se deve prestar atenção. Fontenelle dá como exemplo Herman Boerhaave: "Ele se baseia na experiência bem verificada, deixando de lado todos os sistemas, que podem não ser nada mais do que engenhosos produtos do espírito humano negados pela natureza."[31] Ora, segundo Voltaire, Newton não construiu sistemas; segundo Fontenelle, Boerhaave não construiu sistemas. Parece, portanto, que nas ciências naturais o sistema é impossível. No entanto, a partir das páginas de sua monumental *Histoire naturelle*, Georges-Louis Buffon (1707-88) lembra que existem na história natural "dois obstáculos igualmente perigosos: o primeiro é não ter nenhum método; o segundo, querer reconduzir tudo a um sistema particular"[32]. Portanto, a ausência de um sistema é tão prejudicial quanto *l'esprit de système*. A aparente contradição depende aqui também do significado que se atribui a "sistema": Buffon já não fala do sistema abstrato, mas do sistema fundado sobre a observação dos fatos; aquele que, segundo Condillac, é o único digno de levar esse nome.

Se os princípios abstratos são substituídos por princípios extraídos da realidade, ou seja, experimentais, a posição dos iluministas muda radicalmente e eles se transformam em defensores do sistema. Buffon ataca "os escritores

---

29. Denis Diderot, *Pensées sur l'interprétation de la nature*, s. l., 1754, p. 62. Aqui o uso do sistema é comparado com a *"jouissance d'une belle courtisane: Laïdem habeto, dummodo te Laïs on habeat"*.

30. Denis Diderot, *Recherche philosophique sur l'origine et la nature du beau*, em *Oeuvres complètes* (éditions Assézat), Garnier Frères, Paris, 1876, vol. 10, p. 22.

31. Bernard le Bovier de Fontenelle, *Éloge de Monsieur Boerhaave*, em *Oeuvres de Monsieur de Fontenelle*, London, 1785, vol. IV, p. 298.

32. Georges-Louis Leclerc de Buffon, *Histoire naturelle générale et particulière*, Imprimerie Royale, Paris, 1749, pp. 22 s.

que não têm outro mérito senão berrar contra os sistemas, porque eles não têm capacidade nem de construí-los, nem, talvez, de entender o significado dessa palavra que os aterroriza e humilha."[33]. Bailly sustenta que "os sistemas são úteis, digamos mais: são necessários"[34]. Por fim, d'Alembert enuncia uma distinção – na realidade, mais enigmática do que problemática – em defesa do "verdadeiro espírito sistemático, que não devemos confundir com o *esprit de système*, com o qual nem sempre coincide"[35].

As dificuldades na compreensão dos textos nascem do fato de que a crítica ou o louvor se relacionam à mesma palavra "sistema", entendida, porém, de maneira diferente a cada vez. Mas já está claro que, para os iluministas, é cientificamente fecundo somente o sistema baseado em dados empíricos.

Todavia, é curioso notar como a atitude dos iluministas não é completamente negativa nem sequer em relação aos sistemas abstratos, mesmo tão criticados. La Mettrie tenta salvá-los parcialmente: "Os sistemas morais ou metafísicos mais infundados nem por isso são destituídos de utilidade, desde que sejam bem pensados e que uma longa cadeia de conseqüências maravilhosamente deduzida (mesmo que de princípios falsos ou quiméricos, como os de Leibniz ou Wolff) dê ao espírito exercitado a facilidade de abraçar em seguida o maior número de objetos."[36] Mesmo que baseados em princípios não fundamentados empirica-

---

33. Buffon, *Histoire naturelle des minéraux*, Imprimerie Royale, Paris, 1783, vol. II, p. 346.

34. Jean Sylvian Bailly, *Histoire de l'astronomie moderne depuis la fondation de l'école d'Alexandrie jusqu'à l'époque de 1730*, De Bure, Paris, 1779, vol. I, p. 335. Esse juízo positivo sobre o sistema encontra seu limite na distinção que Bailly ilustra em seu trabalho: existem ciências exatas e ciências físicas; o conceito de sistema pode encontrar uma aplicação útil somente nestas últimas, às quais pertence também a astronomia. A interpretação da passagem citada é ulteriormente complicada pela asserção: "*Les vérités qui ne sont pas classées, sont mal connues*"; isso poderia fazer acreditar que "sistema" é aqui entendido em sentido atécnico, como sinônimo de "classificação".

35. Jean Le Rond d'Alembert, *Oeuvres*, A. Belin, Paris, 1821, vol. I, p. 302.

36. La Mettrie, *Discours préliminaire*, em *Oeuvres philosophiques*, cit., p. XLIV.

mente, os sistemas abstratos podem se revelar um bom campo para o raciocínio ou, pelo menos, contribuir com a *serendipity* da descoberta científica, como sustenta Voltaire estendendo uma mão amiga (mas não demais): "Não é que esses criadores de sistemas não tenham prestado grandes serviços à Física. [...] Eles foram comparados aos alquimistas, que produzindo o ouro (que, aliás, não produziam de modo nenhum) descobriram bons remédios ou, pelo menos, coisas muito estranhas."[37]

4. Três acepções iluministas de "sistema"

Os excertos até aqui citados deveriam demonstrar suficientemente quão variadas e ambíguas são as acepções do termo "sistema" nas obras dos iluministas franceses. Pode-se, contudo, introduzir uma certa ordem nesses múltiplos usos, subdividindo as acepções do termo em três categorias, às quais os iluministas relacionam diferentes juízos de valor.

"Sistema" pode indicar o sistema experimental, ou seja, o sistema baseado na análise dos fatos. Esse tipo de sistema não apenas não é rejeitado, mas constitui, aliás, o ideal da atividade intelectual dos iluministas. Eles têm, contudo, uma concepção tão elevada do sistema que adiam por tempo indeterminado sua construção, colocando em primeiro plano a atividade preliminar à sua construção, ou seja, a coleta do material empírico.

Esse pensamento aparece muitas vezes em Denis Diderot (1713-84). No artigo *Philosophie*, escrito para a *Enciclopédia*, ele afirma: "Certamente, nada é mais louvável do que a resolução adotada pela Academia das Ciências, de ver, observar e registrar as observações e as experiências, deixando para a posteridade a tarefa de fazer um sistema

---

37. Voltaire, *L'homme aux 40 écus*, em *Oeuvres complètes de Voltaire*, Garnier Frères, Paris, 1879, vol. 21, p. 333.

completo, quando houver material suficiente; mas esse tempo ainda está muito distante, se é que chegará algum dia."[38] O tema da distância da era sistemática reaparece em outro escrito seu: "[...] a física racional desenvolveu-se cedo demais. Talvez apenas dentro de vinte séculos, a partir do nosso, a física experimental poderá ter reunido os fatos necessários para fornecer uma sólida base à especulação. Observar os fenômenos, descrevê-los e registrá-los: eis o trabalho preliminar. Quanto mais tempo se sacrificar a ele, tanto mais nos aproximaremos da solução do grande problema que nos atribuímos"[39]. Em conclusão, o sistema experimental é altamente desejável, mas talvez seja inatingível.

Nos escritos dos iluministas, porém, "sistema" pode indicar o oposto de sistema experimental, ou seja, o sistema abstrato, o sistema pensado e não comprovado pelos fatos, o sistema de palavras e não de coisas. A ele os iluministas relacionam um juízo de valor negativo e, como já se viu, fazem dele um dos elementos principais em sua polêmica anti-racionalista. Sobre as dificuldades encontradas pelos sistemas abstratos colocados em confronto com a realidade, aos excertos já citados acrescentarei uma bizarra consideração de Voltaire, que nem todas as edições de seu *Dictionnaire philosophique* reportam. Ela se encontra no verbete *Barbe*, onde (entre outras estranhezas) se discute também se a origem da barba está nos testículos. Voltaire critica essa curiosa teoria e conclui: *"Il y a toujours quelques difficultés qui arrêtent tout court les suppositions les mieux établies. Les systèmes sont comme des rats qui peuvent passer par vingt petits trous, et qui en trouvent enfin deux ou trois qui ne peuvent les admettre."*[40]

---

38. *Encyclopédie*, vol. 12, s. v. *Philosophie*, p. 515.
39. Denis Diderot, *Essai sur les règnes de Claude et de Néron et sur la vie et les écrits de Sénèque*, em *Oeuvres complètes* (édition Assézat et Tourneux), Garnier, Paris, 1875-77, vol. III, pp. 359 s.
40. Voltaire, *Dictionnaire philosophique*, vol. I (édition Moland, vol. XVII: *Questions de l'Encyclopédie*, troisième partie), Garnier, Paris, 1878, s. v. Barbe, p. 550.

"Sistema" é finalmente usado com a máxima freqüência em um sentido atécnico e valorativamente neutro, estendido até se tornar sinônimo de "hipótese", "teoria", "ordem", "classificação" etc. Seria impossível dar conta desses usos atécnicos do termo; no entanto, devemos lembrar que Montesquieu refere o termo "sistema" à estrutura de certas leis, para indicar sua íntima coerência e organicidade. As leis francesas sobre o falso testemunho *"forment un système très lié et très suivi"*[41]. A legislação matrimonial de Augusto é *"un code systématique de tous les règlements qu'on pouvait faire sur ce sujet"*[42]: essa observação de Montesquieu nos reconduz assim à sistemática do direito romano (cf. *supra*, cap. I, 8).

Em conclusão, o termo "sistema" já é aceito tanto na linguagem filosófica como na linguagem corrente[43]. A discussão filosófica deslocou-se, porém, para a origem do sistema e trata, enfim, não mais do sistema em si, mas dos pressupostos que o tornam científico. O uso do termo está destinado a permanecer sólido enquanto permanecerem sólidas as teorias filosóficas que colocam no centro de sua atenção o estudo dos pressupostos da cientificidade sistemática. Colocar em discussão a filosofia idealista implica, em certa medida, também uma crise na noção de sistema, pelo menos em sua acepção de sistema externo.

No século XIX, a filosofia clássica alemã (e com ela a noção de sistema) se afirmou solidamente na cultura européia e em particular na teoria do direito. Mas, ao lado do idealismo, as correntes materialistas em sentido amplo foram se expandindo cada vez mais, apoiadas também pelos sucessos das ciências físico-naturais que, entre a metade do século XIX e os primeiros anos do século XX, abriram novos

---

41. Charles de Secondat, baron de Montesquieu, *De l'esprit des lois*, Pléiade, Paris, 1951, p. 872.

42. Montesquieu, *De l'esprit des lois*, cit., livre XXIII, ch. XXI.

43. Um quadro completo do pensamento sistemático dos iluministas franceses se encontra em Helga Hasselbach, *Die Kritik der französishcen Aufklärung am cartesianischen Systembegriff in den ersten Hälfte des 18. Jahrhunderts*, Berlin, 1973, XXX-168 pp. (dissertação).

horizontes para a compreensão da realidade. À medida que o pensamento filosófico se afastava do idealismo, os filósofos começaram a considerar o termo "sistema" comprometido demais e portanto demais comprometedor. No momento em que o abandonaram, porém, começou a procura de uma terminologia menos desgastada e mais atraente, com a qual exprimir uma noção que – independentemente de suas oscilações – é parte integrante do pensamento ocidental. Holismo e estruturalismo, cibernética e teoria geral dos sistemas são os caminhos que se abrem para uma renovada concepção do sistema: a essas novas perspectivas é dedicado todo o terceiro volume.

PARTE II
O sistema jurídico externo

Capítulo VIII
Problemas preliminares

Pontos de intersecção e desenvolvimentos do discurso. Concluída a história semântica de "sistema", com esta segunda parte começa a análise da noção de sistema externo, da qual serão examinadas as características e a aplicação ao direito. Com referência à linguagem corrente, distingue-se o *sistema externo* (objeto dos próximos capítulos) do *sistema interno* (objeto do segundo volume) e da *estrutura*, entendida como nexo que une as partes de um sistema tanto interno quanto externo. Pode-se, portanto, entender o sistema externo no sentido de "estrutura como *terminus ad quem*" (uma vez que *a ele* tende a atividade do estudioso) e o sistema interno no sentido de "estrutura como *terminus a quo*" (uma vez que dele parte a análise do estudioso); porém, nos dois casos usa-se "estrutura" em sentido atécnico (a estrutura em sentido técnico e o estruturalismo serão objeto do vol. 3, cap. II).

O sistema externo é caracterizado por três elementos: a *caoticidade* do material do dado (portanto, a ordem não está nas coisas, mas na mente do sistematizador); a referência à *ciência* que estuda determinado objeto (e não ao objeto estudado por essa ciência); por fim, o caráter *lógico* do nexo que une cada elemento de um sistema externo. De fato, o sistema externo é um discurso lógico sobre determinado objeto: portanto, suas regras são iguais para qualquer objeto, porque são as regras formais da lógica clássica. Os juristas tendem a introduzir nesse discurso formal também elementos do mundo jurídico, de modo que no direito não existe um sistema externo em estado puro: não o é nem sequer o de Kelsen, que em alguns pontos nevrálgicos da construção deve recorrer a elementos da realidade extrajurídica (vol. 2, caps. II e III).

Essas considerações gerais abrem o caminho, neste volume, a uma descrição dos sistemas externos mínimos (cap. IX) e à individuação dos requisitos indispensáveis de um sistema externo (cap. X), permitindo passar em seguida a examinar – nos próximos capítulos – como foi aplicado ao direito o sistema externo assim analisado.

1. Para uma terminologia mais rigorosa

As obras examinadas na parte histórica designam com "sistema" noções diversas, reconduzíveis ou à categoria do sistema externo ou à do sistema interno. Até agora, porém, nenhum autor forneceu uma definição explícita do sistema interno e do sistema externo: também nas páginas precedentes falamos a esse respeito confiando no fato de que essas expressões têm um significado imediato, acessível a todos. De fato, elas se encontram também na linguagem corrente, e isso permite afirmar, em um primeiro momento, o que se pretende dizer com elas. De outro lado, uma maior precisão de linguagem não teria, talvez, sido possível: a análise histórica teve por objeto várias disciplinas, e *a priori* nem sempre se poderia estabelecer se a definição de sistema proposta por uma matéria ter-se-ia revelado adequada também para outra. Contudo, chegou agora o momento de esclarecer essa terminologia, porque se passa agora ao exame sistemático de uma disciplina específica: o direito. O sentido intuitivo em que até agora se falou de sistema externo, de sistema interno e de estrutura pode ser assim resumido:

a) o sistema externo é o sistema das proposições científicas que descrevem determinada realidade. Portanto, como resultará mais claramente em seguida, ele apresenta a mesma estrutura em todas as ciências;

b) o sistema interno é o sistema ínsito na matéria específica, objeto de determinada ciência. Sua estrutura varia, portanto, ao variar da matéria. O problema da estrutura no interior das coisas é objeto do segundo volume, que se abre com uma síntese do sistema interno (cf. vol. 2, cap. I, 1-6) complementar às considerações sobre o sistema externo contido nas próximas páginas.

c) a estrutura é o nexo que une cada elemento constitutivo de um desses dois sistemas. É o conjunto das relações entre as coisas, não o conjunto das próprias coisas. Como o nexo entre suas várias partes é puramente lógico, o sistema externo tem uma estrutura lógica. O sistema interno, ao contrário, tem uma estrutura específica, ou seja, característica da matéria a que ele se refere. Em síntese, todas as ciências ou disciplinas têm a mesma estrutura, ao passo que todas as matérias, objeto de uma ciência, têm estruturas diferentes. Por exemplo, as ciências do direito ou das plantas – a jurisprudência e a botânica – expõem seus objetos segundo a mesma ordem lógica, ou seja, dando-lhes um sistema externo. Ao contrário, um direito positivo ou uma classe de plantas têm uma estrutura – um sistema interno – diverso.

Como o sistema é "um dos instrumentos do ofício" do jurista, que, porém, não o define, Bobbio, já em 1960, indicava três significados de "sistema" no âmbito do direito.

a) Antes de tudo, "sistema" está por "sistema dedutivo": um ordenamento jurídico é um sistema se as normas que o compõem são deduzíveis de alguns princípios gerais. Historicamente, esse é o método proposto pelos jusnaturalistas racionalistas, que se referiam à geometria euclidiana e às regras da lógica. Uma "acepção muito comprometedora" do termo, anota Bobbio, que conduz à "tentativa (verdadeiramente desesperada) de elaborar um sistema jurídico *more geometricum demonstratum*", como propunha Leibniz[1].

b) Os romanistas alemães chamaram "sistema" uma construção diversa da anterior, em que aquele termo indica "um ordenamento da matéria, realizado com procedimento indutivo, ou seja, partindo do conteúdo de cada norma, com a finalidade de construir conceitos cada vez mais ge-

---

1. Norberto Bobbio, *Teoria generale del diritto*, Giappichelli, Torino, 1993, pp. 204-9: o trecho citado está a pp. 206.

rais, e classificações ou partições de toda a matéria"[2]. Portanto, a "jurisprudência sistemática" dos pandectistas tem como instrumento "não a dedução, mas a classificação". Ela procede reunindo os dados fornecidos pela experiência com base em semelhanças para formar conceitos cada vez mais gerais até chegar aos conceitos generalíssimos que permitam unificar todo o material dado. Foi com esse procedimento que surgiram os conceitos de negócio jurídico e de relação jurídica. Completando a descrição de Bobbio, pode-se dizer que, se o primeiro tipo de sistema era um *sistema dedutivo*, este segundo tipo é um *sistema indutivo*.

c) "Sistema equivale à validade do princípio que exclui a *incompatibilidade* das normas." Hoje, esse mesmo princípio é chamado de princípio da coerência de um sistema jurídico (mesmo que Bobbio critique esse termo): as normas do mesmo ordenamento não podem se contradizer. Entre as normas de um ordenamento existe, portanto, um nexo (o da não-contraditoriedade) que é, porém, menos estreito que o nexo criado pela dedução lógica própria do sistema na primeira das acepções. De fato, "dizer que as normas devam ser compatíveis não quer dizer que elas se impliquem uma com a outra, ou seja, que constituam um sistema dedutivo perfeito"[3].

Bobbio compara, por fim, os sistemas lógicos com os jurídicos. Em relação ao sistema dedutivo da lógica, o sistema jurídico "é alguma coisa a menos", porque o nexo que une suas partes não é tão rigoroso. Em relação ao sistema dinâmico de tipo kelseniano, o sistema coerente é alguma coisa a mais: as normas do ordenamento não devem apenas se originar da fonte legítima (como no sistema kelseniano), mas devem também ser compatíveis entre si. Se um parlamento promulga duas normas incompatíveis entre si, o sistema dinâmico kelseniano continua a ser válido, ao pas-

---

2. Bobbio, *Teoria generale del diritto*, cit., p. 207.
3. Bobbio, *Teoria generale del diritto.*, cit., p. 208. Sobre a crítica de Bobbio ao conceito de coerência do sistema jurídico, cf. *infra*, cap. X, 1, a.

so que o sistema jurídico entra em crise. Abre-se, assim, o problema das antinomias e dos métodos para eliminá-las: tema que não pode ser aqui abordado.

Examinando o direito, a noção de sistema revela plenamente essa sua ambigüidade, e apenas a referência à noção de estrutura permitirá esclarecer os problemas levantados pela ambivalência desse termo. É, todavia, necessário sublinhar preliminarmente que, no âmbito jurídico, falar de sistema externo e de sistema interno do direito pode às vezes ser inadequado, mesmo que *de per si* não seja errado. De fato, essa terminologia tradicional pode ser entendida em dois níveis.

Em nível de linguagem ordinária, o sistema é definido como uma totalidade coordenada de elementos. Isso não é errado, mas é muito genérico: resta esclarecer o que é uma totalidade (ou um seu sinônimo), o que realiza a ligação entre os elementos que a constituem e quais são os elementos em questão. No caso do sistema externo, a totalidade são as proposições jurídicas que descrevem determinado ordenamento jurídico; o nexo que une essas proposições é um nexo lógico; os elementos dos quais é formado o sistema externo são proposições descritivas. No caso do sistema interno, a totalidade são as normas jurídicas de determinado ordenamento; o nexo que as une é um nexo especificamente jurídico (este não é o momento de examinar qual é esse nexo); os elementos dos quais é formado o sistema interno são proposições prescritivas. O paralelismo dos termos "sistema interno" e "sistema externo" oculta, assim, a divergência dos conteúdos. Por esse motivo, a distinção tradicional pode ser aceita em nível de linguagem ordinária, mas é discutível quando se passa a uma linguagem técnica.

Em nível de linguagem técnica, ao contrário, a capacidade da terminologia tradicional é perfeita. Aceitando a definição de Tadeusz Kotarbiński (1886-1981), o sistema é um conjunto de expressões, divisível em dois subconjuntos, um de axiomas, e o outro de teoremas derivados desses axiomas. Ora, uma particularidade do direito em relação às outras disciplinas é que, nele, são expressões lingüísticas tanto as normas jurídicas que constituem o ordenamento positivo quanto as proposições da ciência que descreve esse ordenamento. "Expressão" é termo deliberadamente vago e genérico, porque nem todos admitem o caráter de proposição das expressões prescritivas, ou seja, das normas.

É, portanto, correto falar de sistema tanto em relação ao direito (sistema interno) quanto em relação à ciência do direito (sistema externo). A terminologia tradicional reflete aqui uma homogeneidade de fundo que seria errôneo ignorar. Em nível técnico, o caráter inadequado da terminologia tradicional depende não do seu significado intrínseco, mas do significado que se lhe costuma atribuir com base em sua evolução histórica: em geral, falando de sistema interno e de sistema externo, não nos referimos tanto à precisa definição de Kotarbiński, quanto ao ambíguo uso corrente desse termo.

Para evitar as ambigüidades que historicamente começaram a fazer parte da noção de sistema, pode-se substituir "sistema externo" por "estrutura como *terminus ad quem*" e "sistema interno" por "estrutura como *terminus a quo*"[4]. No primeiro caso, a estrutura é o fim para o qual tende a atividade do jurista, para facilitar a aprendizagem ou a compreensão da matéria. No segundo caso, ao contrário, é a atividade do jurista que parte da estrutura. No centro das duas investigações encontra-se, assim, a estrutura, que no primeiro caso é o ponto de chegada e no segundo o ponto de partida da atividade do jurista. Essa nova terminologia não propõe uma nova distinção entre sistemas jurídicos, mas formula apenas de modo mais rigoroso a distinção tradicional. As vantagens dessa maior precisão resultarão no curso da análise dos sistemas jurídicos externos (cf. *infra*, 3).

---

4. As expressões *terminus a quo* e *terminus ad quem* encontram-se também na *Cosmologia generalis* de Christian Wolff (1731, 161). O uso que proponho delas não tem nada em comum com o wolffiano a não ser a simpatia pela plasticidade da expressão.

Também essa nova terminologia pode ser entendida em dois níveis. Em nível de linguagem ordinária, "estrutura" coincide com "construção", "coordenação" etc., e "estrutura como *terminus ad quem*" é a construção científica realizada pelo jurista, ao passo que "estrutura como *terminus a quo*" é o edifício de normas das quais o jurista parte. Em nível de linguagem técnica, ao contrário, "estrutura" é o nexo entre as partes de um sistema, e "estrutura como *terminus ad quem*" indica que, dada determinada matéria, a descoberta do nexo entre as várias partes constitui o fim da atividade do jurista, ao passo que, na "estrutura como *terminus a quo*", a existência e o conhecimento desses nexos é o pressuposto da atividade do jurista. Retorna, assim, o perene problema de saber onde está a estrutura, se nas coisas observadas ou na cabeça de quem as observa (cf. vol. 2, cap. I, 3).

Evitando usar "sistema" (termo que falaciosamente convida a igualar a consideração interna e a externa de uma matéria), o discurso desloca-se sobre o elemento que diferencia esses dois tipos de consideração, ou seja, sobre a estrutura. Dessa forma, a nova terminologia evidencia que a compreensão dos dois diversos modos de tratar o direito está condicionada por uma clara análise da estrutura do sistema interno e do sistema externo.

Todavia, em sentido técnico, não existe sistema sem estrutura, nem estrutura sem sistema. Além disso, vimos que, no caso específico do direito, não é inexato falar de sistema em referência tanto ao direito quanto à ciência do direito. As duas terminologias podem, portanto, coexistir, mesmo que a tradicional possa parecer inadequada às exigências científicas atuais. A escolha de uma ou de outra depende do rigor que se deseja dar à exposição e da aceitação (ou não) de ir ao encontro de um uso lingüístico consolidado. Para evitar qualquer equívoco, "sistema externo" é aqui usado como sinônimo de "estrutura como *terminus ad quem*" e "sistema interno" como sinônimo de "estrutura como *terminus ad quo*".

2. Os pressupostos de um sistema externo

Na primeira parte deste volume, dedicada à história semântica do termo "sistema", vimos como se deu a formação de uma noção de sistema, quais finalidades ela perseguiu e sobre quais idéias filosóficas foi fundada. Tentaremos agora enunciar, em abstrato, quais regras o estudioso deve observar na sistematização da própria disciplina.

Como já havia notado Johann Heinrich Lambert, a terminologia relativa ao sistema externo é extraída da arquitetura: por exemplo, *constrói-se* um sistema sobre um *sólido fundamento*. No direito, essas metáforas são transformadas até mesmo em um termo técnico: na ciência jurídica, "construção" é a designação clássica da estrutura como *terminus ad quem*. Sobre a origem desse termo já foi formulada uma conjectura (cf. *supra*, cap. I, 6); sobre a natureza da atividade construtiva do jurista retornar-se-á amplamente em seguida (cf. *infra*, cap. XI, 5-9).

Nem todos os juristas que falam de sistema externo estão cientes do que, tacitamente, pressupõem quando aceitam recorrer a essa noção (independentemente do termo com que a exprimem). Na esperança de aprofundar cada problema, será oportuno enunciar brevemente os três principais pressupostos, freqüentemente omitidos: a caoticidade do material do dado; a referência à ciência que estuda a matéria (e não à matéria estudada pela ciência); e, por fim, o caráter lógico do nexo que une cada elemento de um sistema externo.

a) A caoticidade do dado

Na origem da noção corrente de sistema externo está a comparação não-expressa entre o jurista e o construtor que, unindo entre si elementos diversos, constrói um edifício. Transferida para o campo jurídico, essa comparação revela como o defensor da construção jurídica pressupunha tacitamente que a realidade, objeto de sua investigação, não apresenta uma ordem interna vinculante. Da mesma maneira que um monte de tijolos tem determinada forma exterior mas pode ter infinitas outras, mesmo continuando a ser um monte de tijolos, também as normas jurídicas se apresentam ao jurista em uma ordem arbitrária, sobre a qual ele pode deliberadamente intervir. A descrição do direito é remetida à discrição do jurista, mesmo que a natureza dos materiais utilizados imponha vínculos tanto ao jurista quanto ao arquiteto.

Ao reconstruir os pressupostos tacitamente aceitos por quem usa a noção de sistema externo, pode-se realizar um ulterior passo para trás. Ou seja, enquanto o primeiro passo para trás consiste em evidenciar o pressuposto da caoticidade do dado, em que o jurista quer levar ordem, aqui pode-se também perguntar *por que* o jurista quer levar ordem ao caos. A resposta pode ser encontrada apenas na visão do mundo a que se refere esse jurista. A parte histórica parece convalidar a hipótese segundo a qual, nas origens do movimento de sistematização do saber humano na cultura ocidental, está o pensamento dos gregos, que tentaram reproduzir na ciência a ordem que imaginavam reinar no cosmos. Mas, à parte toda legítima discussão sobre essa hipótese[5], também o segundo regresso nos pressupostos do jurista sistematizador nada muda em relação às afirmações precedentes. Todas as considerações em que a estrutura é *terminus ad quem* da atividade do jurista pressupõem que o objeto de seu estudo possa ser organizado do modo que mais lhe pareça oportuno. A razão pela qual, portanto, lhe parece oportuno organizá-lo em um certo modo é uma questão diversa e mais problemática, colocada (mesmo que não desenvolvida) na parte histórica desta pesquisa.

---

5. Sobre a não pacificidade dessa asserção, cf. *infra*, cap. I, 5. Existiria aqui uma contradição que me limito a assinalar: parece que o pressuposto para aplicar o sistema externo seja a caoticidade do dado, ou seja, a falta de ordem na realidade; de outro lado, a noção de sistema externo parece ter sido modelada precisamente sobre uma suposta ordem natural.

Dada, portanto, a suposta caoticidade do material jurídico, resulta que nenhum filósofo do direito se sente vinculado por limites objetivos. Ele, portanto, configura a matéria como melhor lhe aprouver. À arbitrariedade do dado corresponde a arbitrariedade da construção: *tot capita, tot systemata*.

b) O discurso não sobre a matéria, mas sobre a ciência

Quando se fala de estrutura como *terminus ad quem*, fala-se não da descoberta de uma ordem preexistente na matéria, mas da criação de uma nova ordem externa a ela: fala-se do sistema, exatamente, externo de uma disciplina. Em particular, fazendo uso da terminologia kelseniana, a estrutura como *terminus ad quem* não é o sistema interno às normas jurídicas de determinado ordenamento, mas, ao contrário, o sistema externo das proposições jurídicas com que a ciência do direito descreve determinado ordenamento positivo. Portanto, o discurso sobre a estrutura como *terminus ad quem* é um discurso não sobre o direito, mas sobre a ciência do direito.

Esse tipo de estrutura é uma rede convencional de meridianos e paralelos, que, recobrindo um mundo (no nosso caso, todo o mundo jurídico), facilita a orientação, mas não diz nada sobre a natureza dos objetos entre os quais aqui nos orientamos. Esta, todavia, mesmo que não seja a mais interessante, é certamente a mais difusa consideração sistemática ou estrutural do âmbito jurídico.

c) O caráter lógico do nexo

Se o sistema não está dentro do objeto descrito, mas na exposição, a estrutura do sistema é constituída pelos nexos no interior dessa exposição, ou seja, pelas relações entre proposições descritivas. Todas as ciências são sistemas de proposições descritivas, mas cada ciência descreve, com essas proposições, uma matéria diversa. Concentrando a atenção sobre as proposições e não sobre a matéria (ou seja, sobre a forma e não sobre o conteúdo), elabora-se uma teoria válida para os todos os sistemas de proposições descritivas, ou seja, uma teoria geral do sistema externo. Em particular, o estudo dos nexos formais que unem as proposições descritivas de uma ciência revela que esse nexo é único para todas as ciências: é o nexo lógico, ou seja, o respeito por certos princípios fundamentais da lógica clássica, que regem qualquer discurso.

Aplicando esse tipo de consideração estrutural ao mundo jurídico, identifica-se não a estrutura *específica* do direito, mas, ao contrário, a estrutura *genérica* de qualquer discurso científico (e, portanto, também do discurso científico sobre o direito). A superação dessa concepção marcará a passagem do sistema tradicional (externo) ao sistema moderno (interno) do direito, ou seja, a passagem do sistema para dizer ao sistema para fazer (cf. vol. 2, *Segunda parte*).

Os juristas – nem sempre cientes do caráter puramente formal do sistema jurídico externo e, freqüentemente, sob a pressão de exigências práticas – procuraram tornar mais jurídica essa exposição geral, contaminando as considerações formais com elementos substanciais. A literatura jurídica não oferece, portanto, nenhum exemplo de sistema jurídico externo em estado puro, porque sente essa tarefa como estranha à ciência do direito: a própria formalíssima doutrina kelseniana inclui elementos da realidade jurídica (cf. vol. 2, cap. II, 11-12; cap. III, 9). De fato, como se verá mais amplamente em seguida (cf. *infra*, cap. XI, 1-3), essa exposição é de competência da filosofia, e precisamente da lógica clássica. Os requisitos enunciados pelos juristas para identificar o sistema jurídico externo não são senão princípios lógicos designados com nomes diversos dos tradicionais.

Capítulo IX
A delimitação para baixo de uma teoria do sistema externo

Pontos de intersecção e desenvolvimentos do discurso. Uma teoria do sistema externo deve, antes de tudo, estabelecer o próprio ponto de partida, a própria delimitação para baixo, ou seja, o grau zero do sistema: é o que faremos no presente capítulo. No próximo, serão fixadas as características formais do sistema externo. Enfim, o cap. XVII identificará o ponto de chegada do sistema externo, ou seja, sua delimitação para o alto; e chegará a isso depois de uma ampla análise do uso do sistema externo no direito do século XIX (caps. XI-XV).

O modo pelo qual ordenar em sistema a matéria a ser exposta depende do estudioso. O primeiro passo para uma teoria do sistema externo consiste, portanto, em identificar as tentativas que *não* são ainda um sistema externo: por exemplo, a ordem alfabética ou as glosas medievais. Outros sistemas são supérfluos ou aparentes, porque usam em três modos pleonásticos ou atécnicos os termos "sistema" ou "estrutura": 1. para Baumgarten, a teoria de Liszt e de Beling é "fundamental para a construção (*Aufbau*) de uma teoria geral do delito". Aqui *Aufbau* (construção, estrutura) pode ser eliminada sem prejudicar o sentido; de fato, Beling fala apenas de "doutrina do delito"; 2. "estrutura" aparece em um contexto jurídico, porém com um significado técnico próprio de outras ciências: Pigliaru a entende como "conjunto das relações econômicas"; 3. "estrutura" é usada no sentido técnico definido por cada autor, mas diverso de "sistema externo": estas páginas devem ser integradas com aquelas sobre o estruturalismo francês (vol. 3, cap. II).

Certas construções sistemáticas se resolvem em sistemas pleonásticos ou aparentes. Eles podem também ser úteis para a exposição ou para a didática, mas não dizem nada sobre o sistema externo em sentido técnico, porque são a reformulação esquemática ou classificatória dos dados a serem descritos: essa técnica, se aplicada a um setor limitado, pode produzir uma fragmentação que, nascida para esclarecer, corre o risco de obscurecer. Veremos alguns exemplos, seguindo os passos de Jhering, no fictício assessor Hühnerfuss ou no real juiz Strippelmann.

O construtor de um sistema externo não age de maneira formalmente diversa da do construtor de um sistema pleonástico ou aparente, porém os resultados a que os dois chegam apresentam uma diferença substancial: o sistema pleonástico é um gesto de boa vontade sistemática do qual se pode prescindir; ao contrário, o sistema externo propõe uma ordem que não se percebe à primeira vista no objeto e, portanto, cumpre uma importante função expositiva. Por isso, superado o grau zero do sistema, no próximo capítulo pode-se iniciar a verdadeira e própria exposição do sistema externo. Ela se concluirá no cap. XVI, identificando no sistema abrangente a delimitação para o alto do sistema externo.

1. O grau zero do sistema

Esta primeira e sumária análise do sistema jurídico externo põe um problema concreto: se a ordem que o sistematizador pode atribuir à matéria depende de sua escolha, qualquer construção sua – desde que respeite determinadas regras lógicas – poderá ser objeto de uma investigação que, como a presente, se ocupe da estrutura como *terminus ad quem*. Desse modo, porém, a quantidade de material a ser examinada torna-se imensa. De fato, a história semântica de "sistema" mostrou que já há muitos séculos o termo "sistema" designa quase exclusivamente o sistema externo, e o exame das teorias jurídicas, nos próximos capítulos, confirmará que também na ciência jurídica este é o sistema historicamente inicial e quantitativamente mais disseminado. Uma tipologia dos sistemas jurídicos deve, portanto, estabelecer de qual ponto iniciar a própria análise. Uma bimilenar evolução histórica – como a do pensamento sistemático na ciência jurídica – oferece um grande número de exemplos, em cada um dos quais a noção de sistema externo assume nuanças diversas. Para identificar com a máxima clareza possível o objeto da investigação, é preciso estabelecer preliminarmente de quais graus do sistema externo *não* pretendemos tratar.

Uma primeira definição desse objeto se tem *ex negativo*: não é sistemática a exposição que se move entre os ramos do direito com a mesma arbitrariedade com que Bouvard e Pécuchet realizam suas caóticas incursões em todo o saber humano. Aqui falta alguma ordem na aprendizagem, e tudo é confiado ao acaso. Quando um dos dois *bonshommes* flaubertianos expõe em uma disputa as noções aprendidas, a única regra para a construção do discurso é o arbítrio do falante. Esse critério (se de critério se pode falar) transfere para a epistemologia aquilo que na cosmologia se chama caos. Não existe (nem se persegue) uma ordem na aprendizagem e na exposição de noções: o saber é *congestum, sed non digestum*.

Um primeiro indício de ordem se percebe, ao contrário, no método do Autodidata, descrito por Jean-Paul Sartre: "Foi pegar o primeiro livro da primeira prateleira à extrema direita e o abriu na primeira página, com um sentimento de respeito e de terror unido a uma decisão inabalável. E hoje está em L. K depois J, L depois K. Passou brutalmente do estudo dos coleópteros ao da teoria quântica, de uma obra sobre Tamerlano a um libelo católico contra o darwinismo, sem jamais esboçar um momento de dúvida. Leu tudo; armazenou na sua cabeça a metade do que se conhece sobre a partenogênese, a metade dos argumentos contra a vivissecção. Atrás dele e diante dele existe um universo. E se aproxima o dia em que ele, fechando outro volume da última prateleira da extrema esquerda, dirá: 'E agora?'."[1] Talvez seja para evitar este obstáculo que Borges prefere imaginar uma biblioteca "ilimitada e periódica".

---

1. Jean-Paul Sartre, *La nausea*. Tradução de Bruno Fonzi, Mondadori, Milano, 1966, pp. 48 s.

Tratar o saber segundo a ordem alfabética, porém, é não apenas a técnica de aprendizagem de um indivíduo não-genial, mas também a atitude intelectual típica dos iluministas. Justamente os autores que rejeitavam a noção de sistema abstrato acreditavam que todo o saber humano pudesse ser catalogado e transmitido em ordem alfabética: a *Enciclopédie*, o *Dictionnaire historique et philosophique* de Pierre Bayle, o *Dictionnaire philosophique* de Voltaire são uma prova disso. Do ponto de vista da organização da matéria, os resultados parecem coincidir com os dos heróis flaubertianos; mas na realidade a desordem não é total. A desagregada matéria em ordem alfabética recebe uma sua ordem do sistema que está na cabeça do leitor iluminista: sistema empírico, como já foi visto, e não puramente abstrato. Por outro lado, ainda hoje age assim qualquer um que consulte uma enciclopédia: a ordem alfabética permite-lhe encontrar a pedra que falta no edifício que tem em mente.

Na realidade, as enciclopédias tinham começado a seguir a ordem alfabética apenas no início do século XVII. Na Idade Média, as primeiras enciclopédias jurídicas foram as *summulae*, destinadas aos estudantes, ou os *specula*, compêndios que, especialmente na Alemanha, indicaram também as coletâneas legislativas, os Spiegel: ainda hoje se chama "prospecto" um esquema resumido para fins prático-mnemônicos. Também as enciclopédias gerais eram compêndios sistemáticos, em que a descoberta da informação desejada era confiada à sistemática da obra, tanto que algumas dessas compilações podem constituir um exemplo de *arbor scientiarum*[2]. Com efeito, a desordem sistemática da enciclopédia em ordem alfabética é apenas aparente. Do grande sistema que abrange todo o compêndio (e, com isso, todo o saber) passa-se ao sistema no interior de

---

2. Sobre a atmosfera cultural em que nasceram as teorias pré-sistemáticas e as enciclopédias-compêndio, cf. *supra*, cap. I, 9. Entre os autores de enciclopédias gerais encontramos também Alsted, sistematizador por natureza, já lembrado como autor de um aperfeiçoamento da noção de sistema (cf. *supra*, cap. III, 4).

cada verbete ordenado alfabeticamente. Freqüentemente, os enciclopedistas forneciam um quadro ou um comentário que explicava segundo qual projeto tinha sido disposto o material. Essa necessidade de superar a fragmentariedade da ordem alfabética é assim tão forte que também a *Enciclopedia Einaudi* em 1982 explica como se pode "transformar o mosaico do saber em sistema": e o explica com o inteiro volume XV de 1.146 páginas, intitulado exatamente *Sistemática*.

Esse grau zero do sistema não é, porém, uma astúcia retórica para introduzir o argumento verdadeiro e próprio da pesquisa. O nexo entre sistema puramente externo e organização alfabética da matéria é compartilhado também pelo pandectista alemão Georg Friedrich Puchta; e aos pandectistas alemães podem ser dirigidas muitas repreensões, mas não certamente a de tolerar espirituosas argúcias na redação de seus manuais. Portanto, Puchta lamenta que, por demasiado tempo, construir um sistema do direito romano tenha significado encontrar a colocação de um certo instituto, de modo que se pudesse encontrá-lo sem dificuldade, "tanto que é quase de causar espanto o fato de não se ter adotado a solução mais simples, que consistia em escrever em ordem alfabética os manuais sobre as Pandectas"[3]. Essa afirmação é justificada pelo fato de o sistema externo ter nascido sobretudo para finalidades práticas, as quais com o tempo acabaram por carregar-se também de finalidades filosóficas. Reduzindo o sistema externo exclusivamente aos fins práticos, é possível que a ordem alfabética resulte a mais vantajosa para o seu alcance. Com isso, todavia, não se pretende dizer que a ordem alfabética deva ser incluída em uma pesquisa sobre o sistema: sem dúvida, a ordem alfabética é uma das possíveis ordens; mas nem toda ordem é um sistema.

---

3. Georg Friedrich Puchta, *Pandekten*, Zwölfte auf Grund der früheren A. F. Rudorff'schen Bearbeitung sorgfältig revidirte und wermehrte Auflage von Ch. Schirmer, Johann Ambrosius Barth, Leipzig, 1877, p. 15.

No direito, o primeiro embrião de sistema externo (entendido em sentido menos impróprio do que nas páginas anteriores) talvez sejam as glosas de Irnério, que, ao lado de cada excerto do *Corpus iuris*, anotava a colocação de outros trechos sobre o mesmo assunto: com essas anotações, o saber jurídico começava a se transformar de linear em reticular. Em seguida, não faltaram juristas que tentaram uma exposição mais ordenada dos casos concretos, sobre os quais se baseava a tradição romanística. Já nos referimos a eles quando falamos da sistemática dos romanistas (cf. *supra*, cap. I, 7). Contudo, nem toda exposição em certa medida sistemática (no sentido corrente) deve ser objeto de uma investigação sobre o sistema (em sentido técnico): a ambigüidade do termo "sistema" é causa de confusões que seria preciso procurar não perpetuar. Um primeiro passo em direção a esse esclarecimento, a meu ver, pode ser visto no recurso aos termos "estrutura como *terminus ad quem*" e "estrutura como *terminus a quo*".

Antes de tratar da "estrutura como *terminus ad quem*", todavia, é oportuno um ulterior esclarecimento não mais terminológico, mas substancial. Muitas vezes "sistema" e "estrutura" são introduzidos artificialmente no discurso jurídico, porque também sobre ele pesa a secular tradição filosófica que faz coincidir a sistematicidade com a cientificidade. É necessário, portanto, eliminar do campo de investigação aquelas elaborações doutrinárias que – expondo um sistema apenas aparente ou usando "estrutura" em sentido pleonástico – impedem de colocar em evidência o sistema interno e o sistema externo do direito: ou seja, antes de ver em que consistem essas duas noções técnicas de sistema jurídico, é preciso estabelecer qual é o limite inferior da pesquisa, qual é o grau zero do sistema.

2. A estrutura em sentido pleonástico

Na linguagem jurídica, o termo "estrutura" freqüentemente não indica uma conexão específica entre as partes de uma totalidade, objeto da exposição científica, mas, de forma mais simples, significa que a exposição científica terá por objeto uma certa totalidade, ou seja, um certo conjunto coordenado de noções. Nesse sentido, o termo não cumpre nenhuma função específica e pode ser omitido ou substituído por um sinônimo, sem por isso alterar o sentido do discurso. A obra do filósofo sueco Karl Olivecrona foi traduzida em italiano com o título *La struttura dell'ordinamento giuridico*[4], e o título original é apenas *Rättsordningen*, ou seja, o ordenamento jurídico. Portanto, pode-se falar de um uso pleonástico do termo "estrutura" (ou de seus sinônimos). Já Cícero se dá conta disso: ao traduzir para o latim um excerto grego em que comparece o termo σύστημα, prefere omiti-lo e substituí-lo por uma perífrase.

A expressão "uso pleonástico" indica uma pluralidade de nuanças no uso atécnico da noção de estrutura. Os três grupos seguintes representam um dos possíveis critérios para ordenar essa pluralidade.

a) A noção de estrutura é tão genérica que a supressão do termo não prejudica a compreensão do texto. Por isso, neste primeiro grupo, é correto falar de um uso do *termo* – mas não de um uso da *noção* – de estrutura. Por exemplo, Arthur Baumgarten fala de "estrutura da doutrina do delito" (*Aufbau der Verbrechenslehre*) e sustenta que a definição de delito dada por Franz von Liszt e ampliada por Ernst Beling é "fundamental para a construção (*Aufbau*) de uma teoria geral do delito"[5]. Aqui, o termo *Aufbau* não tem nem uma função precisa nem um significado preciso e pode ser eliminado do contexto sem prejudicar seu significado. Uma contraprova do caráter pleonástico desse uso é dada pelo fato de que Ernst Beling, ao tratar do mesmo argumento, fala apenas de "doutrina do delito"[6].

---

4. Karl Olivecrona, *La struttura dell'ordinamento giuridico*. Prefácio de Enrico Pattaro, Etas Kompass, Milano, 1972, XI-335 pp.

5. Arthur Baumgarten, *Der Aufbaun der Verbrechenslehre. Zugleich ein Beitrag zur Lehre vom Strafverhältnis*, Mohr, Tübingen, 1913, p. 89.

6. Ernst [Ludwig] Beling, *Die Lehre vom Verbrechem*, Paul Siebeck, Tübingen, 1906, XI-548 pp.

O filósofo neo-helênico Konstantin Despotopoulos intitula um ensaio seu de *O sistema do direito. Estrutura e função do direito*. Em termos mais rigorosos, esse título parece mais um pleonasmo do que uma tautologia. De fato, o sistema do direito é uma construção ("estrutura") preordenada para determinados fins ("função"). Cai, assim, o termo "estrutura", porque já está contido no termo "sistema". Mas "sistema do direito" indica apenas que, nas concepções do autor, o direito é uma totalidade harmônica e que precisamente tal totalidade será objeto de sua exposição. Cai, assim, também o termo "sistema". O verdadeiro título do ensaio seria, portanto, "O direito"; e este é, de fato, o conteúdo do ensaio[7].

Em um ensaio sobre a estrutura do direito, o próprio Arthur Kaufmann propõe os sinônimos do termo "estrutura" do qual faz uso: "Qual forma substancial, qual estrutura ontológica, qual construção ôntica tem essa entidade que chamamos Direito?"[8].

Enfim, Vittorio Frosini, quando fala de uma "estrutura jurídica do ofício", propõe "uma determinação, a mais rigorosa possível, do ofício, entendido em sentido específico"[9]. Em outros termos, propõe-se definir o ofício, por ele entendido como "uma situação jurídica ativa, que consiste no desenvolvimento de uma função, que é o dever da representação, e caracterizada pela atribuição de obrigações e poderes em relação ao representado"[10]. Ao fazer isso, deve considerar o ofício, sobretudo, do ponto de vista externo: é significativo que, no seu ensaio, os sinônimos mais freqüentes de "estrutura do ofício" sejam "fisionomia jurí-

---

7. Konstantin Despotopoulos, *Il sistema del diritto. Struttura e funzione del diritto*. "Rivista internazionale di filosofia del diritto", XXXVIII, 1961, pp. 164-78.

8. Arthur Kaufmann, *La struttura ontologica del diritto*, "Rivista internazionale di filosofia del diritto", XXXIX, 1962, p. 549.

9. Vittorio Frosini, *La struttura giuridica dell'officio*, em *Studi in onore di Gaetano Zingali*, vol. III: *Diritto privato e storia del diritto*, Giuffrè, Milano, 1965, p. 335.

10. Frosini, *La struttura giuridica dell'officio*, cit., p. 335.

dica do ofício"[11] e "elementos fisionômicos distintivos do ofício"[12].

Referindo a propósito do "ofício" a mais rigorosa definição de estrutura aceita no presente trabalho, a diferença entre estrutura em sentido técnico e estrutura em sentido pleonástico pode ser assim ilustrada: uma pesquisa estrutural em sentido técnico deveria identificar um *sistema* do ofício, em que encontrassem colocação o pátrio poder, o poder marital, o poder tutorial, a atividade do executor testamentário, a do administrador da sociedade anônima e todas as outras situações ativas que Frosini reúne na noção de ofício. A estrutura (em sentido técnico) do ofício deveria então ser o conjunto das relações que unem entre si cada parte constituinte desse sistema do ofício.

b) No segundo grupo dos significados atécnicos existe um uso tanto do *termo* quanto da *noção* de estrutura. De fato, os autores não só usam o termo, mas dão a ele também uma definição, que, porém, desloca o discurso sobre um plano diverso da análise estrutural do direito. Típico é o caso de alguns autores que tratam de assuntos jurídicos falando de "estrutura", mas referindo este termo a uma realidade diversa da jurídica: por exemplo, Antonio Pigliaru a entende como "conjunto das relações econômicas"[13], Widar Cesarini Sforza a relaciona à sociedade[14], Nino Nava, à pessoa[15].

Também uma coletânea de ensaios de Bobbio intitula-se *Da estrutura à função*[16], mas aqui a contraposição dos dois termos tem um significado técnico-júrídico. No plano teó-

---

11. Frosini, *La struttura giuridica dell'officio*, cit., p. 333.
12. Frosini, *La struttura giuridica dell'officio*, cit., p. 334.
13. Antonio Pigliaru, *La struttura, soprastruttura e lotta per il diritto*, "Rivista internazionale di filosofia del diritto", XXXIX, 1962, p. 279.
14. Widar Cesarini Sforza, *Regola, norma e struttura sociale*, "Rivista internazionale di filosofia del diritto", XXXVI, 1959, p. 673.
15. Nino Nava, *Il diritto naturale come struttura della persona*, "Rivista internazionale di filosofia del diritto", XXXI, 1954, pp. 83-9.
16. Norberto Bobbio, *Dalla struttura alla funzione. Nuovi studi di teoria del diritto*, Comunità, Milano, 1977, 278 pp.

rico, Bobbio contrapõe a análise sistemática à análise funcional do direito; no plano da sua parábola intelectual, essa contraposição sublinha o ocaso dos seus interesses sistemáticos e a aurora de novos interesses funcionais. De fato, a maior parte dos ensaios do volume é dedicada à função promocional do direito, e um ensaio sobre Kelsen de 1973 (data significativa, porque em 1972 um Bobbio cada vez mais politólogo passou para a Faculdade de Ciências Políticas) sublinha a diferença entre estudo sistemático e estudo funcional do direito. A doutrina pura do direito "resultou no fato de que os estudos de teoria geral do direito foram orientados durante muito tempo mais para a análise da estrutura dos ordenamentos jurídicos do que para a análise da sua função". Mas agora se percebe a mudança de direção em Bobbio: "O direito não é um sistema fechado e independente, mesmo que nada impeça de considerá-lo como tal quando nos colocamos do ponto de vista de suas estruturas formais" (assim como tinha feito o próprio Bobbio); o direito é também um subconjunto da sociedade, que se distingue dos outros por sua função. A nova teoria funcionalista deve ser vista "em acréscimo e não em contraposição à teoria estruturalista dominante"[17]. Portanto, mesmo que a atenção de Bobbio se volte agora para a função do direito, a noção de que faz uso resulta clara, seja pela contraposição entre estrutura e função, seja por seus precedentes estudos sobre o ordenamento jurídico: portanto, "estrutura" tem, aqui, um sentido técnico-jurídico, e o fato de que Bobbio se concentre sobre a função depende da economia do volume, e não da imprecisão do seu conceito de estrutura.

Todavia, falar de estrutura em um contexto jurídico não é necessariamente uma análise estrutural do fenômeno jurídico: pode-se falar de estrutura, mas referi-la a uma disciplina diversa do direito, mesmo que o contexto seja dedicado ao direito; pode-se falar de estrutura em mais acepções técnicas, desenvolvendo uma análise *estrutural* do direito;

---

17. Bobbio, *Dalla struttura alla funzione*, cit., p. 8.

por fim, pode-se falar de estrutura em um sentido técnico muito específico, derivado do estruturalismo francês, desenvolvendo uma análise *estruturalista* do direito. A diferença entre análise *estrutural* e análise *estruturalista* é aprofundada no vol. 3, cap. II, 1 e 10).

c) No terceiro grupo, enfim, usa-se tanto o *termo* quanto a *noção* de estrutura, e desta última se dá uma definição que tem relevância para o direito. Contudo, o termo "estrutura" é conscientemente usado para identificar uma teoria jusfilosófica precisa, que – entre outros – diz respeito também à organização das normas e das proposições jurídicas. Por isso, considero atécnica essa noção e pleonástico o seu uso: "estrutura", nesses contextos, indica uma construção conceitual que diz respeito nem sempre e não somente aos problemas jurídicos intra-sistemáticos, ou seja, estruturais em sentido técnico. Isso é tão verdadeiro que, nesses contextos, os próprios autores substituem freqüentemente o termo "estrutura" por outros, considerados até mesmo mais claros ou mais caracterizantes.

Um exemplo respeitável é Santi Romano, que na parte mais tardia de sua obra tende a substituir por "estrutura" o termo que dá nome à sua doutrina, ou seja, "instituição"[18].

Paradigmático, nesse sentido, é um ensaio de Vittorio Frosini, em que o direito é concebido como morfologia da práxis[19]: esse escrito é posto aqui em relação com a noção de sistema externo da qual se ocupa o presente volume, e sua relação com o estruturalismo francês é analisada no vol. 3, cap. II, 7, a. Trata-se de um morfologismo idealista, que no plano filosófico pode ser reconduzido a Nikolai Hartmann (do qual se encontra aqui a noção de "forma interna") e no

---

18. Santi Romano, *Frammenti di un dizionario giuridico*, Giufrrè, Milano, 1947, *passim*.

19. Vittorio Frosini, *La struttura del diritto*, Giuffrè, Milano, 1962, p. 206. Essa noção de estrutura se relaciona ao que Frosini tinha exposto no Congresso Nacional de Filosofia do Direito (*Formalismo e morfologia nella logica e nel diritto*, "Rivista internazionale di filosofia del diritto", XXXIX, 1962, pp. 394-9). Não tem, ao contrário, nenhum ponto de contato com o escrito mais tardio *La struttura giuridica dell'officio*, da qual se falou (cf. *supra*, nota 9).

plano jusfilosófico a Giuseppe Capograssi; o que não exclui naturalmente outras influências, de Goethe aos gestaltistas a Dilthey. Entre essas diretrizes culturais, o direito é concebido como uma "forma interna da ação", ou seja, como "a estrutura que assegura a salvação e certeza da ação, resgatando-a de sua vitalidade efêmera para conceder-lhe estabilidade e sobrevivência, sacralidade, graças a um progresso de alienação da vontade psicológica do agente"[20].

Uma similar "estrutura do direito" é diversa da que constitui o objeto desta pesquisa. Esta última, de fato, se propõe examinar o conjunto de relações que unem cada parte de um sistema externo e, em seguida, cada norma de um sistema jurídico. Frosini, ao contrário, estuda a função que o direito cumpre como estrutura do agir social: "O direito constitui [...] o conjunto das formas que conferem uma estrutura própria ao agir social."[21]

Talvez não exista senão um ponto em comum entre sua "estrutura do direito" e a que discutirei em seguida: seguindo a distinção proposta pelo polonês Wladislaw Tatarkiewicz, poder-se-ia dizer que – tanto para a pesquisa de Frosini quanto para a presente – a *forma* de que se fala não é mais aquela que, por tradição, era contraposta à *matéria*, mas, ao contrário, aquela que se contrapõe ao *conteúdo*[22]. Fora isso, não existem outros pontos de contato; nem deve induzir em engano o fato de que se fale de "estrutura do direito" nas duas pesquisas. Na de Frosini, aquele genitivo é um genitivo subjetivo; nesta, um genitivo objetivo. Naquela, fala-se da estrutura que o direito *é* (em relação ao agir social); nesta, da estrutura que o direito *tem* (como sistema de normas). Naquela se quer assim construir uma morfologia do agir; nesta, uma morfologia do direito.

Trata-se, em suma, de duas análises do direito diversas. No discurso de Frosini, porém, o termo "estrutura" pode

---

20. Frosini, *La struttura del diritto*, cit., p. 13.
21. Frosini, *La struttura del diritto*, cit., p. 5.
22. Wladislaw Tatarkiewicz, *Due concetti di forma e due concetti di contenuto*, "Rivista di filosofia", LII, 1961, pp. 3-13.

ser substituído, por exemplo, por "ossatura", por "forma interna" ou – como o autor mesmo propõe – por "morfologia", sem comprometer o sentido do discurso. Nisto apenas consiste a atecnicidade do termo. Em sentido técnico, ao contrário, "estrutura" designa univocamente as relações entre as partes que constituem uma totalidade. Portanto, em sentido atécnico o termo é substituível; em sentido técnico, ao contrário, é insubstituível: neste último sentido aparecerá nas páginas seguintes.

Consideremos agora o valor do termo em cada um dos três grupos agora examinados: no primeiro grupo, o termo é sem dúvida eliminável, ao passo que no segundo e no terceiro é substituível por outros. Move-se, assim, em um espaço compreendido entre a ausência de consideração estrutural e seu primeiro início, que todavia permanece ainda confinado ao campo da atecnicidade, porque não chega à construção de um sistema externo.

A noção de atecnicidade, que nesta pesquisa está freqüentemente associada a um certo uso do termo "estrutura", deve ser entendida em um sentido limitado. Ela exprime apenas um juízo de fato sobre a conformidade de um certo uso daquele termo em relação à definição de estrutura aceita neste trabalho, em que "estrutura" é equivalente a "sistema externo"; ou seja, não se apresenta como um juízo de valor. Esse juízo de fato sobre a conformidade à definição é relativo em um duplo sentido: em primeiro lugar, ele está e cai com a definição de estrutura proposta nesta pesquisa; em segundo lugar, ele pretende ser aceito apenas no âmbito do direito. É, de fato, possível que uma consideração estrutural seja atécnica no direito e técnica, ao contrário, em outra disciplina. Isso vale, sobretudo, para os autores examinados no segundo e no terceiro grupo: por exemplo, se por estrutura se entende o conjunto das relações econômicas, o uso do termo é atécnico em relação ao mundo jurídico (de fato, não explica diretamente nem as relações entre normas, nem as relações entre as proposições que as descrevem), mas não o é necessariamente também para o mundo econômico.

3. Os sistemas pleonásticos e aparentes

O uso pleonástico do termo "estrutura" e dos seus sinônimos indica uma abordagem estrutural que, na realidade, não tem lugar, ou uma análise estrutural diversa da estruturalista. Analogamente acontece, às vezes, de se dar início a uma construção sistemática que, na realidade, não é necessária. Visto que até aqui o sistema foi ainda entendido em sentido atécnico, a afirmação de que determinada construção sistemática seja necessária ou não depende da definição de sistema da qual se parte: um sistema expositivo pode parecer supérfluo com base nas três características do sistema externo já identificadas (a *caoticidade* do dado a ser sistematizado; a referência à *ciência* que estuda determinado objeto; o caráter *lógico* do nexo que une cada elemento do sistema externo, cf. *supra*, cap. VIII, 2), ao passo que para seu autor (e também para uma parte dos leitores) pode ficar muito bem assim como está.

a) Um exemplo de sistema pleonástico

Partindo da concepção de que a cientificidade de uma exposição é diretamente proporcional à sua sistematicidade, alguns autores introduziram classificações, partições e subdivisões quando a matéria não o exigia. Pretendendo construir um sistema, acabam por construir uma aparência de sistema. Poder-se-ia falar de um sistema aparente (*Scheinsystem*), cuja eliminação não prejudica, mas freqüentemente é útil à exposição[23], ainda que o contrário possa ser verdadeiro, como se verá.

---

23. Seria mais rigoroso distinguir um *uso pleonástico do termo "sistema"* (quando designa um *sistema aparente*) e um *sistema aparente* (como resultado da atividade do estudioso do direito). Porém, essa distinção não oferece, na prática, nenhum esclarecimento apreciável, existindo – neste caso – uma correspondência biunívoca entre o termo que designa a coisa e a coisa designada pelo termo. Em resumo, o sistema aparente é um sistema que parece existir

Um belo exemplo nos vem da jurisprudência alemã do século XIX. Seguindo os esboços de Rudolf von Jhering – que em cartas anônimas publicadas na "Deutsche Gerichtszeitung" escreveu uma sátira da construção jurídica por ele mesmo anteriormente praticada – um epígono seu ainda hoje desconhecido dá um quadro muito claro do que se pode chamar de sistema pleonástico ou aparente[24].

Tratando do problema dos juristas práticos que se dedicam a construções teóricas, o desconhecido crítico lamenta que "se publique com a mesma celeridade com que se pensa ou se fala" e que, desse modo, as mais insignificantes sentenças sejam publicadas em inúmeras revistas locais. Mas essa grafomania é ainda mais alarmante quando, com base em casos concretos, o prático do direito tenta a construção teórica. Rudolf von Jhering tinha criado um alvo imaginário para suas críticas anticonstrutivistas, o Assessor Hühnerfuss; seu anônimo seguidor tem, ao contrário, seu alvo concreto em um estimado juiz de Kassel, Friedrich Georg Lebrecht Strippelmann. Ele tinha publicado uma coletânea das próprias sentenças, que obtivera um certo sucesso até mesmo além das fronteiras do Eixo Eleitoral; em seus livros teóricos, porém, deixava-se levar pelo desejo de uma cientificidade sistemática, chegando a escrever aquelas estranhezas que o desconhecido crítico lhe censurava. Sirva de exemplo uma por todas.

---

mas não existe, e o sistema pleonástico é um sistema que existe mas do qual se pode prescindir. A distinção é lingüisticamente aceitável, mas não praticamente aplicável, como demonstra a exposição seguinte.

24. [Anônimo], *Vertrauliche Briefe eines Unbekannten über die heutige Deutsche Jurisprudenz*. Dritte (civilprocessualistische) Serie. Zweiter Brief, "Deutsche Gerichts-Zeitung" (Berlin), 1866, n.º 16, pp. 61-3. Sobre essa carta apócrifa, que se inseriu na bem-sucedida série iniciada por Jhering, cf. *Bibliographie Rudolf von Jherings*, Nr. 33, em Losano, *Studien zu Jhering und Gerber*, Gremer, Ebelsbach, 1984, p. 218 s. Nessa bibliografia encontram-se indicações sobre as cartas, tanto autênticas como apócrifas. As cartas autênticas de Jhering estão também em *Serio e faceto nella giurisprudenza*. Tradução de Giuseppe Lavaggi. Introdução de Filippo Vassalli, Sansoni, Firenze, 1954, XXXI-445 pp.

Quando em um litígio o documento apresentado pelo donatário é rejeitado como não-autêntico pelo suposto doador, Strippelmann julga que se deva comparar o documento em discussão com outro seguramente proveniente do suposto doador, com a finalidade de averiguar se a grafia dos dois documentos é coincidente ou diferente. "Em geral – escreve Strippelmann –, os pressupostos para que se possa admitir a comparação das grafias são os seguintes: a existência, seja do escrito do qual se deve provar a autenticidade, seja do escrito que deve servir como termo de comparação. Em relação ao I. do primeiro se exige, independentemente da relevância do conteúdo, que ele a) não apenas tenha existido, mas *ainda exista*: b) deve também apresentar-se como se convém, e precisamente α) ser apresentado no original [...]; β) a autenticidade do documento não deve se apresentar como completamente demonstrada."[25] E assim por diante. Essa paixão classificatória nasce da boa intenção de ser claro: mas a fragmentação que deriva disso pode levar ao resultado oposto. Trata-se, de qualquer modo, de uma relação entre autor e leitor, e não de uma contribuição à teoria do sistema externo.

Esse caso-limite de sistema nos exime da apresentação de outros exemplos. Todavia, uma teoria dos sistemas jurídicos deve levar isso em conta não apenas para a completude da exposição, mas também, como se esclarecerá a seguir, para evitar erros de avaliação.

b) *O sistema pleonástico e o conjunto vazio*

Para esclarecer a natureza desse sistema que existe (como nos é proposto por seu autor, bem estruturado em divisões e subdivisões) e não existe (como não é um siste-

---

25. Friedrich Georg Lebrecht Strippelmann, *Der Beweis durch Schrifturkunden. Mit Belegen aus der Praxis der obersten Gerichte*, Fischer, Cassel, 1860-61, vol. II, p. 284.

ma, mas uma reformulação esquemática do que já está implícito na formulação do problema), pode ser útil uma referência à noção de conjunto vazio, que se encontra na teoria matemática dos conjuntos.

O conjunto vazio é definido como aquele conjunto que não contém nenhum elemento. Concorda-se que existe apenas um conjunto vazio e que ele está presente em todos os conjuntos finitos e infinitos. O curioso desse conjunto vazio é que ele não é um conjunto: porém, o conjunto que tem por elemento somente o conjunto vazio já não pode ser dito vazio, precisamente porque contém aquele elemento. Essas asserções podem ser expressas com maior precisão mediante símbolos, que seria todavia supérfluo citar aqui.

Como o conjunto vazio é um conceito-limite na teoria dos conjuntos, assim o sistema pleonástico ou aparente é o conceito-limite de uma teoria geral dos sistemas filosóficos e, em particular, jusfilosóficos. Como o conjunto vazio não é um conjunto, mas faz parte de todos os conjuntos, assim o sistema pleonástico ou aparente não é um sistema, mas – em seu aspecto exterior e na intenção de quem o redige – se apresenta como um sistema externo, ou seja, como estrutura que constitui o *terminus ad quem* da atividade do sistematizador.

c) As funções do sistema pleonástico

É necessário agora esclarecer dois pontos: em primeiro lugar, por qual motivo é aqui proposto o conceito de sistema pleonástico ou aparente em uma teoria geral dos sistemas; em segundo lugar, qual é sua função em uma teoria dos sistemas jurídicos.

O sistema pleonástico ou aparente constitui a rigorosa delimitação para baixo de uma teoria geral dos sistemas. É o ponto de contato entre o sistemático e o não-sistemático, entre o caos das percepções sensoriais e o rigor do conhecimento científico. Em uma teoria geral dos sistemas, pode –

no fundo – ser considerado uma *elegantia systematica*, tendo apenas a função teórica de delimitar para baixo o âmbito do discurso.

Passando, porém, da teoria geral dos sistemas à teoria dos sistemas *jurídicos*, a introdução do sistema pleonástico ou aparente assume também um valor prático. Ao examinar os vários sistemas externos elaborados no decorrer do tempo, tinha-se observado que também os que mais permaneciam na superfície da matéria tratada cumpriam, de qualquer modo, uma útil função didática. Voltarei a tratar mais amplamente desse tipo de sistema externo: aqui importa sublinhar apenas a função esclarecedora que ele tem em relação à matéria tratada. Visto que as críticas de inutilidade e de arbitrariedade são freqüentemente justificadas em relação ao sistema pleonástico ou aparente, mas nem sempre o são em relação ao sistema externo, e visto que o mérito da clareza e da didaticidade é sempre justificado em relação ao sistema externo, mas não o é quase nunca em relação ao sistema pleonástico, incluí-los na mesma categoria poderia levar a conclusões inadmissíveis. Daí a utilidade prática, para uma teoria dos sistemas jurídicos, de distinguir entre sistemas pleonásticos (ou aparentes) e sistemas externos.

d) A importância da noção de sistema pleonástico para uma teoria do sistema jurídico externo

Se nos basearmos apenas na forma exterior, correremos o risco de igualar o sistema pleonástico ou aparente ao sistema externo e de chegar, assim, a uma destas duas conclusões extremas: ou se estende ao sistema pleonástico o juízo positivo que nasce das vantagens (predominantemente práticas) ínsitas no sistema externo de tipo didático; ou se estende ao sistema externo de tipo didático aquele juízo negativo que se costuma pronunciar em relação ao sistema pleonástico ou aparente. A teoria dos sistemas jurídicos externos passaria assim a incluir no primeiro caso alguma coisa que não é sistema, e no segundo caso colocaria sobre uma base errônea a avaliação do sistema externo. Esse erro assume particular gravidade em campo jurídico porque o sistema externo de tipo didático é a construção mais disseminada na ciência do direito. Por outro lado, os dois sistemas apresentam analogias que tornam, às vezes, muito difícil distinguir um do outro.

No plano abstrato de uma teoria geral dos sistemas, por exemplo, passa-se sem solução de continuidade do sistema pleonástico à estrutura como *terminus ad quem*. Ou seja, o sistema pleonástico ou aparente se apresenta como a forma mais elementar daquilo que Christian Wolff chama de "pseudo-sistema", Gustav Radbruch, de "sistema didático" e Adolf Trendelenburg, de "sistema de ordenamento". Ou seja, seria o primeiro passo em direção a uma consideração estrutural em sentido técnico, mesmo permanecendo ainda externo.

Essa observação é exata na medida em que se refere à técnica de construção do sistema externo, porque em ambos os casos procede-se a uma análise do objeto e a uma exposição sistemática do resultado dessa análise. Todavia, a construção de um sistema externo implica a individuação de *genera proxima* e de *differentiae specificae*, que permitem uma organização perspícua e didaticamente eficaz da matéria. Ao contrário, a construção de um sistema pleonástico ou aparente limita-se, em resumo, a elencar separadamente o que já estava cumulativamente contido na formulação do problema. Ou seja, o sistema externo chega a conclusões que eram implícitas nos dados, mas não evidentes; o sistema pleonástico ou aparente, ao contrário, limita-se a uma reformulação (às vezes mais rigorosa, cada vez mais complicada) do problema a ser analisado.

Mas por que a mesma técnica leva a resultados tão diversos? Uma resposta a essa pergunta pode ser dada examinando a extensão da matéria que o sistematizador trata: se a matéria é suficientemente extensa (no limite, todo o direito, como acontece nos vastos trabalhos de certos juristas), a técnica acima exposta gera um sistema de tipo didático; ao contrário, se a matéria é demasiado limitada, gera um sistema pleonástico ou aparente. A excessiva limitação da matéria permite uma nova disposição dos elementos em exame, a qual se diferencia, porém, bem pouco da sua disposição originária. Já no sistema de tipo didático, a grande extensão da matéria torna impossível ao leitor ou ao discente ter simultaneamente presentes todas as relações entre as partes da matéria tratada e é, portanto, tarefa do sistematizador evidenciar as relações que permaneceram ocultas.

Para comprovar essa tese bastará um exemplo extraído do direito internacional bélico. Giorgio Cansacchi constrói um sistema pleonástico da guerra naval e outro da guerra aérea: "A guerra marítima é caracterizada por dois elementos: *a)* pelo *teatro* da guerra, que se desenvolve no mar [...]; *b)* pelo meio bélico utilizado, porque os atos de hostilidade são realizados por *navios*."[26] Análoga é a sistematização da guerra aérea: "A guerra aérea é aquela que se desenvolve no *ar*. Ela é caracterizada por dois elementos: *a)* pelo *teatro* da guerra, porque a luta armada se desenvolve no ar [...]; *b)* pelo *meio bélico* empenhado, porque as hostilidades são conduzidas por meio de aviões."[27] Pode-se dizer somente que sistemas desse tipo, no fim das contas, não prejudicam.

Essas analogias e diferenças explicam por que o sistema pleonástico ou aparente está incluído entre as considerações estruturais mas é aqui tratado *in limine* à matéria. Ele, de fato, mesmo permanecendo externo ao direito, identifica um primeiro germe de ordem na exposição de cada uma de suas partes. Essa atividade, porém, é supérflua, porque, pela limitação do objeto sistematizado, a ordem já está claramente visível nos dados, nem há necessidade de um esclarecimento. Mais que um sistema, é a boa intenção de

---

26. Giorgio Cansacchi, *Nozioni di diritto internazionale bellico*, Giappichelli, Torino, 1963, p. 120.
27. Cansacchi, *Nozioni di diritto internazionale bellico*, cit., p. 136.

construir um sistema, que – por razões objetivas – se reduz a uma reformulação (talvez também sagaz) dos termos do problema. O sistema pleonástico acaba, assim, por operar não sobre a estrutura do direito ou da ciência do direito, mas sobre a estrutura de determinada proposição.

O diverso objeto da investigação identifica com clareza a diferença entre o sistema pleonástico ou aparente e os sistemas externos mais restritos, que se costuma chamar de construções jurídicas[28]. Mesmo esta última noção tornou-se parte integrante da ciência jurídica, sem que tenha sido analisada a fundo sua relação com a noção de sistema externo, outro indefinido pilar da mesma ciência. A tarefa do presente estudo é, portanto, dupla: definir, antes de tudo, o que é o sistema externo, seja em geral, seja na ciência jurídica; pôr em evidência em seguida qual é a relação que une a noção geral de sistema, assim esclarecida, com aquela mais especificamente jurídica de construção. A essa altura deveria resultar mais clara a diferença entre a construção jurídica e o sistema pleonástico ou aparente, por ora provisoriamente sintetizável da seguinte forma: enquanto a construção jurídica tenta uma abordagem estrutural (em sentido técnico) a um limitado setor do direito, o sistema pleonástico ou aparente consiste na decomposição de uma proposição jurídica, cujos elementos são, em seguida, reordenados segundo um esquema analítico; mas neste último caso realizou-se uma operação sobre a estrutura (em sentido atécnico) da proposição, o que não tem nada em comum com uma análise da estrutura (em sentido técnico) do direito, entendido seja como direito positivo, seja como ciência desse direito.

Embora a atividade de quem constrói um sistema externo não seja formalmente diversa daquela de quem cons-

---

28. No decorrer deste volume voltarei a tratar da noção de construção jurídica, que redefinirei e usarei em sentido ligeiramente diverso do corrente. Aqui, ao contrário, uso ainda o termo na acepção tradicional. Para a redefinição por mim proposta, cf. *infra*, cap. XIII, 1.

trói um sistema pleonástico ou aparente, uma diferença substancial impõe distinguir nitidamente as duas atividades. O sistema pleonástico poderia também não existir, e a exposição não seria afetada por isso; mas, se existe, não prejudica. Hoje, dir-se-ia que a redundância aumenta a certeza da comunicação. Mas essa idéia já tinha sido expressa por Ulpiano para os atos jurídicos: *"Non solent, quae abundant, vitiare scripturas"* (Dig. 50, 17, 94). Os *aforismos* medievais tinham reafirmado essa idéia (*"superflua admittere securius est, quam necessaria omittere"*), porque o supérfluo pode ser um esclarecimento, uma ajuda à interpretação (*"superfluum non est, quod ad declarationem ponitur"*). Enfim, lapidar, Santo Agostinho: *"Superflua non nocent"* (*De civitate Dei*, 4, 27). Ao contrário, o sistema externo revela uma ordem – mesmo sendo externa – que não se percebe à primeira vista nas proposições de uma disciplina, cumprindo assim uma função de clareza expositiva e de eficácia didática que não pode ser subestimada. É por isso que com o sistema externo começa a verdadeira exposição da estrutura como *terminus ad quem*.

Capítulo X
Para uma teoria geral do sistema externo

Pontos de intersecção e desenvolvimentos do discurso. O sistema externo permite a exposição ordenada de cada disciplina, portanto também do direito. Este capítulo identifica os requisitos formais de cada sistema externo e os compara com os problemas específicos do sistema externo *jurídico*. Aos leitores dirijo aqui um conselho: as referências à lógica exigem uma leitura muito atenta e, em caso de dúvida, o recurso a um dicionário de filosofia.

Um sistema consta de *axiomas* (pontos de partida indiscutíveis) e de *teoremas* (conclusões extraídas dos axiomas aplicando a lógica). Os requisitos dos axiomas de um sistema externo são a *coerência*, a *completude* e a *independência*; alguns acrescentam também aqui a *necessidade*. a) *Coerência* significa que os axiomas devem ser compatíveis, ou seja, que não devem estar em contradição. No contexto jurídico, esse requisito exige que o sistema externo jurídico não contenha *antinomias*. b) *Completude* significa que do subconjunto dos axiomas podem ser deduzidos todos os teoremas do sistema e, simetricamente, que não é admissível um teorema não deduzível de um axioma do sistema. A completude se refere apenas aos axiomas; não é, ao contrário, necessário que deles sejam efetivamente deduzidos todos os possíveis teoremas (ou seja, existem axiomas inativos). A completude tem conseqüências importantes para o direito: dado que os teoremas (proposições da ciência jurídica) devem descrever apenas o que está nos axiomas (normas jurídicas) do sistema, o requisito da completude conduz ao *positivismo jurídico*. Mas à completude teórica corresponde freqüentemente a incompletude real dos ordenamentos positivos: surge, assim, o problema das *lacunas*, aqui tratado do ponto de vista da *teoria*, ao passo que as diversas e graves dificuldades postas pelas lacunas na *prática* jurídica são expostas no vol. 2, cap. IV. c) *Independência dos axiomas* significa que cada axioma não deve ser deduzível de outro axioma. Trata-se de um corolário da definição de axioma: um axioma deduzível de um axioma é, de fato, um teorema. d) *Necessidade* dos axiomas significa que eles devem ser os únicos necessários para deduzir o subconjunto dos teoremas. No direito, esse requisito (mais estético do que lógico) exprime, porém, a exigência de não misturar axiomas diversos, por exemplo os axiomas jurídicos com os axiomas religiosos ou ideológicos.

Os quatro requisitos do sistema externo correspondem a princípios lógicos: a coerência corresponde ao princípio da não-contradição; a completude, ao princípio do terceiro excluído; a independência, ao princípio da identidade, e a necessidade recai no requisito da completude. Além disso, esses requisitos não se colocam sobre o mesmo plano. Apenas dois parecem indispensáveis: a coerência e a completude. Mas eles podem ser reduzidos a apenas um: a coerência, sem a qual não pode existir um sistema externo.

1. Os requisitos do sistema externo

A noção de sistema externo, da qual a primeira parte deste trabalho traçou, sumariamente, a longa evolução histórica, é própria de disciplinas diversas: ela de fato, em linha de princípio, é aplicável a qualquer disciplina. Procurando agora identificar os requisitos lógicos de um sistema *jurídico* externo, demonstrar-se-á por outro caminho que o sistema externo pode ser encontrado em todas as disciplinas, portanto *também* no direito. Uma vez que este estudo é realizado por um jurista para outros juristas, objeto da análise será aquele sistema de proposições que leva o nome de ciência do direito; o resultado da análise, ao contrário, terá uma relevância que transcende essa disciplina. De fato, os requisitos de um sistema externo são puramente *formais* e, portanto, a tentativa de manter a qualquer custo peculiaridades jurídicas *substanciais* em um sistema externo tem conseqüências inadequadas. Algumas teorias alemãs do século XIX fornecerão a prova disso. Analisando um sistema externo, que seja, por exemplo, o da ciência jurídica, os requisitos necessários e suficientes para sua existência são três ou (segundo alguns autores) quatro. A diferença entre essas concepções, porém, está mais na formulação do que na substância. Todos os autores, de fato, concordam em indicar como requisitos dos axiomas de um sistema externo a *coerência*, a *completude* e a *independência*; alguns, porém, além da *independência*, falam de sua *necessidade*. Do ponto de vista lógico, necessidade e independência dos axiomas são noções tão ligadas entre si, que seria possível tratá-las conjuntamente. Todavia, a exposição seguinte não aceita essa solução, porque expõe os requisitos formais de um sistema externo, procurando, ao mesmo tempo, ilustrar o significado dessas formulações gerais para a teoria do sistema jurídico. Notar-se-á então que, passando da formulação geral à jurídica, ao requisito da independência dos axiomas vinculam-se problemas jurídicos diversos dos vinculáveis ao requisito de sua necessidade.

a) A coerência dos axiomas

Tadeusz Kotarbiński define o sistema como composto de dois subconjuntos, um de axiomas (o subconjunto A) e um de teoremas (subconjunto T). Coerência significa que os axiomas devem ser compatíveis entre si. Se estivessem em contradição um com o outro, no subconjunto T encontraríamos afirmações contrárias que, porém, seriam ambas verdadeiras, por serem corretamente reconduzíveis a axiomas do subconjunto A. Mas, se fosse verdadeiro, ou um teorema ou seu contrário, faltaria um dos princípios lógicos que regem nosso raciocínio – o princípio da não-contradição – e, portanto, o discurso científico tornar-se-ia impossível. A coerência é o requisito fundamental de um sistema externo e, por isso, é constantemente evocada, mesmo com nomes diversos, por todos os sistematizadores, que vêem nela o mais importante instrumento para realizar aquela exposição clara e eficaz do objeto, à qual tende sua atividade.

O requisito da coerência tem a mesma importância em cada um dos dois subconjuntos. De fato, as incoerências no nível do subconjunto de axiomas geram incoerências no nível do subconjunto de teoremas, tornando todo o sistema inutilizável para fins científicos; em sentido inverso (visto que o subconjunto A dos axiomas é coerente), uma contradição entre dois teoremas do subconjunto T revela um erro, no sentido de que um dos dois teoremas não é reconduzível a nenhum dos axiomas do subconjunto A. De fato, se não existe contradição no nível do subconjunto A (e não pode existir por definição), o fato de que um teorema negue outro teorema do mesmo subconjunto T tem uma única explicação: foi cometido um erro na dedução de um dos dois teoremas contraditórios.

Desse discurso geral pode-se passar a um discurso jurídico. No sistema da ciência do direito, as normas jurídicas de determinado ordenamento cumprem a função de subconjunto de axiomas, ao passo que o subconjunto dos teoremas é constituído pelas proposições que descrevem essas normas jurídicas. Em termos kelsenianos, as normas jurídicas constituem o subconjunto A, e as proposições jurídicas (ou seja, as proposições que descrevem tais normas) constituem o subconjunto T. O requisito fundamental de um sistema jurídico externo seria, portanto, a coerência das normas jurídicas de determinado ordenamento jurídico. Na teoria do sistema jurídico externo emerge, assim, um dos mais debatidos problemas da ciência do direito: o das antinomias. Em um ordenamento jurídico, podem existir normas contraditórias? Se a resposta for afirmativa, existem meios para resolver essa contradição? Esse paralelismo não pode ser tratado aqui, mas é importante assinalar, desde já, que a análise da teoria do sistema externo leva necessariamente a discutir esse problema jurídico fundamental.

Segundo Bobbio, enfim, o princípio de coerência produz efeitos diversos no sistema dedutivo geral, próprio da lógica, e no sistema jurídico. Não é correto falar "de coerência do ordenamento jurídico em seu conjunto: pode-se falar de exigência de coerência unicamente entre cada uma de suas partes. Em um sistema dedutivo, se surge uma contradição, desaba todo o sistema". Ao contrário, a não-aceitação da compatibilidade entre normas do mesmo ordenamento "tem por conseqüência, em caso de incompatibilidade de duas normas, a queda não já de todo o sistema [jurídico], mas apenas de uma das duas normas ou, no máximo, das duas"[1].

Mas, pergunta-se ainda Bobbio, por que essa regra da coerência é vinculante no interior de um ordenamento jurídico? Ou seja, "o dever de eliminar as antinomias é um dever jurídico?". Em cada ordenamento deveria existir uma norma implícita que proíbe as antinomias. Seus destinatários seriam o legislador (que seria proibido de produzir normas antinômicas) e os juízes (que, diante de uma antinomia, deveriam resolvê-la). É preciso distinguir as normas de nível diverso, as normas de igual nível mas posteriores no tempo e, por fim, as normas de igual nível e contemporâneas.

a) se as normas são de nível diverso, a regra da coerência vincula tanto o legislador inferior (que deve, por exemplo, respeitar os limites do mandato) quanto o juiz, que resolve a antinomia aplicando a norma superior.

b) nas normas de igual nível mas posteriores no tempo, a regra da coerência não vincula os legisladores, que podem de fato emanar normas contraditórias; caberá ao juiz resolver a antinomia aplicando a norma posterior. É o caso freqüente da norma que revoga implicitamente uma norma anterior: formalmente estão em vigor ambas as normas, embora contraditórias, mas o juiz é obrigado – com base na regra da coerência – a aplicar a norma posterior.

---

1. Norberto Bobbio, *Teoria generale del diritto*, Giappichelli, Torino, 1993, pp. 208 s.

c) nas normas de igual nível e contemporâneas, a regra da coerência não se aplica ao legislador, podendo haver em um código duas regras contraditórias: as regras do bom *drafting* o desaconselhariam, mas não se pode excluir esse conflito de normas, que são ambas válidas. O juiz decide qual das duas aplicar com base em critérios de fato, tornando coerente o ordenamento jurídico para o caso individual (mas é possível que outro juiz escolha a solução contrária). Isso equivale a dizer que, neste caso, as duas normas em contradição são válidas, mas que só uma pode ser eficaz.

Neste último caso, a coerência condiciona não a validade de um ordenamento, mas sua justiça: diante de duas normas, ambas válidas, falta a certeza do direito, porque o cidadão não sabe nem qual norma seguir, nem qual norma aplicará o juiz; e falta também a igualdade entre os cidadãos, porque situações iguais serão julgadas de modo diverso[2].

b) A completude dos axiomas

Completude significa que o subconjunto A deve ser configurado de modo tal que dele possam ser deduzidas todas as proposições do subconjunto T e, simetricamente, que no subconjunto T não deve figurar nenhum teorema que não seja deduzível de um axioma do subconjunto A.

Desse modo, porém, o requisito da completude vale apenas para um dos dois subconjuntos, e precisamente para o dos axiomas: do ponto de vista teórico, de fato, não há nada de grave se não são desenvolvidos todos os teoremas implícitos no subconjunto dos axiomas; ao contrário, é cientificamente inutilizável o sistema em que figuram teoremas não reconduzíveis ao subconjunto de axiomas próprio desse sistema. Tratarei, em seguida, de alguns problemas ligados à presença desses axiomas que poderíamos chamar de inativos (cf. *infra*, d).

---

2. Bobbio, *Teoria generale del diritto*, cit., pp. 232-4.

Essa formulação abstrata (ou seja, válida para todas as ciências) revela plenamente sua importância quando é traduzida em termos jurídicos. Lembrando que, no sistema jurídico, as normas jurídicas constituem o subconjunto dos axiomas, ao passo que as proposições jurídicas constituem o subconjunto dos teoremas, o que significa "completude" neste tipo particular de sistema externo? Se completude quer dizer que todos os teoremas (proposições jurídicas) devem ser reconduzíveis a axiomas (normas jurídicas), isso significa que a ciência jurídica (subconjunto T) deve limitar-se a descrever as normas jurídicas daquele determinado ordenamento (subconjunto A). Em outras palavras, não seria científico um sistema jurídico externo que descrevesse normas jurídicas inexistentes. Se, ao contrário, um sistema jurídico externo descrevesse de modo errôneo normas jurídicas existentes, retornar-se-ia a um problema de coerência.

Essa asserção parece óbvia porque é, enfim, congênita a um certo modo de pensar do jurista moderno, mas contém uma afirmação de grande importância: objeto da ciência jurídica é apenas o direito positivo. Aplicado ao setor específico do direito, o requisito da completude formulado pela teoria geral do sistema externo se traduz, antes de tudo, em uma tomada de posição metodológica conhecida como positivismo jurídico: se se estabelece que as normas jurídicas de um ordenamento positivo constituem o subconjunto A, não é legítimo deduzir teoremas de outras normas, por exemplo do direito natural ou de preceitos éticos de origem religiosa ou laica. Por outro lado, se se estabelece que o subconjunto A é constituído não por um ordenamento positivo, mas por normas de origem divina ou racional, obter-se-á um subconjunto T conforme ao modificado subconjunto de axiomas: a união dos dois constitui um sistema de tipo jusnaturalista. Ele difere de um sistema juspositivista unicamente por aquele ato – extra-sistemático e ideológico em sentido amplo – que, na escolha do subconjunto A, faz com que determinado jurista prefira o ordenamento jurídico positivo a um ordenamento de origem divina ou racional. Realizada essa escolha, porém, a técnica construtiva do sistema externo é a mesma nos dois casos. Ou seja, ela se funda sobre aquela "pureza" metodológica de que fala Kelsen, a qual rejeita levar em consideração axiomas estranhos aos escolhidos e não aceita descrições científicas não reconduzíveis a eles.

É mérito da doutrina kelseniana ter sublinhado com rigor essa exigência de pureza, que não é outra coisa senão coerência ideológica com uma escolha extra-sistemática. Resta, obviamente, estabelecer se é mais proveitoso, para os fins de uma plena compreensão do fenômeno jurídico, perseguir a construção de um sistema rigorosamente reconduzível aos únicos axiomas escolhidos ou tentar compreender por que se escolhe determinado subconjunto de axiomas, e não outro. A noção kelseniana de pureza, entendida como rigorosa fidelidade aos axiomas escolhidos, ilustra como os sistemas externos são o segmento da atividade jurídica que consiste na dedução de teoremas de certos axiomas, escolhidos com base em um critério extra-sistemático. O mecanismo dessa dedução de axioma a teorema é sempre o mesmo, seja qual for o conteúdo dos axiomas escolhidos. Isto explica por que, quando na jurisprudência da primeira metade do século XIX o método histórico substituiu o jusnaturalista, foi posta em discussão a escolha dos axiomas do jusnaturalismo, ao passo que se aceitava, ao contrário, seu sistema externo, que permitia organizar *também o* direito positivo segundo uma ordem julgada preferível à do *Corpus iuris*.

Mas do requisito da completude deriva outra conseqüência jurídica de grande relevância. Se o subconjunto A é tal que não é possível deduzir dele todos os teoremas do subconjunto T, o sistema é cientificamente inutilizável. Portanto, não só a incoerência, mas também a incompletude do subconjunto dos axiomas invalida toda a construção sistemática, ao passo que, ao contrário, a incompletude do subconjunto dos teoremas não pode ser considerada nem sequer um erro.

Essa diversa relevância dos dois subconjuntos resulta clara comparando a ciência jurídica com as ciências físico-naturais. Nestas últimas, a relação sistemática entre axiomas e descrições se compara sempre com a verificação empírica. Se um cientista descreve um fenômeno que não é reconduzível aos axiomas de sua ciência, deve decidir se sua observação empírica está errada, ou se o sistema dos axiomas deve ser modificado à luz da nova observação. O cientista está sempre disposto a rever os axiomas de sua ciência: aliás, é sobre essa constante revisão que se funda o progresso técnico-científico. Ao contrário, ao jurista falta esse confronto corretivo com a realidade: apenas o legislador pode modificar as normas positivas (ou seja, os axiomas), e o estudioso do direito deve limitar-se a fazer propostas de política legislativa coerentes com os axiomas existentes, ou deve propor alterações revolucionárias que modifiquem o conjunto das normas (ou seja, dos axiomas) existentes. Todavia essas atividades são aspectos do agir prático, e não teórico: com elas, o estudioso do direito se coloca fora do âmbito da construção de um sistema jurídico externo.

A tensão entre as exigências de política do direito e a impossibilidade de intervenção sobre o direito positivo se percebe bem no "sistema aberto" de Wilburg. Na presença de uma lacuna, ele propõe fixar alguns princípios gerais entre os quais o juiz possa escolher. Mas, para serem aplicados pelo juiz, os princípios descobertos pelo cientista do direito devem ser traduzidos em norma positiva pelo legislador (cf. vol. 2, cap. VII).

Também a propósito da completude, Bobbio distingue a diferença entre o sistema em geral e o sistema jurídico, e – como tinha tratado o tema da antinomia a propósito da regra da coerência – assim trata o tema da lacuna em conexão com a regra da completude. É "'incoerente' um sistema em que existem tanto a norma que proíbe um certo comportamento quanto a que o permite; 'incompleto' é um sistema em que não existem nem a norma que proíbe um certo comportamento, nem aquela que o permite"[3]. Enquanto a coerência era uma exigência do sistema externo, a completude é uma necessidade própria do sistema jurídico, porque o juiz não pode nem se recusar a decidir um caso "sob pretexto do silêncio, da obscuridade ou da insuficiência da lei" (art. 4, Code Napoléon), nem decidi-lo com base em uma norma que não faça parte do ordenamento jurídico. Ponto de referência, também para Bobbio, nos problemas da criação do direito por parte do juiz é Eugen Ehrlich, do qual trata o vol. 3, cap. IV, 9.

Em conclusão, é cientificamente inadmissível que um sistema jurídico externo descreva uma norma jurídica inexistente num dado ordenamento jurídico (uma vez que naturalmente aquele ordenamento positivo seja considerado o subconjunto A); ao contrário, não só é possível, mas até mesmo inevitável que a exposição sistemática de determinadas normas jurídicas omita enunciar algumas conseqüências (teoremas) implícitas nas normas que se propõem descrever.

O requisito da completude tem, portanto, uma relevância diversa nos dois subconjuntos que constituem o sistema externo. Em termos jurídicos, essa relevância levanta outro problema fundamental da ciência do direito: o problema das lacunas ou, com formulação mais moderna, o problema da completude do ordenamento jurídico. De fato, o problema das lacunas do ordenamento jurídico é, talvez, o caso mais significativo de transposição de problemas lógico-sistemáticos no mundo do direito. Esse requisito elementar da completude, à luz da ciência jurídica, projeta sombras gigantescas. Por trás dessas sombras, talvez se esconda uma realidade mais exígua e afável, mas aqui devemos nos limitar necessariamente a algumas alusões gerais: uma exposição aprofundada exigiria uma ampla exposição monográfica da vastíssima literatura sobre o problema da lacuna jurídica[4].

---

3. Bobbio, *Teoria generale del diritto*, cit., p. 238.
4. Para um quadro preciso e exaustivo dos problemas relativos a esse assunto do ponto de vista lógico-formal, ver Amedeo G. Conte, *Saggio sulla completezza degli ordinamenti giuridici*, Giappichelli, Torino, 1962, XIV-245 pp.

Teóricos e práticos do direito falam das lacunas em sentido diverso. Os teóricos colocam o problema da possibilidade da existência de lacunas no ordenamento jurídico em geral; os práticos se perguntam, ao contrário, se determinado setor do direito positivo é capaz de regular todos os possíveis casos que nele podem recair. Assim, com base em determinada concepção filosófica, o teórico do direito pode sustentar que em um ordenamento jurídico não podem existir lacunas. O prático, ao contrário, limita-se a constatar que o direito não regula explicitamente uma certa situação de fato e procura eliminar os inconvenientes que decorrem desse silêncio mediante o recurso a princípios também metajurídicos. Por exemplo, o código penal italiano não regulava o furto de eletricidade; a partir do momento em que esse tipo de furto se verificou concretamente, concordou-se em equipará-lo ao furto que pode ter como objeto apenas bens móveis. De fato, a ideologia que está na base do código exige que a propriedade seja tutelada; de outro lado, o direito italiano determina taxativamente quais bens devem ser considerados imóveis.

Essa diversa postura dos teóricos e dos práticos do direito depende do fato de que a completude ou a incompletude de um ordenamento jurídico são definíveis apenas se existe um termo de comparação, em relação ao qual esse ordenamento possa dizer-se completo ou não. No caso dos filósofos do direito da Europa continental, o termo de comparação é o sistema wolff-kantiano: portanto, o sistema jurídico que se baseia sobre essa concepção filosófica tem entre seus requisitos também o da completude. O discurso muda radicalmente quando do ordenamento jurídico em geral se passa a setores concretos de um ordenamento jurídico positivo e, conseqüentemente, muda-se o termo de comparação com base no qual avaliar essa completude. Neste segundo caso, a noção de incompletude (ou seja, de lacuna) torna-se possível ou até mesmo inevitável: por exemplo, o sistema dos direitos reais europeus é lacunoso em relação ao sistema dos direitos reais anglo-saxônicos.

Dessas duas concepções da lacuna jurídica, apenas a dos teóricos do direito é relevante para a exposição do requisito da completude do sistema jurídico externo. Na prática do direito, porém, as lacunas podem criar graves problemas aos juízes, especialmente em épocas de mudanças sociais rápidas e profundas. O juiz vive então a tensão entre a obrigação de decidir o caso concreto e uma legislação já superada, que não oferece uma solução para esse caso. Saiu-se do problema *prático* da superação das lacunas atribuindo amplos poderes ao juiz: "Nos casos não previstos pela lei – lê-se no art. 1 do código civil suíço de 1907 –, o juiz decide segundo a regra que ele adotaria como legislador." No vol. 2, cap. IV, serão tratados o problema da lacuna, o direito jurisprudencial, o movimento do direito livre, ou seja, a dificuldade provocada no início do século XX pela inadequação (ou seja, pela incompletude) do ordenamento jurídico positivo.

Agora, ao contrário, voltamos à teoria jurídica e aos requisitos do sistema externo.

c) A independência dos axiomas

Dado que, por definição, os axiomas de um sistema são elementos últimos, simples e indiscutíveis, costuma-se dizer que cada axioma deve ser independente dos outros, ou seja, não deve ser dedutível de outro axioma. Esse requisito, na realidade, é apenas um corolário da definição de axioma. De fato, o sistema é definido de forma que todos os teoremas do subconjunto T sejam deduzidos daqueles do subconjunto A; para estes últimos, ao contrário, se estabelece que não sejam deduzidos de nenhuma outra coisa, ou seja, eles são considerados dados. Segundo essa definição, se um axioma do subconjunto A pudesse ser deduzido de outro axioma, deixaria de ser um axioma e tornar-se-ia um teorema. Em conclusão, na teoria geral dos sistemas externos, o requisito da independência dos axiomas tenta formular, de modo rigoroso, a genérica exigência de reduzir o subconjunto A à forma mais simples possível. Essa exigência, mais que racionalmente fundada, é a expressão de um dado: se os axiomas são poucos e elementares, põem menos problemas para quem opera sobre o sistema externo.

Bem diversa é, ao contrário, a função do princípio da independência dos axiomas em uma teoria dos sistemas jurídicos externos. O que significa que as normas jurídicas (subconjunto A) são independentes? Aplicando a fórmula dada pela teoria geral, "independência" significaria, talvez, que nenhum axioma pode ser deduzido de outro axioma, ou seja, que nenhuma norma jurídica pode ser deduzida de outra norma jurídica? Esta asserção é insustentável, quer se considerem as normas do ponto de vista substancial, quer se considerem as normas do ponto de vista formal. Do ponto de vista substancial, determinadas normas podem estabelecer o conteúdo de outras (também *ex negativo*, como freqüentemente acontece nas normas constitucionais, que visam, por exemplo, tutelar determinadas liberdades dos eventuais ataques do legislador). Do ponto de vista formal, toda a teoria kelseniana tende a construir um sistema em que cada norma deriva sua validade (ou seja, sua própria natureza de norma) de outra superior (cf. vol. 2, cap. III).

É, porém, possível também outra interpretação jurídica do requisito formal da independência. Na teoria geral do sistema externo foi dito que um axioma não pode ser também um teorema. Em outros termos, no sistema dado, determinado elemento ou faz parte do subconjunto A ou faz parte do subconjunto T, mas não pode fazer parte de ambos contemporaneamente. Em termos jurídicos, esse requisito identifica outro ponto crucial da ciência do direito, ou seja, a inadmissibilidade da confusão entre proposições descritivas e proposições normativas e, em particular, a impossibilidade formal da passagem do ser (*Sein*) ao dever ser (*Sollen*) e vice-versa, típica da doutrina pura do direito.

Como se verá, o requisito da independência exprime em termos de sistema o princípio lógico da identidade; este último, em relação ao sistema jurídico externo, poderia ser assim formulado: "Os axiomas são axiomas, os teoremas são teoremas", ou seja: "As normas jurídicas são normas jurídicas, as proposições jurídicas são proposições jurídicas."

d) A necessidade dos axiomas

Estritamente conexo com o requisito da independência dos axiomas é o de sua necessidade. Os axiomas devem ser não apenas independentes entre si, mas também os únicos necessários para deduzir o subconjunto T. Em uma teoria geral dos sistemas externos, não é claro por que se introduz esse requisito. Se entre os axiomas de um sistema jurídico introduzíssemos axiomas de um sistema matemático, nada aconteceria; o sistema seria completo (dos axiomas poderiam ser deduzidos todos os teoremas do subconjunto T) e coerente (não haveria contradição entre elementos heterogêneos e, portanto, incomparáveis, como os axiomas jurídicos e os axiomas matemáticos); além disso, cada axioma seria independente (um axioma matemático não pode ser deduzido de um axioma jurídico, nem o contrário). As justificações a favor desse princípio não são racionais e são formuladas em linguagem metafórica: os axiomas estranhos são eliminados por razões estéticas, porque sobrecarregariam o sistema[5]. Os matemáticos falam de uma demonstração "elegante", e os especialistas em informática de um programa "elegante" quando o número de passagens é reduzido ao mínimo. Essa elegância pode também ter importantes recaídas práticas ou econômicas (especialmente no caso dos programas), mas não é relevante para uma teoria do sistema externo.

---

5. Eugenio Bulygin, *Zwei Systembegriffe in der rechtsphilosophischen Problematik*, "Archiv für Rechts- und Sozialphilosophie", 53, 1967, p. 330; cf. também Härlen Hasso, *Über die Begründung eines Systems zum Beispiel des Rechts*, "Archiv für Rechts- und Sozialphilosophie", 39, 1950, n. 4, p. 478.

Tudo isso não convence em nível de enunciação geral, válida para todas as ciências, mas se revela, ao contrário, útil se referido ao mais limitado sistema jurídico externo. O requisito da necessidade dos axiomas significa, aqui, que uma ciência do direito (subconjunto T) deve ser deduzida de um ordenamento jurídico (subconjunto A) de modo tal que entre axiomas e teoremas (ou seja, entre normas jurídicas e proposições jurídicas) exista uma correspondência precisa; a cada teorema corresponde um axioma (requisito da completude), e a cada axioma corresponde pelo menos um teorema (requisito da necessidade). Elimina-se assim, também em teoria, a possibilidade dos axiomas inativos, dos quais já se falou a propósito do princípio da completude (cf. *supra*, b), ou seja, axiomas aos quais não corresponde atualmente nenhum teorema. (Potencialmente, a cada axioma corresponde pelo menos um teorema; mas aqui interessam apenas os teoremas efetivamente enunciados no subconjunto T.)

No exemplo paradoxal dos axiomas matemáticos misturados aos jurídicos, as conseqüências seriam irrelevantes; porém, mais séria é a situação se, no subconjunto A, se encontram axiomas jurídicos misturados a axiomas políticos, religiosos etc.: a ciência jurídica poderia deduzir seus teoremas (ou seja, as proposições jurídicas) de *todos* esses axiomas. Falo de "possibilidade" de deduzir proposições jurídicas de elementos extrajurídicos porque, como foi visto, a completude deve ser referida apenas ao subconjunto A, mas não ao subconjunto T; em outros termos, não se pode dizer que essa passagem de A a T ocorra necessariamente, mas existe a possibilidade de realizá-la.

Duas são as conseqüências jurídicas do requisito da necessidade, aparentemente supérfluo em nível de teoria geral do sistema externo: traduzido em termos jurídicos, ele dá expressão tanto à exigência positivista (na exposição do direito) de depurar o direito de qualquer influência de outras disciplinas quanto à exigência da certeza do direito (na aplicação do direito).

2. A importância de cada requisito

Os requisitos de um sistema externo foram expostos por ordem de importância. Precisamente por essa sua diversa importância, falo de "requisitos" e não de "princípios": se por princípio se entende "aquilo que contém em si a razão de qualquer outra coisa"[6], sua ausência invalida o que dele deriva. Ou seja, no nosso caso, a falta de um dos requisitos deveria invalidar o sistema externo; mas existe uma hierarquia dos requisitos: um é fundamental, outro é menos importante, e os dois restantes são quase irrelevantes.

É necessário, antes de tudo, distinguir o discurso da teoria geral do sistema externo e o discurso da teoria do sistema jurídico externo. Neste último caso, como já mencionamos brevemente, cada requisito formal adquire importância científica em relação à peculiaridade da matéria e exige, portanto, uma consideração mais atenta.

a) A *coerência* é o requisito fundamental, perseguido por todos os sistematizadores. Um sistema contraditório, de fato, é inutilizável. Essa coerência deve porém ser entendida em sentido puramente formal: se são respeitadas as regras da dedução lógica dos teoremas pelos axiomas, o sistema é coerente. Para os fins do sistema externo, é irrelevante a coerência entre o sistema e o objeto sistematizado: se existisse uma discrepância entre determinado teorema e o mundo real, o sistematizador – seguindo as regras dessa atividade – não poderia senão verificar a exatidão da dedução de cada teorema pelos axiomas. Se a dedução é correta, para eliminar a discrepância entre teorema e mundo real deveria ser posto em discussão determinado axioma: mas isto, por definição, não é lícito. Surge aqui o problema da crítica interna de um sistema (na qual se verifica a exatidão da dedução pelos axiomas de cada teorema) e da crítica ex-

---

6. Christian Wolff, *Philosophia prima sive ontologia methodo scientifica pertractata, qua omnis cognitionis humanae principia continentur*, Officina Libraria Rengeriana, Frankfurt und Leipzig, 1730, 866. Essa opinião é compartilhada por outros filósofos.

terna em que se propõe a substituição dos axiomas: problema que se discutirá em detalhe com referência à doutrina pura do direito (cf. vol. 2, cap. III, 9, 10). Esse caráter dogmático da atividade do jurista, quando a estrutura constitui o fim de sua atividade, é o limite do sistema externo, ao qual retornarei em seguida.

b) A *completude* vale apenas para o subconjunto dos axiomas, como foi dito, e não necessariamente para o dos teoremas. Dado que um sistema externo se compõe desses dois subconjuntos, ele será incompleto se um dos dois (e, precisamente, o subconjunto T) for incompleto. Isso não exclui que o sistema externo, mesmo incompleto, possa igualmente desenvolver sua função, por exemplo, de esclarecimento didático. A completude do subconjunto T não é uma condição necessária para a existência de um sistema externo, assim como, na química, podem existir substâncias com uma ou mais valências abertas. Além disso, como as substâncias químicas com valências abertas são instáveis, assim os sistemas externos que contêm teoremas incompletos são modificáveis, ou seja, passíveis de acréscimos e revisões. Aliás, como do ponto de vista substancial é impossível desenvolver todas as implicações dos axiomas, explica-se, assim, a contínua discussão e revisão a que estão submetidos, no decorrer do tempo, os sistemas externos.

c) A *independência dos axiomas* (como também sua necessidade) se apresenta como um requisito que, no plano de uma teoria geral dos sistemas externos, é dificilmente justificável com exigências racionais. O requisito da independência dos axiomas é, de fato, uma reformulação das definições da qual parte a teoria do sistema externo e se resolve no convite a não misturar entre si elementos de subconjuntos diversos. Em particular, é um convite a não introduzir teoremas no subconjunto dos axiomas. Mas esse convite não é corroborado por sanções. Se se introduz um teorema entre os axiomas, do ponto de vista lógico não se têm conseqüências: no subconjunto A existirá um elemento *t* do subconjunto T; se por hipótese, no decorrer da dedução, se mudasse o elemento *t* por um axioma, todos os elementos do subconjunto T que fossem dele deduzidos seriam aceitáveis porque – em conformidade com as regras – derivariam de determinado axioma, mesmo que indiretamente; se, ao contrário, daquele elemento *t* não são deduzidos outros teoremas, verifica-se o caso já analisado de um axioma (ou melhor, neste caso, de um pseudo-axioma) inativo. Este último caso marca a passagem do problema da independência ao problema da necessidade dos axiomas.

d) Se o requisito da *necessidade* dos axiomas pode ter uma justificação própria em cada ciência (já foi visto qual significado assume no direito), não tem nenhuma em nível lógico. A presença de axiomas inativos no subconjunto A não gera nenhum inconveniente sistemático. Ao contrário, pode-se ir além e afirmar que a possibilidade lógica de axiomas inativos está até mesmo implícita no requisito da completude; uma vez que a completude vale para o subconjunto dos axiomas, mas não para o dos teoremas, é possível (aliás, inevitável) que de determinado axioma não sejam deduzidos todos os possíveis teoremas implicados nele. É lícito acrescentar aqui o caso-limite, segundo o qual, de determinado axioma, não é deduzido nenhum teorema: nem por isso o sistema externo assim construído torna-se cientificamente inaceitável.

Em conclusão, os requisitos da independência e da necessidade não são autônomos: o primeiro pode ser reconduzido às definições de axioma e teorema, sobre os quais se funda toda a teoria do sistema externo; o segundo, ao requisito da completude levado às suas últimas conseqüências. Parece, portanto, que os requisitos do sistema externo, do ponto de vista de uma teoria geral desse sistema, não são nem quatro, como sustenta o alemão Hasso Härlen, nem três, como sustenta o argentino Eugenio Bulygin, mas apenas dois: a coerência e a completude[7].

---

7. Com referência ao sistema jurídico, Eugenio Bulygin julga que se perseguem apenas a completude e a coerência (*Zwei Systembegriffe in der rechtsphilosophischen Problematik*, "Archiv für Rechts- und Sozialphilosophie", 53,

Essa superabundância de requisitos deriva provavelmente do fato de ter formulado uma teoria do sistema externo tomando como ponto de referência – conscientemente ou não – o sistema externo real de determinada disciplina. Essa asserção não pretende ser válida para todas as disciplinas; todavia, no que diz respeito ao direito, viu-se como os requisitos do sistema externo são a formulação, em termos de sistema, dos principais problemas da ciência jurídica: à completude do sistema corresponde o problema das lacunas de um ordenamento jurídico; à coerência, o das antinomias; à independência, o da distinção entre proposições prescritivas e proposições descritivas; à necessidade, o da certeza do direito. Ou seja, parece que o procedimento de abstração, mediante o qual foram encontrados os requisitos acima mencionados, não conseguiu se livrar totalmente dos problemas específicos ínsitos nos sistemas externos examinados. No plano puramente lógico, de fato, uma primeira comparação entre esses quatro requisitos permitiu reduzi-los a apenas dois. Vejamos agora a quais resultados leva uma análise lógica ainda mais radical.

1967, p. 330). Na realidade, no direito não pode ser de outra forma: o jurista encontra o subconjunto A (ou seja, as normas jurídicas) já pronto e indiscutível, portanto não pode rejeitar um axioma como não-necessário; quanto à verificação de que uma norma jurídica seja verdadeiramente tal (ou seja, em termos de sistema externo, que seja um axioma do subconjunto A), a verificação não apresenta dificuldade quando existe um direito codificado. Mas antes dele, nas origens do sistema externo, o problema foi bem mais grave: a Escola Histórica alemã enunciou sua teoria propriamente para separar o direito vigente de todo o material arqueológico que a pandectística arrastava consigo por respeito à tradição (cf. *infra*, cap. XII, 5). Ernst Landsberg, falando da construção jurídica em Savigny e nos juristas posteriores, sublinha a busca de uma idéia básica, "sob a qual todo o material das fontes se ordenasse de modo completo (*lückenlos*) e quanto mais aceitável (*anstossfrei*) possível": *Geschichte der deutschen Rechtswissenschaft*, Oldenbourg, München-Berlin, 1910, vol. III, 2.ª ed., p. 195.

3. A reconduzibilidade dos requisitos sistemáticos a princípios lógicos

Viu-se até aqui como os requisitos de um sistema externo são a formulação abstrata de problemas fundamentais da ciência jurídica. Uma análise posterior desses requisitos permite identificá-los com os princípios lógicos que a tradição filosófica define como leis fundamentais do pensamento humano. Se a análise dos requisitos tinha permitido reduzi-los, de quatro ou três, a dois, uma análise unicamente lógica permitirá reduzi-los a apenas um, identificando assim o fundamento indispensável de cada sistema externo.

Até agora foram analisadas as relações entre os subconjuntos A e T, globalmente consideradas; agora o discurso se desloca sobre as relações de cada axioma e de cada teorema, ou seja, sobre as relações entre teorema e teorema, entre axioma e axioma, entre teorema e axioma e entre axioma e teorema.

a) O requisito da *coerência* exprime, em termos de teoria geral do sistema externo, o princípio lógico da não-contradição. De fato, os axiomas do subconjunto A – e, portanto, por definição, os teoremas do subconjunto T – devem ser compatíveis um com o outro. Já foi dito que não deve existir contradição entre os axiomas do subconjunto A, porque de outra forma poder-se-ia corretamente deduzir dele seja um teorema, seja sua negação, tornando assim impossível qualquer discurso científico. Mas, se não existe contradição entre os axiomas, não poderá existir contradição entre os teoremas, uma vez que estes derivam daqueles. O requisito da coerência de um sistema externo se resolve assim no princípio da não-contradição que é considerado a lei fundamental do pensamento humano: dadas duas proposições, das quais uma seja a negação da outra, não podem ser ambas verdadeiras.

Traduzido em linguagem lógica, esse requisito se reduz à asserção fundamental e simplicíssima segundo a qual, dadas duas expressões contraditórias no subconjunto A (ou no subconjunto T), não é possível que ambas sejam verdadeiras. Uma vez que as regras para a construção do sistema externo não permitem discutir os axiomas, a antinomia não pode ser solucionada do mesmo modo em ambos os subconjuntos. Se no subconjunto T figuram os teoremas t e $-t$, é necessário achar o erro de dedução, visto que se deve pressupor que o subconjunto A é coerente. Mas, se não existe nenhum erro de dedução e se, portanto, t e $-t$ derivam corretamente de dois distintos axiomas a e $-a$, é necessário deter-se e declarar impossível a construção de um sistema externo constituído pelos dois subconjuntos A e T dados.

b) A *completude* do sistema externo equivale ao princípio lógico do terceiro excluído. De fato, no subconjunto T, cada teorema pode ser verdadeiro ou falso, ou seja, corretamente ou não corretamente deduzido de um axioma do subconjunto A. Visto que todos os teoremas encontram origem em um axioma, o princípio do terceiro excluído diz que, dados dois teoremas em contraste, não é possível que ambos sejam falsos: um deles será verdadeiro, porque deduzido corretamente de um axioma do subconjunto A. O princípio do terceiro excluído está estritamente ligado ao da não-contradição: dadas duas proposições contraditórias, o primeiro afirma que uma das duas é falsa; o segundo, que uma das duas é verdadeira.

Em conclusão, um teorema t deriva ou não deriva de um axioma a; nesse sentido, pode apenas ou ser verdadeiro (se dele deriva) ou ser falso (se dele não deriva). *Tertium non datur*: não é possível que, simultaneamente, derive e não derive daquele axioma ou que, simultaneamente, nem derive nem não derive dele[8].

---

8. Parafraseio aqui um célebre dito de Gottfried Wilhelm Leibniz, o filósofo ao qual se pode fazer remontar a distinção entre princípio da não-contradição e princípio do terceiro excluído. No princípio da não-contradição existiriam dois enunciados verdadeiros: o primeiro, "uma proposição não pode ser verdadeira e falsa ao mesmo tempo"; o segundo, "o oposto ou a negação do

c) A *independência* dos axiomas do sistema externo expressa o princípio lógico da identidade: *a* é *a*, *b* é *b*. Também aqui está estritamente visível a ligação com o princípio da não-contradição, segundo o qual *a* não pode ser -*a*. A teoria geral do sistema externo diz que nenhum axioma deve ser deduzível de outro; se assim ocorresse, já foi dito, o axioma deduzido de outro seria não um axioma, mas um teorema.

d) Não convém aqui deter-se mais sobre o problema da *necessidade* dos axiomas, porque já está demonstrado que ele constitui o caso-limite do requisito da completude.

Formulados nesses termos, os requisitos do sistema externo se resolvem em princípios lógicos tão complementares um com o outro que nos permitem reduzi-los a um só: o princípio da não-contradição. Em sua acepção mais ampla, ele contém, de fato, o princípio do terceiro excluído e o da identidade. Além disso, dele é que, no decorrer do tempo, foram derivados os outros dois: até o início do século XVIII, o princípio do terceiro excluído era considerado um corolário do princípio da não-contradição; e deste último Christian Wolff fez derivar também o princípio da identidade, que em sua obra recebe o nome de "princípio da certeza"[9].

Passando da terminologia da lógica à da teoria geral do sistema externo, pode-se concluir que um só é o requisito indispensável para a construção de um sistema externo: a coerência. Ela é mais do que um requisito: é o elemento es-

---

verdadeiro e do falso não são compatíveis", ou seja, "não existe meio-termo entre o verdadeiro e o falso", ou seja, "não é possível que uma proposição não seja nem verdadeira nem falsa" (Nouveaux essais sur l'entendement humaine, [edição Erdmann], Berlin, 1740, IV, 2, 1). É supérfluo lembrar que esse princípio é discutido: basta pensar na lógica a três valores (elaborada, sobretudo, por Jan Lukasiewicz, Emil Post e Alfred Tarski), que não admite o princípio do terceiro excluído.

9. Christian Wolff, *Philosophia prima sive ontologia*, cit., Frankfurt-Leipzig, 1730, 55: "*Quoniam* impossibile est, idem simul esse et non esse, *quolibet, dum est, est*, hoc est, *si A est, utique verum est, A esse*. Nega enim A esse, dum est; concedere ergo debes, A simul *esse* et *non esse*: id quod principium contradictionis repugnat, adeoque vi ejusdem principii admitti nequit" (p. 38).

sencial do sistema externo, é sua condição de existência. Os requisitos restantes podem, de fato, sofrer atenuações ou exceções, sem que com isso se ponha em discussão o sistema. O princípio da coerência deve, ao contrário, encontrar aplicação sempre e integralmente, seja no subconjunto dos axiomas, seja no subconjunto dos teoremas: sua ausência inutiliza a construção do sistema.

Capítulo XI
Tipologias preliminares a uma teoria do sistema jurídico externo

Pontos de intersecção e desenvolvimentos do discurso. Até aqui se estabeleceu de que nível mínimo começa o sistema externo (cap. IX); foram em seguida identificados os requisitos do sistema externo, sua hierarquia e sua reconduzibilidade a princípios lógicos (cap. X); agora podemos examinar como os juristas aplicam o sistema externo.

Antes de mais nada, é preciso distinguir os juristas práticos dos teóricos do direito. Os *juristas práticos* constroem institutos jurídicos reunindo segmentos limitados de ordenamento jurídico. Os *juristas teóricos*, partindo do material assim predisposto, constroem sistemas cada vez mais amplos, até incluir neles todo o ordenamento jurídico. Na realidade, não existe o jurista teórico ou prático em estado puro: os juristas se movimentam em uma ampla faixa intermediária, na qual o agir como prático ou como teórico é, sobretudo, um problema de predominância, e não de exclusividade, de um certo tipo de atividade. Os dois tipos de juristas falam de sistema, mas se referem a coisas diversas. Mesmo quando se ocupam preponderantemente de teoria, os resultados não coincidem: existe uma filosofia do direito dos filósofos e uma filosofia do direito dos juristas.

Ao remodelar o direito, pode-se estar vinculado à letra da lei, como os juristas práticos: suas generalizações recebem então o nome de *dogmática* (direito e teologia não podem de fato afastar-se do *verbum*). O teórico, ao contrário, age mais livremente, mesmo superando a letra da lei: sua generalização é mais ampla e autônoma e recebe o nome de *construção*. No uso corrente de todos os juristas, porém, "dogmática", "construção" e "sistema" tendem a ser usados como sinônimos. Um exemplo de reordenação conceitual desse uso está contido em um escrito de Gustav Radbruch de 1903, que diferencia a dedução sistemática (sistema de juízos; ciência jurídica em movimento) da classificação sistemática (sistema de conceitos; ciência jurídica em repouso). O pensamento de Radbruch coloca-se como divisor de águas dos dois séculos: encontramo-lo aqui como teórico do sistema externo; vamos reencontrá-lo no segundo volume como teórico do sistema interno (vol. 2, cap. I, 6) e, pouco depois, como defensor do direito livre (vol. 2, cap. IV, 6, 7).

A ambigüidade de "dogmática" e "construção" deriva do fato de que com esses termos designa-se tanto a atividade dos juristas (sentido *dinâmico* dos dois termos) quanto seu resultado (sentido *estático* dos dois termos). Os dois termos são usados em sentido *dinâmico* quando indicam a atividade do estudioso: mas esta última pluralidade de termos é inútil, porque em ambos os casos o jurista age usando as regras lógicas do sistema externo. Por outro lado, "dogmática" e "construção" deixam de ser sinônimos se usados em sentido *estático*, para indicar o resultado da atividade sistematizadora do jurista, porque a dogmática e a construção chegam a resultados diversos. Sobre os resultados da dogmática deter-se-á o cap. XIII; aos da construção, cavalo de batalha da pandectística do século XIX, são dedicados os caps. XIV e XV.

1. Para uma tipologia dos estudiosos do direito

Levando às extremas conseqüências o caráter formal do sistema jurídico externo, ele foi sintetizado em uma fórmula de primordial simplicidade: sistema externo é o discurso coerente sobre determinada matéria, por exemplo sobre o direito. Dessa forma, o estudo estrutural do sistema já não faz parte do direito, mas da lógica: e os manuais tradicionais de lógica, de fato, dedicam uma adequada exposição às regras que devem ser seguidas na correta edificação de um sistema externo[1].

---

1. Friedrich Ueberweg, *System der Logik und Geschichte der logischen Lehren*. 5.ª edição revista e ampliada por Jürgen Bona Meyer, Adolph Marcus, Bonn, 1882, XVIII-504 pp.

No sistema jurídico externo, porém, o ponto de partida são as normas jurídicas de determinado ordenamento; o ponto de chegada é uma construção jurídica. A heterogeneidade desses extremos convida a uma revisão de todo o processo, a fim de controlar a exatidão de cada passagem.

É preciso, antes de tudo, distinguir quem estuda o direito como ramo da filosofia de quem o estuda em vista de uma aplicação prática, mesmo que não imediata. Vou me referir ao primeiro grupo como "filósofos do direito" e ao segundo como "juristas práticos", ou seja, que exercem atividades forenses. Para evitar equívocos, enfatizo aqui que essa terminologia quer indicar o tipo de interesse que o sujeito manifesta na elaboração do direito, não a disciplina por ele praticada concretamente. Por fim, com "estudiosos do direito" ou "juristas" *tout court* indicarei de modo atécnico ambas as categorias de pessoas.

Dos dois, foi o jurista prático que primeiramente começou a organizar o material normativo. Entre as *summulae* dos glosadores e os manuais dos pandectistas, há uma diferença no tempo, mas não no método: mantendo inalterado o dado normativo, eles procuram construí-lo em sistema, segundo as exigências concretas de determinada época histórica. De fato, as normas jurídicas são estabelecidas tendo em vista determinada finalidade prática, e o trabalho de sistematização realizado pelo jurista é apenas a adequação das normas jurídicas às finalidades práticas que surgiram depois de seu estabelecimento.

O filósofo do direito, em um momento seguinte, opera sobre outro material e com outras finalidades. Ele encontra cada instituto jurídico já construído pelos juristas, que elaboraram sistemas externos restritos com finalidades predominantemente práticas ou didáticas. Dado que a técnica para a construção desses sistemas, mesmo que limitados a um único instituto jurídico, é a da abstração, ele procede pelo caminho assim aberto, abstraindo ulteriormente. Nasce assim o sistema jurídico externo, a partir do qual se pode avistar o ponto culminante – em relação à ciência do direito – do pensamento sistemático tipicamente germânico, de que apresentamos um quadro geral, embora sumário, na parte histórica. Mas essa atividade tem finalidades não mais práticas, e sim teóricas: ou seja, visa realizar, no âmbito do direito, uma determinada concepção filosófica do sistema.

O processo de abstração realizado pelo filósofo do direito e pelo jurista prático (embora fundada sobre sua sucessão cronológica na evolução do pensamento sistemático) revela, porém, seus limites quando se passa da tipologia dos sujeitos agentes à tipologia das atividades dos próprios sujeitos.

2. Para uma tipologia da atividade dos estudiosos do direito

Transferindo mecanicamente à tipologia das ações a dicotomia enunciada a respeito dos sujeitos, poder-se-ia afirmar que a atividade própria do filósofo do direito visa subsumir todos os institutos jurídicos em um vasto sistema jurídico de origem filosófica, ao passo que a atividade própria do jurista se limita a criar institutos jurídicos circunscritos, procedendo por abstração a partir de cada norma jurídica de um ordenamento. Essa simetria parece, porém, estar em contraste com a realidade: a contraposição das duas atividades resulta em certa medida fidedigna apenas se se contrapõe a atividade mais elementar do jurista com a atividade mais elevada do filósofo do direito; mas, quanto mais o jurista prático procede na abstração das normas jurídicas e o filósofo do direito aprofunda o reexame crítico de institutos do direito positivo, tanto mais desaparece a diferença entre as duas atividades.

Essas diversas elaborações do material jurídico podem ser graficamente representadas por três faixas paralelas, acima das quais está a filosofia e abaixo das quais está a realidade social. Dessas três faixas paralelas, a inferior – a mais próxima da realidade – é própria do jurista; a superior – a mais próxima à filosofia – é própria do filósofo do direito; a central é comum a ambos. O exame dessa faixa central, na qual parece desaparecer a distinção entre jurista prático e filósofo do direito, torna indispensável a passagem das considerações abstratas para as concretas.

A realidade jurídica, de fato, não oferece nenhum exemplo de estudioso que seja puro filósofo do direito ou puro jurista prático. Por exemplo, os juristas do século XVI sistematizaram os textos justinianos porque as disposições do *Corpus iuris* já não eram adequadas à sociedade renascentista e porque a formação filosófica de tipo humanista lhes oferecia os meios para ordenar racionalmente um aglomerado de disposições: sua atividade prática tinha, portanto, atrás de si determinada teoria filosófica. Em uma época mais tardia, a pandectística alemã foi um admirável crisol de exigências práticas e filosóficas, aplicadas ao direito.

Concretamente, em cada jurista prevalece um ou outro dos dois estereótipos mencionados acima e, portanto, suas construções tendem a finalidades preponderantemente – não exclusivamente – práticas, ou predominantemente teóricas. Explica-se assim por que, das três faixas de atividade examinadas acima, a que mais corresponde ao comportamento efetivo dos estudiosos do direito é propriamente a indistinta faixa central, justamente aquela em que as duas atividades se confundem. O jurista procura colocar ordem em normas que variam no espaço e no tempo e recebe nisso a ajuda do filósofo, que lhe fornece as teorias para justificar e os meios para efetuar a intervenção sobre o dado normativo; o filósofo tenta aplicar uma certa noção de sistema a uma série de institutos de direito positivo, preparados pelo jurista; porém, se algum instituto não é adequado às suas teorias, não hesita em tratar do direito positivo, para remodelá-lo de acordo com o modelo perseguido.

Nessa faixa central não se pode determinar, abstratamente, até que ponto é lícito ao jurista prático penetrar na faixa do filósofo do direito, ou vice-versa. Devemos nos contentar aqui com uma série de dados empíricos, razão pela qual – geralmente – o filósofo do direito não se ocupa da exegese de normas jurídicas, ao passo que o jurista não resolve problemas globais referentes ao sistema.

3. A importância prática das duas tipologias abstratas

As abstrações e as imagens usadas até aqui revelam que o filósofo do direito e o jurista prático, quando falam de "sistema", não entendem a mesma coisa.

O jurista fala de um procedimento de abstração que parte de normas jurídicas e pára nos institutos jurídicos, elaborados com finalidades práticas. O filósofo do direito, ao contrário, fala de um procedimento de abstração que parte de cada instituto jurídico e abrange todo o ordenamento jurídico, unificado em sistema sobre a base de determinada doutrina filosófica.

A técnica do jurista é uma atividade de síntese (pensemos, por exemplo, na noção de negócio jurídico), na qual as normas jurídicas são seccionadas e suas partes são recompostas em categorias mais gerais. A técnica do filósofo do direito é diferente. Enquanto o jurista prático aplica o direito à realidade, o filósofo do direito aplica determinada concepção filosófica ao direito: segundo essa concepção, é tarefa do filósofo (e, portanto, também do filósofo do direito) sistematizar todo o saber (e, portanto, também o direito), sendo ciência apenas o que é sistema. A atividade de sistematização do filósofo do direito se exerce, porém, não sobre cada norma jurídica, mas sobre os institutos jurídicos já elaborados pelo jurista. Por exemplo, Alf Ross, quando quer identificar alguns fenômenos normativos distintos do direito porque não dotados de sanção fundada na força física, fala das associações privadas e de seu direito[2]. Nisso ele se baseia no trabalho de abstração já desenvolvido pelos juris-

---

2. Alf Ross, *Diritto e giustizia*. Introdução e tradução de Giacomo Gavazzi, Einaudi, Torino, 1965, p. 58.

tas práticos. O filósofo do direito não é assim obrigado a se ocupar de cada norma sobre esse assunto contida em um ordenamento jurídico concreto, como, por exemplo, a norma sobre a natureza da obrigação assumida por pessoas que representam em relação a terceiros a associação não reconhecida (art. 38 c.c. it.). Um jurista prático como Domenico Barbero, por outro lado, ao realizar sua obra de sistematização do instituto, deverá se ocupar com esse problema[3].

Embora tenham um ponto em comum (o instituto jurídico) e utilizem a mesma técnica, a atividade do jurista e a do filósofo do direito não são, portanto, comparáveis. A reconstrução que Domenico Barbero oferece do direito associativo vale para o direito italiano, mas não para o direito dinamarquês; as considerações de Alf Ross sobre o direito associativo, ao contrário, se apresentam como válidas para qualquer ordenamento jurídico. De fato, o jurista prático, mesmo aproximando-se do setor jusfilosófico, não enfrenta os mesmos problemas que enfrenta o filósofo do direito quando se aventura na área do jurista prático.

Somente distinguindo, abstratamente, as duas figuras do filósofo do direito e do jurista prático é possível colocar ordem na faixa central em que a atividade do jurista e a do filósofo parecem se confundir, sem contudo se fundir. Concretamente, todavia, o mesmo estudioso tende muitas vezes a operar como filósofo do direito e, ao mesmo tempo, como um jurista prático; disso deriva a confusão das duas metodologias e a tentativa de criar uma ininterrupta linha dedutiva que, partindo de uma norma individual, remonte a todo o ordenamento jurídico, edificando um único sistema de proposições descritivas. Uma análise desse procedimento será feita examinando os trabalhos da Escola Histórica alemã.

Em períodos mais recentes essa atividade sistemática no direito alcançou freqüentemente níveis elevados de elaboração em ambas as categorias de juristas. Por isso, Bobbio

---

3. Domenico Barbero, *Sistema del diritto privato italiano*, 6ª edição revista e ampliada, UTET, Torino, 1962, vol. I, p. 211.

distingue uma filosofia do direito dos juristas, que nasce por indução do direito positivo, por meio de um processo crescente de abstração, e uma filosofia do direito dos filósofos, que nasce por dedução de um sistema filosófico geral.

4. Espírito dogmático e espírito crítico no sistema jurídico

Falou-se muitas vezes do paralelismo entre direito e teologia. No interior de ambas as disciplinas podem ser identificadas posições reconduzíveis à distinção entre espírito dogmático e espírito crítico construtivo (voltaremos ainda ao assunto: cf. *infra*, cap. XIII). O primeiro é vinculado ao respeito pelos axiomas dos quais parte; o segundo deve ater-se apenas às regras do bom raciocínio. O primeiro consolida a ciência, espremendo dos axiomas até a última gota de seu conteúdo; o segundo faz a ciência progredir, renovando os axiomas que se tornaram estéreis. As duas atividades, ainda que profundamente diversas, são, portanto, complementares. A dogmática é a atividade do estudioso vista do lado do vínculo repressivo: quem se afasta do *verbum* (seja revelado, seja justiniano) já não faz trabalho científico. A construção, ao contrário, é a atividade do estudioso vista na sua livre realização: a letra poderá ser infringida, se não for mais adequada à realidade.

Chegou agora o momento de aplicar mais a fundo essa distinção, procurando explicar a atividade sistematizadora dos juristas, sejam eles práticos ou teóricos. As considerações já desenvolvidas são confirmadas por uma análise da linguagem corrente dos juristas: eles designam por "sistema" o produto global, mas falam de "dogmática" e de "construção" para indicar os semi-acabados que permitem a construção do sistema. Usam esses termos, mas não os diferenciam; e isto cria alguns problemas.

5. O uso indiferenciado de termos não-sinônimos

"Dogmática", "construção" e também "sistema" são utilizados por juristas de todas as escolas, mas com significados, às vezes, profundamente diferentes.

Por exemplo, Enrico Paresce, na *Enciclopedia giuridica*, no verbete *Dogmatica giuridica*, traça uma história do sistema externo na ciência do direito[4]. Rudolf von Jhering, para propugnar sua doutrina da *construção* jurídica, funda os "Anais para a *dogmática* do direito romano atual". Rosario Nicolò fala em "construir do ponto de vista dogmático"[5] determinado fenômeno jurídico; e a lista dos exemplos poderia continuar.

As raízes dessa confusão devem ser buscadas na literatura jurídica do século XIX. Nela, o problema da construção ocupa um lugar central, mas – mais do que defini-la – prefere-se descrever a maneira como se deve construir e a finalidade pela qual se constrói. Assim, "construção" é termo ora técnico, ora metafórico; "dogmática" indica ora uma operação jurídica específica (e coincide com "construção"), ora toda a ciência jurídica (e coincide com "método dogmático"); por fim, "sistema", entendido na acepção de "sistema externo", encerra em si as ambigüidades já examinadas anteriormente. Em muitos casos, portanto, "dogmática", "construção" e "sistema" são termos *aproximadamente* equivalentes.

Em outros casos, todavia, certas preferências no uso de um termo numa acepção em vez de outra revelam, ainda confusamente, uma distinção conceitual de outra forma não expressa. Em geral, nos escritos de um jurista, "sistema" não indica uma atividade, mas o produto definitivo desta última; "dogmática" pressupõe a existência de um elemen-

---

4. Enrico Paresce, *Dogmatica giuridica*, em *Enciclopedia giuridica*, Giuffrè, Milano, 1964, vol. XIII, pp. 678-712, com uma importante bibliografia.
5. Rosario Nicolò, *L'adempimento dell'obbligo altrui*, Giuffrè, Milano, 1936, p. 14.

to que não pode ser posto em discussão e é, portanto, referida à sistematização de uma matéria restrita de direito positivo[6]; "construção" pressupõe, ao contrário, uma intervenção mais livre sobre os elementos fornecidos e é, portanto, referida às sistematizações de maior envergadura. Mas uma tendência estatisticamente verificável não pode substituir uma definição cientificamente aceitável.

Nessa situação, os casos são dois: ou os três termos designam a mesma coisa (e precisamente a aplicação de determinados princípios lógicos ao discurso sobre o direito), e então é inútil usar três termos para indicar uma coisa só; ou os três termos designam coisas diversas, e então é necessário distingui-los nitidamente um do outro, para evitar as confusões que se produziram na ciência jurídica.

6. O sistema externo como dedução e como classificação

A meu ver, uma das exposições mais completas dos problemas levantados na ciência jurídica pela noção de sistema externo deve-se a Gustav Radbruch, que tratou disso no escrito com o qual obteve a habilitação em 1903[7]. Essa obra, porém, não recebeu entre os teóricos do direito toda a atenção merecida. Hoje, passado mais de meio século da publicação, é possível, talvez, indicar dois motivos para essa imerecida acolhida. Em primeiro lugar, no início de sua car-

---

6. Vincenzo Palazzolo, *Alcune considerazioni in tema di filosofia, dogmatica e teoria generale del diritto*, "Rivista internazionale di filosofia del diritto", XLI, 1964, p. 24; "Ora, o alcance que a dogmática assume pode ser considerado representativo da exigência – da qual os juristas parecem tipicamente e talvez mais intensamente animados do que outras categorias de cientistas – de se vincularem a pressupostos conceituais seguros, de serem sustentados por princípios não sujeitos a todas as contingências do tempo, mas eficientes e duradouros."

7. Gustav Radbruch, *Der Handlungsbegriff in seiner Bedeutung für das Strafrechtssystem. Zugleich ein Beitrag zur Lehre von der rechtswissenschaftlichen Systematik*, Guttentag, Berlin, 1904, 147 pp.

reira, o jovem referendário de Lübeck enfrenta temas de direito penal; portanto, o teórico do direito que se limite a avaliar a obra radbruchiana de 1903 com base no título e no ano de publicação tem a tendência a atribuí-la ao período penalístico e a não lhe dar o devido valor. Em segundo lugar, as concepções sobre o sistema, contidas no trabalho de 1903, foram objeto de autocrítica já dois anos depois e só foram retomadas em 1930, em um ensaio no qual a exposição de uma bem mais vasta noção de sistema se esgota no espaço de poucas páginas. Páginas, porém, de um Radbruch já maduro e célebre, que puseram definitivamente em segundo plano sua elaboração de juventude. Trataremos do pensamento da maturidade de Radbruch no segundo volume, dedicado ao sistema interno ao direito (cf. vol. 2, cap. I, 6). Agora precisamos nos deter sobre o escrito para a habilitação.

Esse escrito exprime claramente a mudança de orientação que vai se produzindo no autor: o tema penalístico em sentido estrito ocupa a segunda metade do livro e se funda sobre os resultados a que chegou a análise da noção de sistema jurídico, contida na primeira metade. É nela que se confirma a dupla natureza do sistema jurídico, mencionada no parágrafo anterior. A posição de Radbruch é fortemente influenciada seja pelos lógicos alemães do final do século XIX, seja pelo específico tema penalístico da obra; portanto, os resultados a que ele chega não coincidem senão parcialmente com a distinção que será proposta no final deste capítulo. Todavia, a clara visão radbruchiana da ambigüidade da noção de sistema jurídico e a tentativa de esclarecê-la devem ser expostas, ainda que em linhas gerais, porque permitem compreender como – a partir do início do século XX – a noção de sistema é repensada em termos cada vez mais sutis e cada vez mais críticos. Radbruch se situa entre os dois séculos e por isso o encontramos aqui, falando do sistema externo, e o reencontraremos no início do segundo volume, dedicado ao sistema interno.

O discurso de Radbruch – quer concordemos com ele ou não – é um esclarecimento relevante sobre as linhas mestras ao longo das quais se moverá o pensamento sistemático do século XX. Se aqui ele é apenas mencionado, isto se deve a um único fato: a página de Radbruch apresenta tal harmonia de pensamento e de estilo, que resumi-la transforma-se em verdadeiro sofrimento.

O ponto de partida da análise de Radbruch é a noção lógica do sistema, como tinha sido elaborada pelos filósofos alemães do final do século XIX[8]. Ele distingue uma dedução sistemática de uma classificação sistemática. A *dedução sistemática* parte de um conjunto de juízos, que constituem o conjunto dos axiomas e, por meio de um procedimento silogístico, chega a um conjunto bem maior de outros juízos, os quais, porém, não contêm "nada que não estivesse já contido nos axiomas"[9]. A dedução sistemática é, portanto, um sistema de juízos. A *classificação sistemática* parte, ao contrário, de um conceito e, "por meio de uma série de juízos divisórios de subsunção, subordina a ele uma série de outros conceitos, entendidos como espécie e subespécie do primeiro"[10]. A classificação sistemática é, portanto, um sistema de conceitos.

Essas duas técnicas sistemáticas recaem na definição de sistema externo. Para Radbruch, de fato, elas não se referem a determinada matéria, mas à ciência que a descreve[11]; deste caráter puramente instrumental deriva sua incapacidade de produzir conhecimentos novos; estes, com efeito, só são possíveis por via indutiva.

---

8. Christoph Sigwart, *Logik*, vol. II, Laupp, Tübingen, 1893, p. 695; Wilhelm Wundt, *Logik*, vol. II, Enke, Stuttgart, 1895, p. 581; Adolf Trendelenburg, *Logische Untersuchungen*, Hirzel, Leipzig, 1870, vol. II, p. 335.
9. Radbruch, *Der Handlungsbegriff*, cit., p. 11.
10. Radbruch, *Der Handlungsbegriff*, cit., p. 9.
11. "Ambos não são métodos da pesquisa, mas da representação" (p. 10). A mesma noção é reafirmada também para a dedução aplicada à ciência jurídica: ela é "nada mais do que uma forma da representação" (Radbruch, *Der Handlungsbegriff*, cit., p. 16).

Dedução e classificação, porém, não geram sistemas paritários; de fato, a classificação sistemática serve apenas para representar conhecimentos já adquiridos, ao passo que a dedução sistemática permite também sua verificação. Ora, o sistema dedutivo oferece toda garantia de completude e de certeza de cada juízo nele contido, mas apresenta um inconveniente: para encontrar determinado juízo é preciso percorrer de novo toda a cadeia de silogismos. Donde a importância – sobretudo em uma ciência prática como o direito – de fornecer um sistema classificatório, que não satisfaz mais as exigências de certeza e de completude, mas permite encontrar rapidamente o juízo procurado.

As relações entre os dois tipos de sistema, no que concerne à ciência jurídica, são assim descritas por Radbruch: "A dedução produz o material jurídico (*Rechtsstoff*), a classificação o ordena. A dedução é, portanto, um ponto de passagem, a classificação o ponto de chegada na elaboração do material jurídico. Na dedução se reflete a ciência jurídica em movimento (*strebende Rechtswissenschaft*), na classificação a ciência jurídica em repouso (*fertige Rechtswissenschaft*)."[12]

Afastando-nos agora da análise de Radbruch para dar continuidade à nossa, é oportuno destacar alguns interessantes paralelismos. Em primeiro lugar, a passagem citada acima contém uma distinção muito próxima àquela entre estrutura como *terminus ad quem* e estrutura como *terminus a quo* da investigação do jurista. A diferença consiste, todavia, no fato de que Radbruch vê ambas as direções já no sistema jurídico externo. Mas justamente aqui está o problema: a "dedução que produz o material jurídico" é, a meu ver, o primeiro embrião de uma concepção que o levará, em 1930, a enunciar a teoria do sistema jurídico interno examinada no próximo volume (cf. vol. 2, cap. I, 6). Em segundo lugar, sem sair dos limites do sistema jurídico externo, é

---

12. Radbruch, *Der Handlungsbegriff*, cit., p. 20.

formulada com clareza a distinção entre um sistema jurídico externo de tipo mais prático e menos refinado e um sistema de tipo mais teórico e sutil. No fundo, essa é a mesma distinção que será proposta ao leitor no final deste capítulo: de um lado, falaremos da dogmática como de um sistema externo de tipo mais prático e mais ligado à norma concreta; de outro, falaremos da construção como de um sistema externo de tipo mais teórico e mais desvinculado em relação ao dado normativo.

Essa terminologia refere-se a autores mais recentes, cuja exposição dos problemas sistemáticos do direito se distingue da de Radbruch pela maior autonomia em relação a uma pesquisa específica: diferentemente de Radbruch, eles não buscam um sistema aplicável ao conceito de ação ou ao direito penal, mas indagam sobre as noções gerais de sistemas que se apresentam na literatura jurídica.

7. A título de esclarecimento

A definição de dogmática proposta por Riccardo Orestano propõe um enfoque mais jurídico que o de Radbruch para o problema: "Por dogmática jurídica costuma-se entender de maneira geral (*ora como atividade, ora como procedimento, ora como resultado*) a representação unitária dos princípios que podem ser deduzidos da fenomenologia jurídica."[13]

Em um escrito dedicado ao formalismo jurídico em geral, Norberto Bobbio sublinha seja a ligação entre dogmática e construção, seja a imprecisão que reina na linguagem dos juristas também em relação a isso. Para chegar a um esclarecimento, ele propõe distinguir duas dogmáticas com base em sua forma: uma dogmática em sentido dinâmico, como "efeito da construção dos juristas", e outra em senti-

---

13. Riccardo Orestano, *Introduzione allo studio storico del diritto romano*, Giappichelli, Torino, 1961, p. 244; o grifo é meu.

do estático, como "conjunto de modelos preparados para a obra de construção"[14].

Franz Wieacker propõe, ao contrário, distinguir duas construções com base em seu conteúdo: uma mais limitada, a outra mais extensa. Para a construção mais limitada, ressurge o conceito de modelo: para Wieacker, de fato, o conjunto dessas construções é um "arsenal ou *thesaurus* de propostas heurísticas de solução"[15], sobre o qual intervém a escolha do juiz ou do jurista. Infelizmente, ambas as distinções não são desenvolvidas, pois constituem observações incidentais em relação ao tema principal tratado pelos dois autores.

O fundamento da equivocidade dessas noções consiste no fato de que os termos "dogmática" e "construção" designam tanto a atividade do jurista quanto o resultado dessa atividade. Por exemplo, quando Otto Fischer diz que "a dogmática quer construir os institutos", com dogmática ele entende designar a atividade do estudioso do direito. Mas, quando outro autor fala da dogmática do direito civil, entende por "dogmática" determinado tipo de exposição do direito civil (e, precisamente, uma exposição sistemática). A primeira acepção identifica uma atividade; a segunda, o resultado dessa atividade. Analogamente, a construção de um sistema é uma atividade do estudioso do direito (independentemente do fato de "construção" ter aqui um valor apenas metafórico ou também de termo técnico); mas, quando Fridolin Eisele discute se a ficção jurídica é ou não uma construção, ele entende por "construção" determinado resultado da atividade construtiva (dogmática ou sistemática, como se queira) do estudioso do direito.

Em outros termos, voltando à distinção enunciada por Norberto Bobbio, há uma dogmática em sentido estático e

---

14. Norberto Bobbio, *Sul formalismo giuridico*, "Rivista italiana di diritto e procedura penale", I, 1958, n. 4, p. 989.

15. Franz Wieacker, *Die juristische Sekunde*, cit., p. 452. É importante ressaltar que esses dois autores chegam à mesma conclusão partindo de fundamentações diversas: Norberto Bobbio parte da filosofia, Franz Wieacker, do direito privado e do direito romano.

uma dogmática em sentido dinâmico, às quais, porém, devem ser acrescentadas também uma construção em sentido estático e uma construção em sentido dinâmico, distinguindo a atividade do jurista do resultado por ele alcançado.

8. A dogmática e a construção em sentido dinâmico

O uso lingüístico corrente pode legitimamente igualar a dogmática e a construção, se se refere à atividade desenvolvida pelo estudioso do direito, ou seja, se usa esses termos em sentido dinâmico. Em ambos os casos, essa atividade consiste em um processo de abstração, em uma operação lógica regida sempre pelos mesmos princípios: ou seja, pelos princípios próprios de um sistema externo, qualquer que seja a extensão da matéria nele incluída. Portanto, se os termos são usados em sentido dinâmico, sua pluralidade se revela inútil, pois a coisa indicada é uma só. Por isso, em lugar de "dogmática" e "construção", talvez seja preciso falar de "estrutura como *terminus ad quem*": esta última expressão, aliás (cf. *supra*, cap. VIII, 1), identifica de modo unitário e unívoco o processo de abstração em todos os níveis do seu desenvolvimento, da atividade que visa à construção de cada instituto jurídico àquela que visa à construção de um sistema geral do ordenamento. Entre os juristas, porém, o conceito indistinto de "dogmática" e "construção" continua a ser a única moeda em circulação.

O modelo piramidal da estrutura como *terminus ad quem* foi assim sintetizado por um romanista italiano: "Tarefa do jurista torna-se então, em primeiro lugar, por meio da interpretação e da análise, exprimir em uma adequada representação conceitual o conteúdo de cada norma ou grupo de normas, para chegar ao reconhecimento, à formulação e à definição dos *conceitos jurídicos* compreendidos nas normas ou nos 'pressupostos' de fato desta. Operando a seguir sobre tais conceitos, oportunamente classificados, e por meio de sucessivas abstrações se chegará à determinação de conceitos cada vez mais gerais que são também chamados 'princípios' ou 'noções' e que oportunamente ligados entre si – ou, como se costuma dizer, 'construídos' – dão forma ao *instituto*, ou seja, a uma espécie de *organismo lógico* ou de pequeno *sistema*, no qual são compostos e organizados em síntese os resultados da construção de todos os conceitos, de todos os princípios, de todas as noções que regulam determinada relação. Os diversos *institutos*, por sua vez, classificados, ligados e 'construídos' em grupos homogeneamente compostos (ou seja, que compreendem institutos com certo número de princípios comuns ou conexos), vão formar, com ulterior organização, o 'sistema' de determinada 'matéria'; e assim de passo em passo até chegar à reunião de todas as 'matérias' que pertencem a um ordenamento positivo em um sistema único, o qual constitui e representa, em relação à totalidade das normas daquele ordenamento, seu *sistema por excelência*."[16]

Essa passagem pode ser considerada a formulação da teoria geral do sistema externo em termos jurídicos correntes.

9. A dogmática e a construção em sentido estático

Mas "dogmática" e "construção" são sinônimos somente se usados em sentido dinâmico, para indicar a atividade de um estudioso do direito; não são sinônimos, ao contrário, se usados em sentido estático, para indicar o resultado dessa atividade. O equívoco da terminologia tradicional consiste em não ter levado em conta essa distinção.

De fato, para identificar a atividade de um jurista, recorre-se a critérios puramente formais: eles consistem em identificar quais regras regem sua atividade, sem indagar em qual setor do direito elas são aplicadas. Assim, na tipologia dos juristas, tinha-se diferenciado uma atividade prática de uma atividade teórica, e desta última tinha-se forne-

---

16. Orestano, *Introduzione allo studio storico del diritto romano*, cit., p. 245.

cido um critério de individuação elencando, na teoria geral do sistema externo, as regras formais às quais se deve ater a atividade de um jurista teórico e sistematizador.

Porém, quando não se deseja identificar a atividade de um estudioso do direito, mas analisar o resultado dessa atividade, os critérios formais já não oferecem nenhuma ajuda. Tomemos como exemplo o fruto de certa atividade de sistematização de certo setor de certo direito positivo: avaliar, formalmente, o que constitui o resultado dessa atividade significaria verificar se foram respeitadas as regras que presidem à edificação de um sistema externo. Procedendo dessa maneira, verificar-se-iam ainda uma vez as regras lógicas, com base nas quais agiu o jurista no desenvolvimento de sua atividade. Ou seja, estudar-se-ia o mesmo sistema externo: uma primeira vez, examinando de forma abstrata as regras que presidem sua construção, e uma segunda vez, procurando verificar concretamente quais regras foram aplicadas na construção desse determinado sistema. É claro que, se as regras a serem aplicadas foram realmente aplicadas, nos dois casos se chegará ao mesmo resultado. Não é, portanto, em sentido formal que se identifica o resultado da atividade de um sistematizador, mas em sentido substancial: a atividade dogmática e a atividade construtiva, embora formalmente iguais, geram resultados substancialmente diversos, que porém não foram identificados claramente pela doutrina tradicional.

Aqui se deve inserir a obra de esclarecimento, que delimite com toda a precisão possível as duas atividades jurídicas complementares e distintas, explicadas anteriormente na tipologia das ações dos estudiosos do direito. Designarei essas duas atividades distintas com os termos "dogmática" e "construção", não apenas porque eles já estão em uso na ciência jurídica, mas também porque sua origem histórica está diretamente ligada ao tipo de atividade com que os relaciono. Proponho-me, pois, esclarecer uma relação histórica da qual os juristas não têm plena consciência: portanto, recorro a esses termos tradicionais em um significado que difere do tradicional unicamente pelo rigor de sua delimitação recíproca.

Capítulo XII
A passagem da dogmática à construção jurídica

Pontos de intersecção e desenvolvimentos do discurso. Para tranqüilizar os fiéis, abalados pela Reforma protestante e pelas lutas religiosas dos séculos XVI e XVII, a respeito do conteúdo do próprio credo, foram publicados muitos escritos sobre os dogmas, ou seja, sobre os pontos indiscutíveis da fé. Nasceu, assim, uma teologia dogmática com o objetivo de organizar de maneira clara a exposição dos dogmas; mais tarde ela recebeu o nome de teologia sistemática. Na explanação teológica, os dogmas desempenham a função que os axiomas desempenham na lógica (cap. X, 1). A interação entre teólogos e juristas, graças também ao terreno comum do direito canônico, favoreceu a passagem das concepções da teologia sistemática à teoria jurídica. O século XVIII tinha separado a atividade intelectual dos juristas racionalistas das tarefas concretas dos juristas práticos; depois as duas correntes começaram a confluir em uma só corrente. Assim, a partir do século XIX, a construção dogmática do *Corpus iuris* ou de algumas de suas partes tornou-se uma atividade comum aos juristas práticos e teóricos. Tanto a dogmática do prático como a construção do teórico apresentam características *formais* comuns: as duas são sistemas externos. A diferença entre dogmática e construção do ponto de vista *substancial* (do conteúdo) é exemplificada pelo exame do "instante jurídico", ou seja, pelo instante natural que contém dois sucessivos efeitos jurídicos (3).

No século XIX, a atividade de reconstrução do direito romano *atual* (ou seja, aquele utilizado nos Estados alemães) tornou-se preponderante. Ela é preparada pelos juristas abordados neste capítulo (Thibaut, Hugo e Heise) e será levada a cabo pela Escola

Histórica do direito (cap. XIII). É suficiente indicar, aqui, o fio que une esses primeiros sistemáticos. Pütter, aluno de Wolff (cap. IV), enunciou a necessidade de abandonar a sistemática do *Corpus iuris*, mas, no fim de sua vida e após uma polêmica com Thibaut, retornou ao sistema romanístico. *Hugo* (1764-1844), aluno de Pütter, preparou o terreno para essa reconstrução do direito romano atual com uma acurada revisão dos dados históricos: tijolos para a futura construção. *Thibaut* (1772-1840) tentou realizar a construção proposta por Hugo, mas (segundo este último) excedeu-se na inovação. *Heise* (1778-1851) conseguiu, finalmente, levar a termo a primeira sistemática não-justiniana do direito romano, então utilizada na Alemanha. Abriu assim o caminho à Escola Histórica, um dos momentos mais fulgurantes do pensamento jurídico europeu: por meio dos pandectistas (sobretudo Puchta e Windscheid), a sistemática de Heise chegou até o código civil alemão (BGB) de 1900, que deve a Heise sua divisão em cinco partes.

Os antecedentes dessa evolução do pensamento sistemático se encontram no final do sumário do cap. III: ali está sintetizada a linha que conduz das primeiras tentativas dos *filósofos* sistemáticos à concepção do sistema externo de Wolff, recebida pelos *juristas* agora citados.

1. A dogmática jurídica e a teologia

Da mesma forma que um setor da teologia, em um certo momento de sua evolução, muda significativamente o próprio nome de teologia dogmática para o de teologia sistemática, assim também um setor da jurisprudência recebe o nome de dogmática e se consolida como um primeiro núcleo de pensamento sistemático específico dessa disciplina. Identificar a área abrangida por esse termo não é, porém, coisa simples, porque ele é utilizado freqüentemente para designar toda a ciência jurídica.

O termo "dogma" é um empréstimo lingüístico e conceitual que a jurisprudência tomou da teologia. Na segunda metade do século IV, o termo indicava as verdades reconhecidas pela Igreja católica. Todavia, essa acepção de "dogma" que se atribui a São Gregório de Nissa (Ep. 24, 2) já identifica um sentido mais estrito do termo: originariamente, ele indicava qualquer acepção doutrinária indiscutível. Para Santo Agostinho, por exemplo, "*dogmata sunt placita sectarum, id est quod placuit singulis sectis*"[1]. Nesse sentido mais amplo é que o termo foi recebido pelos juristas.

O termo "dogma" indica um conceito que desempenha uma função particular no pensamento teológico: os dogmas constituem o ponto de partida de todas as considerações teológicas e são caracterizados pelo fato de serem indiscutíveis. Cícero os vê como verdadeiros princípios (Acad., II, 9). É evidente a analogia com a noção de axioma, usada na teoria geral do sistema externo: pode-se dizer que os axiomas são para o sistema jurídico externo o que os dogmas são para o sistema teológico.

Os paralelismos entre história dogmática e história sistemática, dos quais não se deve abusar, são numerosos e, às vezes, surpreendentes. Por exemplo, a gênese histórica dos dogmas pode ser esclarecedora no tocante aos axiomas: ela contribui para redimensionar a noção de indiscutibilidade dos axiomas, esclarecendo os motivos concretos que levaram à escolha de certos princípios como axiomas.

O cristianismo mais antigo (apostólico e subapostólico) não conhece dogmas. Eles nascem quando certas verdades religiosas tornam-se objeto de discussões que podem suscitar sérias dúvidas entre os fiéis. A declaração do dogma trunca então a discussão e torna definitivas certas fraturas: o cristianismo sai, assim, da fase a-dogmática e entra na fase dogmática. Mas na história da Igreja há mais de um dogma: tenta-se, portanto, harmonizá-los em um sistema unitário (κάνων). O nascimento da teologia sistemática pode ser reconduzido à Reforma, às guerras religiosas dos séculos XVI-XVII e às incertezas que, a partir dessa época, os fiéis de am-

---

1. Santo Agostinho, *Questiones Erens*, I, q., II. Essa definição fornece também a tradução latina (*placitum*) de δόγμα e, ao mesmo tempo, sua etimologia (*id quod placet*).

bas as partes tiveram de enfrentar: os conhecimentos teológicos deveriam ser apresentados sem rachaduras que pudessem dar lugar a dúvidas, discussões, heresias². Da sistematização dos dogmas ocupa-se a teologia dogmática que mais tarde se transformará na atual teologia sistemática: foi justamente a partir dela que a história semântica de "sistema" extraiu os exemplos mais numerosos e significativos, que freqüentemente constituíram modelos para outras disciplinas, entre as quais o direito. A analogia entre a evolução da teologia e a passagem da construção dos institutos jurídicos à construção do sistema jurídico é sedutora.

Essa comparação não deve, porém, superar certos limites, porque a teologia deve levar em conta dois problemas específicos. Do ponto de vista formal, a história da construção dos dogmas coincide com a história filosófica do sistema externo; pode-se, portanto, afirmar com Adolf von Harnack que esta é uma construção do espírito grego sobre o terreno do Evangelho. Do ponto de vista substancial, porém, a teologia deve distinguir nesse processo o que é divino do que é humano e, assim fazendo, ela se descola sobre um terreno em que as analogias com a jurisprudência revelam-se enganadoras. Fala-se, por exemplo, de uma história *ab intra* e de uma história *ab extra* da dogmática: essa terminologia não deve levar a pensar na contraposição entre sistema jurídico interno e sistema jurídico externo. A história *ab intra* é escrita por quem acredita nos dogmas e procura, portanto, eliminar deles as aposições humanas: é uma história dogmática do dogma. A história *ab extra*, ao contrário, é escrita por quem julga que os dogmas, assim como todas as outras doutrinas humanas, possam ser explicados sem recorrer ao divino: é uma história crítica do dogma. Adolf von Harnack sintetiza esse problema contrapondo o *Evangelium Iesu Christi* ao *Evangelium de Iesu Christo*³.

---

2. Erwin Fallbusch, *Konfessionalismus*, em *Evangelisches Kirchenlexikon*, Vandenhoek & Ruprecht, Göttingen, 1958, col. 880-4.

3. Adolf von Harnack, *Das Wesen des Christentums. 16 Vorlesungen vor den Studierenden aller Facultäten im Wintersemester 1899 an der Universität Berlin*

Esses e outros paralelismos, no contexto da vivaz interação entre jurisprudência e teologia, explicam a razão pela qual o termo foi também recebido pelos juristas para indicar a atividade de coordenação dos preceitos daquele evangelho jurídico que, por séculos, foi o *Corpus iuris*. Com o advento do culto à sistemática, característico do século XIX, o termo se encontra em qualquer tratado jurídico de certa dimensão. A dogmática torna-se o orgulho e o preconceito da Escola Histórica do direito: o fato de ela ter elaborado uma ordem da matéria diversa da justiniana leva-a a formular um juízo de valor negativo, primeiramente a respeito de tudo que não coincide com o próprio sistema e depois a respeito de tudo que não é sistema. Dado que a ciência jurídica hodierna, neste como em outros pontos, é filha da Escola Histórica, ainda hoje faz parte do *bon ton* acadêmico dissertar sobre os nobres temas da dogmática jurídica antes de arregaçar as mangas para enfrentar os problemas cotidianos do direito positivo.

2. A noção de dogmática jurídica

Elemento característico da dogmática, como evidencia a origem histórica agora ilustrada, é a estrita observância de um princípio (dogma divino, ou, no nosso caso, norma jurídica), sem a qual o resultado da atividade do jurista não seria de nenhum modo utilizável. Mudam os tempos e novas realidades sociais e econômicas exigem um regulamento preciso. Muda com os tempos o significado do *Corpus iuris*, a cada vez interpretado como *quod principi placuit*, como *donum Dei* ou como *ratio scripta*; resta, porém, imutável o

---

gehalten, Hinrichs, Leipzig, 1900, IV-189 pp. Note-se que, curiosamente, surge antes de tudo a história crítica dos dogmas, sob a influência do racionalismo; em relação a ela os fiéis (tanto católicos como protestantes) reagem com histórias dogmáticas do dogma. O dogma e sua história, em suma, estão intimamente ligados às controvérsias religiosas: talvez esse seja um dos motivos que explicam a extraordinária fecundidade dos autores alemães nesse campo.

princípio segundo o qual o jurista deve respeitar a norma jurídica. Desde o respeito reverencial dos glosadores diante dos *verba* de Justiniano – igual apenas ao respeito dos teólogos diante do *verbum* divino – até o carinhoso restauro das fontes realizado pela escola de Gustav Hugo, esse princípio vai progressivamente se atenuando, sem, todavia, desaparecer. Os cultores do direito filosófico ousaram distanciar-se desse princípio, e a reação do mundo jurídico foi unívoca: os racionalistas elaboraram seus sistemas de direito natural, mas não tiveram influência sobre a prática, a qual para suas exigências elaborou confusos prontuários. Quando, no final do século XVIII, graças aos esforços de Gustav Hugo, esses dois ramos da atividade jurídica voltaram a se unir, a dogmática jurídica retomou sua atividade no ponto em que havia sido interrompida pelos juristas do século XVII: recomeçou a organizar cada norma em institutos. Não por acaso, o alemão Gustav Hugo (1764-1844) se reporta explicitamente ao francês Jean Domat (1625-96)[4]. A dogmática jurídica, entendida em sentido estático, revela assim seu valor puramente instrumental: quem se ocupa dela é – segundo a tipologia já enunciada – o jurista prático.

Da mesma forma que no circo romano as bigas deviam girar ao redor de duas *metae*, as pequenas colunas que deli-

---

4. O percurso intelectual do humanista francês, que transfere para o direito o pensamento de Pascal, é acuradamente reconstruído por Claudio Sarzotti, *Jean Domat. Fondamento e metodo della scienza giuridica*, Giappichelli, Torino, 1995, XII-325 pp.; a posição de Domat em relação ao sistema é sintetizada da seguinte forma: "A casuística do Digesto, que tinha sido o produto original da jurisprudência romana, acaba sendo, desse modo, profundamente alterada. O direito é reduzido a sistema, ou seja, concebido como um conjunto axiomático de regras que podem ser deduzidas de alguns princípios imutáveis, por meio do uso da lógica dedutiva e silogística. Dos princípios originais do amor de Deus e do amor pelo próximo é possível construir, por meio da dedução, o sistema total das leis do homem. As *Loix civiles* domatianas consistem em proposições gerais e abstratas que a razão dedutiva é capaz de ordenar em uma seqüência que parte do alto dos princípios gerais do direito em direção ao nível mais baixo, ou seja, as regras de detalhe. Elas testemunham o advento, na ciência jurídica européia, da primazia da norma concebida como legislação geral e antecipam a forma expositiva da codificação moderna" (p. 48).

mitavam a extremidade do circuito, assim também a atividade do jurista prático deve mover-se entre dois limites intransponíveis: de um lado, o dogma, ponto de partida indiscutível; de outro, o obrigatório ponto de chegada, a solução do caso concreto. Eis, portanto, que se delineiam edifícios dogmáticos que primeiramente dizem respeito apenas a alguns setores bem definidos do direito, mesmo que, com o passar do tempo, tendam a alargar-se até compreender amplos setores jurídicos. De fato, a exposição do jurista deve ater-se apenas às fontes relativas a determinado assunto de relevância prática (por exemplo, a propriedade); por sua vez, a prática exige do jurista que sua resposta resolva certo problema específico com base nas fontes, sem digressões didáticas ou vôos filosóficos. Assim, a ciência jurídica se apropria de numerosos institutos jurídicos, que constituem uma primeira organização da matéria contida no *Corpus iuris* (ou também em um código civil mais moderno), mas detém-se aqui. Para o jurista prático, é suficiente encontrar todas as normas sobre a propriedade reunidas com certa ordem; os problemas que dizem respeito globalmente ao ordenamento não lhe são úteis na prática.

Dando-se conta do valor instrumental dessas limitadas figuras dogmáticas, a filosofia do direito nunca se ocupou delas diretamente. Ocupou-se delas apenas de forma genérica, incorporando-as ao estudo formal do sistema externo: as páginas precedentes deveriam ter demonstrado que, formalmente, não há diferença entre a dogmática dos práticos e a construção dos teóricos; portanto, o que a filosofia do direito diz da segunda vale também para a primeira. Trata-se sempre de sistemas jurídicos externos, mesmo que de dimensões diversas. Porém, a filosofia do direito deduz da prática também o uso indiferenciado dos dois termos e reproduz, portanto, em nível de elaboração teórica, a ambigüidade existente na terminologia prática: tanto a dogmática como a construção são manifestações da estrutura como *terminus ad quem*, que partem de cada norma e, por meio dos institutos, chegam até o sistema jurídico.

Após ter reinterpretado a dogmática e a construção em termos mais rigorosos e após ter reconhecido a legitimidade de sua identificação *apenas do ponto de vista formal*, é chegado o momento de examinar qual significado assume essa distinção na análise filosófica dessas duas formas de elaboração sistemática. Para completar, antes de tudo, o exame da dogmática em seu sentido estático, antes de propor algumas conclusões a respeito desse assunto, será oportuno analisar detalhadamente um exemplo clássico de dogmática jurídica.

3. Um exemplo de elaboração dogmática: o instante jurídico

"O assim chamado 'instante jurídico', bem conhecido do jurista civil como elemento da construção, contém a concepção segundo a qual em um único momento natural podem suceder-se dois efeitos jurídicos, um como *prius*, o outro como *posterius*."[5] Considere-se, por exemplo, a aquisição de um bem na qual há um intermediário. O vendedor A cede o bem ao intermediário B, que age em nome e por conta do comprador C. A construção do instante jurídico explica a aquisição do intermediário como sendo dois negócios sucessivos, mas contidos em um único instante natural: no primeiro negócio, B compra o bem de A; no segundo, B cede esse bem a C. Quando se fala de "instante jurídico", portanto, indica-se o instante natural no interior do qual estão compreendidos dois negócios, que se concorda em construir como sucessivos. Mesmo que Franz Wieacker tenha demonstrado que essa expressão não é convincente, não é aqui o caso de discuti-la para propor outra eventualmente melhor.

---

5. Franz Wieacker, *Die juristische Sekunde. Zur Legitimation der Konstruktions-jurisprudenz*, em *Existenz und Ordnung. Festschrift für Erik Wolf zum 60. Geburtstag*, Vittorio Klostermann, Frankfurt a.M., 1962, p. 421.

No direito romano, essa construção é recorrente em vários institutos jurídicos. Um exemplo interessante de dogmática em sentido estático é aquele "instante jurídico" ou "segundo lógico", dos quais poucos romanistas[6] se ocuparam e, se não me engano, um único filósofo do direito[7]. A meu ver, esse *topos* construtivo assume particular importância porque, mesmo sendo dirigido ao esclarecimento de problemas práticos com referência direta a fontes precisas, testemunha uma atividade intelectual mais refinada do que a simples subsunção de algumas *species* em um *genus*[8]. Seu procedimento é mais sutil. Dado um certo instituto obscuro, é preciso explicá-lo em harmonia com outras disposições do setor jurídico ao qual ele pertence. O instante jurídico é, a meu ver, uma das mais refinadas construções dogmáticas porque – superando a finalidade puramente didática de muitos sistemas externos – chega àquela que se poderia chamar de uma explicação estrutural do instituto. Mas vejamos aqui, de forma mais detalhada, o que se entende por "instante jurídico".

Ao ilustrar a definição de instante jurídico, dera-se como exemplo a passagem de um único direito real a vários titulares sucessivos. Os juristas romanos recorrem, porém, ao

---

6. Wieacker, *Die juristische Sekunde*, cit., pp. 421-53; Gerhard von Beseler, *Fruge et Paleae II*, em *Festschrift Fritz Schulz*, Böhlaus, Weimar, 1951, vol. I, pp. 45-9 (*Logische Minuten*). Este último escrito, publicado postumamente, é mais um conjunto de exemplos do que uma verdadeira elaboração.

7. Karl Engisch, *Vom Weltbild des Juristen. Vorgelegt im Jahre*, 1949, Winter, Heidelberg, 1953, p. 68.

8. A subsunção é um dos muitos problemas suscitados pelas técnicas construtivas, que não é possível tratar aqui, mesmo que seja um argumento que os juristas usam com muita freqüência precisamente quando pretendem indicar que "alguma coisa" pode ser logicamente reconduzida a "alguma outra coisa"? Mas resta esclarecer qual é o objeto subsumido, sob o que se subsume e por que se subsume. Propõe respostas documentadas Giorgio Lazzaro, *Storia e teoria della costruzione giuridica*, Giappichelli, Torino, 1965, pp. 201-80, que dedica à subsunção os três capítulos conclusivos de seu livro: *Costruzione come sussunzione; La sussunzione come mezzo di interpretazione* (e essa seria, para Lazzaro, a verdadeira função da subsunção); *Sussunzione e procedimenti simili*.

instante jurídico também para explicar a passagem de um único direito a um único titular. Um trecho latino fala de um escravo que por testamento é deixado em herança a um terceiro, mas que no próprio testamento é ele mesmo o titular de uma herança[9]. No momento em que a herança é aceita, o escravo passa a fazer parte do patrimônio do legatário, junto com o bem que lhe fora deixado. O texto latino, porém, distingue dois instantes lógicos no interior de um único instante real: *primeiramente* o legatário adquire o escravo; *depois* adquire também o bem legado pelo testador ao escravo. Não se pode dizer que esta seja a descrição metafórica de um evento jurídico complexo, nem a simplificação, introduzida pelo jurista, para facilitar sua compreensão; trata-se, ao contrário, da solução estrutural de determinado problema jurídico. O fato de o legatário do escravo adquirir a herança deixada ao escravo pressupõe, necessariamente, que esse legatário seja proprietário do escravo. É este o conteúdo do primeiro momento. Quando isso acontece, o direito atribui ao legatário do escravo, como proprietário dele, também a propriedade do bem legado ao escravo. Este é o conteúdo do segundo momento.

Do ponto de vista do tempo natural, seria indiferente saber qual dos dois momentos se verifica primeiro. O mesmo vale do ponto de vista puramente lógico. Já o jurista distingue a sucessão vinculante de uma para a outra passagem de propriedade, no interior do instante jurídico, porque juridicamente a ordem indicada não é arbitrária e, por isso, não pode ser mudada. O bem deixado pelo testador ao escravo poderá ser adquirido pelo terceiro, a quem o testador legou o escravo, somente se esse terceiro já for proprietário daquele escravo.

Porém, do ponto de vista da concepção sistemática, o aspecto verdadeiramente interessante do instante jurídico

---

9. D. 30, 69 pr. Gai. 3 de leg. ad Praet, urb.: "Servo legato legari posse receptum est, quod adita hereditate *statim* servus adquiritur legatario, *deinde* sequitur legatum" (grifo meu).

não é tanto a elegante solução de problemas específicos, mas sua presença em todos os ordenamentos jurídicos. Os artigos do código civil alemão, em que essa figura encontra aplicação, são ilustrados no já citado escrito de Franz Wieacker. Do direito italiano pode-se extrair um exemplo de instante jurídico simétrico aos precedentes, em que, em vez de identificar um duplo efeito jurídico em um único instante natural, concentra-se uma pluralidade de instantes naturais em um único instante jurídico: é o caso das regras de comoriência, em que se introduz a ficção de que várias mortes, ocorridas em instantes sucessivos, tenham acontecido no mesmo instante, aceitando aqui, sem discuti-la, a tese de Wieacker segundo a qual a ficção é uma forma de construção jurídica.

Todos os direitos codificados poderiam fornecer exemplos de instantes jurídicos. Mas é necessário ressaltar que – apesar das estreitas ligações entre direito romano e os sucessivos direitos codificados ou da Europa continental, ou por eles inspirados – a atividade construtiva do jurista reaparece sempre com características análogas, mesmo que o ambiente social e cultural seja profundamente diverso. No direito romano e, por exemplo, no direito civil alemão, as ligações entre esses dois ordenamentos são tão íntimas que tornam árduo, se não impossível, distinguir o que é devido a uma evolução endógena germânica do que é derivado de uma influência romanística. Ainda mais significativo é o fato de que também o direito anglo-saxão conheça o instante jurídico[10].

Tudo o que foi dito a respeito do instante jurídico vale também para toda a dogmática em sentido estático: ela é uma atividade especificamente jurídica encontrada em todo lugar. De fato, observa Wieacker, "a jurisprudência (por mo-

---

10. Frederick H[enry] Lawson, *Zeitablauf als Rechtsproblem*, "Archiv für die civilistische Praxis", 159, 1960, pp. 100 ss. Outros exemplos são encontrados no artigo de Enrico Allorio, *Scienza giuridica europea*, "Jus", III, 1952, n. 4, pp. 434 ss.

tivos que devem ainda ser explicados) em todos os tempos e em todos os lugares dotou-se de um exíguo arsenal de representações construtivas, que coincidem de formas variadas, mesmo quando não existe influência cultural"[11].

Essas "representações construtivas", como já foi visto, podem ser atribuídas aos juristas romanos e prosseguir até os direitos hodiernos. Todavia, para melhor compreender a diferença entre dogmática e construção (ambas em sentido estático), é necessário examinar o momento histórico em que os juristas passaram das construções restritas às mais extensas, ou seja – com a terminologia proposta por mim –, da dogmática à construção. Entre o fim do século XVIII e as primeiras décadas do século XIX, as obras de Friedrich Justus Thibaut, Gustav Hugo e Georg Arnold Heise prepararam o advento da Escola Histórica do direito e, com isso mesmo, marcaram o fim da época em que a dogmática em sentido estático era o único fim perseguido pelo jurista. A partir das obras da Escola Histórica – que no capítulo XIII examinaremos, analisando a construção em sentido estático –, a atividade dogmática do jurista se apóia e se entrelaça à sua atividade construtiva, gerando a mistura entre os dois termos que estamos tentando esclarecer aqui.

4. O abandono do jusnaturalismo do século XVIII

Como se dá historicamente a passagem da construção dogmática para a construção sistemática? O exame deste ponto central da história do pensamento jurídico permite evidenciar a diferença entre as duas atividades de sistematização e, ao mesmo tempo, identificar as dificuldades que levarão à superação da Escola Histórica e à busca de uma mais moderna noção de sistema jurídico.

Na segunda metade do século XVIII, o abandono das concepções jusnaturalistas elaboradas por Samuel Pufen-

---

11. Wieacker, *Die juristische Sekunde*, cit., p. 422.

dorf (1632-94) e por Christian Wolff não se realiza com um corte radical, mesmo que seja possível indicar um jurista, aluno de Wolff, em Marburg, que inaugura um novo método na ciência do direito: em sua *Enciclopédia* de 1767, Johann Stephan Pütter (1725-1807) exortava os juristas a abandonar a ordem justiniana da matéria e a substituí-la por uma nova ordem sistemática[12]. Começa, assim, a reconstrução do direito romano, que foi continuada por seu aluno Hugo e culminou na Escola Histórica. Esse aspecto precursor de sua obra recebeu a devida apreciação somente mais tarde: durante a sua vida, Pütter foi um dos mais célebres juristas alemães, sobretudo como jurista prático e como conselheiro nos problemas de direito público.

Na exortação de Pütter fundem-se exigências práticas e filosóficas. As exigências práticas dependiam do fato de que a exposição do direito, sobrecarregada pela descrição de disposições romanísticas já sem nenhuma utilidade prática, tornava-se cada vez mais complicada e inútil. À congérie de normas justinianas preferia-se substituir a congérie das decisões judiciais e dos costumes, não menos complicada, mas pelo menos mais condizente com as exigências práticas. Ao mesmo tempo, de todo separada da realidade, a ciência jurídica elaborava modelos teóricos em que deduzia a partir de princípios éticos ou racionais todo um edifício, mas que não tinha nenhum ponto de contato com o direito positivo daquela época. É nesse período que o desenvolvimento da noção de sistema no âmbito da filosofia impulsiona o jurista a uma solução que reduza o abismo entre a vida cotidiana do direito e a especulação filosófica sobre o direito, de modo que uma se beneficie das conquistas da outra: ou seja, tenta-se aplicar ao direito romano atual o sistema externo elaborado pelos jusnaturalistas. A reação ao jusnaturalismo se reduz, assim, a uma divergência sobre a es-

---

12. Johann Stephan Pütter, *Entwurf einer juristischen Encyclopädie und Methodologie, nebst etlichen Zugaben* [...], Vandenhoek, Göttingen, 1767, 254 pp.

colha dos axiomas dos quais deduzir o subconjunto dos teoremas; aceita-se, todavia, a exposição sistemática de origem teológico-filosófica.

Feita essa escolha, o problema concreto que os juristas deviam resolver consistia em determinar qual era o subconjunto de normas (ou seja, de axiomas) sobre os quais operar: foi para identificar esse subconjunto que se propôs recorrer ao método histórico. Desde o seu surgimento, portanto, ele teve uma função limitada à determinação do material sobre o qual o jurista deveria ter operado segundo uma técnica que, por tradição, era considerada o oposto da histórica: a técnica sistemática.

Pütter propunha distinguir, na exposição do direito romano, o que ainda era atual do que tinha apenas valor antiquário. Essa distinção deveria traduzir-se em uma exposição não apenas fisicamente separada, mas também metodologicamente diferenciada. O que tinha apenas valor antiquário deveria ser tratado historicamente, ao passo que o direito romano atual deveria ser tratado sistematicamente. Com esse convite a distanciar-se da ordem expositiva justiniana, termina aquela fidelidade aos *verba* do *Corpus iuris* que durante séculos, mesmo que em formas cada vez mais remanejadas, dominava a ciência jurídica.

A realização desse princípio revelou-se muito mais complexa do que se previa. O sistema externo (estrutura como *terminus ad quem* da atividade jurídica) foi, portanto, uma exigência amplamente difundida, que todavia pôde ser realizada apenas por sucessivas aproximações, porque os juristas encontravam graves dificuldades ao reelaborar completamente as fontes em função de uma reconstrução de toda a matéria. Numerosos alunos de Pütter, que se propuseram construir um sistema novo do direito romano atual, abandonaram o empreendimento e voltaram a uma exposição de tipo tradicional.

5. Nas raízes da dogmática: Hugo

A contribuição da Escola de Johann Stephan Pütter à ciência do direito sofreu um salto qualitativo com os trabalhos de seu aluno Gustav Hugo (1764-1844). Com esse autor afirma-se na jurisprudência o método histórico, mesmo não sendo ainda a Escola Histórica do direito, da qual Hugo é, às vezes, prematuramente indicado como o fundador. Se ele não foi o fundador, foi certamente seu precursor. Na realidade, as diferenças entre um Hugo e um Savigny eram grandes, mas um ponto deve desde já ser fixado de modo claro: rejeitando o jusnaturalismo setecentista, Hugo fundou sua pesquisa sobre o método histórico, cuja fecundidade não dependia do fato de ser ou não aceito por uma escola que se definisse histórica. Muitas décadas depois, Hugo reconheceu que a Escola Histórica já estava extinta, mas isso não significava que o método histórico na jurisprudência poderia ser considerado extinto.

A matriz do método histórico de Hugo é a filosofia kantiana. Porém, em Kant, Hugo tende a ver mais o adversário do empirismo de tipo iluminista do que o teorizador completo do sistema externo[13].

É significativo o fato de que seu encontro com Kant tenha ocorrido graças à leitura de uma obra menor do filósofo de Königsberg. Em um artigo do "Civilistisches Magazin", ele se refere a um escrito pouco conhecido de Kant[14], no qual este último funda com clareza a necessidade do método empírico em todas as ciências não-matemáticas, portanto também na jurisprudência. Na matemática, é a pró-

---

13. Sobre a posição de Kant em relação à concepção iluminista do direito, cf. Gioele Solari, *Filosofia del diritto privato.* I: *Individualismo e diritto privato*, Giappichelli, Torino, 1939, pp. 227 s.; Jürgen Blühdorn, *"Kantianer" und Kant*, "Kant-Studien", 1973, pp. 363-94.

14. Immanuel Kant, *Untersuchungen über die Deutlichkeit der Grundsätze der natürlichen Theologie und der Moral (oder über die Evidenz der metaphisischen Wissenschaften), zur Beantwortung der Frage, welche die Königliche Akademie der Wissenschaften zur Berlin auf das Jahr 1763 aufgegeben hat*, em Kant, *Vermischte Schriften*, Halle, 1799, vol. II, pp. 1-54.

pria ciência que define seus conceitos, de modo que principia sinteticamente com essas definições e constrói a partir delas. Nas outras ciências, ao contrário, os objetos a serem conhecidos existem independentemente do homem. É necessário analisar os objetos – afirma Kant –, extrair suas características e compará-las, para ver se é possível extrair delas um conceito, ou seja, para verificar se uma já está contida na outra. No fundo, conclui Kant, é o método a que se ateve Isaac Newton nas ciências naturais.

Tudo isso condiz perfeitamente com o pensamento de Gustav Hugo, que o recebe integralmente. Em seu *Naturrecht*, ele sustenta que os princípios da moral e do direito natural kantiano são formas cujo conteúdo deve ser deduzido da realidade por meio de uma análise empírica[15] que consiste na atividade dogmática, com a qual construir cada instituto jurídico. A posição de Hugo a respeito desse problema é claramente sintetizada por Ernst Landsberg: "Segundo a concepção da filosofia kantiana própria de Hugo, o jurista deve observar e analisar o direito atualmente válido e aquele que foi historicamente válido, em todos os seus princípios e elementos; e só raramente, com extrema autolimitação e prudência, deve concatenar os resultados em conceitos compostos. O fato de eles serem tão perigosos quanto inúteis não nos ensina nada além do que já conhecíamos antes de sua construção."[16]

Essa prudência em intervir sobre o material histórico devia-se ao fato de que Hugo (diferentemente de Savigny)

---

15. Gustav Hugo, *Lehrbuch des Naturrechts, als einer Philosophie des positiven Rechts, besonders des privatrechts,* Mylius, Berlin, 1798, 36, p. 38.

16. Landsberg, *Geschichte der deutschen Rechtswissenschaft,* cit., vol. 3, 2, p. 37; cf. Hugo, *Lehrbuch des Naturrecht,* cit., p. 37. Jakob Fries, *Reinhold, Fichte und Schelling,* August Lebrecht Reinicke, Leipzig, 1803, pp. 319 ss., fala do direito natural de Hugo como de uma teoria jurídica mais coerentemente kantiana do que a do próprio Kant. Tudo depende, naturalmente, de como se interpreta Kant: Fries o recrimina de ter recaído no método dogmático, do qual Hugo, ao contrário, ter-se-ia mantido conseqüentemente mais distante. Em última análise, Hugo rejeita o conteúdo do discurso natural kantiano, mas o aceita do ponto de vista gnoseológico.

não propunha o estudo histórico do direito romano clássico como instrumento para melhor aplicar o direito romano em uso na sociedade alemã. Para Hugo, o estudo da história deveria ser um fato cultural: "Como seria belo e esplêndido remanejar o direito romano, se seguíssemos o caminho que Montesquieu apenas indicou [...], se esquecêssemos totalmente nossos costumes hodiernos, constituições e religiões e nos propuséssemos somente conhecer os romanos, sem apresentar antíteses e idéias luminosas, mas se estudássemos apenas o percurso simples e natural segundo o qual se desenvolveu seu direito público e privado; se voltássemos a lembrar o que acontece debaixo de nossos olhos e ao nosso redor e se refletíssemos de onde pode derivar o fato de que essas pessoas, que eram afinal gente como nós, em suas ações e instituições fossem freqüentemente tão diferentes de nós."[17]

Essa reflexão teórica encontrou aplicação na enorme pesquisa histórica realizada por Hugo, que foi um trabalho paciente de reconstituição das fontes, de análise dos dados já conhecidos, de reconstruções dogmáticas, acumuladas ao longo do tempo como uma interminável reserva de material de construção. Esse trabalho preliminar permitiu que, em 1789, Hugo publicasse um curso sobre o direito romano *atual*[18] em que se realizava o desejo de Pütter: a parte viva do direito romano, finalmente separada da arqueológica, era tratada segundo uma ordem que já não era a justiniana. Essa nova organização da matéria resultou em elogios e críticas. Convém agora debruçar-se sobre ela, a fim de verificar qual é a natureza dessa embrionária atividade sistematizadora.

O interesse de Hugo pelos problemas sistemáticos é muito forte, precisamente porque ele concorda em aban-

---

17. Hugo, em seu prefácio à tradução de Gibbon, citado em Gerd Kleinheyer – Jan Schröder, *Deutsche Juristen aus fünf Jahrhunderten*, Müller – UTB, Karlsruhe, 1976, p. 131.

18. Gustav Hugo, *Institutionen des heutingen römischen Rechts*, Mylius, Berlin, 1789.

donar o esquema expositivo justiniano, tentando substituí-lo por algo novo. Em alguns ensaios publicados no "Civilistisches Magazin", a revista por ele fundada, Hugo se ocupa da sistemática do *Corpus iuris*, mas de um ponto de vista não aprofundado[19]. Embora se tratasse somente de uma série de tentativas para explicar as partições adotadas na disposição triboniana, esses escritos reavivaram o interesse dos juristas de então pelos problemas da sistemática. Pode-se razoavelmente considerar que, com esses, começa aquela série de considerações sobre o sistema ou construção no direito destinadas a encontrar sua conclusão lógica na obra de Rudolf von Jhering. O próprio Hugo se dava conta da importância dos problemas suscitados: talvez até demais, porque tinha a tendência a superestimar o alcance da pró-

---

19. Será suficiente citar por extenso os títulos de alguns trabalhos de Hugo para que se tenha uma idéia de sua árida precisão. Ele dá uma complicada explicação numérica sobre a divisão dos Digestos na Idade Média (*Über die Bücherzahl im ff vetus, infortiatum und novum*, "Civilistisches Magazin", IV, 1815, n. 1, pp. 85-9). Os resultados dessa pesquisa são depois aplicados às partes justinianas dos Digestos (*Versuch über die Eintheilung der Pandecten in drey Bänden aus Justinian's Methodologie und aus den Angaben über tres partes u.a. zu erklären*, "Civilistisches Magazin", V, 1825, pp. 1-53). Tendo por base o Gaio autêntico, Hugo elabora considerações posteriores sobre esses assuntos, que tomam corpo em cinco artigos: *Gëringen Einfluss der Sabinianer und Proculianer auf die Quadraginta Decisiones*, "Civilistisches Magazin", V, 1825, pp. 118-26; *Nachtrag zum I. Versuch, die Eintheilung der Digesten in drey Bänden zu erklären*, "Civilistisches Magazin", V, 1825, pp. 475-508; *Conrad von Lichtenau, Abt von Ursperg, als der älteste bestimmte Zeuge über die Wiederherstellung des Römischen Rechts durch Wernerius (Irnerius)*, "Civilistisches Magazin", VI, 1837, pp. 34-55; *Einfluss des Citier-Gesetzes auf die Digesten*, "Civilistisches Magazin", VI, 1837, pp. 176-88; *Etwas ausführliche kurze Darstellung meiner Meynung von drey Digesten, und über Savigny's Einwendungen*, "Civilistisches Magazin", VI, 1837, pp. 545-73.

Com essas pesquisas de Gustav Hugo nos movemos aqui ao nível inferior da sistematização externa: minuciosidade compreensível em relação ao direito romano, que somente com Hugo começa a ser reconstruído. Porém, essa pesquisa da sistemática tornou-se uma lente deformante, através da qual Hugo enfrentava cada leitura, criando impetuosamente polêmicas marginais. Por exemplo, no fascículo de 1837 do "Civilistisches Magazin", ele critica a sistemática do *Esprit des lois* (pp. 575-78), porque Montesquieu intitula algumas partes da obra de "Chapitre unique".

pria pesquisa e não suportava desvios nas propostas formuladas, como revela uma polêmica quase sem fundamento com Savigny e outra, que veremos a seguir, com Thibaut[20]. Na realidade, a estrutura como *terminus ad quem* não era o problema central para Gustav Hugo. Com o passar dos anos, seu interesse concentrou-se cada vez mais sobre a reconstrução minuciosa das fontes, e ao seu redor o método histórico encontrava uma aceitação cada vez maior. Entre os jovens, Anton Friedrich Justus Thibaut retomou o problema da exposição desvinculada do esquema de Triboniano e propôs uma sistemática profundamente inovadora, que já prenunciava a da pandectística mais madura. É nesse ponto que se revela plenamente o caráter sombrio e a função não-essencial das considerações sistemáticas de Hugo: ele se recusou a aceitar a inovação proposta por Thibaut, julgando-a exagerada, e deu início a uma longa polêmica com esse autor[21]. Ao término dessa polêmica, Gustav Hugo abandonou a idéia ardorosamente defendida de um sistema diverso do justiniano e retornou ao modelo contra o qual ele mesmo tinha se oposto, sustentando que esse

---

20. Típica a esse respeito é a polêmica com Savigny, ao qual Hugo estava ligado por grande admiração e respeito. Hugo tinha publicado um artigo no qual propunha um modo novo de citar o *Corpus iuris* (*Über die Art, das Corpus iuris zu citiren,* "Civilistisches Magazin", IV, 1815, pp. 212-27), que não tinha, porém, sido aceito por Savigny. Essa divergência de opiniões, na verdade marginal, foi suficiente para suscitar o ressentimento de Hugo.

21. Os termos da polêmica – na realidade não muito claros – mereceriam um aprofundamento monográfico, que não pode ser aqui desenvolvido. O primeiro escrito a esse propósito é uma crítica de Hugo a Thibaut, publicada em 1804, na qual já são expressos os primeiros dissensos (*Zurcivilistischen Bücherkentniss,* vol. I, pp. 478 ss.) Um escrito posterior (vol. II, p. 356, nota 8) revela que a relação piorou ulteriormente, até que um evento, ainda hoje não esclarecido, provoca a eclosão da polêmica. Em 1831, um certo Braun (do qual tudo se ignora) publica, em apêndice às Pandectas de Thibaut, as *Erörterungen über die bestrittensten Materien im römischen Recht,* nas quais Hugo é atacado com dureza. Thibaut desconhece a obra, e Hugo se atém a essa asserção do adversário. Todavia, mesmo que o nome de Thibaut seja agora substituído pelo do desconhecido Braun, a polêmica entre os dois já é gravíssima ("Civilistisches Magazin", VI, pp. 265 s. e pp. 438 s.).

apresentava tantas vantagens didáticas que era preferível a qualquer outro, pelo menos no que dizia respeito ao ensino do direito romano.

Portanto, também Gustav Hugo não parece subtrair-se, mesmo que *in extremis*, ao destino dos outros seguidores de Pütter: depois de ter afirmado, vigorosamente, a exigência de substituir a sistemática justiniana por uma de tipo novo, acaba sempre voltando às partições originárias do *Corpus iuris*.

Com Hugo foi dado, porém, um passo que permitirá a outros a realização de uma nova sistemática: finalmente, as fontes foram analisadas por um grupo de estudiosos dedicados, que prepararam, assim, o material sobre o qual se tornará possível o exercício da atividade sistematizadora dos juristas posteriores. Enquanto Hugo ainda era vivo, a reconstrução do direito romano atual progredia rapidamente. Hugo precede Thibaut por uma geração, mas a atividade do primeiro permite ao segundo alcançar resultados aos quais se aspirava desde os tempos de Pütter.

6. O abandono da sistemática justiniana: Thibaut

Se para Hugo a atividade científica é um fim em si mesma, para Anton Friedrich Justus Thibaut (1772-1840) ela é, ao contrário, concebida em função da prática jurídica. Todavia, para ele, a prática coincide não tanto com a casuística (que desde a época de Benedikt Carpzov – 1595-1666 – reinava no *usus theoreticus-practicus*), mas com a reconstrução precisa das fontes nos setores romanísticos, ainda úteis na prática do século XIX. Nessa limitação da matéria somente ao direito romano atual e nesse paciente trabalho de reconstrução das fontes, Thibaut se aproxima de Hugo; mas se distingue desse jurista por uma ligação mais estreita seja com o jusnaturalismo tradicional, seja com o método dogmático. Esses dois elementos diferenciadores devem agora ser examinados mais a fundo.

Em primeiro lugar, a ligação de Thibaut com o jusnaturalismo tradicional é influenciada pelo pensamento de Kant, cujas lições foram assistidas por Thibaut em Königsberg, em 1793. O direito natural já não é o conjunto dos princípios dos quais se deduzem normas positivas, mas uma pedra de toque: Thibaut considera "que seja possível e pensável um sistema completo do direito natural, ou seja, um sistema sobre cuja base possa e deva ser decidida a juridicidade ou a ilicitude exterior de cada caso concreto"[22]. O direito natural é assim aceito, mas relegado ao âmbito filosófico, ao passo que o objeto da ciência jurídica é apenas o direito positivo, que pode ser conhecido apenas por meio da experiência[23]. A atenção de Thibaut concentra-se, portanto, sobre o direito positivo, em que ele opera na direção indicada por Hugo, mas de forma mais radical: à análise das fontes somam-se as tentativas dogmáticas desvinculadas do modelo justiniano. Fruto dessa atividade são, entre outros, os estudos sobre os problemas de interpretação lógica e gramatical: são problemas interpretativos os que Thibaut deve enfrentar na realidade, quando tenta reconstruir determinado instituto jurídico respeitando as fontes, mas não a sistemática justiniana.

Thibaut sublinhou de forma explícita o caráter puramente externo e didático do sistema jurídico em um seu escrito menor e pouco conhecido. Este principia com asserções que dão uma idéia clara sobre a natureza da disputa siste-

---

22. Anton Friedrich Justus Thibaut, *Versuche über einzelne Theile der Theorie des Rechts*. Zweite verbesserte Ausgabe, Mauke, Jena, 1817, 2 vols.
23. Dessa atitude em relação ao direito natural nasce a exigência de distinguir o que existe de abstrato no direito positivo das noções do direito natural; não seria errôneo atribuir a Thibaut a exigência do formalismo jurídico: "Nunca será suficiente repetir que, agora mais do que nunca, deveríamos nos esforçar para tornar a forma do direito positivo independente dos conceitos naturais" (Thibaut, *Versuche über einzelne Theile der Theorie des Rechts*, cit., vol. I, p. 205). Para uma completa exposição da gênese do formalismo jurídico, cf. Antonio Negri, *Alle origini del formalismo giuridico. Studio sul problema della forma in Kant e nei giuristi kantiani tra il 1789 e 1802*, Cedam, Padova, 1962, VIII-399 pp. (sobre Thibaut, cf. p. 380, nota 49).

mática daquela época: "O sistema deve vir em auxílio da memória. Deve procurar separar o que é diverso mas, ao mesmo tempo, deve procurar unir o que é mais semelhante possível. O sistema mais perfeito é o que reconduz determinado conjunto de conceitos concretos e isolados a um número mínimo de conceitos gerais. As distinções são um mal contra o qual o sistema, por sua natureza, deve reagir; elas podem, portanto, encontrar colocação no sistema somente se a natureza das coisas torna necessária uma distinção. Portanto, quem é capaz de expor um argumento com um número mínimo de distinções compreendeu seu objeto da melhor maneira possível. Na ciência jurídica, as freqüentes distinções, divisões e subdivisões são inevitáveis. Porém, seria necessário pensar mais no fato de que elas são um verdadeiro mal; aqui, deveríamos nos esforçar mais para reconduzir o material a partições as mais simples possível, sem procurar um hipotético brilho em dividir e subdividir até o infinito."[24]

Nessa passagem encontramos alguns conceitos já amplamente ilustrados na teoria geral do sistema externo: por exemplo, a exigência de que o conjunto dos princípios gerais seja o mais restrito possível (é a "elegância" de determinadas demonstrações matemáticas, lógicas ou de determinados programas de informática; cf. *supra*, cap. X, 1, d); o fato de que o sistema seja um puro auxílio mnemônico, de modo que se possa intervir de maneiras diferentes sobre a matéria dada. A esse propósito, Thibaut lembra que as distinções introduzidas para explicar os vários significados de *ius* são cinco em Heinecke (Johann Gottlieb Heinecke, 1681-1741) e se tornam quatorze para o pandectista Christian Friedrich Glück (1755-1831), mas para ele mesmo parecem ser apenas duas. A crítica de Thibaut contra os que

---

24. Thibaut, *Versuche über einzelne Theile der Theorie des Rechts*, cit., pp. 71 s. Esta *Fünfte Abhandlung* do volume é significativamente dedicada às distinções e partições desnecessárias (*Über unnötige Unterscheidungen und Eintheilungen*).

se vangloriam de ter introduzido muitas distinções, mesmo que desnecessárias, é uma clara indicação ao que denominei, neste volume, "sistema pleonástico ou aparente" (cf. *supra*, cap. IX, 3).

Mesmo que esses conceitos não representem uma elaboração aprofundada dos problemas dos sistemas externos, já revelam com clareza por qual caminho Thibaut pretendia mover-se na construção de uma sistemática jurídica não mais de tipo justiniano.

Para uma história da noção de sistema na ciência jurídica, esse distanciamento do esquema expositivo justiniano tem uma importância fundamental, porque torna possível enfrentar a reconstrução de cada instituto e, com isso mesmo, abre caminho para uma elaboração posterior de um sistema que compreenda todo o direito. Porém, a ordem justiniana estava tão enraizada que nem as tentativas de codificação setecentistas souberam distanciar-se dela, embora sua época coincidisse com aquela em que iniciou e se afirmou a disputa sobre o sistema jurídico independente do modelo justiniano, promovida por Pütter e por sua escola. Por exemplo, o *Codex Maximilianaeus Bavaricus Civilis* de 1756 (obra de Wiguläus Aloysius von Kreittmayr, 1704-90) e o projeto do *Corpus Iuris Frederechiani*[25] não eram senão coletâneas de direito comum, disposto segundo a ordem do *Corpus* justiniano.

O exame dos trabalhos de Thibaut revela como ele se situa a meio caminho entre o exegeta e o sistematizador. A análise erudita de Hugo é por ele superada, mas também sua obra mais célebre – *System des Pandektenrechts*[26] – é, no

---

25. No cabeçalho nota-se um interessante uso de "sistema": *Project des Corpus Iuris Frederechiani,* d.h. S. M. em der Vernunft und Landesverfassungen gegründetes Landrecht, worin das Römische Recht in eine natürliche Ordnung und richtiges Systema nach den dreyen Objectis juris gebracht wird, Halle, 1749-51. Esses códigos tinham apenas valor subsidiário em relação aos estatutos.

26. Anton Friedrich Justus Thibaut, *System des Pandektenrechts*, Mauke, Jena, 1803, 2 vols.; a 2.ª edição (1805) é em 3 volumes.

fundo, sobretudo, uma coletânea orgânica de investigações setoriais. Apesar disso, esse manual tem uma importância notável na história da sistemática, porque realiza finalmente as aspirações de Pütter e de seus seguidores. Nele, a matéria romanística, discutida com referências diretas às fontes, é exposta segundo uma ordem que já não é a justiniana. Em Thibaut, todavia, o sistema é ainda, em certa medida, casual em relação à matéria tratada. De fato, enquanto na primeira edição ele reordena todo o material justiniano (mesmo que processual ou público), nas edições posteriores negligencia em medida crescente o que não diz respeito ao direito privado. Em suma, a noção de sistema em Thibaut é uma estrutura de geometria variável: não é reconduzível a uma teoria filosófica precisa, mas, antes, à exigência de expor com clareza uma matéria em que o método de exposição tradicional revelou-se insuficiente.

Apesar da declarada aversão por juristas como Heinecke[27], Daniel Nettelbladt (1719-91) e Ludwig Julius Friedrich Höpfner (1743-97), a exposição de Thibaut é formalmente similar à deles: a única diferença é substancial, pois cada axioma do sistema é deduzido não mais pela filosofia, mas pela análise das fontes.

Uma prova da igualdade formal de todos os sistemas externos é dada pela obra de Karl Salomo Zachariä (1769-1843), cujo célebre manual do direito civil francês[28] foi influenciado pelo sistema pandectista de Thibaut, seu colega em Heidelberg. Isso não elimina o fato de que Zachariä está ligado a esquemas setecentistas e proclama, repetidas vezes, sua simpatia por aquele Heinecke contra o qual se di-

---

27. Na Escola Histórica, à obra de Heinecke costuma-se unir um juízo negativo. Por exemplo, na crítica a uma reconstrução demasiado arbitrária, Jacob Grimm afirma que tomar certas liberdades em relação às fontes deveria ser deixado para "Heinecke e seu tempo" ("Zeitschrift für die Geschichte der Rechtswissenschaft", 1842, 11, pp. 305 ss.).

28. Karl Salomo Zachariä, *Handbuch des französischen Civilrechts*, Mohr und Zimmer, Heidelberg, 1808, 2 vols. Do sucesso dessa obra são testemunhas inúmeras traduções francesas e italianas.

rigem, ao contrário, as críticas da Escola Histórica. Na realidade, a discussão entre esses vários autores verte não sobre o sistema, mas sobre o objeto da sistematização, ou seja, sobre o material jurídico de origem ou – voltando à mais rigorosa terminologia do sistema externo – sobre o subconjunto dos axiomas. Por isso, em termos mais rigorosos, essas disputas têm caráter pré-sistemático, mesmo que exista continuamente uma intersecção de problemas que dizem respeito não mais aos axiomas dos quais parte, mas à construção dogmática de determinado instituto.

Na escolha desses axiomas, Karl Salomo Zachariä sente-se atraído pelo *code civil* e aplica a sistemática de Thibaut (o inimigo de Heinecke) ao código baseado no pensamento do jurista que tinha sido definido como o Heinecke da França, Robert Joseph Pothier (1699-1772).

7. Da dogmática à construção: Heise

Com o *Grundriss eines Systems des gemeinen Civilrechts* de Georg Arnold Heise (1778-1851), conclui-se a fase de pesquisa dogmática. Já existia material suficiente para abandonar a reelaboração dogmática de cada instituto e para tentar, tendo por base os trabalhos já existentes, construções mais amplas. Na introdução à obra acima mencionada, Heise exprime sinteticamente seja o vínculo que o une aos estudiosos que o precederam, seja o caráter específico da própria obra, que representa, por assim dizer, um segundo nível de abstração, visto que unifica não mais várias normas em um instituto, mas vários institutos em uma construção jurídica[29].

---

29. Georg Arnold Heise, *Grundriss eines Systems des gemeinen Civilrechts zum Behuf von Pandekten-Vorlesungen,* Mohr und Zimmer, Heidelberg, 1807, p. VI: "A partir do momento em que procurei realizar algo de bom, mais do que algo de novo, ninguém poderá me censurar se, aqui e ali, fiz largo uso de sistemas elaborados por juristas recentes e menos recentes, deduzindo, assim, dos outros o que eu não era capaz de fazer melhor."

É agora fácil percorrer novamente, de uma só vez, o caminho através do qual a pesquisa dogmática preparou o advento dos mais vastos sistemas típicos da Escola Histórica. Pütter enunciou a necessidade de distanciar-se da ordem justiniana de exposição; Hugo preparou o material sobre o qual começar essa nova construção, mesmo que depois tenha voltado à sistemática justiniana; Thibaut empreendeu, concretamente, a construção do novo sistema, que Hugo, porém, se recusa a aceitar até o fim; Heise, enfim, cria aquela exposição sistemática não-justiniana que, passando de pandectista a pandectista, influirá também no código civil alemão de 1900. De fato, o sistema de Heise é assumido precisamente pela Escola Histórica. Aperfeiçoado, sobretudo, por obra de Georg Friedrich Puchta, ele é herdado pelos juristas da corrente construcionista, entre os quais deve ser incluído também Bernard Windscheid, pai do código civil alemão. Também em seu aspecto externo, o trabalho de Heise lembra mais um código do que um manual: a terceira edição do *Grundriss*, que mal supera as duzentas páginas, é subdividida em 1.250 parágrafos de poucas linhas.

O trabalho de Georg Arnold Heise leva a termo a obra de sistematização da matéria que Hugo Doneau e Hermann Vultejus tinham iniciado no século XVI e que, desde o final do século XVIII, tinha despertado de novo um interesse crescente entre os juristas. Mas trata-se, justamente, de uma sistematização de matéria jurídica, e não de um sistema do direito. Também Heise trabalha sempre sobre cada instituto, ao passo que em sua exposição global se põe apenas o problema do lugar em que esse instituto pode ser racionalmente colocado. Ainda uma vez, é de uma exigência prática – e não filosófica – aquela que rege a colocação de cada instituto no quadro geral da exposição.

Em particular, não se pode ainda falar de construção, de estrutura como *terminus ad quem*, como nos modelos clássicos que serão fornecidos pela Escola Histórica, porque o sistema não visa compreender todo o direito, mas tenta racionalizar a exposição do material legislativo deduzido do

Corpus iuris. O primeiro resultado é, portanto, uma nítida limitação da matéria: realizando o que Thibaut já tinha empreendido nas várias edições de seu *System*, Heise consegue eliminar da exposição tudo o que não é direito privado. Estabelecido que esse é âmbito objetivo a ser sistematizado, Heise realiza uma pentapartição da matéria, destinada a tornar-se clássica: seguindo um princípio já elaborado por Daniel Nettelbladt[30], a exposição começa com uma parte geral, a que se seguem, nitidamente repartidos, os direitos reais e as obrigações; a parte do direito de família recebe o nome kantiano de "direitos reais-pessoais", reunindo, finalmente, todas as disposições sobre esse assunto; por fim, a matéria hereditária está reunida na última parte da exposição[31].

A partir de Savigny, é essa a ordem do material jurídico que substitui a sistemática tradicional do *Corpus iuris*. Não faltam, naturalmente, diferenciações de autor para autor, devidas ao fato de que nem todos os institutos podem ser inseridos sem dificuldade nesse esquema expositivo. Mas, ainda uma vez, constata-se que essa noção de sistema é verdadeiramente uma elementar expressão da exigência lógica de uma exposição coerente e que o fundamento de tudo é a dogmática, ou seja, a limitada sistematização do instituto.

---

30. Sobre a colocação de Nettelbladt no contexto científico do seu tempo e, em particular, sobre a gênese da divisão entre parte geral (*Haupttheil*) e partes acessórias (*Nebentheile*), cf. Paolo Cappellini, *Systema iuris*, Giuffré, Milano, 1985, vol. II, pp. 222-56.

31. O sistema de Heise é caracterizado pela rigorosa delimitação da parte geral unicamente aos temas civilistas, pela inclusão no direito civil do direito de família e pela exclusão de qualquer problema procedural do sistema. Este último constava de seis partes: parte geral; direitos reais; obrigações; direito de família; direito hereditário; *in integrum restitutio* (ou seja, meios para resolver as relações jurídicas de qualquer natureza). Não é possível listar aqui as ulteriores divisões de cada parte. A sexta parte não será acolhida pelos juristas posteriores, e a forma clássica do sistema jurídico tornar-se-á a pentapartição correspondente às cinco primeiras partes elaboradas por Heise. Para avaliar como está distante da sistemática latina, cf. *supra*, cap. I, 2, em particular a nota 19.

É com Heise, por exemplo, que começa a errante existência da posse, da *restitutio in integrum*, da doação e do direito hipotecário: vagam de um lado para o outro do sistema, suscitando em todo lugar problemas de coerência com o que os precede e os segue. Os mais brilhantes estudiosos, de Savigny a Jhering, aventuram-se com os problemas da posse. Toda vez o instituto é desmontado e remontado de modo diverso, considerado o mais consoante à sua inserção em determinada parte da exposição.

Todas essas discussões dogmáticas levam, porém, em direção a um novo assunto: na construção do sistema, Heise rejeitou a dedução de princípios jusnaturalistas e o proceder, de forma racionalística, por dicotomias abstratas, preferindo traçar as fronteiras *ratione materiae* e reordenando depois o material assim identificado. Mas segundo qual critério se dá agora esse reordenamento? De Hugo a Heise, a exigência que está em primeiro plano é a reorganização de um setor do ordenamento em vista de sua mais fácil utilização prática. Mas, quanto mais se procede por esse caminho, tanto mais o discurso se desloca da sistematização puramente didática ao problema de uma ordem do objeto mais vinculante e menos extrínseco, ou seja, ao problema do sistema jurídico interno. Começa-se a acreditar que os institutos poderão ser inseridos perfeitamente na ordem da exposição somente se esta última for conforme à ordem ínsita na matéria. Assim, o reordenamento, criado com finalidades práticas, retorna à filosofia. Aqui termina a evolução da dogmática e começa a da construção; terminam os problemas práticos e começam os filosóficos; termina o estudo de cada instituto e começa o de todo o direito; termina a fase preparatória da Escola Histórica e abre-se a época da Escola Histórica.

Capítulo XIII
A construção jurídica

Pontos de intersecção e desenvolvimentos do discurso. A dogmática é uma atividade sistemática limitada e prática, e a construção é uma ampla atividade criativa do jurista. Konstruktion entrou para o alemão, talvez, pela influência que Hume exerceu sobre Kant, mas difundiu-se somente entre os juristas. Referindo-se à filosofia idealista (de modo vago e freqüentemente implícito), "construção" indica a atividade "superior" no processo de abstração que o jurista realiza sobre o material normativo. Em 1857, o "primeiro" Jhering distinguiu a jurisprudência inferior da jurisprudência superior. Mas Kohler, quando em 1891 quis explicar esse método superior, refugiou-se na metafísica: "Nós deduzimos a construção da vida", ao passo que quem se atém à lógica "quer, ao contrário, enquadrar a vida, segundo rigorosos conceitos preexistentes". No início do século XX, Zitelmann distinguiu a construção *determinativa* (que reconduz um dado a uma categoria mais ampla: subsunção) da construção *motivativa* ("refere-se a um objeto mais extenso e persegue um fim mais elevado": quer compreender a causa daquele fenômeno jurídico). Com Zitelmann aprofunda-se a análise da construção como atividade criativa do jurista.

Uma idéia mais precisa da construção pode vir de quatro juristas do século XIX, reconduzíveis ao sistema wolff-kantiano. Aqui são analisados os sistemas do fundador da Escola Histórica, Savigny (4), e do pandectista Puchta (5), símbolos do *humus* cultural do código civil alemão de 1900. Jhering é o divisor de águas entre o construcionismo e o sociologismo jurídico: o "primeiro" Jhering é construtivista (cap. XIV); o "segundo" Jhering é o precursor do direito livre (vol. 2, cap. IV, 6). O construtivismo que o "primeiro" Jhering aplicou ao direito romano foi estendido ao direito público por Gerber (cap. XV).

Savigny ilustrou seu método construtivista nas lições de 1802 e o aplicou na célebre reconstrução da posse (1803). Seu sistema está fundado sobre dois pilares: a subordinação a um único princípio e a grande liberdade no uso das fontes romanísticas. Com ele a história se separa da sistemática, a *Geschichte*, do *System*. O sistema de Savigny foi aperfeiçoado por seu aluno Puchta. Este tomou como modelo a obra sobre a posse de Savigny e encontrou na filosofia de Schelling o princípio único que deve reger qualquer construção. A filosofia da história de Schelling inspirou também sua divisão da história jurídica em três períodos: o período da simplicidade, o da multiplicidade e o da unidade científica (que coincide com a Escola Histórica). Com Puchta torna-se explícita também a doutrina segundo a qual "a ciência é alguma coisa de produtivo": o jurista cria porque conhece a estrutura *interna* do direito. Portanto, em Puchta, uma visão construtivista do direito, que remonta à tradição do sistema externo, coexiste com a vigorosa exigência de conhecer o sistema interno do direito, aquele que permite o crescimento *per intussusceptionem* (Kant), o direito científico (Savigny), a produtividade dos conceitos ("primeiro" Jhering). Anunciam-se, assim, os temas predominantes do segundo volume.

1. A origem do termo "construção"

Estas páginas dedicadas à construção como atividade superior do jurista contêm uma breve história semântica desse termo, porque considero que a diversidade dos termos e as oscilações em seu uso refletem uma diversidade de atitudes diante do direito. O jurista que observa o dogma refere-se à interação entre teologia e direito, assere a indiscutibilidade de certos princípios, e portanto sua atividade encontra neles um limite intransponível. Ao contrário, o jurista que observa a construção está orientado para uma reelaboração filosófica de todo o direito, desvinculado de cada estatuição positiva (cf. *supra*, cap. XII, 2). Sua construção é uma contribuição à filosofia do direito, elaborada pelos juristas.

Essas duas atitudes diante do direito podem ser interpretadas como a manifestação de duas visões de mundo, uma fiel ao princípio de autoridade, a outra penetrada de um profundo respeito pela independência de juízo própria e de outrem. Aplicando uma distinção já afirmada, poder-se-ia falar de espírito dogmático para os defensores da dogmática jurídica e de espírito crítico para os defensores da construção[1], tendo presente que os adjetivos "dogmático" e "crítico" têm um significado neutro, mesmo que em sua longa história ambos tenham sido usados ora como elogio, ora como insulto.

Todavia, a atividade do jurista apresenta uma particularidade: sua própria natureza exige o respeito da norma positiva como limite intransponível. Na ciência jurídica, portanto, os dois hábitos mentais não são tão distintos e contrapostos, mas, ao contrário, distintos e complementares: explica-se, assim, a tendência dos juristas a não separá-los claramente um do outro.

Mas nos desvinculamos da norma positiva como dogma somente ao acreditar que existe um valor superior a ela. Esse valor é dado por uma concepção metajurídica – filosófica, religiosa, ideológica – aceita de forma explícita ou tacitamente pressuposta. Em suas lições metodológicas, publicadas postumamente em Stuttgart, em 1951, Savigny exprime com clareza exemplar a ligação entre construção sistemática e concepção filosófica: "Todo sistema conduz à filosofia: a representação de um sistema puramente histórico conduz a uma unidade, a um ideal que é seu fundamento. E isto é filosofia."[2]

---

1. Renato Treves, *Spirito critico e spirito dogmatico*. Contribuição à celebração da Columbia University, Nuvoletti, Milano, 1954, pp. 18 ss. Nesse escrito, a distinção entre espírito crítico e espírito dogmático não é referida ao jurista, mas ao homem de cultura em geral.
2. Friedrich Carl von Savigny, *Juristische Methodenlehre. Nach der Ausarbeitung des Jacob Grimm*. Herausgegeben von Gerhard Wesenberg, Koehler, Stuttgart, 1951, p. 48.

Também Giorgio Lazzaro, ao tratar da evolução do termo "construção", sublinha essa ligação com a filosofia. Depois de ter mencionado a origem latina do termo e o seu significado em Cícero (que usa *constructio verborum* no sentido de "estrutura gramatical" do período), ele observa como o termo se difunde não apenas nas línguas neolatinas, mas também nas línguas germânicas. Essa "curiosa evolução" está assim sintetizada: "Por sucessivas transferências, de estrutura de uma frase torna-se significado dessa estrutura e dessa frase; em seguida revelação desse significado, reconstrução do sentido das palavras, *interpretação* (já no final do século XVIII, entre os anglo-saxões e em linguagem jurídico-política, *construction of statutes* significa interpretação das leis); e em seguida *explicação, representação*. Uma evolução paralela não se observa nas outras línguas européias. Na Alemanha, portanto [...], o termo no começo do século XIX não era nem sequer palavra de uso comum e, ainda, em 1900 um jurista, Leonhard, afirmou que tal palavra *estrangeira* era dificilmente compreensível."[3]

Segundo Rudolf Eisler, o termo "construção" provém do inglês e parece ter penetrado no alemão pela influência que Hume exerceu sobre Immanuel Kant[4]. Ele lembra que, para Kant, a construção de um conceito é a representação da idéia *a priori* a ele correspondente. Nesse sentido falar-se-á de construção jurídica a partir de Friedrich Carl von Savigny; por outro lado, a influência da filosofia idealista sobre a jurisprudência vai muito além desse empréstimo terminológico.

Essa recepção do termo na acepção filosófica é, além disso, facilitada por um uso próprio do direito, do qual já mencionamos: a terminologia sistemática se molda sobre a terminologia arquitetônica, e o direito (para designar as

---

3. Giorgio Lazzaro, *Storia e teoria della costruzione giuridica*, Giappichelli, Torino, 1965, p. 190.
4. Rudolf Eisler, *Wörterbuch der philosophischen Begriff*, Mittler, Berlin, 1904, 2.ª ed., vol. I, pp. 186 s. (s. v. *Construction*).

modestas atividades da dogmática em sentido estático) já usa metaforicamente vários termos alemães que indicam a atividade de edificar (cf. *supra*, cap. I, 1), mas não *Construction*. A contraprova mais fidedigna é certamente a ausência desse vocábulo do *Deutsches Wörterbuch*, publicado em 1860 pelos irmãos Grimm. Jacob Grimm, além de filólogo, foi também jurista, e o eventual uso do termo na linguagem jurídica não lhe teria escapado.

A recepção do termo "construção" confirma, portanto, a aceitação de uma posição filosófica de tipo idealista, que tem como conseqüência jurídica a nítida separação das fontes. Como veremos, o termo "construção" entra para a ciência jurídica moderna como pedra angular de teorias que afirmam a capacidade da ciência jurídica de criar novas normas, precisamente por meio da construção: para os construtivistas, portanto, o direito positivo já não é um limite intransponível, um conjunto de axiomas ou de dogmas indiscutíveis, mas a "matéria-prima" sobre a qual operar.

2. A falta de uma definição de construção

Os juristas do século XIX não esclarecem, porém, o significado do vocábulo assim recebido: a cada vez a construção é venerada, ridicularizada, recomendada, desprezada, mas jamais explicada.

O próprio Jhering – quando em 1857 inaugurou sua revista com um escrito programático em que resumia sua teoria da construção jurídica (formulada por extenso no vol. II, 2 do *Espírito do direito romano*, então no prelo) – distinguia uma jurisprudência superior de uma inferior, correspondentes respectivamente a um grau de agregação superior e inferior do direito. Porém, ele dava uma definição puramente teleológica da construção: "A passagem do direito desse estado inferior de agregação para o superior é realizada pela *construção jurídica*, que dissolve (volatiliza, *verflüchtigt*) em conceitos a matéria-prima."[5] A matéria jurídica perde, assim, seu caráter imperativo e se torna um corpo jurídico, um texto sobre o qual o jurista opera criativamente. Mas, quando se trata de explicar *como* isso acontece, Jhering se refugia naquilo que, anos depois, chamará de "o céu dos conceitos": para ele, a construção jurídica "é mais do que lógica formal e conseqüencialidade", é a criação de um mundo espiritual, "a reprodução da natureza em elementos do pensamento"[6], e tudo isso é atribuído ao senso artístico do jurista.

Também Joseph Kohler (1849-1919), ao expor a técnica seguida na redação de seu manual sobre o direito falimentar, refugia-se nas metáforas: essa substituição da imagem pela investigação é recorrente em todos os defensores da construção. "Verifiquei indutivamente as possíveis construções com seus resultados concretos – escreve Kohler – levando em consideração nossa praxe e a estrangeira com todos os seus problemas. Encontrei, assim, o fundamento, procurei fundamentar a construção (*die Konstruktion aufbauen*). De fato, a construção é a flor do direito, o espelho que nos permite ver a essência das relações jurídicas. Sem construção, as relações jurídicas nos permanecem estranhas, mesmo tendo todas as normas jurídicas na ponta dos dedos. Não é necessário sublinhar a diferença entre esse método e o escolasticismo. Enquanto nós deduzimos a construção da vida, o escolasticismo quer, ao contrário, enquadrar a vida segundo rigorosos conceitos preexistentes: este é seu erro. O direito é um fenômeno orgânico, que – mesmo sendo produzido pelo espírito humano – se nos apresenta de modo autônomo e, portanto, deve ser conhecido e estudado por nós como uma força objetiva."[7]

---

5. Rudolf von Jhering, *Unsere Aufgabe*, I, "Jahrbücher für die Dogmatik des heutigen romischen und deutschen Privatrechts", 1857, n. 1, p. 9.
6. Jhering, *Unsere Aufgabe*, cit., p. 12.
7. Joseph Kohler, *Lehrbuch des Konkursrecht*, Enke, Stuttgart, 1891, p. VI.

A construção não é, portanto, entendida como o sistema externo dos jusnaturalistas, construído segundo critérios lógicos bem definidos (a isso se refere a alusão de Kohler à escolástica). Como a teoria geral do sistema externo já demonstrou, a construção deve necessariamente ter essa natureza lógica; o erro dos juristas construcionistas consiste precisamente em querer introduzir à força algo de especificamente jurídico nessa estrutura lógica: daí as contradições que levaram à rejeição da construção. O problema desses juristas transparece das últimas linhas de Joseph Kohler: eles tentaram em vão conciliar uma construção necessariamente lógica com uma concepção mística do direito, como é exatamente aquela de origem herderiana, que vê no direito um organismo vivo.

3. Uma primeira alusão à ambigüidade da construção

Somente algumas décadas mais tarde começa a delinear-se uma noção mais aprofundada de construção, favorecida seja pelo maior distanciamento com que se considerou essa atividade do jurista, seja pelas disputas filosóficas que então investiam a natureza e as tarefas da ciência (e, por conseguinte, também da ciência jurídica). Essa elaboração é atribuída a Ernst Zitelmann (1852-1923), famoso sobretudo como teórico das lacunas no sistema jurídico. Ele tratou da construção de modo incidental no curso da crítica a uma dissertação sobre a aquisição da propriedade sobre os frutos ou sobre as partes de um dado bem[8]: porém, naquelas poucas páginas se refletem quase todos os problemas relacionados a esse assunto.

---

8. Ernst Zitelmann, *Übereignungsgeschäfte und Eigentumserwerb an Bestandteilen*, "Jherings Jahrbücher für dei Dogmatik des bürgerlichen Rechts". Zweite Folge, 34. Band (70), 1921, n. 1-3, pp. 1-69. Ao problema da construção são dedicadas as pp. 58-69. A dissertação, objeto da análise de Zitelmann, é: Hans Tuch, *Die Konstruktionsversuche am § 956 B.G.B.*, Abel, Greifswald, 1913, 112 pp. (Wurzbürger Dissertation, 1913).

A construção é concebida por Zitelmann como um dever imprescindível do jurista. Antes de tudo, ele leva em consideração uma atividade dogmática em sentido estático, mas em seguida a teoriza como construção em sentido estático, generalizando o procedimento lógico que está na base da primeira. Zitelmann percebe, porém, a diferença entre esses dois planos – a dogmática persegue, de fato, fins práticos, ao passo que a construção persegue fins teóricos – e tenta uma explicação para isso, distinguindo a construção de tipo tradicional em motivativa e determinativa.

Pelo que consegui perceber, esse é o primeiro escrito que faz uma distinção no interior da construção, dando origem à corrente que – por meio de vários autores (cf. *supra*, cap. XI, 7-9) – chega até estas páginas. Todavia, essa distinção, embora relevante, não é muito clara. Ela une, de fato, a exigência de identificar o sistema interno do direito, típica do século XX, ao perpétuo entrelaçar-se das noções de sistema interno e sistema externo, típica do século anterior. A distinção proposta por Zitelmann, portanto, é mais o testemunho do contínuo aguçamento do problema do que sua possível solução.

A ligação da construção com os problemas filosóficos (ou, mais precisamente, epistemológicos) é mais clara em Ernst Zitelmann do que na Escola Histórica e em seus seguidores. Também Joseph Kohler, como vimos, tentava dar consistência à noção de construção ligando-a à práxis do direito. Com Zitelmann, o discurso já tem por objeto apenas aquela atividade intelectual que se costuma chamar de *subsunção*. No fundo, ela consiste – segundo a definição aguda e um pouco maligna de Franz Grillparzer – em reconduzir algo de incompreensível, que se verifica raramente, a algo de igualmente incompreensível, que se verifica com mais freqüência. A subsunção é o mecanismo do tipo mais simples de construção, que Zitelmann chama de *construção determinativa* (*begriffsbestimmende Konstruktion*). Dado um certo conceito, percebe-se que ele "é somente um aspecto específico de um conceito ou princípio *relativamente* conhecido, e portanto a este último subordinável (subsumível). O elemento a ser construído é desse modo introduzido, inserido na estrutura do sistema. Construir é inserir em uma ordem"[9].

Esse tipo de construção distingue em cada conceito um elemento geral dos elementos específicos e, para simplificar a matéria, unifica todos os conceitos que apresentam o mesmo elemento geral. Apesar da diversidade dos termos e do contexto, essa construção não parece diversa dos sistemas didáticos tradicionais, examinados anteriormente.

Todavia, a generalidade e o caráter genérico dessa concepção não podiam satisfazer as exigências científicas dos primeiros anos do século XX. Por isso, Zitelmann introduz outro conceito de construção: a *construção motivativa* (*begründende Konstruktion*). Ela "se refere desde o seu surgimento a um objeto mais extenso e persegue um fim mais elevado"[10]. Zitelmann colhe aqui o elemento que, nas páginas anteriores, serviu para fundar a distinção entre dogmática e construção (ambas em sentido estático). Porém, como de costume, é neste ponto que falta a clareza da exposição: tudo é compreensível enquanto se fala de sistema externo, mas tão logo se passa ao sistema interno os raciocínios tornam-se mais obscuros.

A construção motivativa, portanto, não quer ordenar conceitualmente um dado, e sim compreendê-lo causalmente. Mas isso é apenas um esclarecimento da terminologia introduzida, uma reexposição, em termos diversos, da questão levantada. O problema é outro: como se pode compreender causalmente um fenômeno jurídico? Aqui está o ponto obscuro: Ernst Zitelmann não pretende fornecer uma explicação psicológica ou histórica da razão pela qual o legislador estabeleceu determinada norma: ele se

---

9. "Konstrukion ist Einordnung": Zitelmann, *Übereignungsgeschäfte*, cit. p. 59. O grifo é meu, para evidenciar a assonância grillparzeriana. Para a terminologia, ver o *System der Anordnung* (sistema da classificação) de Adolf Trendelenburg (cf. vol. 2, cap. I, 5).

10. Zitelmann, *Übereignungsgeschäfte*, cit., p. 60.

propõe explicar por que o direito liga determinados efeitos a determinados eventos. Poder-se-ia dizer que Zitelmann procura uma causa interna da norma jurídica; e esse nexo interno se alcançaria quando, em um caso concreto, se conseguisse descobrir uma norma geral que produzisse efeitos reconduzíveis, entre outros, também àquele caso concreto. Essa explicação não é clara, assim como não é claro dizer que a construção motivativa é concebida como dinâmica, ao passo que a determinativa é concebida como estática ("dinâmica" e "estática" são, portanto, termos usados em sentido diverso do proposto pela dogmática e pela construção: cf. *supra*, cap. XI, 8, 9).

A problemática tese de Zitelmann revela que, no começo do século XX, ainda não estava superado o problema que já havia atormentado a Escola Histórica, ou seja, a busca de um sistema interno do direito nitidamente distinto de considerações sobre o sistema externo. Por outro lado, a solução proposta por Zitelmann é duplamente interessante: antes de tudo porque acredito que pela primeira vez se dá uma precisa formulação à suspeita de que a noção de construção seja ambígua; e, além disso, porque se procura eliminar essa ambigüidade. Essa solução, todavia, foi às vezes superestimada, esquecendo que foi elaborada no curso de um restrito estudo dogmático, com a finalidade de justificar sua fundamentação e suas conclusões. De fato, Ernst Zitelmann concluía sua teoria da construção jurídica voltando ao problema do qual tinha partido: "Nós queremos explicar por que, da permissão de se apropriar do bem no momento da separação ou da sua tomada de posse, deriva a aquisição da propriedade. Em outras palavras, devemos tentar considerar o caso específico desse princípio como simples caso particular do caso específico bem mais conhecido da aquisição de propriedade."[11] O trabalho dogmático de Zitelmann seria, portanto, como ele chamaria, uma "construção motivativa": a ela deve estar relacionado um juízo de

---

11. Zitelmann, *Übereignungsgeschäfte*, cit., pp. 61 s.

valor positivo porque – segundo as palavras do próprio Zitelmann – esse tipo de construção "persegue um fim mais elevado"[12] e representa, portanto, uma explicação mais aprofundada do direito.

Portanto, durante décadas trabalhou-se em torno da construção sem jamais defini-la, embora sempre se procurasse defini-la. Chegando a este ponto da pesquisa – depois de ter traçado uma breve história da recepção do termo "construção" na jurisprudência e depois de ter, em certa medida, documentado a inexistência de uma definição precisa –, trata-se agora de examinar qual foi a origem da construção e ver, também, de que modo ela se formou e se separou da mais limitada dogmática (em sentido estático). Os elementos fornecidos por esta análise histórica deveriam esclarecer as relações entre dogmática e construção (em sentido estático).

4. A construção jurídica e o modelo filosófico: Savigny

Antes de retomar o fio da história do pensamento sistemático no direito, como se delineou até este ponto da investigação, talvez seja oportuno traçar uma rápida síntese. A estrutura como *terminus ad quem*, depois da atividade de Donellus (Hugo Doneau) e da sua escola, é objeto da atenção dos jusnaturalistas que, até a escola de Daniel Nettelbladt, elaboram uma construção jurídica apriorística, tentando em seguida, de vários modos, inserir nela as disposições do direito positivo. A essa ciência jurídica distante do direito positivo, Gustav Hugo reage com um retorno às fontes, preparando assim o material sobre o qual se enxertará a sistematização de Anton Friedrich Justus Thibaut, de Georg Arnold Heise e de toda a jurisprudência posterior a eles. Até esses autores, contudo, a atenção tinha se concentrado sobre a reconstrução de cada instituto jurídico, ou

---

12. Zitelmann, *Übereignungsgeschäfte*, cit., p. 60.

seja, sobre aquela que, anteriormente, tinha sido chamada de dogmática em sentido estático, sublinhando assim a estrita ligação com a fonte jurídica. O fato de que se designe com o nome de "sistema" essa limitada atividade sistemática ou a coletânea de vários trabalhos sistemáticos desse tipo é apenas um reflexo do uso filosófico do termo que, como foi dito, já havia se consolidado no significado mais elementar de "sistema externo"[13]. Portanto, obras que tratam a mesma matéria do mesmo modo recebem o nome tanto de *sistemas* das pandectas quanto de *manuais* das Pandectas.

Portanto, com a rejeição do direito natural, parece que foi rejeitado, também, o elemento sistemático do direito. Porém, uma obra juvenil de Friedrich Carl von Savigny (1779-1861), publicada em 1803[14], não só dá nova força à elaboração sistemática do direito, mas constitui um salto qualitativo nesse tipo de elaboração. É, de fato, com essa obra que – não só a meu ver – a jurisprudência sai da fase dogmática e entra na fase da construção em sentido estrito. A análise estrutural do direito, realizada nesse escrito de Savigny, se diferencia das precedentes considerações estruturais por dois motivos estritamente conexos: a presença de um princípio unificador e o abandono do respeito absoluto pelas fontes.

A *presença de um único princípio* constitui o elemento unificador interno de toda a exposição. É a partir desse momento que, na ciência jurídica alemã, o núcleo central de uma pesquisa, seu *Grundgedanke*, torna-se um elemento imprescindível na avaliação de qualquer trabalho científico. Para explicar essa busca do princípio, alguns juristas afirmam que ele deve necessariamente ser encontrado, visto que os juristas romanos deviam também ter um, quando

---

13. Ernst Landsberg, *Geschichte der deutschen Rechtswissenschaft*, Oldenbourg, München-Berlin, 1910, III, 2.ª ed., p. 195. "Também em Thibaut, e até mesmo em Heise, trata-se mais de uma ordem conveniente e clara do que de uma verdadeira construção."

14. Friedrich Carl von Savigny, *Das Recht des Besitzes. Eine civilistische Abhandlung*, Heyer, Giessen, 1803, XXXII-495 pp.

elaboraram determinados institutos; outros o reconduzem à persistência de resíduos jusnaturalistas nos juristas da Escola Histórica. À luz da história semântica de "sistema", parece plausível, também, uma ulterior explicação: na idéia fundamental de um sistema externo fica evidente o reflexo, na ciência jurídica, da concepção wolff-kantiana do sistema, que já havia se afirmado na filosofia clássica alemã. Ela influencia Savigny por meio da obra de Friedrich Wilhelm Joseph Schelling (1775-1854).

O *abandono do respeito absoluto pelas fontes* traz consigo a tentativa de inserir, à força, no sistema, também os trechos que parecem não se adaptar a ele. Uma bela formulação dessa tendência é involuntariamente dada por Puchta: "Não é este o lugar para fazer uma lista completa dos trechos em que Cícero menciona o direito consuetudinário. Para os fins que nos propomos bastará examinar os seguintes, que julgo os mais importantes."[15] Em outras palavras, escolhem-se as fontes históricas mais adequadas para serem inseridas no sistema que o autor está construindo sob o império de um único princípio. Essa atitude de Puchta já está presente em Savigny; por isso, Ernst Immanuel Bekker (1827-1916) pôde, com razão, afirmar que certas obras célebres desses autores têm uma "estrutura jusnaturalista"[16]; elas seriam o desenvolvimento lógico de princípios não diretamente comprováveis sobre as fontes. Também esse juízo de Bekker é uma confirmação fidedigna da coincidência formal entre o sistema externo jusnaturalista e o sistema externo de tipo (em grandes linhas) juspositivista.

---

15. Georg Friedrich Puchta, *Das Gewohnheitsrecht*, Palm, Erlangen, 1828, vol. I, p. 48; hoje também: Nachdruck der Ausgabe Erlangen, 1828-37, Wissenschaftliche Buchgesellschaft, Darmstadt, 1965, vol. I, XVI-234 pp.; vol. II, XV-292 pp.

16. Ernst Immanuel Bekker, *Über den Streit der historischen und philosophischen Rechtsschule*, Heidelberger Festrede, Heidelberg, 1886, p. 20, nota 50; cf. também Walter Wilhelm, *Savignys überpositive Systematik*, em Jürgen Blühdorn – Joachim Ritter, *Philosophie und Rechtswissenschaft. Zum Problem ihrer Beziehungen im 19. Jahrhundert*, Klostermann, Frankfurt am Main, 1969, pp. 123-36.

Essa instrumentalização das fontes para os próprios fins sistemáticos se estende aos germanistas, em que a obra fundamental de Karl Friedrich Eichhorn (1781-1854) – o Savigny dos germanistas – se permite audácias metodológicas que são, às vezes, verdadeiros desvirtuamentos das fontes[17].

Nessa época, enfim, apenas Jacob Grimm (1785-1863) – que não por acaso é mais filólogo do que jurista – se aproxima das fontes sem pretensões dogmáticas e sublinha a inoportunidade de sua violação: "Se a autenticidade do nosso texto é irrefutável, não nos resta senão ter paciência e tomá-lo assim como é: a compreensão virá depois, pouco a pouco."[18]

Essa observação é o convite ao bom senso dirigido pelo filólogo Grimm ao jurista Schaumann, que – ao interpretar um excerto da *Lex Saxonum* – julgava que, em lugar de "denários", devia-se ler "sólidos". Grimm observava que, para aceitar essa tese, teria sido necessário admitir que quatro copistas tivessem cometido o mesmo erro vinte e cinco vezes, sem que ninguém jamais tivesse percebido isso. O escasso respeito de Schaumann pelas fontes revela, enfim, como a construção tinha perdido sua importância apenas instrumental e começava a se tornar um fim em si mesma.

Desses dois elementos que caracterizam a construção em sentido estático em relação à dogmática, o mais relevante é a idéia básica, o princípio, o *Grundgedanke*: ele é, de fato, a causa da violência exercida sobre as fontes, quando elas não se adaptam ao sistema que se deseja construir sobre elas.

Esse novo modo de fundamentar a pesquisa jurídica deverá, em seguida, aparecer como o início da moderna ciência

---

17. Karl Friedrich Eichhorn, *Deutsche Staats- und Rechtsgeschichte*, Vandenhoeck & Ruprecht, Göttingen, 1808-23, 4 vols.

18. Jacob Grimm, *Bemerkungen zum vorigen Aufsatz*, "Zeitschrift für geschichtliche Rechtswissenschaft", XI, 1842, p. 394. As críticas citadas no texto referem-se ao escrito de Adolph Friedrich Heinrich Schaumann, *Über das Wehrgeld der Freien nach der Lex Saxonum,* no mesmo fascículo, pp. 362-84.

do direito. Antigamente, o jurista que operava fora do jusnaturalismo se ocupava, sobretudo, de cada norma; com a obra de Friedrich Carl von Savigny sobre a posse – escreve em 1907 Ernst Immanuel Bekker –, a atenção se desloca de cada norma para o direito em sua totalidade[19], ou seja, da restrita dogmática à cada vez mais ampla construção.

Enquanto trabalhava no ensaio sobre a posse, no verão de 1802, Savigny ministrou um curso de metodologia jurídica na Universidade de Marburg. O texto desse curso nos é conhecido pelos apontamentos de um aluno que depois se tornou ilustre, Jacob Grimm, mas foi publicado integralmente apenas em 1951. Essa *Juristische Methodenlehre* tem grande importância na história do pensamento sistemático no direito, porque expõe mais amplamente os princípios teóricos que estiveram na raiz do trabalho sobre a posse. Se este último pode ser comparado ao cativante relato do navegante que descobriu um novo continente, a primeira pode ser comparada, ao contrário, ao seu diário de bordo, que explica como se chega a esse continente. Uma análise desse texto seria, porém, desnecessária, pois já foi feita, e muito bem[20].

A primeira formulação teórica em que Savigny faz coincidir a cientificidade da ciência do direito com sua sistematicidade é um excerto célebre do escrito *Sobre a vocação do nosso tempo à legislação e à jurisprudência*, no qual se exprimia contra as codificações. Seria errôneo subestimar esse trabalho, julgando que ele tivesse um caráter puramente ocasional como resposta à célebre obra de Thibaut, favorável, ao contrário, à codificação. Ocasional foi apenas a publicação, não, porém, a redação, na qual Savigny estava tra-

---

19. Ernst Immanuel Bekker, *Burkhard Wilhelm Leist unter seinen Aequalen*, "Zeitschrift der Savigny-Stiftung für Rechtsgeschichte". Romanistische Abtheilung, vol. 28 (XLI), 1907, pp. 129-57. O escrito de Bekker é mais importante do que seu caráter de necrológio possa fazer supor.

20. Giuliano Marini, *Savigny e il metodo della scienza giuridica*, Giuffrè, Milano, 1966, sobretudo, pp. 117 ss. (cap. III: *La filosofia e il sistema*). Sobre o volume de Savigny, cf. *supra*, nota 2.

balhando havia muito tempo. O volume tinha sido concebido como a parte introdutiva da mais tardia obra sobre a história do direito romano na Idade Média.

Segundo Savigny, a atividade científica da jurisprudência consiste em encontrar "princípios-guia"[21], dos quais é possível deduzir todo o sistema jurídico. Para ilustrar essa idéia, ele recorre a uma comparação extraída da geometria: indicar no direito um princípio-guia é como indicar dois lados e o ângulo ali compreendido de um triângulo, porque desse modo, sem ulteriores indicações, pode-se construir todo o triângulo. Mas essa referência ao rigor lógico das ciências exatas revela, ainda uma vez, que ele aspira à construção de um sistema externo da ciência jurídica, que em nada – a não ser na escolha do subconjunto dos axiomas sobre os quais se deve fundar a construção – se diferencia do modelo jusnaturalista.

É esse o modelo de exposição que será retomado e teorizado pelos juristas posteriores. As obras principais de Savigny falam muito pouco do ponto de vista sistemático: atendo-se ao conselho já formulado por Pütter, ele expõe diacronicamente o direito que já não estava em vigor em sua época na *História do direito romano na Idade Média*[22], ao passo que o direito romano atual é sincronicamente for-

---

21. Friedrich Carl von Savigny, *Vom Berufe unsrer Zeit zur Gesetzgebung und Rechtswissenschaft*, Mohr und Zimmer, Heidelbeg, 1814, p. 22; esse escrito se contrapunha ao de Anton Friedrich Justus Thibaut, *Über die Notwendigkeit eines allgemeinen bürgerlichen Rechts für Deutschland*, Mohr und Zimmer, Heidelberg, 1814, 67 pp. As duas obras estão traduzidas em Thibaut – Savigny, *La polemica sulla codificazione*. Organizada por Giuliano Marini, Edizioni Scientifiche Italiane, Napoli, 2000, 4.ª ed., 197 pp. Uma edição com material documentário foi publicada em ocasião do centenário da polêmica: Jacques Stern (Hrsg.), *Thibaut und Savigny. Zum 100jährigen Gedächtnis des Kampfes um ein einheitliches bürgerliches Recht für Deutschland*, Vahlen, Berlin, 1914, 238 pp. Cf. ainda Hans Kiefner, *Thibaut und Savigny. Bemerkungen zum Kodifikationsstreit*, em Klaus Luig – Alfred Soellner (Hrsg.), *Europäisches Rechtsdenken in Geschichte und Gegenwart. Festschrift für Helmut Coing*, Beck, München, 1982, vol. I, pp. 149 ss.

22. Friedrich Carl von Savigny, *Geschichte des römischen Rechts im Mittelalter*, Mohr und Zimmer, Heidelberg, 1815-31, 6 vols.

mulado no *Sistema do direito romano atual*[23]. Nesta última obra, "sistema" deve ser entendido apenas como oposto de "história"[24].

A estrutura da obra de Savigny é, de fato, extremamente compósita e contém construções dogmáticas de grande importância, mas sem um nexo preciso que possa uni-las[25]. O próprio Savigny se dava conta disso e o explicava no prefácio: a idéia da descoberta dos princípios-guia se substitui pela mais modesta tarefa didática de fornecer aos práticos um quadro completo das novas descobertas em campo romanístico. Essa atitude de Savigny pode ser explicada pela tipologia enunciada anteriormente, em que se observou que o próprio jurista pode se comportar ora como filósofo do direito, ora como jurista prático. Quando se ocupa filosoficamente (em sentido amplo) do direito, Savigny recorre à construção em sentido estático; quando, ao contrário, opera como jurista prático, contenta-se com a mais modesta dogmática, por outro lado muito adequada aos fins perseguidos.

---

23. Friedrich Carl von Savigny, *System des heutigen römischen Rechts*, Veit, Berlin, 1840-49, 8 vols. Existe uma tradução italiana dessa obra realizada por Vittorio Scialoja, *Sistema del diritto romano attuale*, Unione Tipografica Editrice, Torino, 1886-88, 8 vols.

24. Essa elaboração já é comumente aceita: *System* se contrapõe a *Geschichte*. Por exemplo, o fundador da Escola Histórica dos germanistas, Carl Friedrich Eichhorn, explica no prefácio à sua já citada *Deutsche Staats- und Rechtsgeschichte* (cf. *supra*, nota 17) ter delimitado a matéria para descrever todo o direito, com exceção do direito vigente de 1822 em diante, porque se tivesse feito de outra forma teria de abandonar o método histórico pelo dogmático. A parte dogmática seguirá, de fato, com a *Einleitung in das deutsche Privatrecht mit Einschluss des Lehnrechts*, Vandenhoeck & Ruprecht, Göttingen, 1823, XXIV-933 pp., cujo prefácio destaca (também tipograficamente) a busca do "nexo científico" (*wissenschaftlicher Zusammenhang*) que unifica o direito alemão vigente. Cf. Aldo Mazzacane, *Savigny e la storiografia giuridica tra storia e sistema*, Liguori, Napoli, 1976, 152 pp.

25. Landsberg, *Geschichte der deutschen Rechtswissenschaft*, cit., vol. III2, p. 228, ressalta o desinteresse de Savigny pela "ossatura sistemática" (*systematisches Fachwerk*) e faz referência, também, a um análogo juízo de Moritz August von Bethmann-Hollweg.

Assim, partes inteiras se sucedem sem uma precisa disciplina interna ou uma rigorosa ordem externa. É cada parte que tem um valor notável na história do direito, porque repropõe, de forma nova, um problema particular de grande envergadura: basta pensar no oitavo livro, em que Savigny renova a doutrina do direito internacional privado, que não conhecia inovações substanciais desde a época de Bartolo de Sassoferrato, muito subestimado por Savigny na *História do direito romano na Idade Média*. Mas em contraste com a dogmática das partes práticas está a rigorosa construção do primeiro volume: aqui Savigny se ocupa de um problema filosófico, não tem fontes específicas a serem respeitadas e pode, portanto, desenvolver a própria teoria segundo aquela concepção que jamais abandonou e em que é agora reforçado pela influência de seu aluno Puchta.

Tanto Savigny como Julius Stahl (1802-61) – filósofo do direito de inspiração cristã e conservadora – marcam a passagem da análise lógica à análise orgânica do direito porque, segundo eles, os institutos jurídicos têm uma finalidade prática que não pode ser explicada unicamente pela lógica abstrata. Para eles, o direito não é pura relação lógica, nem cada instituto é uma parte passiva do sistema jurídico, mas o instituto e o sistema, a parte e o todo estão ligados por uma relação mais complexa, similar à de um organismo com as suas partes: as partes não só influem sobre o organismo, mas são, por sua vez, influenciadas. O direito não deve, portanto, "estar comprimido dentro de um sistema imaginário e fictício, que desagregaria a totalidade existente e destruiria sua natural coesão", mas deveria partir "da condição jurídica como ela é na vida, ou seja, como um todo, 'partindo de um único ponto de vista e de um só nexo', e criar, assim, um sistema jurídico 'de uma só vez'"[26].

---

26. Walter Wilhelm, *Metodologia giuridica del XIX secolo*. Organizado por Pier Luigi Lucchini, Giuffrè, Milano, 1974, p. 62; as citações contidas no trecho de Wilhelm são de Friedrich Julius Stahl, *Geschichte der Rechtsphilosophie*, Mohr, Heidelberg, 1870, vol. II, pp. 161 e 151. Modifiquei a tradução italiana. A obra de Wilhelm, publicada em 1958, tem por objeto a transição do método

Cada instituto jurídico nasce da relação com a totalidade do sistema, pois no sistema os institutos interagem, se modificam, manifestam uma "força produtiva"[27] que os faz "produzir"[28] novos institutos. Essa concepção organicista invadiu a teoria construcionista da época: apenas Jhering, depois de tê-la aceito, a abandonou completamente (cf. *infra*, cap. XIV). A terminologia oitocentista não deve ser entendida à luz das concepções hodiernas: o "sistema natural" do direito refere-se à natureza unitária do direito que, por sua vez, é de origem filosófica, e não empírica; o "método organicista" se inspira nas ciências naturais apenas para extrair delas alguma metáfora, mas na realidade se refere a uma concepção do direito que é um "organismo" no mesmo sentido em que o é a língua: ou seja, como produto de um abstrato espírito do povo (*Volksgeist*), cujos costumes nascidos da vida são contrapostos às abstrações dos códigos. A polêmica jurídica se desloca, assim, para o terreno político, como se verá ainda mais claramente nos contrastes entre romanistas e germanistas (cf. *infra*, 6, e cap. XV).

5. A formalização das Pandectas: Puchta

Georg Friedrich Puchta (1798-1846) – como, em geral, qualquer outro autor da Escola Histórica – de um lado rejeitou o racionalismo jusnaturalista em nome de um retorno às fontes e de outro organizou o material das fontes segundo um critério sistemático não diverso daquele em uso pe-

---

privatista aos juspublicistas, como indica o subtítulo, *L'origine del metodo di Paul Laband dalla scienza del diritto privato* (não retomado na edição italiana): *Zur juristischen Methodenlehre im 19. Jahrhundert, Die Herkunft der Methode Paul Laband aus der Privatrechtswissenschaft*, Klostermann, Frankfurt a. M., 1958, 160 pp. O estudo de Wilhelm é de fundamental importância para seguir em detalhe a evolução da noção de sistema em Savigny, Puchta, Jhering e Gerber: limito-me a essa referência geral porque, de outra forma, deveria cobrir as páginas seguintes de citações de Wilhelm.

27. Stahl, *Rechtsphilosophie*, cit., vol. II, p. 157.
28. Stahl, *Rechtsphilosophie*, cit., vol. II, p. 162.

los jusnaturalistas. Esse construcionismo tem seu modelo na obra sobre a posse de Savigny, na qual se inspiraram também numerosas monografias sucessivas. Antes dela, a noção de estrutura como *terminus ad quem* era mais intuída do que teorizada; sua aplicação era limitada, sobretudo, a cada instituto, no mais estrito respeito pelas fontes. Com Savigny, esse respeito pelas fontes faltou; com Puchta, o método sistemático encontra uma precisa formulação teórica e, contemporaneamente, é estendido a toda ciência do direito. Do ponto de vista lógico, de fato, as regras construtivas do sistema externo são aplicáveis a matérias de qualquer extensão; no caso de um sistema de inspiração wolffkantiana (como é o da Escola Histórica), o problema é um só: encontrar um princípio tão geral que seja possível deduzir dele um sistema no qual receber todo o direito.

Os escritos em que Georg Friedrich Puchta trata o direito do ponto de vista filosófico referem-se constantemente à filosofia da história de Friedrich Wilhelm Josef Schelling, cujas idéias mais características ressurgem, apoditicamente, na exposição puchtiana. O jurista justifica a tendência à sistematização subdividindo a história do direito em três períodos: o período originário da simplicidade, o período intermediário da multiplicidade e o período final da unidade reencontrada na cientificidade (mais uma confirmação da coincidência, naqueles tempos, de sistema e ciência). Essa noção, formulada primeiramente em um artigo[29], foi estendida na *Enciclopédia* a toda a história do direito, evidenciando que o terceiro período começa com a Escola Histórica e fazendo, assim, coincidir a cientificidade do direito com as teorias dessa escola.

Justificada assim a exigência de proceder à sistematização de todo o direito, Puchta deve, também, identificar seu

---

29. Georg Friedrich Puchta, *Über die Perioden der Rechtsgeschichte*, em *Kleine civilistische Schriften*. Gesammelt und herausgegeben von Adolf August Friedrich Rudorff, Breitkopf & Härtel, Leipzig, 1851, pp. 135-48. Esse artigo tinha sido publicado em 1823 nos "Jahrbücher des gesamten deutschen juristischen Literatur".

princípio unificador. Também esse é deduzido da filosofia de Schelling e expresso de forma apodítica nas páginas da mesma *Enciclopédia*: direito e povo são noções estritamente conexas, pois o direito nasce da consciência e da convicção do povo[30]. Portanto, as fontes do direito são o costume (direito criado pelo povo), a lei (direito criado pelos órgãos do povo) e o direito criado pelos juristas; mas todas essas três fontes derivam de uma só: a vida do povo. A atenção de Puchta concentra-se sobre o direito consuetudinário, ao qual dedica uma obra famosa[31], em cujo segundo volume modifica, porém, a teoria das fontes exposta na *Enciclopédia*. Nesta última, o direito criado pelos juristas é uma fonte equiparada às outras duas; na obra sobre o costume, o direito se torna uma fonte secundária, da qual Puchta distingue duas formas: ou o jurista age como representante da consciência popular (e então se tem um autêntico direito consuetudinário), ou age de modo individual, e então sua enunciação valerá apenas na medida em que estiver em conformidade com as duas fontes principais. Essas oscilações não prejudicam, porém, a substância das opiniões de Puchta, segundo a qual o jurista cria o direito. Afirma-se com isso um princípio tão obscuro quanto afortunado: "A ciência é [...] algo de produtivo"[32], ou seja, a ciência jurídica pode produzir direito válido. Essa tese é retomada por Savigny, que em seu *Sistema do direito romano atual* fala de "direito científico", e por Rudolf von Jhering, que, porém, como veremos, acabará por rejeitá-la[33].

Ao rejeitar esse elemento irracional da teoria jurídica da Escola Histórica, Jhering conclui – do ponto de vista ló-

---

30. Georg Friedrich Puchta, *Encyclopädie als Einleitung zur Institutionsvorlesungen*, Reimer, Leipzig-Berlin, 1825, pp. 32 ss.
31. Georg Friedrich Puchta, *Über das Gewohnheitsrecht*, Erlangen, vol. I, 1828; vol. II, 1837: cf. *supra*, nota 15.
32. Puchta, *Das Gewohnheitsrecht*, cit., vol. I, p. 146.
33. Essa concepção parecerá menos estranha se se tiver presente que ela foi enunciada em um mundo jurídico não ainda regido por códigos de tipo moderno. Nele, portanto, era bem maior o peso do estudioso que extraía preceitos jurídicos de um direito romano dito atual, mas, na realidade, antiquado.

gico – o debate sobre um pensamento enunciado primeiramente por Heise: o critério para avaliar a credibilidade de uma construção jurídica já não é a exatidão da dedução de princípios racionais ou divinos, mas sua adequação à estrutura interna da matéria. Daí chega-se rapidamente a sustentar que o jurista – conhecendo essa estrutura – é capaz de aumentar o direito do interior, criando novas normas. O problema é, porém, estabelecer de que modo o jurista conhece essa estrutura: é justamente essa a lacuna da Escola Histórica. Jhering rebela-se contra essa suposição injustificada e busca em outro lugar a lei de crescimento do direito. Com isso, a Escola Histórica se divide em correntes ainda hoje vivas: de um lado, a dogmática e o formalismo (até Hans Kelsen) e, de outro, as reações a ele (Jhering, a sociologia do direito, o movimento do direito livre, a jurisprudência dos interesses e, também, a teoria marxista do direito): assuntos que constituem o objeto do segundo volume.

De fato, essas duas correntes subsistem sem jamais se fundirem não apenas em Savigny (como vimos), mas também em Puchta: em outros termos, a exigência filosófica de um sistema que compreenda todo o direito coexiste com a reconstrução sistemática de cada instituto. Nesta última atividade, não poderia faltar uma série de trabalhos sobre a errante posse que, desde a época de Georg Arnold Heise, não conseguia encontrar uma colocação definitiva na sistemática do direito. Esse problema impulsiona Puchta a empreender uma pesquisa sobre os sistemas jurídicos antigos e novos, da qual é possível deduzir uma imagem bastante precisa do sistema por ele teorizado.

Sublinhando como o sistema romanístico clássico não foi ainda igualado, o artigo se propõe estimular os autores modernos a um maior rigor sistemático da exposição. Enunciando a própria definição de sistema, Puchta distingue uma noção em sentido estrito e uma noção em sentido amplo de sistema: "Se se designa por 'sistema' uma totalidade de partes que se condicionam e pressupõem reciprocamente, ninguém poderá negar que o direito romano – na época dos juristas romanos e graças a eles – seja um sistema; aliás, um sistema tão perfeito, que estamos ainda muito longe de tê-lo alcançado para o nosso direito atual. Costuma-se, contudo, chamar de sistema também a ordem de uma exposição (*Anordnung einer Darstellung*), especialmente se tem por objeto (e este é um uso muito impreciso) uma grande parte ou toda a matéria jurídica. Isso ocorre, sem dúvida, porque o sistema em sentido próprio – que em geral coincide com a ciência – é concebido como o fundamento da descrição e da ordem da matéria."[34]

O sistema proposto por Puchta apresenta, porém, características bem individualizadas. Confrontando essa exposição com a de Thibaut, dedicada ao mesmo assunto (cf. *supra*, cap. XII, 6), nota-se como a discussão tornara-se mais apurada e, em certos aspectos, complicada. Enquanto em Thibaut a referência à possível multiplicidade de sistemas sobre um mesmo assunto era apenas mencionada como corolário do caráter externo do sistema proposto, em Puchta esse mesmo problema é tratado de modo mais maduro e elaborado, introduzindo, entre outros, o conceito de "crescimento orgânico", típico da Escola Histórica. Antes de voltar a este último assunto, vejamos, porém, a passagem em questão: "Do fato de que, nos sistemas jurídicos, a ciência constitui o fundamento e o objeto da exposição não deriva, de modo nenhum, que exista também uma só exposição correspondente a ela ou uma só ciência. A própria vida e a garantia do crescimento orgânico da ciência consistem precisamente no fato de que nenhuma exposição coincide com ela [...]. Dado que nenhum sistema naquele sentido formal pode ser a própria ciência, mas apenas uma aproximação a ela, deste ou daquele lado, é inevitável que possam ser pensados vários sistemas desse tipo como coexistentes. O fundamento dessa diversidade da exposição

---

34. Georg Friedrich Puchta, *Betrachtungen über alte und neue Rechtssysteme*, em *Kleine civilistische Schriften*, cit., p. 221. O artigo foi originalmente publicado no "Rheinisches Museum für Jurisprudenz", III, 1829, n. 6, pp. 115 ss.

(abstraindo, naturalmente, da diversidade fundada sobre a diversa capacidade do expositor) encontra-se no meio escolhido entre a ciência e o aspecto externo que ela deve assumir, ou seja, naquilo que se chama de 'estrutura da exposição' (*Plan der Anordnung*)."[35]

O caráter externo do sistema é aqui corretamente referido ao fato de que o sistema é próprio da ciência que estuda uma realidade, não da realidade estudada; disso, Puchta deduz a relatividade de qualquer sistema e, portanto, a possibilidade de ter mais sistemas para o mesmo objeto. Essas observações já nos são conhecidas pelo texto de Thibaut e, em geral, pelas considerações sobre a teoria do sistema externo. É novo pelo fato de ser expressamente rejeitado o sistema parcial, ou seja, relativo apenas a um setor do direito: a primeira passagem citada revela como já se havia ingressado na época da construção, deixando para trás a época da mais restrita dogmática jurídica. É nova também a referência ao "crescimento interno da ciência": tratamos dessa questão no final do parágrafo anterior e voltaremos a nos ocupar dela investigando Rudolf von Jhering. Aqui é importante sublinhar que em sua formulação originária ela exprimia um princípio muito simples: o da progressiva aproximação da ciência à compreensão do seu objeto, sem, por outro lado, jamais poder compreendê-lo totalmente.

Ao lado dessas enunciações teóricas, sem dúvida avançadas, Puchta continuava a usar o termo "sistema" como sinônimo de "classificação", "distinção", "subdivisão" e similares[36].

---

35. Puchta, *Betrachtungen über alte und neue Rechtssysteme*, cit., p. 222.

36. É esclarecedor o fato de que, depois do artigo *Betrachtungen über alte und neue Rechtssysteme*, venha um intitulado: *Zu welcher* Classe *von Rechten gehört den Besitz? Beantwortet durch eine* Classification *der Rechte überhaupt* (em *Kleine civilistische Schriften*, cit., pp. 239-58; publicado pela primeira vez pouco tempo depois do artigo sobre o sistema jurídico em exame: "Rheinisches Museum für Jurisprudenz", III, 1829, n. 17, pp. 289-308): de fato, *System* e *Classification* são usados como sinônimos.

Esse uso não é, porém, inconsciente, mas reflete a distinção com a qual se abre a breve exposição de Puchta: o sistema pode ser uma totalidade bem estruturada ou a ordem com a qual é exposta uma matéria também limitada. Daí deriva uma dupla tarefa de quem cria sistemas: "Dupla é a tarefa do sistematizador. A primeira consiste na classificação, na escolha e na atuação de um critério organizativo (*Eintheilungsnorm*); a segunda consiste em apreender cada parte em seu íntimo nexo, ou seja, não apenas como partes, mas como elementos de uma totalidade viva, orgânica. É inútil dizer que essas atividades não são distintas, como se a segunda substituísse a primeira quando esta terminou sua tarefa. Neste caso, qualquer princípio organizativo geraria um sistema, porque bastaria um mínimo de habilidade para encontrar um nexo aparente em cada um deles. Em épocas mais recentes, não faltam acrobacias desse tipo, sobre as quais não quero aqui me alongar. Essa atividade é, portanto, concretamente, uma só, em que aqueles dois momentos coexistem indistintos."[37]

Ainda uma vez ressurge a necessidade de compreender "o íntimo nexo" da matéria objeto da ciência: é um sinal do nascente interesse pelo sistema interno do direito. O fato de que seja convicção não apenas deste autor, mas de numerosos contemporâneos seus, que as duas atividades do sistematizador fossem inseparáveis, acabará por produzir aquela curiosa crença segundo a qual a ciência pode gerar novo direito: a origem disso deve ser vista, a meu ver, precisamente no fato de que, intencionalmente, não se distingue a criação de um sistema externo por parte do estudioso da descoberta de um sistema interno inerente à realidade estudada. É aquela que, em Jhering, se apresenta como mistura do sistema externo com o sistema interno.

É claro que o sistema já não é um puro auxílio mnemônico, como ainda sustentava Thibaut, mas algo mais (ainda que não se consiga definir em que consiste esse algo mais).

---

37. Puchta, *Betrachtungen über alte und neue Rechtssysteme*, cit., p. 233.

Uma última citação comprovará essa asserção e concluirá o exame desse artigo de Puchta, a meu ver muito significativo para a história do sistema jurídico externo: "Os sistemas mais recentes podem ser subdivididos em sistemas que desejam seguir a ordem das *Instituições* e sistemas que não seguem tal ordem (ao menos no conjunto). [...] Nos primeiros deve ser desprezada, antes de tudo, essa intenção de se ater às *Instituições*, bem como a causa disso, que é a incompreensão do sistema das *Instituições*. Quando verificamos que, nos assim chamados sistemas das *Instituições* elaborados por autores recentes, a sucessão das matérias principais coincide com a de Gaio, mas a exposição (ou seja, o sistema, o princípio fundamental: *leitender Grundgedanke*) é radicalmente diversa nos dois, deve-se admitir ou que nossos sistemáticos julgam que o sistema coincida com a sucessão das matérias ou que eles pensavam construir um sistema diverso, que, porém, curiosamente, produziu uma sucessão de matérias igual à gaiana."[38]

O caminho percorrido pela Escola Histórica, de Heise a Puchta, fica claro se se confronta a sistemática do primeiro com o sistema do segundo. Em ambos os casos, trata-se mais de classificações do que de sistemas propriamente ditos; contudo, enquanto Heise se limitava a dispor de novo o material justiniano, Puchta procurava resolver os problemas deixados sem solução pelo primeiro, elaborando partições originais. Cada direito se distingue apenas pelos bens que constituem seu objeto e, portanto, sobre estes últimos se funda uma classificação geral, capaz finalmente de atribuir uma colocação estável à posse. Para Puchta, objetos de direito podem ser: I) coisas; II) ações; III) pessoas. Esta última categoria era, por sua vez, dividida em três classes: 1) pessoas diversas de nós mesmos; 2) pessoas que existiram fora de nós mas agora se tornaram parte de nós mesmos; 3) nós mesmos como pessoas. Essa classificação é nova, ainda que discutível, e dá novos impulsos à ciência jurídica; da

---

38. Puchta, *Betrachtungen über alte und neue Rechtssysteme*, cit., p. 229.

categoria 3 nasce a teoria moderna dos direitos sobre bens imateriais (por exemplo, propriedade intelectual) e dos direitos da pessoa; a categoria 2, ao contrário, complica posteriormente o já obscuro direito sucessório.

Em relação à sistematização de Heise, a de Puchta libertou-se notadamente do modo de pensar de origem justiniana; na realidade, essa libertação não é uma liberação, mas uma mudança de sujeição: o jugo justiniano é sacudido para dar lugar ao da filosofia clássica alemã. De fato, enquanto de um lado persiste essa tradicional noção de sistema externo que Adolf Trendelenburg chamou de *System der Anordnung*, de outro se tenta revigorá-la com evocações ao "espírito do povo", ao *Volksgeist*, ou seja, a funções e personificações que, mesmo tentando explicar a estrutura interna do direito, são destinadas a não dar frutos. Essas partes filosóficas não são elaboradas de forma autônoma, mas quase tomadas em peso pela filosofia clássica alemã, tanto que acabam por cumprir a mesma função dos princípios jusnaturalistas. Considerando desse ponto de vista o sistema da Escola Histórica, parece correto o paradoxo segundo o qual a escola jurídica menos histórica é precisamente a Escola Histórica.

Nas duas principais obras de Puchta[39], de fato, a reconstrução histórica das fontes é posta de lado em favor de uma elaboração mais rigorosa; no curso das *Instituições* – que (segundo o esquema introduzido por Hugo) deveria representar a exposição histórica, em relação àquela sistemática das *Pandectas* – se diz expressamente que "a história se torna, aqui, um elemento subordinado à exposição sistemática"[40]. Inverteu-se, assim, a relação que predominava

---

39. Georg Friedrich Puchta, *Lehrbuch der Pandekten*, J. A. Barth, Leipzig, 1838, X-630 pp.; *Cursus der Institutionen*, Breitkopf & Härtel, vol. I: *Geschichte des Recths bey dem römischen Volk*, Leipzig, 1841; vol. II: *System und Geschichte des römischen Privatrechts*, 1842; vol. III, 1847 (este último publicado postumamente, organizado por Adolf August Friedrich Rudorff).

40. Citado por Landsberg, *Geschichte der deutschen Rechtswissenschaft*, cit., vol. III, 2, p. 454.

ainda nas maiores obras de Savigny, nas quais o interesse central era sempre a análise histórica das fontes. Dessa inversão, é claro que da Escola Histórica subsiste mais o nome do que o método: a atenção do jurista vai, de fato, se deslocando cada vez mais para a forma do direito.

6. Os romanistas, os germanistas e a política nacional

Na escola de Georg Puchta formaram-se os dióscoros da construção jurídica: o germanista Karl Friedrich Wilhelm Gerber e o romanista Rudolf von Jhering. Suas vidas e suas concepções estão estritamente entrelaçadas: ligadas por uma estreita amizade pessoal e quase coetâneos, aplicaram os mesmos princípios construcionistas a dois diversos setores do direito, cooperaram na publicação dos "Anais para a dogmática do direito romano atual e do direito privado alemão" ("Jahrbücher für die Dogmatik des heutingen römischen und deutschen Privatrecht") e morreram a poucos meses um do outro. Por meio de Puchta receberam a concepção sistemática de Savigny, cuja "doutrina do instituto jurídico foi determinante para o método dogmático de Gerber e de Jhering"[41].

As páginas seguintes tratarão, antes de tudo, de Rudolf von Jhering (cap. XV), porque na história da construção jurídica são os romanistas que marcam o fio da corrente: era precisamente nas relações de direito privado, ou seja, na vida econômica, que a profunda transformação do século XIX tornava cada vez mais difícil aplicar os esquemas milenares do direito romano. No plano científico, Jhering foi sem dúvida o mais célebre jurista do seu tempo, e talvez também o mais influente.

Mas também Gerber, embora menos conhecido hoje, não pode deixar de ser mencionado em uma história do pensamento sistemático: a ele é dedicado o cap. XVI. Gerber teve em vida grandes sucessos políticos, tanto que a in-

---

41. Wilhelm, *Metodologia giuridica del XIX secolo*, cit., p. 59.

compatibilidade com os cargos ministeriais obrigou-o, às vezes, a afastar-se da universidade. Porém, sua produção científica, embora mais limitada do que a de Jhering, teve o mérito de introduzir o método construtivista no direito público: método ao qual Gerber permaneceu fiel também depois da guinada sociologizante do "segundo" Jhering.

Em conclusão, a gênese da construção jurídica está no direito privado: no fundo, a histórica do sistema jurídico coincide com a história do direito privado e, em particular, com a história do direito privado na Alemanha. A construção permitia que se continuasse a usar o direito romano como direito comum e, portanto, conservar os pequenos estados feudais em que a Alemanha estava dividida. A construção romanística e a paralela aversão à codificação tinham, portanto, uma clara valência política, que fez retardar em quase um século a entrada em vigor de um código civil na Alemanha: ainda que freqüentemente se esqueça que a Confederação do Reno (1806-13), nascida sob a ocupação francesa, foi um território alemão em que entrou em vigor o código civil napoleônico, fato que teve peso sobre a sucessiva polêmica pangermânica sobre a adoção de um código nacional[42].

O direito público e, em particular, o direito penal distanciaram-se do jusnaturalismo setecentista, mas sempre se contrapuseram ao método historicista. Um penalista da estatura de Paul Johann Anselm Feuerbach, por exemplo, chegava a dizer que os juristas históricos lhe pareciam pessoas ocupadas a contar os ossos de uma múmia e os veios da madeira da sua urna[43]. A essa diversa área científica correspondia também uma diversa orientação política: conservadores os romanistas, abertos ao Estado nacional os ger-

---

42. Paolo Becchi, *Il Code Napoléon in Germania*, em *Ideologie della codificazione in Germania. Dalla recezione del codice napoleonico alla polemcia sulla codificazione*, Compagnia dei Librai, Genova, 1999, pp. 47-93; e a literatura ali citada.

43. Ludwig Feuerbach, *Anselm Ritter von Feuerbach's Leben und Wirken. Aus seinen ungedruckten Briefen und Tagebüchern, Vorträgen und Denkschriften veröffentlicht*, Wigand, Leipzig, 1852, vol. II, p. 336. O juízo citado está contido em uma carta de setembro de 1832 ao filho Eduard. O autor dessa importante coletânea é o filósofo Ludwig Feuerbach, um dos filhos do jurista.

manistas (e, portanto, os publicistas)[44]. Em 1834, Beseler publicou seu *Direito popular e direito dos juristas*[45], no qual explicava que o direito romano tinha sido recebido na Alemanha apenas por meio da classe dos juristas e, por isso, era estranho ao povo. Ao falar dos germanistas, Gierke afirmava que "a fonte de sua força era o pensamento nacional. Desde o começo, eles conceberam a luta pelo direito alemão como uma parte da batalha que a nação conduzia para reconquistar a própria identidade"[46]. À revista de Savigny os germanistas contrapuseram a "Revista para o direito alemão e a jurisprudência alemã" ("Zeitschrift für deutsches Recht und deutsche Rechtswissenschaft"), que se propunha manter vivos os contatos com os estudiosos "da pátria comum": pátria que então era uma aspiração, mas não uma realidade política.

O direito público alemão conheceu, portanto, por longo tempo uma existência separada da do direito privado. Mas quando os germanistas e os juspublicistas decidiram, também eles, "construir" a própria disciplina, fizeram-no inspirando-se no sistema externo de modelo jusnaturalista, impulsionados também pela forte tendência à sistematização devida à influência wolff-kantiana. Esse interesse sistemático dos germanistas desaguou em uma verdadeira recepção, no direito público, das técnicas construcionistas próprias do direito privado. Deve-se a Gerber essa nova orientação: nisso ele não foi o único, mas certamente foi o mais escutado. Dele tem início a linha sistemática dos publicistas que, por meio de Jellinek, chega até Kelsen.

---

44. Também sobre esses conflitos políticos entre juristas, sobre a polêmica entre Reyscher e Gerber, sobre o parlamento da Paulskirche e sobre os congressos dos germanistas em Frankfurt e Lubeca, cf. o capítulo *Il diritto romano e tedesco tra feudalesimo e nazionalismo*, em Losano, *Studien zu Jhering und Gerber*, Gremer, Ebelsbach, 1984, pp. 33-52, e a literatura ali indicada. Esses aspectos políticos do debate jurídico estão evidenciados nos ensaios reunidos por Becchi, *Ideologie della codificazione in Germania*, cit., 314 pp.

45. Georg Beseler, *Volksrecht und Juristenrecht*, Weidmann, Leipzig, 1843, VI-364 pp.

46. Citado em Adolf Laufs, *Rechtsentwicklung in Deutschland*, De Gruyter, Berlin-New York, 1984, 3.ª ed., p. 185.

Capítulo XIV
A construção negada no direito romano: Jhering

Pontos de intersecção e desenvolvimentos do discurso. O romanista Rudolf von Jhering (1818-92), um dos maiores juristas do século XIX, teve uma visão *sistematizante* do direito na primeira parte de sua vida e *sociologizante* na segunda (vol. 2, cap. IV, 5). O "primeiro" Jhering censura Savigny pelo fato de este ter identificado no direito romano apenas o que se encontra em qualquer ciência, ou seja, o sistema externo. Jhering, ao contrário, quer conhecer também o sistema interno do direito. Porém, não mantém rigorosamente distintas as duas pesquisas e prolonga-se por décadas: portanto, a reconstrução de seu pensamento sistemático exige uma dissecação de seus textos e a reconstrução de uma sua teoria do sistema, da qual, na realidade, Jhering oferece apenas fragmentos.

Introduzindo os conceitos de *metateoria* e de *teoria*, tenta-se distinguir, em Jhering, um modelo de sistema ao qual tender (*metateoria* como regras para construir: sistema teorizado) e as construções sistemáticas individuais obtidas por abstração do direito positivo (*teoria* como resultado da aplicação das regras: sistema realizado). As duas visões coincidem apenas em parte. O primeiro volume do *Espírito do direito romano* (1852) exprime um ideal de sistema interno: "o sistema do direito" não é "uma ordem que se introduz na coisa, mas uma ordem que se extrai dela". Esse sistema interno teorizado apresenta duas características: 1. sua unidade deriva da realidade; 2. o direito é caracterizado por um "crescimento do interior" (quase uma referência a Kant e uma antecipação da *autopoesi* de Luhmann). Na tentativa de realizar esse sistema teorizado, no volume II, 2 do *Espírito do direito romano* (1858), as metáforas químicas substituem a visão organicista. A ciência jurídica analisa as normas, organiza-as em institutos jurídicos e identifica os "corpos simples", cuja combinação gera as normas: "Combinando os diversos elementos, a ciência pode formar novos conceitos e novas normas; os conceitos são produtivos: unem-se e produzem novos conceitos." Contra essa concepção o "segundo" Jhering exercerá uma severa autocrítica. No sistema teorizado, Jhering rejeita o desenvolvimento histórico como nexo entre as partes, porque acredita que o tempo seja "externo" ao direito. Ao nexo histórico prefere um nexo mais específico, mas não claro: a "totalidade harmônica" do sistema, vista "não como um perpétuo movimento dialético que extraia de si mesmo a própria origem, mas como livre ação de Deus e da humanidade". Constrói-se um sistema mediante duas atividades: a *concentração lógica* e a *construção jurídica*. As duas indicações não resistem, porém, a uma crítica atenta. A construção, em particular, deve respeitar três leis: 1) coincidir com o material positivo; 2) não ser contraditória ("lei da unidade sistemática"); 3) ater-se à lei da beleza jurídica. Esta última exprime uma aspiração artístico-literária pouco compatível com a pesquisa científica.

Apesar dessas obscuridades, a construção tornou-se, entre os juristas, um fim em si mesma: era o valor com base no qual se avaliavam as teorias jurídicas. As exigências teóricas prevaleceram assim sobre as práticas: a fronteira entre sistema externo (dogmática, sistema como fato) e sistema interno (construção, sistema como valor) tornou-se cada vez mais incerta. Para encontrar a chave de acesso ao sistema interno, em 1865 Jhering deixou inacabados os quatro volumes do *Espírito do direito romano* e passou à análise sociologizante do *Escopo no direito* de 1877, tornando-se o precursor dos movimentos antiformalistas, tais como o direito livre e a jurisprudência dos interesses (vol. 2, cap. IV).

1. Uma particularidade do pensamento jheringhiano

Em Rudolf von Jhering (1818-92) o estudo do sistema apresenta uma dupla dificuldade. De um lado, a redação de suas obras procedia de modo tão lento que não conseguia acompanhar a evolução de suas idéias; por conseguinte, seus textos são freqüentemente contraditórios, e suas duas obras principais, embora em vários volumes, permaneceram algo inacabado, mesmo sendo de clássica beleza. De outro lado, as idéias desse jurista sofreram uma mudança tão radical que ele mesmo, na segunda parte de sua existência, repudiou e ridicularizou as teorias construtivistas a que tinha dedicado boa parte de sua precedente atividade científica, de modo que foi possível distinguir um "primeiro" de um "segundo" Jhering. Não tem importância estabelecer aqui se se tratou de uma ruptura ou de uma evolução: para uma pesquisa sobre as concepções sistemáticas de Jhering, é suficiente ter presente que, das que se convencionou chamar de as duas fases do pensamento jheringhiano, a primeira é sistemática e a segunda é teleológica. Em outros termos, a primeira fase se propõe estudar a estrutura do direito sem sair dele, ao passo que a segunda fase busca seu elemento unificador fora do próprio direito, no *escopo* que o direito persegue, ou seja, no *interesse* não apenas do indivíduo, mas também da sociedade.

Nas páginas seguintes será examinada somente a primeira fase do pensamento jheringhiano, que encontra expressão, sobretudo, nos quatro tomos do seu *Espírito do direito romano*[1]. Da segunda fase, elaborada sobretudo na obra *O escopo no direito*[2], ocupar-se-á o segundo volume (cf. vol. 2, cap. IV, 5-9).

---

1. Rudolf von Jhering, *Geist des römischen Rechts auf den verschiedenen Stufen seiner Entwicklung*, Breikopf & Härtel, Leipzig, 1852-65, 4 vols. Dessa obra, Luigi Bellavite traduziu em italiano somente o primeiro volume (*Lo spirito del diritto romano nei diversi gradi del suo sviluppo*, Pirotta, Milano, 1855, XL-278 pp.); como as passagens sobre a construção jurídica encontram-se também nos volumes posteriores, preferi citar diretamente do texto alemão e traduzir eu mesmo os trechos citados. Evito, assim, introduzir outras discordâncias terminológicas nas passagens jheringhianas, freqüentemente já obscuras por si sós. Uma análise do procedimento construtivo em Jhering está em Giorgio Lazzaro, *Storia e teoria della construzione giuridica*, Giappichelli, Torino, 1965, pp. 9-36.

2. Rudolf von Jhering, *Der Zweck im Recht*, Breitkopf & Härtel, Leipzig, 1877, vol. I, XVI-557 pp.; 1883, vol. II, XXX-716 pp.; trad. it. do vol. I: Rudolf von Jhering, *Lo scopo nel diritto*. Organizado por Mario G. Losano, Einaudi,

Ao expor as concepções de Jhering sobre o sistema, é preciso distinguir, de um lado, o ideal, o modelo de sistema que Jhering desejaria realizar, e, de outro, o sistema que pode ser efetivamente realizado com base nas indicações contidas em sua obra. A oposição entre sistema teorizado e sistema realizado permite apreender, de forma mais clara, os limites do pensamento de Jhering, que é a última importante teoria sistemática da Escola Histórica.

2. O sistema teorizado por Jhering

Já no século XVI, com Timpler, tinha surgido a distinção entre sistema externo e sistema interno, mas em um sentido peculiar, estranho às noções que no século XIX serão relacionadas a essa dicotomia: também nos pandectistas, também no grande Savigny, o sistema interno do direito permanecia uma aspiração irrealizada. Nem sequer Jhering se subtraiu a essa utopia. A ruptura metodológica entre o Jhering pandectista e o Jhering sociologizante deve ser interpretada como a continuação da pesquisa do mesmo sistema interno com métodos diversos. Dado que o "primeiro" Jhering segue a tradição dos pandectistas, é necessário, antes de tudo, ver como ele chega a sua concepção do sistema e, em seguida, quais regras formula para sua realização. No parágrafo posterior, as regras propostas por Jhering serão confrontadas com o sistema por ele efetivamente construído.

a) A consciente separação do sistema de Savigny

Nas páginas do *Espírito do direito romano*, Rudolf von Jhering refere-se criticamente às doutrinas de Friedrich

---

Torino, 1972, CIII-419 pp. O volume de 1877 levou ao definitivo abandono do *Espírito do direito romano*, que chegou ao quarto volume sem ter sido terminado; o volume de 1883 deveria ser, na realidade, apenas o último capítulo do volume anterior. Apesar desse segundo volume, Jhering não completou a obra sobre o escopo no direito.

Carl von Savigny e de Julius Stahl (1802-61), filósofo do direito de inspiração cristã e conservadora.

É, sobretudo, a crítica dirigida por Jhering a Savigny que aqui interessa, porque permite esclarecer o que ele entendia por sistema jurídico no momento da redação do primeiro volume do *Espírito do direito romano*, publicado em 1852.

Jhering censurava Savigny, antes de tudo, pelo fato de este ter superestimado a *forma* do direito romano: é preciso logo esclarecer o que significam "forma" e "direito" no alemão de Jhering, tão elegante quanto impreciso. "Forma" é, para ele, "o método dos juristas romanos aplicado à matéria"[3]; disso resulta que o termo "direito" não indica o direito positivo, mas a ciência do direito e, em particular, a ciência romanística. Em termos mais rigorosos, Jhering repreendia Savigny por este ter concentrado a atenção sobre um fenômeno marginal: marginal é o fato de a compilação justiniana, em vez de elaborar de maneira autônoma a matéria jurídica, ter procedido *per excerpta* (ou seja, com um *collage* de passagens jurídicas de várias origens), permitindo, assim, ao jurista moderno ver de que modo tinham operado os grandes práticos do direito romano clássico. A forma a que se refere Savigny é, portanto, o modo de raciocinar dos juristas romanos, seu "calcular com os conceitos". É esse o filão lógico presente no historiador Savigny, ao qual Jhering se relaciona também graças à mediação de Georg Friedrich Puchta.

Ao discutir a reconstrução do método dos juristas romanos, realizada por Savigny, Jhering elabora – e, infelizmente, abandona de imediato – uma crítica válida em relação a todos os sistemas externos. Com efeito, ele repreende Savigny por este não ter identificado nada de especificamente jurídico, mas por ter evidenciado o que aqui (mas não em Jhering) foi chamado de sistema externo: "Tudo o que ele diz sobre isso [sobre o método jurídico] vale para qualquer ciência prática. Também o médico deve tratar com a

---

3. Jhering, *Geist des römischen Rechts*, cit., vol. I, p. 18 (5.ª ed.).

mesma segurança os princípios fundamentais da própria ciência, também para ele a teoria e a prática devem ser um todo único, de modo que 'ele possa passar, com facilidade, do geral ao particular e do particular ao geral'." Jhering parece, portanto, no caminho certo para enunciar uma teoria do sistema externo, porém esse início promissor é logo truncado: "Mas deixemos de lado esse problema."[4]

Ou seja, Jhering intui que *todos* os sistemas externos se reduzem à aplicação da lógica tradicional às proposições científicas referentes a determinada disciplina. Ao dirigir essa crítica ao sistema de Savigny, Jhering parece distinguir entre a genérica sistematicidade de qualquer ciência e uma específica sistematicidade própria apenas do direito. Note-se, também, que foi para buscar a fonte dessa sistematicidade especificamente jurídica que Jhering, na segunda fase de sua atividade científica, renunciou à análise lógica do direito, para tentar uma análise teleológica.

Permanece em aberto um problema: Jhering procurava realizar esse sistema especificamente jurídico, ou o sistema realizado em suas obras era diverso, tanto do de Savigny quanto do esboçado em suas próprias linhas? Uma resposta pode ser dada apenas por uma análise das afirmações de Jhering sobre o sistema. A essa altura é preciso distinguir entre o ideal de sistema jurídico perseguido por Jhering e o sistema concreto que encontra expressão em sua obra; ou seja, é aqui que é preciso distinguir a metateoria da teoria do sistema jurídico.

A distinção entre teoria e metateoria é própria da hodierna filosofia da ciência e refere-se aos estudos lógicos realizados nos anos 20 por Alfred Tarski, que introduziu o conceito de "metalinguagem" para indicar a linguagem com a qual se descreve outra, a "linguagem-objeto"[5]. Essa

---

4. Jhering, *Geist des römischen Rechts*, cit., vol. I, p. 19.
5. Recebi essas idéias de Georges Kalinowski seja por meio de seu ensaio *Métathéorie du système des règles de l'agir*, "Revue de l'Université d'Ottawa", 1961, pp. 183-212, seja nas longas caminhadas em Orsay, em maio de 1968, durante o fechamento da Sorbonne. Sobre a atmosfera daquela época e seus

separação esclarecedora dos níveis lingüísticos afirmou-se em seguida na matemática (Hilbert fala de matemática e metamatemática), nas ciências (para Mario Bunge, a metaciência é a teoria da justificação do saber científico), na ética e no direito (a metajurisprudência de Bobbio[6] e de Jori[7], a metateoria da interpretação em Tarello[8], a metanorma de Mazzarese[9]). Ao se difundir, a distinção separou-se da sua matriz lingüística originária e foi adquirindo diversos significados: mas para todos esses significados pode ser ainda aceitável, em um primeiro momento, a explicação que acabou de ser dada com referência a Tarski.

Também na teoria do direito essa distinção ajuda a manter separados os vários níveis no interior do mesmo discurso. Em Kelsen, por exemplo, está presente uma linguagem ora prescritiva, ora descritiva[10]. Essa co-presença poderia parecer uma contradição no interior de uma doutrina que se propõe exclusivamente descrever o direito positivo,

---

reflexos na pesquisa sobre o sistema, cf. meu ensaio *infra*, nota 10, nascido daqueles encontros que recordo com gratidão.

6. Patrizia Borsellino, *Norberto Bobbio metateorico del diritto*, Giuffrè, Milano, 1991, VIII-257 pp. Para um enquadramento desses problemas do ponto de vista da filosofia analítica, cf. o capítulo *Teoria, scienza, a priori, a posteriori. Il quadro epistemologico sotteso al modello metateorico degli anni Cinquanta*, pp. 41-54.

7. Mario Jori, *Saggi di metagiurisprudenza*, Giuffrè, Milano, 1985, IV-335 pp.

8. Giovanni Tarello, *Diritto, enunciati, usi. Studi di teoria e metateoria del diritto*, il Mulino, Bologna, 1974, pp. 389-521.

9. Tecla Mazzarese, *Metanorme. Rilievi su un concetto scomodo nella teoria del diritto*, em Paolo Comanducci – Riccardo Guastini, *Struttura e dinamica dei sistema giuridici*, Giappichelli, Torino, 1996, pp. 125-56. As metanormas regulam a produção (e, portanto, a validade) de outras normas: a análise desse conceito é, portanto, particularmente relevante para a doutrina pura do direito (vol. 2, caps. II e III), ainda que Kelsen tenha tratado desse assunto após a segunda edição da *Dottrina pura del diritto* (1960): Hans Kelsen, *Law and Logic*, em *Essay in Legal and Moral Philosophy*, Reidel, Dordrecht, 1973, pp. 228-56; o original alemão é, porém, de 1965.

10. Mario G. Losano, *Sulla presenza di un linguaggio ora descrittivo ora prescrittivo nella dottrina pura del diritto*, "Materiali per una storia della cultura giuridica. Momenti e figure della teoria generale del diritto", 1978, VIII, 1, pp. 211-9; depois em *Forma e realtà in Kelsen*, Comunità, Milano, 1981, pp. 116-21. Cf. em sentido diverso Tarello, *Linguaggio descrittivo e linguaggio precettivo nel discorso dei giuristi*, em *Diritto, enunciati, usi*, cit., pp. 363-86.

ou seja, que declara querer ser puramente descritiva. Na realidade, as proposições que Hans Kelsen formula em linguagem prescritiva são as regras para construir em linguagem descritiva seu sistema externo, sua teoria: a doutrina pura do direito.

Dada a variedade dos significados adquiridos, é oportuno esclarecer em que sentido essa distinção será agora aplicada à teoria jheringhiana. Nas páginas seguintes, por *metateoria* se entende a *teoria de uma teoria científica*; ela trata das regras que permitem a construção daquela *teoria*, entendida, por sua vez, como um *conjunto de asserções e de atividades extralingüísticas*. Esse conjunto fornece esquemas conceituais em parte verificáveis na realidade: esses esquemas – para usar os termos recorrentes na presente pesquisa – são *sistemas externos*.

A separação dos níveis do discurso é fácil em Kelsen, graças à sua linguagem rigorosa, mas torna-se problemática em Jhering, que escrevia na imaginosa linguagem do século XIX. Uma vez que nas várias ciências (e, em seu interior, nos vários autores) já existem diversas definições de "teoria" e "metateoria", é preciso esclarecer que se procura, aqui, pôr ordem na linguagem jheringhiana, identificando com a *metateoria* o objetivo que Jhering quer alcançar, ou seja, o sistema por ele desejado ou teorizado (e, portanto, as regras que ele indica para alcançá-lo, ou as características que esse sistema deve ter) e com a *teoria* o sistema por ele efetivamente realizado, ou seja, a teoria que ele propõe em várias partes de seus escritos para sistematizar o direito de sua época. Um problema análogo foi evocado também a respeito de Savigny: é preciso ler as explicações de Savigny "sobretudo à luz das premissas por ele indicadas", sem prestar demasiada atenção à sua "aplicação desembaraçada e, às vezes, obscura"; por fim, "uma questão completamente diversa é se ele, em seguida, se ateve a esse 'sistema'"[11], ou seja, ao sistema teorizado.

---

11. Joachim Rückert, *Idealismus, Jurisprudenz und Politik bei Friedrich Carl von Savigny*, Gremer, Ebelsbach, 1984, p. 347.

Também para Jhering, a principal dificuldade em aplicar essa distinção entre teoria e metateoria reside no fato de que ele, obviamente, não está ciente da distinção e que, portanto, de um lado, não indica um conjunto preciso e completo de regras para construir o sistema e, de outro, nem sempre "constrói", transforma em sistema o direito seguindo as (poucas) regras indicadas (freqüentemente anos antes). Além disso, não é possível alcançar resultados de contornos bem definidos também por causa da personalidade de Jhering como estudioso, aflito por tempos longos e atormentados de escritura e por uma linguagem mais propensa a vôos literários do que à precisão conceitual. Em suma, aproximar-se de Jhering usando os conceitos de teoria e metateoria conduz a resultados menos rigorosos, mas nem por isso menos interessantes, dos alcançáveis em outros campos.

b) A metateoria do sistema jurídico

As passagens mais relevantes sobre o sistema e sobre a estrutura do direito (e "direito" indica para Jhering tanto o ordenamento jurídico positivo como a ciência do direito) podem ser encontradas no início do primeiro volume do *Espírito do direito romano*, na segunda seção do segundo volume da mesma obra e no artigo intitulado *A nossa tarefa*, com o qual Jhering apresentava ao público o programa científico da revista por ele recém-fundada[12]. Esses escritos se distribuem em um período de cinco anos, no decorrer dos quais o pensamento de Jhering sofre profundas mudanças. A essa oscilação de longo período se acrescentam as de breve período, devidas à elegância com que Jhering, em sua exposição, passa da linguagem metafórica à linguagem científica. Pode-se, portanto, fornecer apenas uma re-

---

12. Rudolf von Jhering, *Unsere Aufgabe*, "Jahrbücher für die Dogmatik des heutigen römischen und deutschen Privatrechts" 1, 1857, pp. 1-52.

construção muito aproximada da metateoria jheringhiana do sistema jurídico: seria errôneo tornar claro o que, na realidade, não o é.

Jhering exprime *ex negativo* sua concepção inicial: "O direito não é um agregado exterior de disposições arbitrárias, que deve a própria origem à reflexão do legislador, mas, como a língua de um povo, é um produto da história, *internamente realizado.*"[13] Do ponto de vista jurídico, a primeira parte da afirmação é insustentável: se por "direito" se entende "direito positivo", a *reflexão* do legislador não é suficiente para produzi-lo; se, ao contrário, por "direito" se entende "a ciência do direito", não se vê por que ela deveria limitar-se à reflexão apenas do *legislador.* Do ponto de vista filosófico, porém, essa mesma discutível asserção – considerada globalmente e posta em relação com outras passagens – permite estabelecer que Jhering está em busca de um sistema interno ao direito, como afirma em outro lugar com total clareza: "O sistema do direito ou de qualquer outro objeto não deve ser uma ordem que se introduz na coisa, mas uma ordem que se extrai dela."[14] Unindo os elementos provenientes dessas passagens e de outras menos significativas, pode-se concluir que, para Rudolf von Jhering, o sistema é uma ordem posta pela história no interior não apenas do direito, mas também de outras disciplinas.

Se, porém, se pede ao texto jheringhiano que indique com maior precisão as características desse ideal de sistema que a construção do autor desejaria descobrir, recebem-se como resposta apenas metáforas literariamente brilhantes, mas cientificamente decepcionantes. Talvez com isso se tenha chegado ao ponto crucial da pesquisa de Jhering e à origem do seu drama de estudioso. A crítica a Savigny per-

---

13. Jhering, *Geist des römischen Rechts,* cit., vol. I, p. 25; grifo meu.
14. Jhering, *Geist des römischen Rechts,* cit., vol. I, p. 36. Provavelmente, Jhering tem presente uma célebre passagem de Paulo: "*Regula est, quae rem, quae est, breviter enarrat; non ut ex regula ius sumatur, sed ex jure, quod est, regula fiat*" (Paul., 1. 1., de R.J. [50,17]).

mitiu-lhe compreender que o sistema externo (ou didático) não é tudo, porém – no momento de passar ao exame do sistema interno do direito – a filosofia de seu tempo não lhe oferece nenhum instrumento para realizar a análise estrutural a que ele aspira.

Seu tempo é dominado pelas ciências naturais: a elas, na tentativa de dar cientificidade ao próprio discurso, Jhering recorre quando encontra dificuldades conceituais. Essa referência é, no entanto, puramente exterior e se reduz, na prática, à adoção de imagens e metáforas extraídas das ciências naturais. É o eterno problema das relações entre as teorias jurídicas e as metateorias científicas, ou seja, aquelas provenientes das ciências físico-naturais, que deveriam indicar ao jurista como construir uma teoria científica do direito. Na maioria das vezes, essa troca interdisciplinar se revela como a recepção, na teoria "fraca", de termos, assonâncias e imagens elaboradas pela teoria "forte", em um contexto diverso e mais complexo. Essa recepção puramente verbal será um tema recorrente quando for discutida a inserção da cibernética, do estruturalismo e da teoria geral dos sistemas no direito (cf. vol. 3, em particular cap. III).

É nesse sentido metafórico que Jhering, ao determinar as características do sistema interno do direito, se refere ao conceito de organismo, sustentando que, desse modo, são atribuídas ao direito as características de um produto natural, ou seja, "a unidade na multiplicidade, a individualidade, o crescimento do interior para o exterior etc."[15]. Jhering exprime aqui dois pontos fundamentais, aos quais dedica toda a sua atividade científica: 1) a unidade do sistema já não deriva de um princípio ideal (como em Savigny e em Puchta, na esteira de um modelo de origem kantiana), mas da realidade concreta (também aqui Jhering se revela filho do positivismo clássico); 2) falando de "crescimento do interior", Jhering enuncia o elemento que caracteriza o sistema jurídico em relação aos sistemas das ciências naturais: a

---

15. Jhering, *Geist des römischen Rechts*, cit., vol. I, p. 26.

organização sistemática da matéria jurídica gera novo direito. Em conclusão, Jhering parece acreditar que se possa construir um sistema cujas características estejam relacionadas unívoca e exclusivamente à ciência do direito. A verdadeira dificuldade não consiste, porém, em expressar essa convicção, mas em traduzi-la em realidade.

Eliminando do texto qualquer metáfora e digressão, vejamos agora se as regras construtivas propostas por Rudolf von Jhering são verdadeiramente capazes de produzir um sistema que possa se adequar ao ideal até aqui mencionado (ou seja, à sua metateoria). Infelizmente, a resposta deverá ser negativa.

3. O sistema realizado por Jhering

Jhering enuncia as regras para construir o sistema jurídico no decorrer da atormentada redação de um estudo sobre o direito romano que se prolonga por muitos anos e por muitos volumes. Conseqüentemente, o texto não divide, com precisão, as regras para construção do objeto, mas as apresenta segundo uma ordem intuitiva: as considerações de método, em particular, são freqüentemente observações incidentais, pois o tema central do trabalho é o direito romano. Pouco acima foram enucleadas as regras (poucas e vagas, na realidade) que Jhering propõe para a construção do sistema. Deseja-se ver como se apresenta, efetivamente, o sistema jheringhiano e, em particular, em que consiste a ligação que une entre si as normas individuais, transformando-as em um ordenamento jurídico, ou seja, em um sistema. Surge, assim, uma assimetria entre o projeto e a realidade. A metateoria, ou seja, o conjunto de regras para construir o sistema, exprime uma aspiração de descobrir a ligação *interna* que unifica o direito. Mas esse sistema interno, na construção de Jhering, se resolve substancialmente em uma série de metáforas que oscilam entre o modelo do organismo e o da química.

a) A configuração do sistema jheringhiano

Ao aceitar o paralelismo entre direito e organismo, Jhering fala de uma anatomia jurídica, voltada para o conhecimento da *estrutura*[16] do direito, e de uma fisiologia jurídica, voltada para o conhecimento da *função* do direito. Na análise estrutural, o primeiro grau de conhecimento é a norma (*Rechtssatz*); "[O espírito humano] vê que alguma coisa acontece e que se repete constantemente; sente que deve (*muss*) acontecer e exprime esse dever (*Müssen*) em palavras."[17] O segundo grau é o instituto jurídico: várias normas voltadas para a perseguição do mesmo escopo (já seria, talvez, um presságio da segunda fase do pensamento de Jhering expressa no *Escopo no direito*?) constituem um "instituto jurídico": segundo uma metáfora organicista, o instituto que cumpre a mesma função do esqueleto em relação aos músculos. Tarefa da ciência é exatamente a investigação dessa conformação (*Gliederung*). Como a ciência do direito desenvolve essas atividades?

Dado o material legislativo, ela deve não só explicá-lo e ordená-lo, mas "reduzi-lo também aos elementos lógicos do sistema"[18]. A ciência chega, assim, "a um limitado número de corpos simples, dos quais, a pedido, pode reconstituir cada norma individualmente"[19]. Uma concepção reducionista desse tipo inspirou, em 1913-17, os oito conceitos ju-

---

16. O estudo anatômico tem por objeto as partes do organismo, "ihr Ineinandergreifen, also seine Struktur": *Geist des römischen Rechts*, cit., vol. I, p. 26. O uso do termo é atécnico, uma vez que o próprio Jhering propõe um sinônimo ("concatenação", *Ineinandergreifen*).
17. Jhering, *Geist des römischen Rechts*, cit., vol. I, p. 28. A terminologia de Jhering não corresponde ao uso atual. *Rechssatz* indica, nele, a norma jurídica, ao passo que com essa palavra Kelsen indica a descrição da norma jurídica positiva, designada, por sua vez, com *Rechtsnorm*. O verbo modal *müssen* indica "dever necessariamente" e deve ser, portanto, mantido distinto de "dever ser", *Sollen*, que ocorre constantemente em Kelsen. Para esses termos, ver o vol. 2, caps. II e III, dedicados à teoria de Kelsen; cf. *infra*, nota 29.
18. Jhering, *Geist des römischen Rechts*, cit., vol. I, p. 39.
19. Jhering, *Geist des römischen Rechts*, cit., vol. I, *ibid*.

rídicos fundamentais do jurista estadunidense Wesley N. Hohfeld (1879-1918). A combinação dos oito conceitos permite exprimir todas as situações subjetivas próprias do *common law*[20]. Analogamente, buscando os elementos primeiros, Jhering propunha, para a ciência jurídica do seu tempo, um modelo como o da química, a ciência de maior sucesso (também popular) no final do século XIX.

Assim, ao explicar como opera a ciência do direito, Jhering abandona a metáfora do organismo e passa à da análise química. Essa "precipitação de normas jurídicas sob forma de conceitos jurídicos"[21], ou seja, "a elevação das normas a elementos lógicos do sistema"[22], prepara aquela que é a atividade mais característica do direito, "a possibilidade de uma multiplicação do direito por si mesmo, de um crescimento do interior para o exterior"[23]. Aqui há uma legião de problemas, mas Jhering, ainda uma vez, subtrai-se a isso com uma imagem: "Combinando os diversos elementos, a ciência pode formar novos conceitos e novas normas; os conceitos são produtivos: juntam-se e produzem novos conceitos."[24] A passagem está entre aquelas que mais nitidamente identificam o esforço de Jhering: abandonado o sistema externo pelo interno, ele não consegue delimitar um em relação ao outro, de modo que os elementos do primeiro se confundem com os do segundo. Combinando elementos *lógicos*, como a *ciência* pode gerar *normas* novas? Aqui o sistema externo penetra no sistema interno. Além disso, a "produtividade" está limitada aos conceitos; já não

---

20. Wesley Newcomb Hohfeld, *Concetti giuridici fondamentali*. Com uma introdução de Walter W. Cook e um apêndice de Manfred Moritz. Organizado por Mario G. Losano, Einaudi, Torino, 1969, LIII-239 pp. Para outros estudos sobre Hohfeld e sobre a sistemática no *common law*, cf. a nota 17 da *Introdução* no início deste volume.

21. Jhering, *Geist des römischen Rechts*, cit., vol. I, *ibid*.

22. Jhering, *Geist des römischen Rechts*, cit., vol. I, p. 40.

23. Seria, talvez, um eco do crescimento *per intussusceptionem* visto em Kant? Não existindo elementos nem a favor nem contra essa tese, limito-me a assinalar o paralelismo (cf. *supra*, cap. V, 2, b, nota 32).

24. Jhering, *Geist des römischen Rechts*, cit., vol. I, p. 40.

se diz nada sobre as normas. Precisamente a essa concepção deveria se dirigir, anos mais tarde, a irônica autocrítica de Jhering[25]; mas, apesar disso, a idéia da capacidade reprodutiva dos conceitos apresentou-se de novo também nas mais sofisticadas teorias atuais do direito[26].

No entanto, essa terminologia bizarra deve ser tomada em certa medida ao pé da letra. Jhering, de fato, pretende destacar a autonomia dos conceitos jurídicos em relação à ciência do direito: "Essa precipitação das normas no sistema não é uma obra surgida da discricionariedade subjetiva, não é uma elaboração da matéria empreendida pela ciência, mas é *inerente ao* próprio *direito*."[27]

As palavras por mim destacadas na passagem jheringhiana levantam vários problemas: o que significa dizer que o sistema não é uma elaboração da ciência jurídica? Para que serve então esta última? A passagem deve provavelmente ser entendida como uma infeliz formulação do caráter interno do sistema jurídico: a ciência não pode agir a seu belprazer, mas deve se ater à estrutura "inerente ao direito"; a

---

25. Rudolf von Jhering, *Serio e faceto nella giurisprudenza*. Tradução de Giuseppe Lavaggi, Firenze, 1954, p. 13: "A massa inerte se transfigura, torna-se coisa viva; e por uma espécie de fenômeno místico a matéria, como um dia a argila prometéica, se anima: o *homunculus* jurídico, quero dizer o conceito, torna-se fecundo, se une com seus semelhantes e prolifera."

26. Uma assonância com Jhering, ou pelo menos com sua terminologia, retorna também em Gunther Teubner, aluno de Luhmann e autor de uma teoria do direito autocatalítico. Teubner escreve que os subconjuntos sociais não apenas podem ser observados reciprocamente, "mas podem se unir comunicativamente"; cf. vol. 3, cap. IV, 11.

27. Jhering, *Geist der römischen Rechts*, cit., vol. I, p. 42; grifo meu. A passagem continua assim: "Quando nós a realizamos e nos livramos das normas, mudamos uma especulação imperfeita e exterior do objeto por seu conhecimento interior. Da mesma forma que o sistema não é algo que se acrescenta do exterior ao objeto, mas é sua própria ordem, assim também a estruturação lógica do direito e a transubstanciação das normas, operada pela atividade sistemática, é, na realidade, apenas o conhecimento da verdadeira natureza do direito. Ao olho experiente, o direito se apresenta como um organismo lógico composto de institutos e conceitos jurídicos; ao inexperiente, como um complexo de normas: o primeiro é a natureza interna do direito, o segundo, a fachada voltada para a vida prática."

ciência tem função declarativa, e não constitutiva, da estrutura jurídica. Jhering, porém, não explica como é possível, concretamente, conhecer essa estrutura interna. O resultado é que, depois de ter enunciado um certo modelo de sistema, os escritos jheringhianos não fornecem as regras para realizá-lo. Esses escritos dizem que o sistema é interno ao direito e que isso proíbe qualquer improvisação sistemática por parte da ciência do direito; não dizem, porém, de que modo o estudioso pode conhecer as estruturas internas do direito, às quais deve se ater na construção do sistema: o modelo se transforma assim em uma utopia, em um ideal inatingível, em uma grande esperança. Que isso seja um defeito da doutrina jheringhiana (e não erro de um intérprete seu) está provado pelos fatos: o próprio Jhering não conseguiu prosseguir por esse caminho e preferiu buscar a unidade do sistema jurídico fora do próprio direito, deslocando sua atenção para o escopo no direito, ou seja, para o interesse juridicamente tutelado.

b) O nexo entre as partes do sistema

A contínua mistura entre sistema interno e sistema externo (ou seja, entre ordenamento jurídico positivo e ciência do direito) perturba, também, a investigação sobre o elemento que liga cada conceito jurídico no interior do sistema. Esse nexo não é um elemento jurídico, porque – segundo Jhering – a elaboração científica faz com que as normas percam seu caráter jurídico e assumam a forma de simples conceitos lógicos[28]. É a distinção que Hans Kelsen exprime

---

28. "As normas jurídicas entram, por assim dizer, em um mais elevado grau de agregação, perdem sua forma de preceitos e proibições e se transformam em elementos e qualidades dos institutos jurídicos": *Geist des römischen Rechts*, cit., vol. I, p. 37. Parece uma antecipação da distinção kelseniana entre normas jurídicas e proposições jurídicas; todavia, essa afirmação não encontra ulteriores aplicações, legitimando a suspeita de que se trata de uma enunciação em certa medida casual.

chamando de "normas jurídicas" as do direito positivo e "proposições jurídicas" suas descrições científicas[29].

Mas para quem está em busca do sistema interno esse caráter puramente lógico é irrelevante, uma vez que o próprio Jhering, criticando Savigny, rejeitou como não especificamente jurídica a ligação genericamente lógica recorrente em todas as disciplinas tratadas em nível científico. Aqui aparece em plena luz a formação histórica de Jhering: o "nexo objetivo" é constituído pelo desenvolvimento histórico entre todos os elementos do sistema. O "momento cronológico" do direito é distinto do "momento sistemático". Na pandectística, a história era distinta do sistema. Em termos mais modernos, poder-se-ia dizer que o momento diacrônico é distinto do momento sincrônico. Dado que a diacronia exclui a sincronia, Jhering elimina o momento cronológico a favor do sistemático[30].

Essa concepção se reflete, também, nas relações que ligam cada elemento do sistema: "A parentela e a conexão interna das coisas são um elemento mais essencial do que sua ligação externa por meio do tempo."[31] Mas de qual conexão interna se trata? Jhering limita-se a muito pouco: "Essa ligação não é a de uma cadeia, mas, ao contrário, a unidade e a conformidade ao modelo próprio da obra de arte. Os pensamentos [...] se compõem em totalidade harmônica, não como um perpétuo movimento dialético que extraia de si mesmo a própria origem, mas como livre ação de Deus e da humanidade."[32] Essa, porém, é uma nova formulação, em termos místicos, do problema a respeito do qual tínhamos partido, e não sua solução.

---

29. Cf. vol. 2, cap. II, 4: *Norma jurídica e proposição jurídica*; sobre as diferenças com relação à terminologia oitocentista, cf. *supra*, nota 17.

30. "O tempo deve ser banido mediante o sistema, e este último deve desenvolver-se livremente por si, sem limitações temporais; o tempo poderá ter acesso ao sistema somente na medida em que for capaz de se transformar em elemento sistemático": *Geist des römischen Rechts*, cit., vol. I, p. 75. A problemática relação entre tempo e estrutura (e, portanto, entre história e estruturalismo) é tratada no vol. 3, cap. II, 3, em particular: a) *Sincronia – diacronia*.

31. Jhering, *Geist des römischen Rechts*, cit., vol. I, p. 60.

32. Jhering, *Geist des römischen Rechts*, cit., vol. I, *ibid*.

4. O declínio do construtivismo jheringhiano

Ao publicar, em 1858, a segunda seção do segundo volume do *Espírito do direito romano*, Jhering trata da construção de modo muito mais amplo, mas também muito menos convicto. Já se passaram seis anos da publicação do primeiro volume, e são os anos da plena maturidade científica de Jhering, que chegou aos quarenta anos de idade em concomitância com a publicação desse último livro. Naquele segundo volume (que encerra mas não conclui a obra: o *Espírito do direito romano* permanecerá incompleto depois do quarto tomo de 1865), as páginas que os juristas posteriores consideraram exemplares do Jhering sistematizador revelam freqüentes incertezas. Embora Jhering dedique uma centena de páginas à construção, o autor tem muitas dúvidas sobre o que vai escrevendo para resolver os problemas intuídos no primeiro volume, que permanece, assim, a expressão mais genuína do construtivismo jheringhiano.

O leitor que ignorasse essa radical evolução não conseguiria conciliar determinadas partes do primeiro volume com outras do segundo. Por exemplo, em 1858 a concepção organicista é rejeitada com palavras duríssimas: ela seria apenas um cômodo subterfúgio para quem ignora a técnica jurídica. A conclusão a que Jhering chega é que agora ele "se impõe evitar o termo 'orgânico' em toda parte possível"[33]. É, assim, repudiada uma parte não-exígua da exposição concernente ao sistema jurídico, desenvolvida no primeiro volume de 1852. Enquanto a noção de organismo desaparece progressivamente, surge sempre com mais freqüência a de escopo, típica da fase final do pensamento de Rudolf von Jhering.

---

33. Jhering, *Geist des römischen Rechts*, cit., vol. II, 2.ª ed., p. 352. Referindo-se às críticas desenvolvidas por um não encontrável Theodor van Kriken, *Über die sogenannte organische Staatslehre*, Leipzig, 1873, Jhering afirma: "Quanto mais confuso o conceito, mais 'orgânica' é a coisa": Jhering, *Geist des römischen Rechts*, cit., vol. II, 2.ª ed., p. 351, nota 501.

Apesar dessas fortes oscilações de fundo, também no segundo volume, Jhering oferece uma ampla exposição da construção jurídica, que o coloca em uma posição de primeiro plano entre os teorizadores oitocentistas do sistema jurídico. É, todavia, supérfluo deter-se aqui sobre cada problema posto pela construção jurídica, assim como se configura nas páginas de Jhering, seja porque, depois da enunciação desses princípios, o próprio Jhering renuncia a realizá-los e passa a um exame teleológico do direito, seja porque uma exposição e uma análise desses conceitos já foram desenvolvidas na obra de Giorgio Lazzaro[34]. Limitar-me-ei, portanto, a expor aqueles aspectos da construção jurídica que, em alguma medida, podem esclarecer o conceito de sistema jurídico exposto no primeiro volume do *Espírito do direito romano*.

Em primeiro lugar, ao falar do método jurídico, Jhering usa expressões análogas às empregadas para descrever o sistema: "O método jurídico não é algo introduzido de fora no direito, mas é o único modo – exigido pela *necessidade interna do direito* – para ter um seguro domínio prático do direito."[35] A estrita analogia entre método e sistema depende do fato de que o método serve para conhecer o sistema. Mas, quando Jhering deve dizer como se chega ao conhecimento do sistema e, portanto, o que é o sistema, recorre a analogias com a arte, fala de imaginação e de intuição jurídica, de arte do direito que consiste em apreender o conceito jurídico no caso concreto e assim por diante. Essa terminologia exclui qualquer possibilidade de prosseguir a análise no plano racional: o argumento lógico é substituído pela metáfora, o raciocínio pela intuição.

Também outras passagens, mesmo tentando esclarecer o procedimento por meio do qual se chega a conhecer o sistema jurídico, permanecem no estágio de tentativa. Como

---

34. Giorgio Lazzaro, *Storia e teoria della construzione giuridica*, Giappichelli, Torino, 1965, pp. 15 ss.
35. Jhering, *Geist des römischen Rechts*, cit., vol. II, 2.ª ed., p. 312; grifo meu.

o sistema é interno ao direito, afirma Jhering, uma ciência não-sistematizada demonstra não ser ciência, demonstra não ter compreendido o próprio objeto, "porque compreender não significa aferrar o objeto sozinho e isolado, mas aferrá-lo também em seu nexo com os demais"[36]. Mas é, precisamente, esse nexo que Jhering não consegue trazer à luz: também aqui – como no primeiro volume do *Espírito do direito romano* – ele não trata do assunto e, se propriamente deve fazê-lo, fala por imagens: o nexo entre conceito e o *inteiro organismo* da ciência, a árvore *genealógica* dos conceitos e assim por diante[37].

A atividade sistemática é, para Jhering, dupla. A primeira fase é dita "simplificação quantitativa" do direito e consiste em decompor a matéria em elementos simples, em concentrá-los logicamente e em ordená-los sistematicamente. A segunda fase, posterior à precedente, é dita "simplificação qualitativa": "Qualitativamente simples – explica Jhering – é aquele direito feito de uma única matéria, cujas partes são nitidamente divididas e separadas entre si, mas que, apesar disso, se compõem em unidade harmônica; ou seja, em que o olho pode apreender com igual facilidade seja a parte, seja o todo."[38] Ainda uma vez, a descrição substituiu a explicação.

Poder-se-iam multiplicar os exemplos, mas não acrescentariam muito ao que já foi dito, porque são todos descritivos ou perifrásticos. Em conclusão, o sentido da doutrina jheringhiana pode ser reduzido a poucas asserções, freqüentemente não demonstradas. Já vimos que o sistema é, para Jhering, inerente ao direito; portanto, ele é objeto de cognição, e não de criação, por parte da ciência jurídica. A atividade desta última deve limitar-se a identificar no direito concreto várias relações entre *genus* e *species*, gra-

---

36. Jhering, *Geist des römischen Rechts*, cit., vol. II, 2ª ed., p. 331.
37. Jhering, *Geist des römischen Rechts*, cit., vol. II, 2ª ed., *ibid*.
38. Jhering, *Geist des römischen Rechts*, cit., vol. II, 2ª ed., p. 333. Ou seja, o elemento qualitativo do direito seria "a ordem *interna*, a simetria, a unidade do objeto": *ibid.*, grifo meu.

ças às quais operar, portanto, segundo o princípio tradicional: "*Definitio fit per genus proximum et differentiam specificam.*" É essa a operação que o jurista realiza, por exemplo, na extensão analógica de um instituto criado na época em que a *species* coincidia com o *genus*. Pareceria ver nisso um retorno aos princípios lógicos gerais que Jhering tinha criticado em Savigny. Todavia, mesmo essa aplicação de princípios lógicos é formulada em termos confusos, como veremos agora na análise de duas atividades de sistematização descritas por Jhering: a concentração lógica e a construção jurídica.

5. A insustentabilidade do conceito de concentração lógica

A concentração lógica "não é uma operação especificamente jurídica, mas é a operação lógico-geral da abstração de um princípio de certas particularidades, da substituição por uma expressão lógica diversa e mais intensa"[39]. A concentração lógica não é possível em três casos: 1) se cada elemento não deriva de um princípio comum; 2) se esse princípio já está formulado pelo legislador; 3) se o legislador proíbe essa abstração. Todavia, mesmo quando se está fora desses três casos e, portanto, a concentração lógica seria teoricamente possível, essa atividade apresenta, concretamente, numerosas dificuldades. O próprio Jhering se dá conta de ter simplificado demasiadamente o problema ao escrever que a concentração lógica é comparável à busca do centro, dada a circunferência. Retornando sobre seus passos, ele chega a curiosas formas de atenuação, cuja substância consiste em afirmar que, com freqüência, a circunferência não é circular e que, com freqüência, o centro não existe, ou que podem existir dois. Em suma, dadas as dificuldades objetivas da concentração, o jurista deve verifi-

---

39. Jhering, *Geist des römischen Rechts*, cit., vol. II, 2.ª ed., p. 352.

car se "o legislador realmente teve e aplicou um princípio"[40]. Encontrado o princípio, o jurista deve referir a ele cada norma. Porém, Jhering tinha partido da asserção de que a concentração lógica era "a abstração de um princípio de certas particularidades"[41]. Segundo esta passagem, cada norma é o *prius*, em relação ao princípio; segundo a passagem anterior, ao contrário, para poder abstrair o princípio o jurista já deveria conhecê-lo. Desse modo, uma petição de princípio torna problemática a compreensão da própria base do sistema jheringhiano.

6. A ambigüidade da noção de construção jurídica

Com a construção jurídica se passa à fase criativa da atividade do jurista. É construção jurídica qualquer atividade criativa "que tenha por objeto a estrutura de um corpo jurídico". Uma vez que se trata de uma "produção artística", ela não é fruto "da diligência e da doutrina", mas "do talento e da intuição", de modo que quem "se dispõe a essa obra não deve esconder de si mesmo que se trata de uma loteria"[42]. Move-se, portanto, em um âmbito subtraído a qualquer rigor científico.

A enunciação das três leis que regem a construção confirma essa impressão. A construção deve: 1) coincidir com o material positivo; 2) não ser contraditória (Jhering chama esse princípio de "lei da unidade sistemática"); 3) ater-se à lei da beleza jurídica.

Examinadas a fundo, as três leis revelam-se heterogêneas. A *primeira lei* estabelece que se pode construir, nada mais nada menos, do que é positivamente estatuído. A *segunda lei* afirma que a ciência não pode formular construções contraditórias, ou seja, não deve criar contradições

---

40. Jhering, *Geist des römischen Rechts*, cit., vol. II, 2ª ed., p. 353.
41. Jhering, *Geist des römischen Rechts*, cit., vol. II, 2ª ed., p. 352.
42. Jhering, *Geist des römischen Rechts*, cit., vol. II, 2ª ed., pp. 370 s.

inexistentes no material elaborado[43]; Jhering a resume da seguinte forma: "A ciência não deve estatuir nenhuma impossibilidade jurídica."[44] Nessa formulação jheringhiana, o princípio da não-contradição se identifica, ao menos em parte, com a lei da coincidência com o material positivo: uma construção não deve ser contraditória na mesma medida em que não é contraditório o material por ela construído. Não se trata, portanto, de duas leis, mas de uma lei e de seu corolário. A *terceira lei*, por fim, une a elegância da construção jurídica à já mencionada elegância da demonstração matemática ou da programação informática. É uma exigência impalpável, que se revela heterogênea em relação às outras duas, porque sua inobservância não implica a falta da construção. Uma construção contraditória não é uma construção, ao passo que uma construção esteticamente malsucedida é uma construção feia, mas é sempre uma construção. Parece, portanto, lícito inferir que são possíveis várias construções do mesmo instituto jurídico e que, portanto, a construção não é mera atividade recognitiva de princípios implícitos no direito positivo.

Esta última asserção está, porém, em contraste com a função puramente declarativa da ciência jurídica sustentada no primeiro volume do *Espírito do direito romano*, em que, por exemplo, Jhering escreve que o direito "não deve ser uma ordem que se introduz na coisa, mas uma ordem que se extrai dela", ou vê "a possibilidade de uma multiplicação do direito por si mesmo, de um crescimento de dentro para fora"[45]. Uma passagem de 1858 resume exemplarmente essa contradição e ilustra como Jhering se distanciou das con-

---

43. Jhering não se ocupa das antinomias contidas no direito positivo. Permanece, portanto, em aberto se a construção deve procurar eliminá-las ou se, neste caso, é lícita uma contradição no sistema construído pelo jurista. De fato, porém, Jhering – como todos os juristas – tende a eliminar as contradições que se apresentam no direito positivo.

44. Jhering, *Geist des römischen Rechts*, cit., vol. II, 2ª ed., p. 376.

45. As duas passagens estão no *Geist* citado *supra*, respectivamente às notas 7 e 16.

cepções expostas no primeiro volume de 1852: "Chamamos de sistema o direito plasmado pela construção, entendida no sentido das ciências naturais, e resumimos o conteúdo do que diremos em duas frases: 1) o sistema é a forma praticamente mais vantajosa para a matéria positivamente existente; 2) ele é a fonte de nova matéria."[46] Ressurge aqui, ainda uma vez, a ambigüidade da noção jheringhiana de sistema. Das duas características enunciadas nessa passagem, a primeira é típica do sistema externo, surgido como subsídio no ensino e na disputa jurídica ou teológica. A segunda, ao contrário, é própria do sistema interno. É impossível conciliar essas duas posições, uma vez que a melhor sistematização didática não coincide, necessariamente, com a efetiva organização de cada elemento de um ordenamento jurídico, nem a lei de "crescimento do interior" de um sistema deve, necessariamente, ater-se também a uma desejável clareza didática.

7. A linguagem literária não condiz com a jurisprudência

Na juventude, Jhering estava inseguro entre a carreira de escritor ou a de jurista. Durante os estudos na universidade de Munique, sua amizade com Friedrich Hebbel (1813-63) levou-o a escrever uma novela humorística, empresa que alarmou sua família a ponto de transferi-lo de Munique para Göttingen, com o objetivo de subtraí-lo às influências nefastas do dramaturgo. No entanto, a paixão pela beleza de escrever e pela sátira foi uma constante (mas, também, uma tribulação) que acompanhou Jhering por toda a vida. Muitas vezes, porém, a graça estilística é incompatível com as áridas exigências da exposição científica: essas contrastantes exigências estão na origem tanto de páginas muito belas quanto de não poucas obscuridades conceituais. Como

---

46. Jhering, *Geist des römischen Rechts*, cit., vol. II, 2ª ed., p. 383.

conseqüência desse estilo que oscila entre a literatura e a jurisprudência, o sistema jheringhiano até aqui exposto é fruto de uma série de radicais intervenções minhas sobre o texto do *Espírito do direito romano*: é, em suma, o espírito do *Espírito*, porque tive de destilar a escassa elaboração filosófica de Jhering e interpretar seus arbítrios lingüísticos e as metáforas inadequadas.

Arbítrios lingüísticos: por exemplo, escolhida no primeiro volume a metáfora do direito como organismo (que pressupõe o autônomo desenvolvimento do objeto), pouco depois Jhering fala do direito como mecanismo (que pressupõe, ao contrário, uma intervenção externa que oriente o objeto). Já no segundo volume, rejeitada a metáfora organicista, Jhering continua a fazer uso dos termos que derivam dela. O termo "corpo" (usado, às vezes, como sinônimo de organismo) entra, assim, em colisão com "corpo" em sentido químico, quando Jhering compara a atividade da ciência jurídica com a análise química que tende a decompor uma substância em corpos elementares.

Metáforas inadequadas: Jhering escreve que, da mesma forma que as letras do alfabeto reunidas identificam as palavras, assim também os conceitos jurídicos, reunidos, identificam os institutos. Aqui, o erro que vicia o raciocínio jurídico de Jhering se transfere também para a comparação. Não basta unir as letras para obter uma palavra: é necessário coordenar as letras de modo que se obtenha certo símbolo que, por convenção, está relacionado a um significado. Analogamente, o fato de a ciência jurídica chegar a criar um novo instituto jurídico, reunindo vários "corpos simples", não significa ainda que tal instituto exista juridicamente. A existência lógica não coincide com a existência jurídica.

Essas obscuridades e contradições são um reflexo da situação de interno conflito intelectual em que Jhering se encontra quando chega à metade da sua existência. O sistema externo, típico da Escola Histórica e, em particular, do seu mestre Puchta, já não o satisfaz, e ele tenta substituí-lo por uma teoria do sistema interno do direito. Ao não conseguir, porém, levar a termo essa análise do ordenamento jurídico, Jhering prefere buscar um elemento externo que unifique cada norma do próprio ordenamento. O insucesso de sua experiência sistemática barra o caminho do sistema interno que, em um primeiro momento, parecia promissor. Uma vez tornada impraticável a via do sistema interno, aos juristas permanece sempre aberta a via mais fácil do sistema externo. Da dupla corrente contida em Savigny, a do tipo histórico-social se perpetua no segundo Jhering e em seus seguidores do século XX, ao passo que a caracterizada pela construção externa ao direito continua a se aperfeiçoar, de Puchta a Windscheid, até constituir a ossatura do código civil alemão.

Tirando as conclusões da história semântica de "sistema", pode-se afirmar que a noção de sistema própria da jurisprudência moderna remonta ao sistema externo que teólogos e filósofos elaboraram para enunciar com maior clareza a própria doutrina. Também a Escola Histórica, à qual se devem, também, muitas inovações de tipo romanístico, propugnou um sistema que substancialmente não difere daquele dos teólogos do século XVI.

Essa noção tradicional de sistema é uma construção externa à matéria, em que o nexo entre cada parte é de tipo lógico: portanto, uma única noção de sistema vale para todas as disciplinas. A concepção moderna de sistema se volta, ao contrário, para a relação interna que une cada parte da disciplina estudada, e a concepção ainda mais moderna (por isso chamada de pós-moderna) estuda a relação entre o sistema inteiro e o ambiente. Dado que desce ao interior da matéria, o nexo entre cada parte é de tipo específico, de modo que a noção de sistema interno vale somente para a disciplina em relação à qual foi enunciada. A importância de Jhering está em ter intuído – mesmo não tendo desenvolvido – essa concepção moderna de sistema. Embora até nossos dias a corrente mais forte de atividades sistemáticas dos juristas se refira ao sistema externo, com Jhering é superada a concepção tradicional de sistema: o fato de ele ter posto o problema de um nexo interno e específico do direito abre caminho às mais modernas pesquisas, que encontrarão a mais completa expressão no sistema de Hans Kelsen.

8. A construção como fato e como valor

O fato de ter distinguido, no interior da estrutura como *terminus ad quem*, uma dogmática e uma construção (ambas em sentido estático) deveria agora resultar conceitualmente justificado e historicamente documentado. Até aqui se constatou que a dogmática e a construção diferem não tanto por sua estrutura formal quanto pela extensão da matéria sistematizada: porém, o mesmo procedimento de abstração – ou, para utilizar um termo mais tradicional, de subsunção – na dogmática detém-se no nível de instituto jurídico, ao passo que na construção prossegue até compreender todo o ordenamento jurídico. No raciocínio do jurista, a essa passagem de grau se une, geralmente, também um juízo de valor: uma exposição será tanto mais científica quanto mais for sistemática; e será tanto mais sistemática quanto mais for ampla, geral, abrangente.

Assim, Rudolf von Jhering acredita que, passando da norma jurídica ao conceito jurídico, seja possível sair da jurisprudência inferior para entrar na superior: e essa passagem parece-lhe tão desejável que, para consegui-lo, dedica os esforços da revista por ele fundada. Ernst Zitelmann, em ensaio já examinado, acredita que a passagem da jurisprudência inferior para a superior se realize remontando não apenas a um conceito, mas a um princípio geral, ou seja, algo de mais geral do que um conceito. Não valeria a pena deter-se sobre essas nuanças de um pensamento que, no fundo, permanece invariável em suas linhas gerais, se elas não fossem indicadoras de uma tendência que leva a construção em sentido estático para a abstração mais completa.

No decorrer desse crescente processo de abstração, a estrutura como *terminus ad quem* já não é considerada um dado imposto por exigências funcionais da prática do direito, mas, ao contrário, um valor que determinados pressupostos filosóficos impõem respeitar. A função puramente prática da dogmática não só já não é sentida como necessária, mas é até mesmo rejeitada[47]. Chega-se ao ponto em que um estudioso como Ernst Zitelmann empreende a reconstrução sistemática de um instituto percebendo que ela, mesmo não trazendo vantagens práticas, deve ser realizada, porque "a doutrina jurídica não pode se subtrair a este seu dever"[48].

Em 1923, esse processo de abstração foi criticamente resumido em um ensaio que desenvolve com maior profundidade filosófica a distinção entre construção motivativa e construção determinativa, ilustrada dois anos antes por Ernst Zitelmann. A crítica vem de Ernst Fuchs (1859-1929), um combativo advogado defensor do "direito livre", que se refere a Jhering mas vai muito além (cf. vol. 2, cap. IV, 6). Distinguindo a função descritiva da função explicativa no sistema jurídico externo, Fuchs observa que a passagem da primeira para a segunda leva o jurista para fora do âmbito jurídico, no "campo transcendente da dogmática jurídica"[49].

---

47. Joseph Kohler, *Lehrbruch des Konkursrecht*, Enke, Stuttgart, 1891, p. VI: "*É natural* que a investigação jurídica deva conduzir à construção também no processo civil. [...] Um direito processual sem construção tornar-se-ia um utilitarismo descritivo, o processo se transformaria em pura instrutória e cominatória"; grifo meu.

48. Ernst Zitelmann, *Übereignungsgeschäft und Eigentumserwerb an Bestandteile*, "Jherings Jahrbücher für die Dogmatik des bürgerlichen Rechts", Zweite Folge, 34. Band (70.), 1921, n. 1-3, p. 2.

49. "Especialmente na dogmática alemã do século XIX é bastante notável a tendência a não se contentar com a implicação (*Subsumtion*) sob um claro conceito [...], mas em pedir a satisfação de uma ulterior necessidade de explicação; disso resulta a tendência a introduzir, na reflexão jurídica, essências e existências, que não são nem motivos, nem conseqüências, nem suas partes constitutivas, mas parecem pertencer a um campo intermediário ou situado atrás, que não erroneamente pode ser designado como o campo transcendente da dogmática jurídica. É esse o campo dos corpos jurídicos e das teorias eternamente em contraste entre si, que parece, portanto, infrutífero para quem não nutre paixão pelo assunto; campo a que se desejaria, ao contrário, substituir uma teoria sem teorias, e maior clareza sem explicações": Wilhelm Fuchs, *Descrizione e spiegazione nella scienza sistematica del diritto*, "Rivista internazionale di filosofia del diritto", III, 1923, p. 414.

Todavia, mesmo que os fundamentos filosóficos da construção em sentido estático tenham sido evidenciados por várias partes incidentalmente, não existe ainda uma sua análise filosófica. Não encontrei senão um filósofo do fim do século XIX, Wilhelm Schuppe, que tenha se ocupado desses problemas, mas ele também o faz apenas na medida em que desenvolve um trabalho jurídico: Schuppe analisa e combate o construcionismo jurídico (que chama de "corrente cientificista-metafísica"), polemizando com a construção do negócio jurídico submetido à condição temporal, proposta por um escrito premiado pela Universidade de Berlim[50]. Segundo Schuppe, todos os textos jurídicos fazem uso de uma terminologia extraída das ciências naturais, na qual se insinua, porém, um elemento místico ou metafísico devido a problemas de fundo, deixados sem solução. A construção romântica do direito como organismo acaba, assim, por expressar, com termos técnicos modernos, uma antiquada elaboração metafísica[51].

Cito a passagem por extenso por ser duplamente relevante na investigação sobre o sistema jurídico: de um lado, identifica os pressupostos filosóficos da doutrina construcionista do século XIX, de outro tenta superar esses pressupostos, propondo construir "um sistema de dogmática completo, segundo os princípios da pura descrição" (p. 417): esta última exigência (amplamente ilustrada em todo o artigo de Fuchs) contribui para esclarecer o *húmus* purista que leva Hans Kelsen a rejeitar qualquer explicação extrajurídica. Tenha-se presente, por fim, que Fuchs usa o termo "dogmática" no mesmo sentido em que neste volume se fala de "construção em sentido estático".

50. Pierre Siméon, *Das Wesen der befristeten Rechtsgeschäft*, Erstes Heft. Inaugural-Dissertation zur Erlangung der Doctorwürde, Julius Sittenfeld, Berlin, 1888, 43 pp.

51. "Igualmente com essa gíria científica move-se a propensão por uma metafísica antiquada. Se as analogias com as ciências naturais [...] deixam, em última análise, insatisfeitos, não se imagina nem sequer que isso dependa da errônea fundamentação, mas aqui nos refugiamos na poesia metafísica": Wilhelm Schuppe, *Die metaphysischnaturwissenschaftliche Richtung in der Jurisprudenz. Ein Beitrag zur Lehre von befristeten Rechtsgeschäft*, "Beiträge zur Erläuterung des Deutschen Rechts" (Gruchot's Beiträge). Vierte Folge, IV [XXXIV], 1890, p. 807. Sobre esse filósofo deve ser lembrada uma obra de juventude de Renato Treves, *Il problema dell'esperienza giuridica e la filosofia dell'immanenza di Guglielmo Schuppe*, Giuffrè, Milano, 1938, 133 pp.

Dado que a presente pesquisa limita-se aos problemas do sistema jurídico, não é possível examinar aqui, de forma detalhada, as influências de cada filósofo sobre a ciência do direito, no momento em que ela passa da restrita dogmática à mais ampla construção: é suficiente ter aludido à recepção do sistema na acepção wolff-kantiana do termo e à permanência da forma expositiva jusnaturalista (ou seja, sistemática), mesmo quando ao racionalismo do século XVIII sucede uma concepção histórica *lato sensu*.

A fusão da filosofia idealista com a atividade sistemática do jurista provoca uma inversão: o sistema, que com a dogmática estava firme sobre os pés da práxis, passa agora a se sustentar sobre a cabeça da abstração. Cada fase desse processo – apreendida uma a uma nas digressões históricas, sobretudo dos capítulos V e XIII – pode agora ser considerada em seu conjunto. Na época dominada pela dogmática em sentido estático, o jurista se propunha apenas colocar ordem no aglomerado normativo do *Corpus iuris*, para restabelecer um contato entre o texto justiniano e uma realidade social que, muitas vezes, encontrava inadequadas as disposições romanísticas. Os juristas da época posterior, ou seja, os construcionistas, encontraram na ciência jurídica, herdada dos séculos anteriores, seja a descrição das normas justinianas, seja os institutos elaborados pelas gerações passadas de romanistas: foi sobre todo esse material que aplicaram sua atividade construtiva.

Nisso eram guiados, também, por instâncias teóricas, embora as exigências práticas nunca tivessem faltado no período em que o direito romano serviu como direito comum entre os vários Estados alemães, mesmo depois da unificação alemã de 1871. Essa dupla tensão levava consigo os germes para uma consideração interna do direito que provocava, nas construções do século XIX, uma oscilação contínua entre sistema interno e sistema externo do direito. Isso se reflete, também, na construção do sistema: a dogmática (que era estrutura como *terminus ad quem*) é agora usada como elemento para uma construção mais ampla, transformando-se assim em ponto de partida de uma atividade do jurista, para a qual a estrutura é o *terminus a quo*. Mas esta última atividade visa ainda construir um sistema externo do direito, ou seja, seu objeto é ainda a estrutura como *terminus ad quem*. Ou seja, com a construção em sentido estático têm-se os primeiros indícios daquele sistema interno, daquela estrutura exclusivamente *terminus a quo* da atividade do jurista, à qual são dedicados o segundo e o terceiro volumes.

Essa inversão do sistema jurídico externo, esse sistema que se torna um fim em si mesmo é um sistema que já não é um fato, mas um valor. Portanto, a distinção entre dogmática e construção (em sentido estático) pode coincidir com a distinção entre sistema como fato e sistema como valor. Essas distinções não nascem de uma estéril *anxietas dichotomiarum*, mas do desejo de compreender mais a fundo a evolução dos fenômenos jurídicos[52].

---

52. Neste ponto, na primeira edição deste livro, escrevia: "Para comprovar a utilidade dessa distinção [entre dogmática e construção] apresentarei dois exemplos: na quarta parte se esclarecerão alguns problemas da aplicação de modelos cibernéticos ao direito; no capítulo imediatamente posterior a este, serão estabelecidas as relações entre ciência jurídica européia continental e *jurisprudence* anglo-saxônica" (p. 250). O plano que eu tinha indicado em 1968 foi seguido, mas não na ordem então proposta: a construção do direito segundo o modelo cibernético é agora objeto do vol. 3, cap. I, e a análise da noção de sistema no *common law* foi por enquanto deixada de lado: a esse respeito ver, portanto, a pp. 251-67 da edição de 1968 e as referências bibliográficas contidas na nota 17 da *Introdução* ao presente volume.

Capítulo XV
O sistema no direito público: Gerber

Pontos de intersecção e desenvolvimentos do discurso. Cada um dos Estados alemães do século XIX tinha seu próprio direito privado e público e, além disso, recorria a um direito comum para as relações interestatais. O direito romano cumpria essa função para o direito privado; para o direito público, a situação era mais confusa. Karl Friedrich Gerber (1823-91), juspublicista e homem político ligado por estreita amizade e afinidade intelectual a Jhering, pôs ordem no direito público comum alemão aplicando-lhe a noção de sistema. Primeiramente, analisou o direito privado comum de origem germanística (que vivia à sombra do direito romano mas adquiria relevância com a afirmação da idéia de Estado nacional) e, depois, o direito público comum. A ambos *adaptou as teorias sistemáticas elaboradas pelos pandectistas*: sua contribuição, todavia, vai muito além da pura transferência do método jheringhiano ao direito público.

Gerber examina o direito público positivo e evidencia sua diversidade em cada Estado alemão: o primeiro passo para ordená-lo em sistema é, portanto, o processo de abstração. Porém, o direito romano partia de um *corpus* consolidado, portanto a abstração tinha um valor complementar. No direito alemão, ao contrário, "a abstração de cada instituto existente é o escopo principal e último" da construção: a *fragmentariedade do direito germânico impõe sua reconstrução sistemática*. Também o direito proposto por Gerber não pode ser facilmente reconstruído: mesmo querendo separar o direito da política, sua exposição nem sempre é jurídico-positiva; além disso, como jurista prático e como político, *Gerber está mais interessado no conteúdo do que na forma do sistema*; por

fim, tende a relegar a longas notas suas considerações sobre o sistema, e sua linguagem a esse respeito nem sempre é clara.
Seu sistema deriva do sistema wolff-kantiano. No vértice está um princípio único, identificado na vontade: vontade do indivíduo no direito privado, vontade geral no direito público. A esse princípio estão relacionadas as várias partes do direito público com base em critérios não apenas formais, mas também jurídico-positivos. Segundo Gerber, não fazem parte do direito público "o código penal, os vários ordenamentos processuais, os múltiplos decretos e as instituições do direito administrativo" porque, mesmo sendo "produtos de um ativo poder do Estado", eles encontram "o ponto unificante não neste último, mas, ao contrário, na finalidade que lhes é própria". O direito público comum alemão assim construído é obra dos estudiosos e, portanto, não é assistido por uma sanção (como, ao contrário, acontece com o direito interno). Ele exerce sobre o juiz um poder de pura convicção, fundada sobre a sistematicidade de sua construção: quanto mais é científico (sistemático), mais é convincente. Para o pragmático Gerber, de qualquer modo, os estudiosos produzem normas "por sua natureza acessórias", ou seja, condicionadas pela existência de material jurídico positivo". A ciência produz direito somente se produz sistema, ou seja, se "reconduz o material oferecido pelo direito positivo aos seus princípios".

Gerber parece o único jurista a ter-se dado conta de que a passagem do direito consuetudinário para o direito legislativo, típico de sua época, tornou sistemático o direito legislativo porque, "sob a influência de seu autor", ele "se apresenta com a forma de um equilibrado sistema científico": *o direito legislativo é sistemático porque é escrito pelos juristas sistemáticos.*

1. Gerber, Jhering e a teoria romanística do sistema

Escrever sobre o direito público alemão por volta da metade do século XIX era uma empresa dificultada pela pluralidade de ordenamentos em virtude da fragmentação dos Estados alemães e pela incerteza sobre o futuro político da nação, depois das revoluções de 1848 e, em seguida, por causa da tensão entre Prússia e Áustria. Existiam, portanto, os direitos particulares de cada Estado; em outro lugar existia um direito federal; mas para a Alemanha podia-se falar também de um direito público comum aos vários Estados germânicos, que se apresentava como uma terceira categoria em relação ao direito particular e ao direito federal. O jurista alemão devia, portanto, escolher entre a descrição fragmentária de cada direito particular, indispensável para a prática, e a representação de um direito público comum, desejável mas não formalizado: esta última empresa tinha o valor político de uma antecipação da unidade nacional, que porém ainda não existia. A situação dos juspublicistas alemães era, em suma, bem mais difícil do que a dos romanistas que, ao lado dos direitos privados particulares, tinham no direito romano um direito comum reconhecido em toda a Alemanha.

Por volta da metade do século XIX, o germanista Karl Friedrich Gerber (1823-91) se propôs dar à ciência do direito público um fundamento científico análogo ao que os romanistas tinham dado à ciência do direito privado. Sua obra sobre os *Princípios de um sistema do direito público alemão*[1] foi publicada em 1865, quando a situação política alemã tinha se estabilizado e podia-se tentar aplicar ao direito público as técnicas dos romanistas: por isso, desde o título, o trabalho de Gerber se anunciava como "sistema", ou seja, como reconstrução científica de um direito até então fragmentado. Do ponto de vista político-jurídico, Gerber era um defensor da monarquia e das constituições escritas, pertencia ao grupo de juspublicistas que separava a política do direito público – uma linha que, de Gerber, passará a Jellinek, Laband e Kelsen – e que se propunha tratar unicamente o direito; Gerber sugeria, além disso, tratá-lo de modo científico, ou seja, sistemático.

A neutralidade política constituía um programa de difícil atuação no direito público, sobretudo para um jurista que, como Gerber, estava imerso na vida política do seu

---

1. Karl Friedrich Gerber, *Grundzüge eines Systems des deutschen Staatsrechts*, Tauchnitz, Leipzig, 1865, XII-208 pp.

tempo. Disso pode-se concluir que, em seus escritos, "o procedimento da construção jurídica do direito público estava a serviço da reação antiliberal posterior a 1848. [...] O escrito de 1852 [*Über öffentliche Rechte*] deságua em uma polêmica geral contra o liberalismo da época, contra a ilimitada possibilidade de destruir o existente e, sem dúvida, contra a vida política parlamentar"[2]. Portanto, nos escritos de Gerber, a separação entre direito e política não é nítida, seja por essas incursões na política [quase inevitáveis, por outro lado, em quem trata do direito público do próprio tempo], seja porque, no conjunto, também a construção em sentido estrito, o método sistemático, desempenha a função de legitimar a monarquia[3]. Porém, mais que sua função política, o que importa examinar aqui é o método sistemático proposto por Gerber aos juspublicistas. Portanto, depois de ter devidamente indicado essa função, as obras de Gerber serão examinadas apenas em referência ao uso da noção de sistema e de construção. Além disso, visto que esta última foi longamente analisada anteriormente, serão citados, sobretudo, os trechos de Gerber que melhor ilustram sua posição, renunciando aos comentários da literatura secundária.

A proximidade do método de Gerber ao de Jhering não deve levar a pensar em uma derivação direta. Gerber desenvolveu de modo autônomo as idéias gerais dos juristas sistemáticos e nisso pertenceu a uma corrente minoritária entre os publicistas alemães; ao contrário, Jhering viu em seu escrito sobre os direitos públicos de 1852 uma antecipação do que ele aspirava fazer para o direito romano: "uma

---

2. Walter Wilhelm, *Metodologia giuridica del secolo XIX*, Giuffrè, Milano, 1974, p. 172.
3. Para uma visão global dos aspectos também políticos da atividade científica de Gerber, também em relação a outros publicistas alemães, remeto a Wilhelm, *Metodologia giuridica del secolo XIX*, cit., pp. 97-172: aqui se encontram um capítulo sobre *Karl Friedrich von Gerber e Rudolf von Jhering: il "metodo giuridico"* e outro sobre *Karl Friedrich von Gerber: l'applicazione del "metodo giuridico" al diritto pubblico*, diretamente ligado ao tema das presentes páginas.

análise de ciência natural, uma análise química do objeto"[4]. A influência de Jhering é, sem dúvida, a mais perceptível em Gerber, seja pela difusão das obras do "primeiro" Jhering, seja pela estreita amizade que ligava os dois juristas, que em suas intensas correspondências se detêm várias vezes sobre o método sistemático. Gerber, porém, não seguiu Jhering na guinada para uma concepção realística do direito e continuou a aplicar o método sistemático: a brusca mudança de Jhering lançou uma sombra sobre as fraternas relações entre os dois amigos.

Com Gerber, a rigorosa metodologia construtivista passa do direito privado ao direito público. Gerber tem em mente a "construção do princípio monárquico", e portanto essa aproximação entre público e privado – que retorna constantemente nas próximas páginas – exige uma explicação. Por volta da metade do século XIX, os Estados alemães haviam adotado Constituições, existiam estruturas parlamentares de classes que emanavam leis; em suma, mudara a noção de Estado. As relações feudais eram estáveis "porque essas relações eram vistas como relações de direito privado e, portanto, participavam, na consciência comum, da justificação jusnaturalista que se dava aos direitos privados, a começar pela propriedade a que exatamente se reconduzia a idéia de soberania [no Estado patrimonialista]. Mas agora, visto que tal justificação já não é possível, mudada a concepção dos direitos públicos, era necessário fundar de algum outro modo as instituições constitucionais"[5]. Para

---

4. Jhering a Gerber, 17 de maio de 1852, em Helene Ehrenberg (Hrsg.), *Rudolf von Jhering in Briefen an seine Freunde*, Breitkopf & Härtel, Leipzig, 1913, p. 14. Sobre as relações entre Jhering e Gerber limito-me a remeter aos meus *Studien zu Jhering und Gerber*, Gremer, Ebelsbach, 1984, vol. II, XXIII-432 pp., que contêm todo o aparato para o epistolário entre os dois juristas: *Der Briefwechsel zwischen Jhering und Gerber*, Gremer, Ebelsbach, 1984, vol. I, XXII-693 pp.

5. Giorgio Lazzaro, *Storia e teoria della costruzione giuridica*, Giappichelli, Torino, 1965, p. 70; o capítulo inteiro é dedicado a *Metodi e fini della giuspubblicistica tedesca* (pp. 65-86).

construir de modo novo o direito público, Gerber não se separa do direito privado, mas recebe sua técnica construtiva, aplicando-a de modo apropriado ao direito público alemão para construí-lo em sistema.

Perguntar-se o que Gerber pretende dizer quando fala de construir em "sistema" os vários ramos do direito equivale a interrogar-se sobre as regras que Gerber segue na construção do material jurídico. Nas obras de Jhering foi possível distinguir com suficiente clareza os trechos que indicavam as regras para construir um sistema dos trechos que aplicavam essas regras a determinado material jurídico. Ou seja, pôde-se distinguir um discurso preceptivo de um discurso descritivo, mesmo que na exposição jheringhiana os dois se apresentassem misturados. Essa distinção não pode ser proposta de novo com igual precisão para as obras de Gerber. Um maior interesse prático e, talvez, uma maior prudência científica impedem Gerber de formular explicitamente as regras a que deve se ater o construtor de sistemas. Em suas obras, portanto, é difícil identificar uma coincidência ou uma discrepância entre o sistema teorizado e o sistema realizado, precisamente porque falta o primeiro termo da comparação. Gerber, em suma, não fornece uma articulada teoria do sistema, como acontece no *Espírito do direito romano* de Jhering. Isso não significa, porém, que Gerber não tenha um modelo, uma idéia de sistema em que se inspirar: nas páginas seguintes buscar-se-á identificar esse modelo com base nas poucas indicações que o próprio Gerber dá em seus trabalhos. Precisamente por serem poucas, essas indicações serão freqüentemente citadas com uma certa amplitude.

Em suas obras programáticas, como o *Princípio do direito privado alemão comum*[6] (1846) e *Sobre os direitos públicos*[7]

---

6. Karl Friedrich Gerber, *Das wissenschaftliche Princip des gemeinen deutschen Privatrechts. Eine germanistische Abhandlung*, Crökersche Buchhandlung, Jena, 1846, VIII-313 pp.

7. Karl Friedrich Gerber, *Über öffentliche Rechte*, Laupp und Siebeck, Tübingen, 1852, VII-107 pp.

(1852), Gerber enuncia a necessidade de construir o material jurídico germanístico; o título de 1846 poderia levar a pensar numa obra sobre o direito privado (que então era quase exclusivamente romanístico), mas dois termos revelam quais são os interesses de Gerber: a obra é, sim, sobre o direito privado alemão, mas *comum*; e, para não deixar dúvidas, o subtítulo *Uma exposição germanística* indica de qual perspectiva Gerber observa esse direito privado comum. Depois, nas obras da maturidade sobre o direito público e privado, cumpre a tarefa que ele mesmo havia se posto naqueles primeiros escritos. É, sobretudo, dessas concretas construções que se pode remontar à sua noção de sistema, ainda que não faltem alguns trechos sobre as características formais que um sistema deve apresentar. Com efeito, Gerber aceita o método proposto por Jhering, mesmo plasmando uma sua construção original e adequada ao direito público. Jhering é, de qualquer modo, por assim dizer, o metodólogo oficial do grupo de estudiosos que faz referência aos dois juristas: ao romanista cabe a tarefa de redigir o manifesto metodológico no artigo que inaugura os "Jahrbücher für die Dogmatik des heutigen römischen und deutschen Privatrechts" em 1857[8], a revista que dirigiram juntos por décadas.

As poucas enunciações explícitas de Gerber confirmam essa concordância de opiniões sobre o sistema. Gerber dá, antes de tudo, como certo que as origens do pensamento sistemático sejam reconduzíveis às concepções organicistas. Ele, porém, aceita o sistema, mas rejeita as comparações com o organismo: "Embora se reconheça que o conceito de organismo inclui a idéia de uma necessária adequação do indivíduo ao domínio unitário da idéia global, muito raramente se quis pensar na invencibilidade dessa idéia e se abriu um caminho fácil para considerações de

---

8. Cf. *Bibliographie Rudolf von Jherings*, n. 15, em Mario G. Losano, *Studien zu Jhering und Gerber*, Gremer, Ebelsbach, 1984, p. 215; sobre a gênese da revista comum, pp. 64-6.

clareza, de comodidade e, sobretudo, para considerações didáticas, que pareciam favorecer a passagem do desconhecido ao conhecido."⁹ Quem cede a essas exigências puramente práticas constrói apenas um sistema externo. Para Gerber, ele se reduz a uma "útil e graciosa decoração"; ao contrário, um sistema autêntico, científico deve superar esses problemas externos à matéria jurídica e deve ser capaz de "buscar os traços de um bem caracterizado *espírito popular* em um dos mais importantes setores da atividade humana, para inseri-lo depois como uma estrutura sublimada na forma – por si só destituída de vida – de um sistema científico"¹⁰.

Aos sistemas jurídicos tradicionais que fazem uso de "coações inoportunas e hostis a qualquer sistema, típicas das fantasias medievais", ou que tomam, acriticamente, emprestadas as categorias romanísticas, Gerber censura "por terem descurado a harmonia e a beleza da ordem"¹¹. Precisamente no momento em que Gerber recomenda a prudência no uso das categorias romanísticas, é distintamente perceptível o eco das convicções estético-jurídicas de Jhering (o sistema deve obedecer também à "lei da beleza jurídica": cf. *supra*, cap. XIV, 6).

A passagem contém uma referência ao "espírito do povo" (*Volksgeist*), uma vez que Gerber, ao menos formalmente, aceita ainda a concepção da Escola Histórica do direito. A isso ele havia se referido já em seu escrito de 1846¹², pondo-se também o problema de como seria possível, concretamente, verificar o comum convencimento popular em uma nação como a alemã, em que o mesmo instituto jurídi-

---

9. Karl Friedrich Gerber, *System des deutschen Privatrechts*, Mauke, Jena, 1848, p. VI.
10. Gerber, *System des deutschen Privatrechts*, cit., p. V; grifo meu.
11. Gerber, *System des deutschen Privatrechts*, cit., p. VI.
12. "Ao estabelecer esse princípio, parti da conhecida concepção sobre a origem do direito formulada pela Escola Histórica: concepção que devo reconhecer como a única correta (*richtig*)": Gerber, *Das wissenschaftliche Princip des gemeinen deutschen Privatrechts*, cit., p. 269.

co se apresentava nos vários Estados em fases diversas da própria evolução. Para identificar o convencimento popular, o jurista não deve se ocupar das "mínimas discrepâncias entre normas jurídicas", porque de uma "investigação em parte histórica, em parte analítica (*abstrahirend*) resultarão os produtos jurídicos relevantes precisamente para conhecer o convencimento jurídico do povo"[13].

O processo de abstração é o instrumento conceitual com o qual é construído o sistema. Todavia, ele exerce uma função diversa no direito romano e no direito alemão, porque o primeiro é o produto unitário de "órgãos centrais eficientes", ao passo que o segundo é fragmentário e casual. Por conseguinte, "na história do direito romano, essa abstração poderá ter apenas o fim secundário de lançar sobre cada instituto a luz necessária à sua compreensão"[14]. No estudo do direito alemão, ao contrário, "a abstração de cada instituto existente é o escopo principal e último, em relação ao qual adquire um certo significado não cada fenômeno jurídico como tal, mas apenas sua totalidade em sua inteireza"[15]. Da contraposição entre a unitaridade do direito romano e a fragmentariedade do direito germânico deriva a conclusão de que o método construtivista é "o único admissível para a história do direito alemão, aquele prescrito pela peculiaridade do desenvolvimento autóctone do direito"[16].

Mas, para Gerber, como já vimos, não interessa o sistema externo; o sistema que ele quer construir deve nascer do próprio conteúdo do direito: "A coerência de um sistema a ser configurado segundo o conteúdo do direito exige o mais severo exame da natureza jurídica de cada instituto e do seu nexo com a idéia global, que gradualmente leva até o vértice da construção. Exige que se dê conta da quantidade do material a ser fornecido, que se exclua qualquer corpo estranho e que se adote uma escrita distante de qual-

---

13. Gerber, *Das wissenschaftliche Prinzip*, cit., p. 299.
14. Gerber, *Das wissenschaftliche Prinzip*, cit., p. 257.
15. Gerber, *Das wissenschaftliche Prinzip*, cit., pp. 257 s.
16. Gerber, *Das wissenschaftliche Prinzip*, cit., p. 258.

quer forma de narração enfadonha; antes, a escrita deve dar a impressão de um desenvolvimento autônomo do objeto, desenvolvimento que progride espontaneamente."[17]

Essa passagem contém provavelmente a definição mais precisa do que Gerber entende por sistema. A estrutura piramidal descrita por Gerber coincide com a ilustrada por Jhering no *Espírito do direito romano*. A contribuição de Gerber se percebe, porém, em dois elementos: por um lado, a concretude da tarefa (a definição de Gerber fala de um sistema de direitos, e não do direito; fala de um sistema que parece nascer do interior dos direitos, e não de um sistema que gera conceitos); por outro lado, a depuração do direito de qualquer elemento estranho a ele. Essa contribuição de Gerber é, porém, um formalismo realístico, uma vez que não desconhece, no direito, o valor dos elementos extrajurídicos, mas se preocupa em determinar os limites dentro dos quais eles são relevantes. Para Gerber, o direito se forma sob o impulso de forças externas a ele; o problema de sua relevância se põe quando, historicamente, esses elementos externos exauriram sua força propulsora: que valor podem ter ainda para o jurista? A resposta de Gerber se inspira tanto no positivismo jurídico quanto na teoria construtivista: "Porém, tão logo esses motivos cumprem sua tarefa de forças criadoras de direito, retiram-se do âmbito das considerações jurídicas. Estas últimas devem se ocupar apenas em compreender os institutos e as normas assim criadas não com base em sua relação casual, com cada caso da vida, mas com base em sua posição no sistema dos direitos, cuja idéia-guia se encontra, exclusivamente, confrontando as diretrizes principais da vontade pessoal."[18]

É assim enunciado o princípio-guia (*leitender Gedanke, wissenschaftliches Princip*) que se coloca no vértice da pirâmide sistemática descrita por Gerber: a vontade pessoal. Já

---

17. Gerber, *Das wissenschaftliche Prinzip*, cit., p. VIII. A esse sistema ideal é contraposta a corrente entre os germanistas.
18. Gerber, *Das wissenschaftliche Prinzip*, cit., pp. XI s.

o primeiro livro de Gerber, em 1846, tinha sido dedicado à individuação desse princípio científico. Mesmo que nesse trabalho o discurso sobre o sistema surgisse apenas indiretamente, é oportuno examiná-lo agora do ponto de vista da metodologia sistemática: a vontade – individual ou coletiva – é o conceito que encontraremos no vértice dos sistemas privatistas e publicistas aos quais Gerber se dedicará no decorrer de sua carreira científica; além disso, uma das preocupações centrais de seus sistemas consistirá em traçar uma nítida distinção entre o elemento jurídico e o elemento político e, no interior do elemento jurídico, entre o direito público e o privado. Por isso, pode-se afirmar que a passagem citada por último resume globalmente a noção de sistema aceita por Gerber.

2. O sistema romanístico e a fragmentariedade do direito germânico

A necessidade de construir em sistema as normas jurídicas é uma exigência do tempo em que Gerber vive, um dado que ele registra desde sua primeira obra de 1846: para Gerber, "aquela exigência resulta já da tendência do nosso tempo: ele já não se contenta em unir os elementos científicos, como se fossem átomos independentes, mediante uma atividade puramente mecânica, mas exige que sejam levados à consciência científica mediante uma elaboração filosófica"[19]. Mesmo que a terminologia não seja das mais transparentes, é evidente que, para Gerber, sistematicidade e cientificidade de uma exposição coincidem, e por isso "é absolutamente necessário unificar a totalidade do material

---

19. Gerber, *Das wissenschaftliche Prinzip*, cit., p. 238; *philosophisch* equivale a *systematisch*, como demonstra o fato de que, poucas linhas depois, se fala da ciência jurídica pré-construtivista como de uma ciência operante "segundo o modelo da compilação assistemática dos exegetas das Pandectas" (*nach dem Muster der unphilosophischen Compilation der Pandektensammler*) (*ibid.*).

germanístico em um conjunto sistemático e científico"[20]. Mas o que é "a estrutura interna, a completude interna"[21] que se busca?

A questão não encontra uma resposta satisfatória nessa primeira obra de Gerber. Ela, de fato, não se propõe explicar segundo quais regras formais deve ser construído um sistema jurídico, mas identificar o princípio único (e substancial) do qual fazer derivar a construção de um sistema do direito privado alemão; além disso, Gerber chega a esse tema apenas na segunda parte da obra, porque na primeira ele examina as tentativas precedentes de organizar em sistema o direito privado alemão e indica nas lições de Georg Beyer (1665-1714) a primeira tentativa "de dar uma forma científica à matéria"[22]. Quem quiser reconstruir as etapas do pensamento sistemático na ciência do direito privado alemão encontrará naquelas páginas uma coletânea fidedigna das principais fontes.

Gerber parte da constatação de "que, apesar da diferença dos princípios supremos, em cada elaboração é sempre a mesma matéria, em sua totalidade, a ser tratada do mesmo modo"[23]. Há, portanto, uma necessidade recorrente de sistematizar esse material, porque de outra forma o fracasso de uma tentativa acabaria por desencorajar empresas análogas. Em segundo lugar, a análise das tentativas já realizadas revela-lhe que elas estavam muito ligadas ao aspecto exterior do direito: ou seja, tratava-se de sistemas externos (mesmo que Gerber não use esse termo). A dúvida que surge em Gerber está ligada à própria natureza do direito alemão: enquanto o direito romano se presta a ser sistematizado "porque neste caso o material já está dado e

---

20. Gerber, *Das wissenschaftliche Prinzip*, cit., p. 238.
21. "Der innere Aufbau, die innere Vollendung": Gerber, *Das wissenschaftliche Princip*, cit., p. 25.
22. Gerber, *Das wissenschaftliche Prinzip*, cit., p. 25. O texto inédito das lições de Beyer foi publicado póstumo por Griebner e Hoffmann: Georg Beyer, *Delineatio juris germanici ad fundamenta sua revocati*, Leipzig, 1718.
23. Gerber, *Das wissenschaftliche Prinzip*, cit., p. 105.

determinado sob qualquer ponto de vista", Gerber deve constatar que "o material do direito alemão se apresenta informe e nem sequer, através do seu aspecto externo, dá alguma indicação a respeito de um modo possível para descrevê-lo". Daí as dúvidas de Gerber "sobre a capacidade do material germanístico de ser utilizado como matéria-prima para a construção de um sistema"[24].

Essa dúvida de fundo explica também a profunda diferença de fundamentação do problema do sistema em Jhering e Gerber. O primeiro devia levar a cabo uma empresa em que muitos o haviam precedido; o segundo devia fazer com que a própria matéria germanística realizasse um verdadeiro salto de qualidade. Por conseguinte, o fio condutor da exposição gerberiana da história do direito alemão consiste em identificar os elementos que, de um lado, explicam seu atraso em relação ao direito romano e, de outro, justificam sua igual dignidade científica e, portanto, a sujeitabilidade às mesmas metodologias: em particular, à metodologia sistemática. Por isso, é agora oportuno ver, muito sinteticamente, como Gerber resolve a contraposição entre direito romano e direito germânico.

Desde o prefácio, Gerber constata que a ciência jurídica é a única a usar o critério da origem do material, e não o próprio material, "como critério para uma classificação lógica no interior da ordenada articulação de um sistema"[25]. No entanto, o jurista alemão, por volta da metade do século XIX, se encontrava em atividade nessa situação particular, porque – a partir da recepção do direito romano no século XV – no mesmo território foram se desenvolvendo dois distintos sistemas de direito privado, um romanístico e um germanístico. O jurista devia, portanto, constantemente, reconduzir cada norma a um desses dois ordenamentos jurídicos.

Gerber percorre de novo a história do direito romano – história de vários povos em um único Estado – contrapon-

---

24. Gerber, *Das wissenschaftliche Prinzip*, cit., p. 107.
25. Gerber, *Das wissenschaftliche Prinzip*, cit., p. 4.

do-a à história do direito germânico, história de um único povo em vários Estados. Na recepção do direito romano, Gerber vê o evento que interrompe a evolução do direito germânico e sublinha que o jurista deve levar em conta essa interrupção se quer organizar em sistema o direito germânico: "Quando no século XVIII se recomeçou a separar do direito romano os restos transmitidos do direito germânico e a desenvolvê-lo em exposições autônomas, foi necessário procurar completar as partes que faltavam desde a época medieval. Uma vez que, todavia, em seguida aos eventos ocorridos, o material jurídico não levado em consideração em épocas mais recentes já não podia ser considerado material praticamente aplicável, e uma vez que as normas ainda reconhecidas como direito vigente nos ordenamentos de cada Estado tinham assumido um aspecto diverso uma da outra por causa das mais variadas influências, se pôs o problema a que é dedicado o presente escrito: qual é o princípio que rege essa nova ciência do direito privado alemão."[26]

É esse, portanto, o direito alemão a que Gerber reconhece a capacidade de ser reconstruído em sistema. Essa reconstrução é necessária seja na teoria, se o direito alemão não quer sucumbir totalmente diante do direito romano[27], seja na prática, uma vez que a atividade do legislador local apresenta lacunas, que são preenchidas com normas consuetudinárias recebidas de um Estado a outro de modo formal ou por costume judiciário. Com a consolidação dos Estados particulares, essas transferências tornam-se impossíveis e, por conseguinte, as lacunas irrecuperáveis. É necessário, portanto, "reunir com a elaboração científica os produtos da produção jurídica autóctone e fazer com que todos tomem consciência disso"[28].

---

26. Gerber, *Das wissenschaftliche Prinzip*, cit., p. 236.

27. "Quando, porém, se reconheceu ao direito romano a capacidade de ser fundido em um sistema orgânico e quando foi desenvolvida uma atividade correspondente a essa sua capacidade, dever-se-ia ter empreendido uma atividade análoga também para o direito alemão, se ele não quisesse perder uma posição de igual nível em relação ao direito romano: posição que lhe cabe com base no direito e na história": Gerber, *Das wissenschaftliche Prinzip*, cit., p. 239.

28. Gerber, *Das wissenschaftliche Prinzip*, cit., p. 241.

Gerber propõe construir o direito privado alemão segundo um modelo que vale a pena ver por inteiro. Essa exposição sistemática deve "ser [uma exposição] verdadeiramente científica, ou seja, deve reunir o material jurídico germanístico em uma totalidade harmoniosa, em que todas as partes estejam conexas. Toda a exposição deve partir de um princípio unitário, que domine cada parte unindo-as a si, como centro vital, com fios visíveis em todo lugar. Esse princípio deve atestar que cada parte do todo, apesar de sua independência, está ligada por uma íntima parentela com o centro. Em suma, essa descrição global do material jurídico germanístico deve satisfazer a exigência de se apresentar como uma verdadeira ciência. Se não fosse possível encontrar o princípio unitário que permita incluir numa unidade orgânica os elementos do direito autóctone, estes últimos vagariam pela jurisprudência como fragmentos inquietos. Visto que não lhes poderia ser atribuída uma precisa natureza, eles não poderiam fazer parte das disciplinas legitimadas a se apresentar como ramos próprios do direito, mas seriam tolerados *obtorto collo* como uma massa informe e tosca, como simples peso inútil"[29].

3. A força vinculante do sistema

Falando de "direito alemão" é preciso, porém, distinguir dois possíveis objetos do discurso: os direitos positivos particulares e o abstrato direito comum. Ambos podem ser construídos em sistema, mas com problemas e resultados diversos.

A construção em sistema de um direito particular é facilitada pela sanção que acompanha cada norma jurídica em vigor. A atividade construtivista se reduz, neste caso, a reunir "uma coletânea sistemática de todos os princípios jurídicos necessários para a vida jurídica"[30].

---

29. Gerber, *Das wissenschaftliche Prinzip*, cit., p. 242.
30. "Eine systematische Zusammenstellung aller zum Gebrauche des Rechtslebens nothwendigen Rechtsgrundsätze": Gerber, *Das wissenschaftliche Prinzip*, cit., p. 243.

Gerber visa, porém, à construção de um sistema do direito alemão comum[31] e deve enfrentar assim o problema da ausência de sanção que acompanha a atividade construtiva no âmbito do direito comum. O sistema de um direito particular refere-se a normas vigentes, assistidas por uma sanção, e tem portanto validade imediata; o sistema que constrói o tecido conectivo entre os vários direitos particulares é, ao contrário, constituído por enunciados científicos, não assistidos por uma sanção e, portanto, não assimiláveis ao direito vigente. Não é aqui o lugar de introduzir o complexo problema da eficácia jurídica dos enunciados dos juristas. Limitando-nos à exegese do texto de Gerber, deve-se constatar que, nesta primeira fase da pesquisa, ele deixa em aberto o problema das finalidades a que deve tender a construção de um sistema: ou chegar a "um direito imediatamente aplicável", ou enunciar "os fundamentos e os princípios da criação do direito em qualquer lugar em que estejam visíveis [...]; esses princípios – através de uma análise artificial e de uma operação anatômica sobre os materiais jurídicos positivos – são elaborados para um escopo diverso daquele de criar um direito imediatamente prático e adequado à aplicação"[32].

Vários trechos de Gerber confirmam que ele tende a essa segunda solução, porém com algumas significativas atenuações. De um lado, está ciente de que a atividade intelectual pode produzir um sistema, mas não a sanção que o torna direito vigente, "porque aqui se trata de material sublimado, extraído do direito efetivamente aplicável por meio de operações teóricas"[33]. De outro lado, porém, a ineficácia jurídica da construção sistemática não significa que

---

31. Gerber afirma que "o princípio por nós procurado deve apresentar características que atribuam ao material descrito a forma de um direito comum": Gerber, *Das wissenschaftliche Prinzip*, cit., p. 243.

32. Para desenvolver a atividade sistemática, o jurista opera *auf dem Wege einer künstlichen Analyse und mittelst anatomischer Operation*: Gerber, *Das wissenschaftliche Princip*, cit., p. 244.

33. Gerber, *Das wissenschaftliche Prinzip*, cit., p. 273.

ela seja irrelevante na prática do direito. Somente por meio do sistema, ao contrário, o jurista pode chegar a se livrar dos esquemas feudais: "Se atribuo à ciência do direito privado alemão comum a capacidade de levar à consciência científica cada norma do direito particular, pretendo dizer com isso uma coisa fundamentalmente diversa da capacidade de completar aquelas normas em vista de sua aplicabilidade prática e imediata. Aquela consciência científica não é senão a concepção de cada norma jurídica em conexão com seus motivos e com os princípios que deles derivam. Uma concepção semelhante é absolutamente necessária para o juiz porque de outra forma cada norma positiva pareceria uma força vinculante com base em um poder arbitrário, força, porém, inexplicável e incompreensível."[34]

Dentro de certos limites a construção jurídica pode, portanto, integrar o direito vigente. Todavia, essa asserção deve ser relativizada: Gerber não formula uma teoria abstrata, mas tem sempre presente a história da Alemanha, bem como a pluralidade de Estados, e portanto de ordenamentos jurídicos, existente naquele território: "Por fim, no que se refere às normas produzidas pela atividade dos juristas, ou seja, pela ciência, elas são por sua natureza acessórias, ou seja, condicionadas pela existência de material jurídico positivo ou legislativo. De fato, a ciência é capaz de produzir direito somente na medida em que reconduz o material oferecido pelo direito positivo aos seus princípios, dando-lhe a forma de um todo composto por normas que se pressupõem e condicionam reciprocamente (Puchta) e buscando – em um sério esforço de alcançar a verdade – preencher as lacunas resultantes dessas novas formas por meio dos princípios do direito vigente."[35]

---

34. Gerber *Das wissenschaftliche Prinzip*, cit., p. 284. Os exemplos concretos que Gerber oferece para ilustrar essa asserção não são hoje imediatamente evidentes.

35. Gerber, *Das wissenschaftliche Prinzip*, cit., pp. 277 s.

4. As quatro virtudes sistemáticas segundo Gerber

Gerber conclui seu trabalho indicando não as características formais do sistema, mas as qualidades intelectuais de quem quer construir um sistema do direito privado alemão: 1. o "recurso às máximas forças intelectuais" (*Aufwand der höchsten geistigen Kräfte*): exigência óbvia, que, na realidade, não diz muito; 2. a "percepção constante dos elementos de desenvolvimento, presentes na história, do crescimento orgânico de cada instituto": somente assim o jurista pode compreender a realidade dentro da qual opera; 3. a análise da legislação, dos costumes que a modificam e, em particular, dos costumes judiciários, graças aos quais "reconhecemos por meio de uma atenta verificação o efetivo convencimento jurídico do povo alemão em sua forma atual"; 4. por fim, "uma certa atividade intelectual produtiva [...] com a qual o germanista dá forma às idéias adquiridas, dominando livremente o material existente e organizando-o em vista de novas finalidades"[36]. Essas regras identificam o material a ser sistematizado e indicam com notável generalidade a atitude intelectual que deve acompanhar a obra de construção do direito. Mas o que seja o sistema, isto ainda não foi dito.

A reorganização do material é, para Gerber, o "aspecto externo"[37] da atividade sistemática, e o aspecto interno (embora Gerber não o denomine assim) é constituído pela identificação do princípio unificador de todas as normas. Porém, quando Gerber fala de unificação do direito alemão, seu ponto de referência não é a teoria do direito, mas a situação real dos Estados alemães, em que vigorava ainda em larga medida o direito romano. A seu ver, a assimilação das regras romanísticas por parte do povo alemão levará a englobar estas últimas no direito germânico, unificando assim o direito

---

36. Gerber, *Das wissenschaftliche Prinzip*, cit., pp. 300 s. No ponto 4, Gerber se refere a Wilda, "Zeitschrift für deutsches Recht", vol. I, pp. 169 s.

37. "Die äußere Seite": Gerber, *Das wissenschaftliche Prinzip*, cit., p. 293.

da nação alemã. A unificação em que pensa Gerber é, portanto, antes de tudo, uma unificação de conteúdos, não de forma. De fato, a essa altura, sua polêmica se dirige não contra as antigas escolas, mas contra as novas idéias: a discussão sobre a unidade sistemática do direito transforma-se em polêmica contra o "direito estrangeiro" que Reyscher desejaria "formalmente incluir na representação do direito alemão"[38]. No plano sistemático, a proposta de Reyscher é paralela à de Gerber: mas, como já vimos, os problemas que surgem a essa altura já não são problemas jurídicos.

5. O sistema do direito público

O direito público de Gerber repropõe a mesma noção de sistema já aplicada ao direito privado alemão[39]: muda apenas o princípio científico a que é reconduzido todo o sistema publicista[40]. Enquanto esse [princípio científico], no

---

38. Gerber, *Das wissenschaftliche Prinzip*, cit., *ibid*.
39. "Qualquer tentativa de determinar com precisão os princípios do direito público deve partir das teorias do direito privado. A exigência dessa ligação deriva, antes de tudo, do fato de que o direito privado foi até agora o único âmbito em que a jurisprudência romano-germânica conseguiu organizar o elemento especificamente jurídico em um corpo acabado, bem plasmado e fechado em si mesmo. Se se quiser alcançar um resultado análogo também para o direito público, será necessário estar bem ciente de sua relação com o direito privado, para que – graças ao conhecimento do que há de comum e de contrário – se encontre um caminho que leve a aferrar e orientar esse amplo material jurídico. Desde agora posso afirmar que o único caminho para dar um sólido fundamento ao direito público positivo me parece ser o da aproximação formal ao direito privado": Gerber, *Über öffentliche Rechte*, cit., p. 29. Essa referência metodológica ao direito privado não deve, porém, ser interpretada, adverte Gerber, como uma "privatização política do direito público" (*politische Privatisirung des Staatsrechts*).
40. "A exposição científica deste objeto [...] não consiste apenas na descrição exterior da situação constitucional ou na comunicação puramente formal que não tem nada de jurídico, a não ser a natureza do seu objeto. É preciso, ao contrário, encontrar o princípio jurídico específico que caracteriza o direito público em relação aos outros direitos e, em particular, em relação ao direito privado": Gerber *Über öffentliche Rechte*, cit., p. 14.

direito privado, poderia ser encontrado na vontade do indivíduo, no direito público a vontade individual torna-se irrelevante e entra em seu lugar a vontade geral[41]. Desse modo, o paralelismo entre construção publicista e construção privatista é muito estreito. Ele não deve, porém, causar engano.

Já em 1848, ao enfrentar a sistematização do direito privado alemão, Gerber tinha lamentado que a aplicação das técnicas construtivísticas ao direito alemão fosse dificultada pelo fato de que "continuasse a faltar uma nítida divisão entre direito público e privado"[42]. A aproximação que ele agora propõe entre os dois limita-se, porém, ao aspecto metodológico. Sobre esse ponto Gerber é muito claro: "O direito público tem ainda necessidade da ajuda do direito privado. Antes de tudo, o direito público toma emprestado do direito privado o elemento formal, a construção jurídica. O direito público tem necessidade, exatamente no mesmo modo, de todo o conjunto de conceitos jurídicos que no direito privado são secionados para trazer à luz a sua simplicidade e a sua pureza originária"[43], mesmo que certos setores publicistas sejam mais complexos.

Todavia, essa aplicação do método privatista sofre agora um desvio em relação às precedentes enunciações de Gerber, porque o "princípio científico" dá lugar ao desen-

---

41. "Qualquer ato de disposição privatista é a sujeição de um objeto à vontade jurídica de uma pessoa (*Persönlichkeit*). O sistema do direito privado desenvolve apenas as várias modalidades de manifestação dessa vontade para o mundo dos bens. A pessoa é, portanto, o único e exclusivo ponto de partida, o centro do sistema jurídico privatista. Diversa é a situação no direito público. Aqui encontramos, de fato, que o material jurídico se coloca totalmente fora da esfera dos direitos da pessoa, porque está fundado sobre uma base objetiva: a vontade geral": Gerber, *Über öffentliche Rechte*, cit., pp. 32 s.; e esclarece em seguida: "Os direitos públicos são manifestações da vontade pessoal (assim como o são as privatistas); não, porém, como vontade do indivíduo em particular, mas como membro de uma comunidade que o limita: a comunidade popular (*Volksverbindung*)": Gerber, *Über öffentliche Rechte*, cit., p. 35.

42. Gerber, *System des deutschen Privatrechts*, cit., p. XIII.

43. Gerber, *System des deutschen Privatrechts*, cit., pp. 36 s.

volvimento de "conceitos elementares"[44]. Portanto, a teoria organicista não o convence, mas, pragmaticamente, toma consciência de que é uma doutrina consolidada que é preciso levar em consideração. É difícil dizer se esses termos diversos indicam a mesma coisa, e não está muito claro o que Gerber entende com eles. Quando, porém, propõe um sistema para o direito público alemão, ele menciona concretamente qual é o fim a que tende: "Muitas vezes, já foi evidenciada a semelhança entre este organismo e o humano, mesmo que, freqüentemente, não se tenha ocultado que esse agradável jogo não encerrasse nenhuma idéia efetivamente utilizável. De todo modo, essa concepção constitui, hoje, o ponto de partida para a construção do sistema do direito público."[45] Mesmo com desconfiança, o conceito de organismo é, portanto, indicado como um possível fundamento do sistema; todavia, na exposição de Gerber há uma fratura entre essa consideração geral e cada sistema que ele se propõe construir.

É importante examinar toda a passagem em que Gerber tenta deduzir da noção de organismo o sistema do direito público alemão: "O fundamento do sistema provém do conceito de organismo que, como já foi observado, não é um conceito jurídico. Disso resulta, antes de tudo, uma descrição do direito (e, implicitamente, também do dever) dos componentes do Estado, articulados segundo uma hierarquia que leva em consideração sua amplitude e a específica natureza de seu poder. Temos portanto: 1. o direito do monarca; 2. o direito do funcionário público; 3. o direito do súdito. Naturalmente, não é possível exaurir o desenvolvimento jurídico dos elementos juspublicistas com essa referência aos membros do organismo estatal. De fato, as funções mais

---

44. "Devemos examinar agora as partes constitutivas puras deste último [ou seja: do direito público]: aqui não devemos mais aplicar princípios deduzidos e já determinados em outro lugar, mas devemos desenvolver conceitos elementares": Gerber, *Über öffentliche Rechte*, cit., p. 47.

45. Gerber, *Über öffentliche Rechte*, cit., pp. 47 s.

importantes não são o direito de um só membro, mas de vários membros, ou de todos comunitariamente. Deve-se notar também que a essência do organismo não encontra de modo nenhum expressão na soma de todos os seus membros, mas que, ao contrário, ele contém um princípio vital e uma configuração como conjunto ou totalidade, que jamais poderá ser expressa simplesmente pondo, uma ao lado da outra, as imperfeitas formas de cooperação de cada um de seus órgãos."

Gerber pagou assim seu tributo à teoria organicista, a qual, porém, não o convence. Retornando à exigência de um sistema que seja algo mais do que a soma de suas partes, em uma passagem muito complicada, Gerber esclarece que "essa exigência é satisfeita ao menos em parte se, à primeira parte que descreve a estrutura do organismo, se acrescenta uma segunda que consiste na descrição do direito objetivo, ou seja, dos limites no interior dos quais o poder estatal pode ser exercido na diversidade de suas direções, determinadas em parte pela forma e em parte pelos objetos. O caráter sistemático desta parte é o seguinte: a atividade a que os membros do organismo estatal estão autorizados e obrigados é estabelecida por uma norma jurídica objetiva (a vontade geral) que deriva da própria natureza do Estado. Essas normas não permitem apenas serem construídas como direitos subjetivos, como autorizações, mas isto se torna necessário cada vez que a configuração puramente formal dos direitos públicos é uma exigência jurídica; já sua descrição pode prescindir dessa possibilidade ou necessidade [de ser construída. A descrição] procede de modo mais conforme à natureza quando se confia, na visão daquelas normas, ao seu nexo interno com as efetivas relações da vida estatal, ao invés de quando são consideradas em sua manifestação puramente jurídico-formal"[46].

O *Sistema do direito público* de 1865 propõe a realização do sistema definido nas obras anteriores, mas com um con-

---

46. Gerber, *Über öffentliche Rechte*, cit., pp. 48 s.

teúdo diverso[47]. Um elemento interessante para compreender o que Gerber entendia por "sistema" é fornecido pelo fato de esse volume conter um índice remissivo, em que figura também o verbete *System*[48]. Nas páginas indicadas por Gerber não se encontra, porém, nenhuma definição formal de sistema, mas somente a enunciação de uma certa ordem expositiva da matéria. Na primeira passagem, por "sistema" Gerber entende o plano da obra, mesmo inserindo em seu interior algumas considerações sobre a noção de sistema, em cujo vértice põe a idéia unificadora do poder do Estado: "O direito público como doutrina científica tem por objeto a evolução do direito que se refere ao Estado como tal. A força de vontade (*Willensmacht*) do Estado, ou seja, o poder do Estado, é o direito do Estado. O direito público é, portanto, a doutrina do poder do Estado, e responde à questão: o que o Estado pode querer como tal? (conteúdo e extensão do poder estatal); por meio de quais órgãos e em quais formas pode e deve manifestar-se sua vontade? Na personalidade do Estado residem a origem e o baricentro do direito público; relacionar-se a ela oferece a possibilidade de construir e de orientar um sistema científico, ou seja, um sistema dominado por uma idéia unitária."

Ainda uma vez, à teoria do Estado como organismo, Gerber prefere o direito público positivo: "Se, portanto, o direito público é a doutrina da determinação jurídica do vivo organismo estatal, faz parte dele apenas a evolução das normas e dos institutos que se referem imediatamente à força vital e volitiva do Estado. O simples fato de um ordenamento jurídico ter sido emanado pelo poder estatal e ter sido por ele criado no interesse público não pode, por isso mesmo, ser o motivo pelo qual seu conteúdo é incluído no âmbito do direito público. O código penal, os vários or-

---

47. Karl Friedrich Gerber, *Grundzüge eines Systems des deutschen Staatsrechts*, Tauchnitz, Leipzig, 1865, p. 207.
48. Gerber, *Grundzüge [...] des deutschen Staatsrechts*, cit., p. VIII: também este *wissenschaftliches System* é um sistema, "em que cada configuração se apresenta como o desenvolvimento de uma idéia-guia unitária".

denamentos processuais, os múltiplos decretos e as instituições que se designam cumulativamente como direito administrativo são, certamente, produtos de um ativo poder do Estado; porém, para sua descrição científica devem buscar o ponto unificante não neste último, mas na finalidade que lhe é própria. Isto não muda em nada o fato de que, nesses decretos, ao próprio poder estatal seja reservado um âmbito direto de ação e de intervenção: os princípios a esse respeito se apresentam como totalmente desvinculados da doutrina geral da força de vontade (*Willensmacht*) e são dominados pela força de atração do princípio presente nos âmbitos regulados por aqueles decretos."[49]

Este é, para Gerber, o sistema do direito público. É suficiente confrontar essas páginas com as do *Espírito do direito romano*, em que Jhering elabora a teoria construtivista, para perceber que os dois autores se movem em planos diversos, mesmo que compatíveis. O verdadeiro objeto da atenção de Gerber é o conteúdo do sistema, ou seja, o que hoje seríamos tentados a chamar de "o conteúdo da exposição" ou "a organização da matéria". Jhering procura, ao contrário, identificar as características formais do sistema e chega, portanto, a enunciações gerais, válidas para cada ramo do direito. As asserções, ao contrário, identificam o conteúdo de cada sistema de direito positivo que ele vai construindo. Explica-se, assim, por que Gerber sentiu a necessidade de aprofundar a passagem nem sempre clara, citada anteriormente, com duas longas notas: na primeira ele confronta o sistema do direito privado com o do direito público; na segunda tenta uma ulterior justificação da organização que o material publicista recebeu em seu trabalho.

Na primeira das duas notas agora lembradas, Gerber refere-se ao paralelismo formal entre os sistemas privatistas

---

49. Gerber, *Grundzüge* [...] *des deutschen Staatsrechts*, cit., pp. 3-5. *Willensmacht* é traduzido por "força de vontade" ou também "poder da vontade": Karl Olivecrona, *La struttura dell'ordinamento giuridico*, Etas Kompass, Milano, 1972, pp. 184-7.

e os sistemas publicistas: ambos recebem, de fato, unitariedade de um princípio científico que está em seu vértice; e até aqui nos movemos no plano formal do sistema externo. Gerber, porém, abandona o sistema externo quando constata que esse princípio *formal* tem um *conteúdo* diverso nos dois ramos jurídicos: "O sistema do direito privado é um sistema de possíveis vontades, diretamente relacionadas à vontade das personalidades humanas individuais (ou construídas à sua semelhança). Também o direito público é um sistema de possíveis vontades, porém relacionadas ao poder (dotado de personalidade) do povo politicamente unido. Diferentemente da personalidade humana, em sua base não está, portanto, uma vontade livre para se mover em qualquer direção, mas, ao contrário, uma vontade que pode se mover apenas no âmbito das finalidades que lhe são atribuídas. Sua vontade jurídica é governar (*herrschen*), ou seja, o agir jurídico no interesse da finalidade estatal com efeito vinculante para todo o povo. Em outros termos, o direito público é a doutrina da vontade do Estado. A ulterior justificação e fundação desse sistema se verá em cada descrição. Essa idéia já havia sido mencionada também antes, embora nunca tivesse sido avaliada e desenvolvida em sua importância específica."[50] Assim, em 1856, Gerber reafirma sua coerente adesão à teoria que, em 1846, tinha aberto sua carreira científica.

A nota sucessiva faz, todavia, supor que Gerber estivesse cumprindo um ato devido, em vez de exprimir uma convicção ainda enraizada. De fato, em sua exposição do direito público, Gerber excluiu os direitos penais, processuais e administrativos. A especificidade da matéria leva-o a justificar a exclusão dos primeiros, ao menos em sua exposição particularizada. Essa justificação ocorre, porém, com uma referência ao "escopo" do direito penal e processual: é problemático explicar como essa referência ao esco-

---

50. "Das Staatsrecht ist die Lehre vom Staatswillen": Gerber, *Grundzüge* [...] *des deutschen Staatsrechts*, cit., p. 4, nota 2.

po é compatível com a concepção do único princípio científico válido para todo o direito público. Além disso, a referência ao escopo não é de nenhuma utilidade para Gerber quando deve explicar por que do seu direito público fazia parte o direito constitucional, mas não o administrativo. Aqui a explicação de Gerber é puramente positivista, uma vez que se refere ao conteúdo das constituições, em que se encontram somente os princípios gerais do direito administrativo. Mas, se do direito positivo se passa à ciência jurídica, essa separação entre os dois ramos deve ser rejeitada. Em geral, essa nota mostra com clareza que as preocupações sistemáticas de Gerber consistem essencialmente na ordem da matéria. O direito público é, para ele, um sistema assimilável aos outros ordenamentos "apenas na medida em que isso é necessário para descrever em geral o âmbito da vontade estatal. Porém, a descrição autônoma dos princípios neles [ou seja: nos outros ordenamentos] contidos persegue seus próprios fins, tem seu baricentro em um certo princípio e não pode ser dominada por um ponto de vista marginal em relação a esse escopo central, mesmo que o poder estatal tenha aí uma função. Assim, o direito processual e o direito penal elevaram-se à categoria de ciências autônomas, separadas do direito público. [...] A colocação do direito público sob as rubricas 'direito constitucional' e 'direito administrativo' não é, portanto, justificável no plano científico. Essa convicção é confirmada por nossas cartas constitucionais, consideradas com razão as fontes do nosso direito público: ao delimitar o próprio conteúdo, elas seguem o ponto de vista aqui afirmado, fixando apenas os princípios gerais do direito administrativo: isso quer dizer que sua descrição autônoma pertence a outra esfera dos ordenamentos jurídicos"[51].

Gerber via nas novas constituições de seu tempo um fruto da teoria sistemática, ou seja, com suas palavras, "um material na maioria das vezes ponderado e útil nascido da

---

51. Gerber, *Grundzüge [...] des deutschen Staatsrechts*, cit., p. 5, nota 3.

construção jurídica"⁵². Por isso, sua referência às constituições retorna também quando explica segundo quais critérios os direitos públicos particulares são incluídos ou excluídos do seu sistema do direito público: "Os direitos públicos individuais se manifestam de várias modos no Estado. Porém, no sistema do direito público podem ser levados em consideração apenas aqueles graças aos quais o poder do Estado (por si só abstrato) encontra os órgãos pessoais da sua vontade. Também aqui se encontra uma grande variedade de formas dependentes de cada constituição. Em alguns Estados como, por exemplo, na maior parte das repúblicas, existe um ordenamento jurídico objetivo sobre o direito de ser órgão do Estado (leis para a eleição do Presidente, do Senado etc.); em outros, como por exemplo nas monarquias, trata-se pelo menos em parte de um direito localizado para sempre na esfera do indivíduo (direito do monarca, direito das câmaras hereditárias). Existem, ainda, também direitos públicos delegados, como por exemplo o direito dos funcionários públicos, cujo direito se funda na delegação por parte de outro funcionário público autorizado. Tentei formular uma teoria dessas autorizações individuais em meu ensaio sobre os direitos públicos."⁵³ É curioso observar como estas últimas linhas não estão compreendidas no verbete *System* do índice remissivo do volume, embora seu assunto não seja diverso daquele das passagens examinadas anteriormente. Ao definir o sistema, Gerber se move, em suma, com uma certa aproximação.

A matéria do direito público, delimitada segundo os critérios até aqui expostos, é depois coordenada sob um único princípio científico, que no direito público é o poder estatal (*Staatsgewalt*). Gerber a define assim: "A força de vontade (*Willensmacht*) do Estado é o poder de governar; ela recebe

---

52. Gerber, *Über öffentliche Rechte*, cit., p. 74.
53. Gerber, *Grundzüge [...] des deutschen Staatsrechts*, cit., p. 6, nota 1. No texto, Gerber se refere a *Über öffentliche Recte*, Laupp und Siebeck, Tübingen, 1852, VII-107 pp.

o nome de poder estatal."⁵⁴ Em 1865, Gerber modifica sua teoria precedente, que excluía a personalidade jurídica do Estado⁵⁵, e define o poder estatal independentemente da pessoa do monarca. Uma nota adverte a essa altura: "A sistemática segundo a qual é tratado o poder do Estado em si, sem referência à sua manifestação concreta no direito do monarca, requer uma justificação específica."⁵⁶ Como o autor fala do modo como é construído seu sistema, poderíamos esperar aqui uma série de explicações formais. A nota prossegue, ao contrário, com uma ampla polêmica contra os autores que rejeitam o uso da noção de personalidade jurídica no direito público. Ainda uma vez, o discurso formal sobre o sistema é dado como certo, ao passo que a discussão diz respeito ao conteúdo de cada parte do direito positivo. Será esse conteúdo que determinará sua inclusão numa ou noutra parte do sistema, ou sua exclusão dele.

6. A legislação e o sistema: uma intuição de Gerber

O fato de Gerber ter relegado, freqüentemente, em nota as considerações sobre o sistema releva que esse tema tem, para ele, uma importância marginal em relação ao direito positivo exposto no texto: por isso, seu pensamento sobre o sistema é fragmentário e incompleto. Levando em conta esses limites, pode-se, todavia, tentar uma dupla explicação da discrepância entre sistema teorizado e sistema realizado em Geber. A primeira é a mais simples e humana: a evolução da história alemã e da história pessoal de Ger-

---

54. "Die Willensmacht des Staats ist die Macht zu herrschen; sie heißt Staatsgewalt": Gerber, *Grundzüge [...] des deutschen Staatsrechts*, cit., p. 3; cf. uma definição análoga à p. 19.
55. Em 1852 sua opinião era esta: "Já foi dito que ao Estado não é atribuída uma personalidade jurídica a não ser como fisco; portanto, todos os poderes (*Kräfte*) derivados da vida do organismo estatal estão ligados à pessoa do regente" (Gerber, *Über öffentliche Rechte*, cit., p. 52).
56. Gerber, *Grundzüge [...] des deutschen Staatsrechts*, cit., p. 19, nota 1.

ber levou o germanista a se ocupar cada vez mais dos problemas concretos do direito, diferentemente de Jhering, cuja evolução o levou a formular uma teoria, embora mais realista, do direito. Talvez essa explicação seja, porém, demasiado humana.

No *System des deutschen Privatrechts* há uma passagem curiosa, que bem se presta para concluir estas observações sobre o sistema no pragmático Gerber. Como sempre, ele parte da situação política da Alemanha na metade do século XIX e sublinha como a formação de cada Estado substituiu o espírito do povo, a lei do costume, pela vontade do legislador. O direito privado, constata, "já não brota de forma tão abundante e direta da viva consciência popular, mas em todo lugar é fixado como direito legislativo pelo recente poder do Estado, distante de qualquer participação popular direta. Ele já não tem a natureza de uma ligação direta com um costume elevado a direito, mas *sob a influência do seu autor se apresenta com a forma de um equilibrado sistema científico*"[57].

A conclusão é surpreendente por sua espontânea simplicidade: esta é a única passagem que conheço em que um autor do século XIX se dá conta da circularidade que existe na discussão sobre o sistema no direito. Gerber não só se dá conta dessa circularidade, mas fornece também uma explicação. Ele compreendeu que os juristas extraem do direito positivo o sistema que outros juristas colocaram ali. Uma lei, um código, uma constituição são sistemáticos porque foram escritos por um jurista sistemático. Em sua visão histórica do direito, Gerber não se limitou a constatar a existência desse jogo de prestígio jurídico, mas identificou também sua origem: ela reside no declínio do costume e na ascensão da legislação moderna.

A observação de Gerber adiciona um dado elementar às considerações dos juristas estruturalistas. Já foi dito que, também no direito, se põe constantemente o problema de

---

57. Gerber, *System des deustschen Privatrechts*, cit. p. 252; grifo meu.

saber se o estudioso extrai da matéria uma ordem a ela inata, ou se ele insere na matéria uma ordem que está em sua mente. Porém, a ciência jurídica não é a cristalografia: o jurista estuda um objeto que é um produto não da natureza, mas da sociedade; aliás, dos juristas. A ciência jurídica tem por objeto as normas jurídicas, cuja gênese é, por sua vez, influenciada pela ciência jurídica: observação quase autobiográfica para Gerber, que foi professor de direito, mas também várias vezes ministro e, por fim, presidente do conselho dos ministros do Reino da Saxônia. Nele coexistem, portanto, o estudioso do direito e o legislador.

Evidentemente, há defasagens entre o direito e o sistema, entre os direitos positivos e a ciência dos direitos positivos, bem como entre esses e a vida social, porque a jurisprudência reflete o direito e este, por sua vez, reflete a sociedade, mas não de forma imediata. Gerber, estudioso e legislador, está ciente desse jogo de espelhos deformadores. Ao contrário, os juristas, muitas vezes, trocam a realidade por esse reflexo de um reflexo. As desconexões entre as várias passagens não impedem seu recíproco entrelaçamento, mas são a causa do incessante, secular debate entre juristas: o gorjeio de pássaros sob os telhados, que acompanha os trovões da história.

Capítulo XVI
A delimitação para o alto de uma teoria do sistema externo

Pontos de intersecção e de desenvolvimentos do discurso. Assim como tinha sido delimitado o nível mínimo de sistema, seu grau zero (cap. IX), aqui também se indica seu nível superior. Entre esses dois extremos está contida toda a teoria do sistema externo. Embora diversas, sobretudo por amplitude, a dogmática e a construção utilizam-se dos mesmos instrumentos lógicos: sua análise se conclui agora com alguns exemplos ulteriores.

Os axiomas de que parte a *dogmática* são as normas positivas. Elas são mais precisas e estáveis do que os pressupostos filosóficos, fonte, ao contrário, dos axiomas da *construção*. Dado que opera sobre vastos setores do direito, a construção – de que os pandectistas forneceram os exemplos mais claros – visa produzir sistemas cada vez mais vastos, reconduzíveis a um único princípio. Quando a vastidão se transforma em *abstração*, abrem-se duas vias. Ou se aumenta o grau de abstração até o máximo nível possível, criando um arcabouço formalmente irrepreensível, mas vazio (e se passa do sistema externo à lógica: um exemplo disso são os *Normative Systems* de Alchourrón e Bulygin); ou não se aceita o caráter abstrato da construção e se troca de método (como Jhering: cap. XIV). Desloca-se então a pesquisa *do sistema externo para o sistema interno*. Isso não significa que o sistema externo seja declarado irrelevante ou errado. Ele continua a exercer sua fundamental função expositiva e didática, mas o estudioso se põe agora também outro objetivo, buscando a *estrutura no interior do direito*. Até o final do século XIX essa aproximação ao sistema interno é ainda um proceder às apalpadelas, com formulações incertas e fragmentárias: é uma exigência que ainda não havia tomado a forma de teoria.

Com o século XX, a exigência de encontrar um sistema interno articula-se em formas cada vez mais aprimoradas, que serão examinadas detalhadamente no *segundo volume*. A teoria do direito acabará por sair do âmbito de suas tradicionais fontes de inspiração metodológica (o direito e a filosofia) e buscará a explicação da estrutura interna do direito apropriando-se dos métodos elaborados pelas ciências físico-naturais. Essa troca de paradigma metodológico será o objeto do *terceiro volume*.

1. Um quadro de conjunto do sistema jurídico externo

Resumindo os dados evidenciados na análise do sistema externo, deveria ficar claro o processo que, partindo da classificação de material não-heterogêneo, leva à elaboração de sistemas de normas restritos e, sucessivamente, de vastos sistemas que compreendem todo o ordenamento jurídico. Em outras palavras, partiu-se do grau zero do sistema (delimitando assim para baixo a noção de sistema: cf. *supra*, cap. IX) e gradualmente se chegou às formas mais extensas e abstratas de construção (que delimitam para o alto a noção de sistema). É preciso ver agora em que consiste, no direito, essa delimitação para o alto e estabelecer qual é o fenômeno filosófico geral a que ela é reconduzível.

Mencionamos brevemente os pontos de contato e os pontos de divergência entre a noção de dogmática jurídica, mais restrita e prática, e a de construção jurídica, mais extensa e teórica. Dado que há séculos o direito tutela realidades econômicas e sociais que conservam substanciais semelhanças mesmo depois de profundas modificações, o jurista que organiza as normas jurídicas em vista de um escopo preponderantemente prático realiza uma atividade que, essencialmente, não muda com o passar dos anos e dos séculos. Em outras palavras, a dogmática jurídica apresenta certa constância no espaço e no tempo. Não se pode dizer o mesmo em relação à construção, que está, ao contrário, ligada a uma interpretação filosófica específica da realidade.

Se se põe em discussão a teoria filosófica sobre a qual se sustenta a construção, também esta última é automaticamente posta em causa. E os filósofos, ainda que até agora não tenham conseguido modificar a realidade econômica e social, a interpretaram segundo concepções não só diversas, mas até mesmo opostas. Ora, se se substitui uma visão idealista da realidade por uma visão materialista ou se uma visão estática se substitui por uma visão dialética, toda a construção sistemática do direito deve ser rediscutida desde os fundamentos: de fato, foram mudados os axiomas do sistema. No espaço e no tempo, a construção jurídica revela-se assim mais mutável do que dogmática.

Essa diferença básica explica por que entre dogmática e construção possa existir, às vezes, uma certa convergência (como vimos nos capítulos XII e XIII), mas jamais uma coincidência. Se se aceita essa análise, pode-se abandonar definitivamente o problema da dogmática e concentrar-se, ao contrário, sobre a evolução da construção, considerando-a o grau mais elevado de elaboração sistemática do direito. Ao fazer isso, é preciso retornar ainda à teoria geral do sistema externo, porque a construção não é senão a aplicação daquela teoria a um objeto específico: o direito.

Completa-se, assim, o quadro do sistema externo no direito: da delimitação para baixo desse sistema – realizada com as noções de sistema pleonástico e de sistema aparente –, chega-se agora à sua delimitação para o alto, introduzindo a noção de sistema abrangente. Entre esses dois pólos encontra colocação a maioria dos sistemas jurídicos; mas o fato de também outros serem possíveis é o que veremos mais extensamente no segundo e no terceiro volumes.

2. O sistema abrangente

A exigência de completude foi objeto mais de intuição do que de reflexão por parte dos sistematizadores, como de resto ocorreu, também, com os outros requisitos do sistema externo. A tendência a reconduzir cada fenômeno a um único princípio levava a elaborar sistemas cada vez mais vastos: mas, quanto mais se estendia a abrangência do sistema, tanto mais era necessário aumentar seu grau de abstração. A uma certa altura desse processo se deve seguir uma destas vias: ou se continua com o método da tradicional filosofia idealista, tratando em linguagem corrente a natureza e a função do sistema externo abrangente, ou se realiza um salto qualitativo e se elabora uma teoria dos sistemas segundo métodos diversos do filosófico tradicional.

A primeira via é a seguida por Christian Wolff, que, para redigir um sistema capaz de conter todo o saber humano, acabou por redigir uma espécie de índice remissivo do universo (cf. *supra*, cap. IV, 3, b). Essa tendência à abrangência revela, porém, seu limite quando um autor, mais novo e mais moderno, mas culturalmente ligado à filosofia tradicional, procura evitar o erro de Wolff. Hugo Dingler, de fato, não constrói um sistema abrangente mediante uma elaboração de conteúdos, mas procura identificar a forma geral, capaz de encerrar qualquer conteúdo específico[1]. Em suma, ele se atém com prudência à única casca do *universum in nuce* que é o sistema wolffiano. Movendo-se, porém, no plano da tradicional linguagem filosófica, Hugo Dingler enuncia idéias tão gerais que se tornam genéricas e teoriza, portanto, um sistema que, podendo servir genericamente para tudo, acaba por não servir especificamente para nada. Essa mesma suspeita paira também sobre a abstratíssima superteoria de Luhmann (cf. vol. 3, cap. IV, 10).

Mais útil se revela, ao contrário, a segunda via, que procura explicar a estrutura formal do sistema segundo métodos diversos do filosófico tradicional. Uma das características salientes do pensamento científico do século XX é exatamente a grande difusão de teorias sistemáticas em cada ramo da ciência. Esses sistemas podem ser referidos à biolo-

---

1. Hugo Dingler, *Das System. Das philosophische-rationale Grundproblem und die exakte Methode der Philosophie*, Ernst Reinhardt, München, 1930, 133 pp.

gia, à teoria das comunicações ou à cibernética, mas têm uma característica comum: fazem uso de uma linguagem que já não é ordinária, mas, ao contrário, em alguma medida formalizada. Quando a análise realizada com esses instrumentos formais revela a presença de isomorfismos em campos aparentemente distantes, é legítimo concluir que o mesmo sistema está na origem deles: se um sistema biológico e um sistema social apresentam uma estrutura igual ou muito similar, é legítimo pensar que eles sejam organizados segundo um mesmo metassistema. Isso é possível porque a moderna teoria dos sistemas prescinde totalmente do conteúdo dos sistemas. Desse modo, unificam-se setores aparentemente heterogêneos: a teoria geral dos sistemas realiza em parte (mas com rigor científico) a *scientia universalis* sonhada por Bacon em sua classificação das ciências[2], a *mathesis universalis*, a *arbor scientiarum*, a *clavis universalis*; em síntese, o sonho audacioso e a elegante esperança de reunir todo o saber em um sistema abrangente (cf. *supra*, cap. I).

Com a esperança de retornar, de forma mais ampla, a esses assuntos no terceiro volume, é suficiente ter indicado aqui as duas vias que se abrem diante da teoria do sistema externo própria da filosofia idealista: de um lado, sua progressiva extensão, que lhe provoca a separação do conteúdo, da realidade, e portanto o esvaziamento e a esterilidade; de outro, a renovação metodológica (tornada possível também pelo progresso das lógicas e das matemáticas modernas), que permite expressar de forma geral a concepção material do sistema já esboçada por Holbach[3]. Com esta úl-

---

2. Essas referências à abrangência unem as várias visões: cf., por exemplo, Ludwig von Bertalanffy, *Allgemeine Systemtheorie. Wege zu einer neuen mathesis universalis*, "Deutsche Universitäts-Zeitung", XII, 1957. Sua obra mais conhecida é *Teoria generale dei sistemi. Fondamenti, sviluppo, applicazioni*. Traduzione di Enrico Bellone, Istituto Librario Internazionale, Milano, 1971, 406 pp. Sobre as teorias de Bertalanffy, cf. vol. 3, cap. III, 4.

3. Paul Henri d'Holbach, *Système de la nature. Ou des lois du monde physique et du monde morale*. Introduction par Yvon Belaval, Georg Holms, Hildesheim, 1994, 2 vols. (reprodução da edição de 1821); trad. it.: *Sistema della natura*. Organizada por Antimo Negri, Utet, Torino, 1978, 742 pp.

tima via se abandonam, porém, os sistemas filosóficos dedutivos e se enfrentam os sistemas materiais dinâmicos[4], ou seja, os sistemas internos freqüentemente inspirados nas teorias das ciências físico-naturais.

Para antecipar brevemente qual é o reflexo dessa fase ulterior do pensamento sistemático sobre a ciência jurídica, é preciso passar da teoria geral do sistema à teoria do sistema jurídico externo em sua última fase de evolução.

3. A inversão do sistema externo em sistema interno do direito

A partir do final do século XIX, os teóricos do direito começaram a se sentir insatisfeitos com o tradicional sistema externo de tipo preponderantemente classificatório e procuraram superá-lo, explorando as características do direito positivo. Este último, de fato, ia tomando uma forma cada vez mais sistemática, porque tinha sido também elaborado por defensores do sistema. Já foi lembrado o exemplo do código civil alemão de 1900, elaborado por Windscheid segundo os precisos cânones sistemáticos que lhe haviam chegado por meio da Escola Histórica do direito; já foi dito que Gerber constatava que o direito é sistemático porque formulado por sistemáticos; por fim, influências filosóficas análogas contribuíram para a configuração sistemática dos direitos reais anglo-saxões[5]; não faltam, tampouco, outros respeitáveis exemplos.

---

4. Na edição de 1968 (*Sistema e struttura nel diritto*, cit., pp. XVIII ss.) eu utilizava esse termo para distinguir do sistema externo os sistemas importados pelas ciências físico-naturais: hoje, estes últimos sistemas se multiplicaram, cada um tem seu nome (cibernética, estruturalismo, teoria geral dos sistemas) e com aquele nome aparecerá no segundo e no terceiro volumes. Mas essa referência me permite chamar a atenção para o fato de que, nas páginas introdutórias de 1968, está traçado o plano de pesquisa agora levado a termo.

5. O capítulo sobre o sistema no *common law* não foi retomado neste volume. Para o exemplo citado, ver, portanto, a primeira edição: Losano, *Sistema e struttura nel diritto*, vol. I: *Dalle origini alla Scuola storica*, Giappichelli,

O *Code civil* constitui um exemplo excepcionalmente claro do modo como a idéia de sistema penetrou no direito positivo. A forma do código civil francês deriva de poucas obras muito conhecidas. Se mais indireta foi a influência de Jeremy Bentham[6], bem mais direta foi a de Jean Domat.

Neste último, ainda uma vez, encontramos aquele substrato matemático e teológico tão freqüentemente apontado entre os sistematizadores[7]. De fato, mesmo exercendo a profissão de magistrado, ele esteve estritamente ligado a Blaise Pascal por interesses científicos comuns e por problemas religiosos comuns. Cooperou em numerosos experimentos do seu concidadão e, mesmo não tendo deixado nada de escrito sobre as ciências exatas, alguém chegou a dizer que "a reputação obtida nas matemáticas bastaria para perpetuar sua memória"[8]. Além disso, segundo o testemunho de Sainte-Beuve, a conversão ao jansenismo de Pascal foi o motivo da conversão de Domat, que porém não seguiu o amigo entre os muros do convento[9].

Torino, 1968, p. 260; sobre a codificação anglo-indiana, ver também: Mario G. Losano, *I grandi sistemi giuridici. Introduzione ai diritti europei ed extraeuropei*, Laterza, Roma-Bari, 2000, 3.ª ed., pp. 396-9.

6. Jeremy Bentham enviou um projeto de código a Mirabeau, que o apresentou à Assembléia Constituinte. Cf. Jeremy Bentham, *Draught of a Code for the organization of the judicial establishment in France; proposed as a succedaneum to the draught presented to the National Assembly*, London, 1790, 26 pp.

7. "Pode-se, em primeiro lugar, sublinhar o duplo caráter dos estudos de Domat: estudos científicos de um lado, estudos teológicos de outro. Em sua obra jurídica encontrar-se-á a constante preocupação de relacionar-se a um método científico e, ao mesmo tempo, de dar um fundamento religioso às instituições, antes de tudo no seu conjunto, depois singularmente": René-Fréderic Voeltzel, *Jean Domat (1625-1696)*, Sirey, Paris, 1936, p. 43; cf. também Nicola Matteucci, *Jean Domat, un magistrato giansenista*, Il Mulino, Bologna, 1959, pp. 48 s.

8. Édouard Batbie, *Éloge de Domat*. Discours prononcé à la séance de rentrée de la Conférence des Avocats près de la Cour de Toulouse le 16 décembre 1846, Dieulafoy, Toulouse, 1847, p. 15. Esse juízo é naturalmente exagerado, mas, de qualquer forma, não é destituído de fundamento.

9. [Charles-Augustin de] Sainte-Beuve, *Port-Royal*, Texte présenté et annoté par Máxime Leroy, Gallimard, Paris, 1953, vol. I, pp. 918 s.

Essa formação cultural fez com que as obras de Domat propugnassem uma exposição do direito construída segundo um modelo geométrico, cujos axiomas eram deduzidos da doutrina cristã: "O projeto que nos propusemos neste livro é, portanto, o de expor *as leis civis em sua ordem natural*, de distinguir os ramos do direito, reunindo-os segundo a hierarquia que ocupam no corpo por eles naturalmente composto; de dividir cada ramo segundo suas partes; de coordenar em cada parte os aspectos específicos de suas definições, de seus princípios e de suas regras, não introduzindo nada que não seja por si só claro ou que não seja precedido do que pode ser necessário à sua compreensão."[10]

Uma passagem como esse revela a vontade de introduzir uma ordem sistemática em um aglomerado de disposições normativas. Ora, foi pela mediação sistematizadora de Domat que os institutos de direito romano chegaram ao código civil francês. Analogamente, os *coutumes* foram introduzidos no código não diretamente, mas por meio da elaboração feita por seu contemporâneo Pothier (1699-1772). Esse jurista prático se ocupou também do *Corpus iuris*. Na convicção de que ele fosse excessivamente desorganizado, propôs, em suas *Pandectae* de 1752, sua radical ressistematização (no título se lê de fato: *in novum ordinem digestae*), nem sempre considerada feliz. Mas também por meio dessa ressistematização o direito romano influiu sobre o código napoleônico, no qual confluíram opiniões que talvez fossem mais de Pothier do que de Justiniano.

É, portanto, inevitável que, operando sobre essas bases, os redatores do código tenham criado um texto legislativo a respeito do qual um lógico pôde escrever: "Ele constitui um sistema, é um conjunto que compreende, por sua vez, outros conjuntos coordenados e subordinados entre si. Além da proposição, os lógicos não estudaram senão uma

---

10. Jean Domat, *Oeuvres complètes*, Nouvelle édition par Joseph Rémy, Firmin-Didot, Paris, 1828, vol. I, p. VI. Cf. Claudio Sarzoni, *Jean Domat. Fondamento e metodo della scienza giuridica*, Giappichelli, Torino, 1995, XII-325 pp. Sobre as relações entre Hugo e Domat, cf. *supra*, cap. XII, 2.

forma mais complexa do pensamento: o raciocínio. O código nos permitirá apontar a existência e analisar a estrutura de conjuntos completamente diversos, mas verdadeiramente dotados de coesão lógica. A esse respeito o código não é certamente um caso isolado, mas é, pelo menos, um caso típico."[11] Depois de mais de um século, a estrutura que tinha sido o *terminus ad quem* das investigações de Domat e Pothier torna-se a estrutura como *terminus a quo* para a análise de Ray e, de forma ainda mais aprimorada e profunda, irão em busca dessa estrutura os juristas que aplicarão o estruturalismo ao código civil francês (cf. vol. 3, cap. II, 8, a).

Esse código francês serviu de modelo para numerosas legislações, entre as quais também a italiana. Não se tratou de uma recepção passiva, mas da realização de numerosos fermentos que estavam presentes na cultura italiana. Basta pensar no modo como o abade Galiani (1728-87) já concebia o direito, sob a evidente influência da cultura francesa: "Parece-me muito claro que a ciência do direito não é senão uma geométrica meditação das verdades, que se deduzem de alguns princípios, ou por assim dizer, axiomas, tão logo sejam estes admitidos e concedidos. Não deve causar espanto a ninguém que, de um pequeno número de princípios, possam ser deduzidas em tão copioso número as verdades, e as resoluções dos problemas, já que a cada geômetra é bem conhecido que todas as verdades, quase inumeráveis, que por exemplo se demonstram no triângulo, derivam todas e com necessária concatenação de uma só verdade, aliás, infalivelmente, da única definição de triângulo. Os erros e as incertezas da ciência do Direito Natural são, portanto, derivados todos ou de não terem bem estabelecidos os princípios, e os axiomas fundamentais dele, ou de terem refletido mal a esse respeito posteriormente. Mas, quando uma verdade moral, que para a maioria dos ho-

---

11. Jean Ray, *Essai sur la structure logique du code civil française*, Félix Alcan, Paris, 1926, p. 12.

mens parece certa e evidente, será por alguém ou falsamente por malícia, ou por capricho, ou por juízo devido a uma infeliz organização do cérebro, e por total desgaste do coração, impugnada e não desejada admitir nem por axioma, nem sequer também como postulado, não será certamente um belo verso de Eurípides, nem um sonoro período de Cícero, e muito menos um fato histórico, seja verdadeiro ou falso, de Temístocles, ou de Agesilau, que poderá convencê-lo, e fazê-lo se acalmar."[12]

A idéia desse sistema no direito se difunde em toda parte, alcançando a pacata província da Itália meridional, e arma (de pena) a mão de um desconhecido advogado, autor de um obscuro livreto sobre um tema caro aos cultores do sistema jurídico: a posse. Aqui podem ser lidas frases que deixam entrever, mesmo através da não desejada aspereza da forma, como o autor não duvida, de modo nenhum, da presença de uma estrutura interna de certos institutos jurídicos. Porém, partindo da elaboração interna da posse realizada pela Escola Histórica, ele acredita que a ordem introduzida, sobretudo, por Savigny nessa matéria seja fruto não do engenho, mas da diligência desse jurista, que soube encontrar na realidade (e não elaborar como teoria própria) uma estrutura lógica da posse. "A posse é atualmente considerada um mero fato acidental. [...] Em sentido contrário a tal consideração está a verdade de ter dado a ela uma exposição lógica, um organismo sistemático. Se a posse se desenvolve com ordem racional, se deve ser elevada a sistema, é também necessário considerar que seja um *quid* de absoluto. [...] É maravilhosa a ordem de tal sistema, que é aceita pela maioria dos referidos escritores."[13]

Os exemplos vistos até aqui ilustram suficientemente a evolução realizada: dado que o direito é formulado me-

---

12. [Ferdinando Galiani], *De' doveri de' principi neutrali verso i principi guerreggianti, e di questi verso i neutrali. Libri due*, [sem editor, Genebra], 1787, pp. XI s.

13. Giuseppe Rascio, *Sistema logico del possesso e proprietà con la critica delle opinioni dei dottori, leggi romane e codice patrio*, Tulimiero, Avellino, 1885, p. 1.

diante proposições lingüísticas por pessoas influenciadas por doutrinas sistemáticas, deu-se o fato de que essas doutrinas tenham condicionado a formulação das proposições lingüísticas, levando-as a assumir uma forma sistemática. Uma vez que o *habitus* sistemático já estava muito radicado nos juristas, produziu-se uma inversão de termos: acabou-se por acreditar que o sistema estivesse dentro do direito e que, portanto, a tarefa do teórico do direito consistisse em trazer à luz essa sistematicidade oculta. Os pais da Escola Histórica tinham, portanto, trabalhado para levar o sistema para dentro do material normativo (concebido como agregado de normas nascidas em tempos diversos por exigências diversas), ao passo que os últimos seguidores daquela escola – a exemplo de Gerber – reencontram no material normativo uma certa ordem sistemática e acreditam por isso que essa ordem constitua a natureza mesma do direito, aquilo que é sua estrutura necessária.

4. A estrutura está dentro ou fora do objeto?

Uma inversão desse tipo pode, porém, ser encontrada não só no direito, mas também em outras disciplinas em que se recorre a métodos estruturalistas. Em todas as disciplinas se questiona se a estrutura está dentro do objeto estudado ou se está superposta a ele como produto de quem o estuda. Este tema será aprofundado no segundo volume, em que se enfrentará em geral o problema da estrutura ausente ou presente (cf. vol. 2, cap. I, 3), passando depois a analisar as teorias jurídicas do século XX. São antecipadas a seguir as posições de um estruturalista, Raymond Boudon, que retornará várias vezes no segundo volume.

De fato, um dos temas predominantes na pesquisa de Boudon é a crítica contra a transferência da estrutura do interior do objeto de investigação. Se se parte da observação empírica segundo a qual é impossível encontrar um denominador comum às diferentes definições que sociólogos, economistas e psicólogos dão aos termos "estrutura econômica" e "estrutura psíquica", "se introduz sub-repticiamente uma hipótese de ordem metafísica", que Boudon formula assim: "se existem expressões como 'estrutura social', 'estrutura econômica' etc., será preciso que a elas, na realidade, correspondam objetos univocamente definíveis"[14].

Quando Georges Gurvitch diz que uma definição de estrutura social é preferível a outra, tem em mente um termo de comparação, ou seja, acredita que na realidade social exista uma estrutura que é preciso encontrar e expor[15]. O mesmo pressuposto metafísico se encontra nas páginas de Paul Ricoeur, quando ele se pergunta se uma análise estruturalista pode revelar "o significado profundo", "o sentido" de determinado objeto de investigação[16].

Uma observação de Boudon reconduz à matriz filosófica dessa postura, explicando ao mesmo tempo a razão pela qual ela se encontra também no direito: "Se desejássemos transferir o debate para o plano da filosofia, diríamos que boa parte da confusão ligada à noção de estrutura deriva do fato de que se atribui a ela um significado próximo ao da antiga noção filosófica de 'essência', na medida em que se tem a tendência a concebê-la de modo *realístico.*"[17]

Em outra parte do seu trabalho, Boudon se põe o problema de como nasce essa concepção metafísica da estrutura e observa como a noção de estrutura na antropologia e na lingüística parece ser diversa da noção de estrutura na sociologia e na economia. Parece quase, diz Boudon, que existe um método estruturalista que, inventado naqueles

---

14. Raymond Boudon, *A quoi sert la notion de "structure"? Essai sur la signification de la notion de structure dans les sciences humaines*, Gallimard, Paris, 1968, p. 75; trad. it: *Strutturalismo e scienze umane*, Einaudi, Torino, 1970, 212 pp.

15. Georges Gurvitch, *Le concept de structure sociale*, "Cahiers internationaux de sociologie", XIX, 1955, pp. 3-44.

16. Paul Ricoeur, *Structure et herméneutique*, "Esprit", 1963, pp. 596-627.

17. Boudon, *A quoi sert la notion de structure?*, cit., p. 81. Para Boudon, concebe-se a essência de modo realístico quando ela é imaginada autonomamente como existente na realidade.

primeiros setores, deva agora ser transferido também para os segundos. A diversidade de fundo é dada, porém, pelo fato de que, em campos tão vastos como a economia ou a sociologia, é necessário delimitar, arbitrariamente, o objeto da análise estrutural: "Os resultados são menos espetaculares quando o objeto do qual se parte é arbitrariamente identificado e circunscrito. Não causa admiração encontrar aí uma ordem matemática. Por outro lado, quando a mesma ordem reina em objetos naturais que não são, de modo nenhum, o produto da vontade do observador – como no caso das regras matrimoniais –, causa admiração, tem-se a impressão de estar diante de uma revelação, coloca-se a estrutura não mais da parte do observador, mas da parte das coisas, e se pergunta se o 'estruturalismo' não é um meio para descobrir a essência das coisas."[18]

Também aqui parece existir um íntimo paralelismo com o que acontece no direito: o fato de um grupo limitado de normas que regulam o mesmo objeto se apresentar como sistema é quase uma obviedade; mas não é, ao contrário, óbvio o fato de todo o direito ser organizado em um único sistema e, uma vez realizada a organização, se esquecer de que esse sistema foi inventado – e não descoberto – pelo estudioso. O qual acaba por acreditar que o sistema esteja no direito positivo, assim como a estrutura estaria na sociedade, na economia ou na psique.

Do ponto de vista subjetivo, essas crenças metafísicas conduzem a resultados análogos, porque devem resolver o mesmo problema: "Como é possível conhecer o que está *dentro* de uma realidade?".

Típica é a resposta de Roland Barthes: só *l'homme structural* (ou seja, quem aplica o método dos estruturalistas, e não qualquer um que se sirva da noção de estrutura) pode tomar "o real, decompô-lo e recompô-lo", encontrando sua verdadeira estrutura; os demais não conseguirão. Essa concepção quase mística é o *pendant* estruturalista das teo-

---

18. Boudon, *A quoi sert la notion de "structure"?*, cit., p. 157.

rias que equiparam a atividade jurídico-sistemática de tipo superior à criação artística. Assim como Boudon fala de "estruturalismo mágico", poder-se-ia falar também de uma concepção mágica do sistema jurídico.

Essa fuga na metafísica se revela, porém, sob muitos aspectos insatisfatória, porque não consegue explicar os aspectos salientes da realidade jurídica. Assim como houve, no plano filosófico, uma reação de Hegel à noção de sistema própria da escola wolff-kantiana, também no plano jurídico Jhering e algumas escolas sucessivas (que se referiam em maior ou menor medida a esse autor) propuseram uma visão do mundo jurídico diversa da até então predominante. O quadro dos estudos sistemáticos do direito se torna, portanto, mais complexo. Disto eu me dava conta em 1968, quando, ao concluir a primeira edição deste volume, traçava um plano de trabalho que hoje está realizado. Nos próximos volumes nos espera a análise das últimas ramificações do sistema jurídico, desta vez, porém, interno[19]. E depois a análise daqueles que, em 1968, eu chamava "sistemas materiais dinâmicos" e que hoje constituem ramos científicos consolidados – a cibernética, o estruturalismo, a teoria geral dos sistemas – dos quais trata o terceiro volume[20].

---

19. Cf. *Sistema e struttura nel diritto*, cit., 1968, p. 280 s.: o objeto daquilo que hoje é o vol. 2 era anunciado em 1968 como aquela "parte do trabalho" que teria sido "consagrada à transformação do sistema externo em sistema interno, cuja natureza procurarei evidenciar mediante uma particularizada análise crítica da obra kelseniana". Ora em vol. 2, caps. II e III.

20. Cf. *Sistema e struttura nel diritto*, cit., 1968, p. 281: "Isso significa que o termo de comparação do ordenamento jurídico é não mais a cadeia de silogismos própria do raciocínio matemático, mas, ao contrário, o seu complexo e interagente conjunto de elementos que constituem um organismo. *Em tempos mais recentes*, todavia, a análise dos sistemas materiais dinâmicos se utiliza dos métodos novos: técnicas matemáticas, teorias estruturalistas e modelos cibernéticos concorrem em fornecer explicações mais exaustivas da realidade e, visto os resultados positivos a que conduziram em outras disciplinas, são agora aplicados também ao direito. Da análise dessas aplicações (*freqüentemente ainda embrionárias*) tratará a quarta e a última parte da pesquisa." Os grifos ressaltam a situação há aproximadamente trinta e cinco anos e explicam também por que meu estudo sobre o sistema tenha sentido a necessidade de um pluridecenal aprofundamento da informática jurídica, ainda não terminado.

5. Despedida em versos

Com este volume conclui-se a análise da primeira fase do pensamento jurídico-sistemático, que, partindo das primeiras tentativas de classificação de grupos homogêneos de normas, chegou aos sistemas que compreendem todo o direito e constituem a transposição, na filosofia do direito, da noção de sistema abrangente a que chega a filosofia geral. Na distinção entre dogmática e construção dever-se-ia já perceber com certa precisão o que existe de útil e de inútil nesta atividade de sistematização do direito. Utilizaremos esse conhecimento nos volumes posteriores, para avaliar o alcance das mais modernas propostas sistemáticas no direito. Antes de deixar o sistema externo, como última advertência contra os infecundos excessos próprios do sistema abrangente, lembramos aqui não tanto as críticas de Hegel e do seu exegeta Ernst Bloch, mas a ironia de um jurista que lançou a toga às urtigas para se tornar poeta dos mais contundentes: Heinrich Heine.

Ele conhecia muito bem o mundo do direito. Para zombar de Guilherme IV da Prússia, Heine começava uma de suas poesias com um áulico eco goethiano ("vivia em Thule um rei"), mas logo dissolvia aquela aura de saga indicando nos cavaleiros sentados ao redor do rei "toda a Escola Histórica"[21]. Heine conservava uma imagem viva daquela Escola, porque tinha sido aluno da Faculdade de Direito de Berlim. Em outra poesia, lembrando a "capital da Borússia", seu pensamento retornava à universidade e aos professores "de orelhas mais ou menos compridas"[22]. De um, em particular, pedia notícias:

"Como vai o fino e alinhado

---

21. "Die Ritter sitzen um ihn herum | die ganze Historische Schule": Heinrich Heine, *Sämtliche Werke*, Wissenschaftliche Buchgesellschaft, Darmstadt, 1992, 6.ª ed., p. 725.
22. "Denk ich an Berlin, auch vor mir steht | sogleich die Universität"; "Wie geht es dort den Professoren | mit mehr oder minder langen Ohren?": Heine, *Sämtliche Werke*, cit., p. 760.

Sublime trovador das Pandectas,
Savigny? O cavalheiro talvez
Já tenha há muito tempo desaparecido."[23]

Façam-me saber, acrescentava, porque eu não ficarei demasiado aflito. Daquela Escola Heine tinha ouvido decantar as virtudes do sistema, mas não havia ficado fascinado por isso. De fato, da mesma forma que a universidade e os professores, também o sistema não escapara à sua ironia (para nós, um bom antídoto contra o *furor systematicus* de alguns viandantes que encontraremos ao longo da viagem através do sistema):

"O mundo e a vida são demasiado fragmentários.
Quero ir à casa do professor alemão
Que sabe pôr junto a vida
E fazer dela um sistema compreensível:
Com toucas de dormir e tiras de pijama
Fecha as fendas do edifício universal."[24]

---

23. "Wie geht es dem elegant geleckten | süßliche Troubadour der Pandenkten, | dem Savigny? Die holde Person, | vielleicht ist sie längst verstond schon – | Ich Weiss es nicht – Ihr dürft's mir entdecken | Ich werde nicht zu sehr erschrecken": Heine, *Sämtliche Werke*, cit., p. 760.

24. "Zu fragmentarisch ist Welt und Leben. | Ich will mich zum deutschen Professor begeben. | Der weiß das Leben zusammenzusetzen, | Und er macht ein verständlich System daraus; | Mit seinen Nachtmützen und Schlafrockfetzen | Stopft er die Lücken des Weltenbaus": Heinrich Heine, *Gesammelte Werke*, Erster Band. *Gedichte I*, Aufbau-Verlag, Berlin, 1956, p. 257.

ÍNDICE REMISSIVO

A
abstração:
– e instituto jurídico (Gerber), 388.
– e língua latina, 15-22.
adikía (ἀδικία), 14.
aggregatum:
– como sinônimo de *corpus*, 55.
– e estrutura em *coacervatio*, 133.
álgebra:
– como *ars inveniendi*, 105.
– como modelo de rigor sistemático para Wolff, 105.
Ver também: Matemática.
alquimia, -istas, 208.
Ambiente e sistema, relação entre, 122, 374.
antinomia, -s., 252 s., 257, 267, 371 n.:
– entre normas de nível diverso, 253 s.
Ver também: Lacuna.
arbor scientiarum e arqueologia do sistema, 31, 45 s., 68, 230, 415.
aritmética e geometria, 68 s., 133; *ver também*: Geometria; Matemática; Quadratura do círculo.
arqueologia do pensamento sistemático, 31-47.
arquitetônica:
– como "arte dos sistemas" (Kant), 130-2.
– como sinônimo de sistema, 126-7.
– sua ambigüidade, 127 e n.
– substituída por "construção", 127, 322 s.
arquitetura, 12:
– e arquitetônica, 126, 130-2.
– e metáforas sistemáticas, 5, 18, 127, 222, 323 s., 327.
"Arquivo jurídico", 187.
ars:
– combinatória, *ver*: Lógica combinatória.
– *inveniendi*, 105.
– *memoriae* ou *memorativa*, *ver*: Mnemotécnica.
– *praedicandi* e arqueologia do sistema, 31.
Ver também: Arte.
arte, 12:

– contraposta à ciência
  (Timpler), 79 s.
– e construção jurídica, 367, 370.
– e metafísica, 79.
– interna e externa, 81 s., 87.
– *liberalis* e *illiberalis*, 80, 87.
– *mechanica* ou *manuaria*, *ver*:
  liberalis.
– sistema como – e
  estruturalismo mágico, 424.
  Ver também: Teologia.
articulatio do sistema (Kant),
  133.
artigo definido:
– em grego clássico, 11 s., 15.
– sua ausência em latim, *ver*:
  Pensamento sistemático.
artigos de fé, 49:
– e anéis de uma corrente
  (Lutero), 60 s.
– comparados ao corpo, 54, 61.
– reunidos em *loci communes*,
  54 s., 89.
– reunidos em *systema*, 58 s.
associação privada, *ver*: Direito,
  associativo.
Astrologia e arqueologia do
  sistema, 45; *ver também*:
  Ciências, físico-naturais.
astronomia, 12 e n., 21, 70, 207 n.
auto-organização do sistema, 124.
Axioma, -s., 145, 199, 219, 250-
  71, 280, 304, 314 s., 413, 418 ss.:
– e dogma, 293.
– e normas jurídicas, 255.
– e sua coerência, 218 e n., 250-4,
  264, 268, 271.
– e sua completude, 251, 254-60,
  265 s., 270.
– e sua independência, 251,
  260 s., 265 s., 270 s.

– e sua necessidade, 251, 262 s.,
  266 s., 270.
– extraídos das fontes históricas,
  304.
– inativo, 254, 263, 266.
– segundo Galiani, 419 s.
  Ver também: Lógica.

B
Beleza, lei da – jurídica
  (Jhering), 370, 388.
Berlim, Universidade de, 162,
  171, 377.
biologia, *ver*: Organismo.
bizantina, influência, 18, 26; *ver
  também*: Direito, romano.
boas maneiras, história
  universal das (Jhering), 174-7.
brocharda, 52.
– analogia com os *loci communes*
  teológicos, 53 s.

C
cabala e arqueologia do sistema,
  32, 45-7, 84.
cálculo infinitesimal, 102 s.;
  ver também: Matemática.
carmem mnemonicum e
  arqueologia do sistema, 32.
Catecismo de Heidelberg, 59.
certeza:
– como finalidade do
  conhecimento (Wolff), 106 s.
– do direito, 254, 263, 285.
– princípio da, 270; *ver também*:
  Princípio, da não-contradição.
cibernética, XXXVII, XLI, 32,
  211, 359, 379 n., 415 s., 424 e n.
ciência, -s.:
– como dedução lógica de
  princípios certos (Wolff), 106 s.

ÍNDICE REMISSIVO

– contraposta à arte (Timpler), 79 s.
– da administração (Romagnosi), 156.
– e critério distintivo do seu sistema (Kant), 131.
– e sistema, 64.
– e teoria jheringhiana, 359.
– e terminologia jurídica, *ver*: Metáfora.
– exatas e – sociais: seu paralelismo, 12, 102 s., 192, 334.
– físico-naturais e sistema, 198, 206, 210, 257, 305, 359, 372, 377 e n., 383, 416:
– – e teoria jurídica, *ver*: Astronomia, Química; Geometria; Matemática; Metáfora; Organismo.
– jurídica e jurisprudência, 166; *ver também*: Jurista prático.
cientificidade e sistematicidade, 99, 106, 128, 136, 232, 240 s., 333, 338, 375, 392.
civil law, ver: common law.
"Civilistisches Magazin", 308.
classificação, 45, 218, 343, 412, 425:
– como sinônimo de "sistema", 198, 342 e n.
– e nome comum, 11.
– e sistema (Radbruch), 282-6.
Ver também: Construção; Sistema.
clavis universalis e arqueologia do sistema, 31, 44, 46 s., 415.
coacervatio do agregado, 133.
Code civil, ver: Código, civil francês.
Codex Maximilianaeus Bavaricus Civilis, 313.

codificação, 267 n., 296 n.:
– e suas origens, 316, 421.
– e polêmica sobre a, 150, 160 s., 332, 347.
– e tentativas setecentistas, 313 s.
– italiana e modelo francês, 418 s.
– alemã, *ver*: Código, civil alemão; Direito, civil; Direito, romano atual.
Ver também: Código; Costume; Legislação.
código, 337, 339 n., 409.
– civil, 297:
– – alemão, 134 n., 301, 316, 347, 374, 416.
– – austríaco, 24.
– – francês, 24, 182, 185, 258, 314, 347, 417, 419.
– – italiano, 24.
– Gregoriano, 24.
– Hermogeniano, 24.
– Napoleão, *ver*: Código, civil francês.
– penal, 186, 403.
– Teodosiano, 25.
Ver também: Codificação.
coerência:
– do sistema, 92, 218 e n., 250-4, 264, 266, 270, 274.
– e antinomias de um ordenamento, 253 s.
– e princípio da não-contradição, 253, 268 s., 371.
Ver também: Axiomas; Lógica.
Comentadores, 51, 63.
common law: XXXIII n., 379 n., 416 n.:
– e *civil law*, 190.
– e conceitos jurídicos fundamentais (Hohfeld), 362 e n.

– e direito romano, 188 s.
– e função criativa do juiz, 258.
– e instante jurídico, 301.
– e sistema, XXXIII e n., 362 e n.
compages:
– como sistema subjetivo (Alsted), 87.
– e *structura*, 17.
– para traduzir σύστημα, 17.
comparação jurídica, 152 s., 183, 185-90:
– e colônias, 188-90.
– e história universal do direito, 151, 163 s.
compilator, ver: Sistematizador.
completude:
– do sistema, 76 s., 92, 413.
– dos axiomas, 254-60, 265 s.:
– – e positivismo jurídico, 255.
– – e "pureza" metodológica, 256.
– e lacuna jurídica, 257-9, 267; *ver também*: Lacuna jurídica.
– e princípio do terceiro excluído, 269 s.
– e unicidade do escopo, 132.
Ver também: Axiomas; Lógica; Sistema.
comunismo e matrimônio (Unger), 181.
conceito jurídico e instituto, 362-5, 375.
conexão, *ver:* Nexo.
Confederação do Reno, 347.
conflito de normas, *ver:* Antinomia.
confusio linguarum, ver: Língua universal.
conjunto vazio, 243 s.
consaguineitas, como sistema interno, 17.

consciência e representação (Reinhold), 135-9.
constituição e sistema, 406, 409; *ver também*: Direito, constitucional; Direito, público.
construção, 366-75, 384, 400:
– caracterizada por um princípio unificador, XLI, 390-1; *ver também*: Princípio, único como fundamento do sistema; Unitaridade do sistema.
– como crescimento *per intussusceptionem*, 133; *ver também*: Produtividade, da ciência jurídica.
– como fato e como valor, 375-9
– como limite superior do sistema, 412-6.
– como união de vários institutos, 274-9.
– e analogia entre – dos dogmas e dos institutos, 294.
– e arquitetônica, 127, 130-3, 322.
– e concepção organicista do direito, 325, 336 s., 341 s., 359-63, 366 s., 377; *ver também*: Organismo.
– e dogmática: seu uso corrente, 280-2, 286 s., 316, 332 s., 413, 425.
– e espírito crítico, 280, 321 n.
– e ficção jurídica, 287, 301.
– e filosofia, 297, 321.
– e não-respeito das fontes romanas, 330 s.
– e redefinição da, 290.
– e sanção no direito germânico, 395-7.
– e sistema pleonástico, 246, 413.
– e sua ambigüidade, 327:

ÍNDICE REMISSIVO

– – na teoria jherenghiana, 371.
– e sua etimologia, 18, 222.
– e suas leis (Jhering), 370 s.
– e tradicional imprecisão do termo, 280-2.
– em sentido dinâmico, 287-9.
– em sentido estático, 289 s., 302, 326 s., 355, 375 s., 377.
– história semântica do termo, *ver*: História, semântica.
– motivativa e determinativa (Zitelmann), 325-8, 376.
Ver também: Dogmática; Direito, romano atual; Pensamento sistemático; Sistema.
Construction of statutes, 322; *ver também*: Interpretação.
conteúdo e forma, 225, 238 s.
contraditoriedade no sistema, *ver*: Coerência.
corpo:
– anatomizado e sistema falso (Wolff), 110 s.
– químico e orgânico em Jhering, 373.
– e artigos de fé, 53, 61.
– e seu crescimento *per intussusceptionem*, 133.
Ver também: *Corpus*; Metáfora; Organismo; Ciências, físico-naturais.
corpus, 92:
– como sinônimo de *aggregatum*, 55.
– e insuficiência do termo, 55.
– e origem grega do termo, *ver Somatopoiein*.
– *integrum* (para sublinhar a sua sistematicidade), 54, 92.

Ver também: Direito, romano; Teologia.
Corpus iuris, 22 s., 100, 256, 297, 304, 308, 310, 313, 317, 378, 418;
– como *aggregatum*, 25, 55.
– como *donum Dei* ou *ratio scripta*, 53, 63, 295.
– como evangelho jurídico, 295.
– como modelo para a matemática (Dasypodius), 70.
– como terceira via entre as duas sistemáticas romanas, 23.
– e *brocharda*, 52.
– e interpretação medieval, 52 s.
– e listas de lugares paralelos ou contrários, *ver: Summulae*.
– e sistemática do – segundo a subdivisão do ano solar, 25 n.
– e sistemática do – segundo Hugo, 307-8 e n.
– e sua reconstrução renascentista, 64, 277.
– *Fredericianos*, 313 e n.
– sua estrutura heterogênea, 26.
Ver também: Direito, romano; Pandectas; Romanistas e germanistas.
cosmologia filosófica e teológica, 13 s.
cosmos, 3, 15-7, 90, 121:
– como modelo da *pólis*, 14.
– como reflexo de concepções jurídico-políticas, 12 s., 223 e n.
– como sistema fundado sobre forças mecânicas (Lambert), 123.
– e sistema objetivo (Alsted), 87.
– e sistema, 13 s., 50.
Ver também: Metáfora; História, semântica de sistema.

costume, 160, 164, 337, 339, 394 s., 398:
– substituída pela legislação, 409.
Ver também: Direito, consuetudinário:
Coutumes, 418; ver também: Costume.
crescimento de um sistema:
– do interior (Jhering), 359.
– per appositionem (Kant), 133.
– per intussusceptionem (Kant), 133, 369 n.
Ver também: Produtividade.
crescimento orgânico, ver: Produtividade, da ciência jurídica.
cristianismo:
– apostólico e subapostólico, 293.
– universal, 46, 102.
Ver também: Língua e cristianismo universal; Teologia; Reforma Protestante.
crítica:
– aos sistemas filosóficos com base no seu fundamento (Reinhold), 135 s.
– da razão pura e – do juízo (Kant), 128 s.
– interna e externa, 146 n., 264.
– não do sistema, mas do seu fundamento, 138.
Cultos, ver: Escola dos Cultos.
Cultura e povos históricos, 146.

D
Dantzig, Universidade de, 77.
dedução:
– e comparação jurídica, 154.
– e sistema, 90, 102, 106 s., 136, 145, 198, 205, 217 s., 253 s., 256, 264, 270, 280, 296 n., 340, 416.
– em Radbruch, 283 s.
– no Renascimento, 65.
Ver também: Axioma; Indução; Lógica; Nexo; Sistema, externo.
delito, estrutura do, 233 e n.
diaíresis e sýnthesis, 22.
dialética aristotélica, 22 e n., 30; ver também: Direito romano.
díke (δίκη), 14.
direito, 193:
– administrativo, 404 s.
– alemão, ver: Direito, germânico.
– associativo, 279; ver também: Jurista prático.
– autocatalítico (Teubner), 363 n.
– canônico, 34 s., 166, 172, 188.
– civil, 34, 182, 287, 314.
– comercial, 172, 187.
– comparado, ver: Comparação jurídica.
– constitucional, 406 s.
– consuetudinário, 150, 160, 331; ver também: Costume.
– cosmopolita (Kant), 148 s.
– e abordagem matemático-geométrica (Wolff), 104 s.
– e critério distintivo do seu sistema (Kant), 131.
– e espírito do povo, 337, 345, 388.
– e instante jurídico, 298-302.
– e lógica aristotélica, 22 e n., 30 e n.
– e periodização da sua história, 146 s.
– e produtividade da ciência jurídica, 337, 339, 341-4, 362 s., 371 s.

– e sua concepção:
– – organicista, 325, 336 s.,
341 s., 359-63, 366 s., 377; *ver também*: Organismo.
– – teleológica do, 131 s.; *ver também*: Escopo.
– e sua estrutura e função em Jhering, 361.
– e sua forma, 353.
– – e sua recepção na Alemanha, 393.
– e sua função promocional, 236.
– e suas teorias, *ver*: Doutrina pura do direito; Formalismo; Jurisprudência, dos interesses; Movimento do direito livre; Sociologia do direito; Teoria, marxista do direito.
– e teologia, 280, 292-5, 320.
– eclesiástico, 172.
– extra-europeu, 161, 165, 169, 171, 180; *ver também*: História, universal do direito.
– federal, 383.
– feudal, 172, 397.
– germânico (ou alemão), XL, 165 s., 188, 389:
– –confrontado com o direito romano, 391-5, 399.
– – particular e comum, 395 s.
– hereditário, XXXIX, 162-8, 171-9, 345; *ver também*: História, universal do direito.
– hipotecário, seu lugar no sistema, 318.
– internacional, 149, 172:
– – bélico, 246 s.
– – privado, 314, 317, 336.
– jurisprudencial, 260; *ver também*: Juiz.

– livre, *ver*: Movimento do direito livre.
– matrimonial, XXXIX, 177-81, 210; *ver também*: História, universal do direito.
– natural, 150, 159, 162, 191, 217, 256, 296, 302 s., 305 s., 311 s., 318, 325, 329, 334, 337, 345, 348, 385, 419; *ver também*: Justiça; Princípios; Valor:
– – e história, 160, 337.
– oriental, *ver*: Direito, extra-europeu.
– penal, 186, 283, 286, 347, 403, 405.
– privado, 188, 348, 383, 386 s., 391, 400 s.:
– – e história do sistema, XXXV, 346.
– – e costume, 409.
– processual, 182, 404 s.
– público, 188, 346-8, 383-6, 391, 399-401, 403 s.; *ver também no Índice onomástico*: Gerber, Karl Friedrich Wilhelm.
– real europeu e anglo-saxão, 259, 416.
– romano, 160, 165 s., 171 s., 188, 296 n., 299, 303, 340, 353, 360, 383, 389, 418:
– – como *ratio scripta*, 53, 63.
– – confrontado com o direito germânico, 391-5, 399.
– – atual, 304, 306-11, 334, 339, 346, 378.
– – e antiquário (Pütter), 304.
– – e *common law*, 189.
– – e correntes sistematizadoras, 22-5:
– – – o *Corpus iuris*, como terceira via, 25 s.

––– esquema expositivo lógico, 23 e n.
––– esquema modelado sobre as fontes, 25 e n.
– romano-germânico, 169, 399-400 n.
– romano-holandês, XXVIII.
– segundo Cícero, 19.
– sistemas muciano e sabiniano, e sistema pandectístico, 23 s.
Ver também: comentadores, Corpus iuris; glosadores; Pandectas; Escola, Histórica do direito; Sistemática.
distinção, -ões, como elemento não-sistemático (Thibaut), 312.
distinctio, como origem da dogmática jurídica, 53.
divisio, ver: *Distinctio*.
divórcio, 178; ver também: Direito, matrimonial.
doação, seu lugar no sistema, 318.
doctrina solida, como sinônimo de *systema* (Wolff), 110.
dogma, 108, 320:
– ausente no cristianismo apostólico e subapostólico, 293 s.
– e analogias entre histórias do
– e história do sistema, 292 s.
– e axioma, 293.
– e origem histórica da sua indiscutibilidade, 293.
– e sua história, 293 e n.
– e sua unificação no "kanon", 293.
– na teologia, 89, 292-5.
Ver também: Axiomas; Dedução; Teologia.
dogmática:
– e construção, *ver*: Construção.
– e espírito dogmático, 280.
– e instante jurídico, 298-302.
– e modelo, 287 s.
– e seus limites, 317.
– e teologia, 53, 89 s., 280, 293.
– história *ab intra* e *ab extra* da, 294.
– jurídica:
–– e sua definição, 280.
–– e sua redefinição, 290.
–– em sentido dinâmico, 286-9.
–– em sentido estático, 287, 289 s., 296, 298, 302, 323, 326 s., 335, 375, 379.
Ver também: Construção; Direito, romano atual; Pensamento sistemático; Sistema; Teologia.
doutrina pura do direito, XXXVII, 218 s., 224 s., 236, 252, 256, 260 s., 265, 356 e n., 364 n.; *ver também no Índice onomástico*: Kelsen, Hans:
– e seu ascendente kantiano, 134.
– e sistema estático e dinâmico, XXXIV e n., 124.
duas culturas, 14; *ver também*: Natureza e cultura.

E

edictum perpetuum, como modelo sistemático, 24 s.
emblemata Triboniani, perturbadores do *Corpus iuris*, 25; *ver também*: *Corpus iuris*.
empirismo, 135 s., 183, 198, 199 s., 204-9, 230, 305; *ver também*: Iluminismo; Materialismo.

enciclopédia, -ismo, 45, 84 s., 198:
– e sistematicidade, 84, 113, 199 s., 230 s.; *ver também*: Arqueologia do pensamento sistemático.
– jurídica, curso de, 157, 170 e n.; *ver também*: Comparação jurídica. *Ver também*: Iluminismo.
engenho sistemático (Zedler), 94.
Escola:
– bolonhesa, 52; *ver também*: glosadores.
– do direito livre, *ver*: Movimento do direito livre.
– dos "Annales", 147 n.
– dos Cultos; 26, 53, 63.
– Histórica do direito, XXXV, 23, 150 s., 160-4, 178, 267 n., 279, 295, 302, 305, 315-7, 318, 326, 331, 337-42, 346, 352, 373, 388 e n., 416, 420 s., 426.
escopo:
– do sistema (Lambert), 123-6.
– e direito, 131 s., 350 s., 361, 364, 366.
– e sistema, 122 s., 136, 406. *Ver também*: Teologia e sistema.
espírito do povo (*Volksgeist*), 337, 345, 388.
espírito dogmático e crítico, 280 s.
espírito sistemático:
– como suprema qualidade do filósofo, 99.
– crítico e construção jurídica, 280 s.
– dogmático e dogmática jurídica, 321 s.

– grego e Evangelho, 294. *Ver também*: Iluminismo; Pensamento sistemático.
esprit:
– *de système* abstrato, 199, 205 s.:
– – e verdadeiro espírito sistemático (d'Alembert), 207.
– *systématique* empírico, 200. *Ver também*: Iluminismo; Espírito sistemático.
estrutura, 221:
– como *terminus ad quem* e *terminus a quo*, 61, 220 e n., 232, 245, 285, 288, 297, 304, 309, 316, 329, 338, 375, 419; *ver também*: Sistema, externo.
– de um sistema e Nettigkeit, 119.
– do agregado como *coarcevatio*, 133.
– do delito, 233 e n.
– do direito, 217, 238:
– – e morfologia da práxis (Frosini), 30 e n., 237 s.
– – e produtividade da ciência jurídica, 337, 339, 341-4, 361 s., 371 s.
– do instituto e instante jurídico, 298 s.
– do ofício, 234.
– do sistema como *articulatio*, 133.
– e concepção metafísica da –, 422 s.
– e função do direito, 236.
– e *habitus*, 80.
– e instituição, 237.
– e meta-estrutura na *mathesis universalis*, 73 n.
– e sua definição:

– – intuitiva, 216.
– – no quadro de uma filosofia do direito, 238.
– e tradicional noção de essência, 422 s.
– em sentido pleonástico, 244.
– no interior ou no exterior da matéria, 220, 340, 421 s.
– numérica do universo, 12.
– piramidal do ordenamento, *ver*: Doutrina pura do direito.
– referida a uma realidade extrajurídica, 235.
estruturalismo, XLI, 73 n., 147 n., 211, 236 s., 359, 365 n., 416 n., 419, 424 s.:
– e direito romano, 27-30.
– jurídico, XXXVII, 28 e n.
– mágico e sistema como criação artística, 424.
etnografia, -logia, 186, 193.
experiência, *ver*: Empirismo.
expositio verborum, e sua superação na glosa, *ver*: Glosa.

F

facinora Triboniani, *ver*: *emblemata Triboniani*.
fé, *ver*: Artigos de fé.
federação de Estados (Kant), 148, 150.
felicidade e vida sistemática (Zedler), 94 s. e nn.
fenomenologia em Lambert, 119 n.
ficção jurídica, como construção, 287, 301.
filosofia, 192, 276, 318, 321:
– *archetypos* e *ektypos*, 86 s.
– clássica alemã, 134, 148, 154, 210, 331, 345.

– como fonte do valor aceito pelo jurista, 321.
– da história, 154, 157, 160, 176, 179 s., 183, 192 s.
– do direito, 151, 166, 182 s., 297:
– – e comparação, 191 s.
– – dos juristas e dos filósofos, 152 s., 280.
– e método matemático, *ver*: Matemática.
– e princípio unificador do sistema (Puchta), 338.
– e seu modelo ideal (Kant), 13, 127 s.
– e teologia na formação de Wolff, 104.
– elementar, como absoluto entre os absolutos (Reinhold), 136.
– especulativa e prática (Pereira), 71 s.
– grega, 30; *ver também*: Dialética aristotélica; Geometria, euclidiana.
– kantiana e método histórico (Hugo), 305 s.
– política, XXX.
Ver também: Axioma; Dedução; Direito, e suas teorias; Empirismo; Neo-hegelianismo; Neokantismo, Metafísica; Materialismo; Positivismo; Ramista, lógica; Silogismo.
filósofo do direito, atividade do, 191, 274-80, 297, 335, 413; *ver também*: Jurista prático.
finalidade ou fim, *ver*: Escopo.
física, 12, 208:
– como matéria não-sistemática (Keckermann), 77.

Ver também: Ciências, físico-naturais.
forma, contraposta ao conteúdo, 225, 238 s.
formalismo, 390:
– e sistema abstrato, 205; *ver também*: Sistema, externo; Iluminismo.
– jurídico, 311 n., 340; *ver também*: Doutrina pura do direito.
fragmentariedade do direito alemão, 389.
fundamento do sistema, *ver*: Princípio, único como fundamento do sistema; Sistema, e seu fundamento.

G

generalia, *ver*: Brocharda.
generatio aequivoca do sistema (Kant), 131.
geometria:
– como modelo científico, 12, 70, 334, 418 s.
– como modelo de rigor sistemático para Wolff, 106 s.
– e concentração lógica (Jhering), 369.
– e matemática:
– – e *mathesis universalis*, 68 s., 73.
– – na abordagem de Wolff ao direito, 107.
– e pensamento sistemático grego, 12 e n., 20.
– e princípios-guia em Savigny, 334 s.
– euclidiana, 12, 78, 217.
Ver também: Aritmética; Matemática; Quadratura do círculo.

germanistas e romanistas, polêmica entre, 332, 347-8 e n., 390 n.; *ver também*: Direito, romano atual.
"Giornale per l'abolizione della pena di morte", 187.
Globalização, 153:
– e mundialização, 143 n.
glosa, 232:
– como reelaboração do texto latino, 52.
– e *summulae*, 52 s.
Ver também: Direito, romano.
Glosadores, 52 s., 275, 296.
Göttingen, Universidade de, 170, 174, 372.
gramática, 12, 21.
Gründlichkeit de Wolff, 114.
guerra:
– de religião, 293.
– e paz, 148 s.
– naval e aérea, 246.

H

habitus:
– e estrutura, 80.
– e *systema* (Timpler), 81, 93.
Heidelberg, Universidade de, 162, 182, 314.
herança, *ver*: Direito, hereditário.
Herborn, Universidade de, 85.
hipótese, 201; *ver também*: Iluminismo; Sistema, abstrato.
história:
– da cultura, 183.
– do direito, 165; *ver também*: Direito, romano:
– – privado germânico, 392.
– e sistema, 303, 306, 320, 334 e n., 346, 358, 365 e n.

– material, 147.
– semântica do termo:
– – "construção", 320-3; 329.
– – "sistema", 6-8, 121, 125, 134, 196, 228, 374.
– universal, XXXVI s., 142-52, 155, 160, 180 s.:
– – como sistema 145 s., 191.
– – do direito, 151, 158-84, 190, 192 s.
– – das boas maneiras (Jhering), 175 s.
holismo, 211.
homeostase, 124.
Homme structural, 423; *ver também*: Estruturalismo.

I
Idealismo, 109, 134, 137, 190, 205, 210, 322, 378, 414 s.; *ver também*: Filosofia; Materialismo.
Iluminismo, 154 s., 160, 230:
– alemão, 103.
– francês, XXVII, XXXIX, 33, 85 n., 156:
– – e ordem alfabética da matéria, 45, 230.
Ver também: Enciclopédia; *Esprit de système*; Pensamento sistemático.
imagens e mnemotécnica, 34.
incompatibilidade entre normas, *ver*: Coerência.
independência dos axiomas, 260 s., 265 s.:
– e distinção entre *Sein* e *Sollen*, 261.
– e princípio da identidade, 270 s.
Ver também: Axiomas; Doutrina pura do direito; Lógica.

indo-europeu e sistemas jurídicos universais, 176 s. e n.
indução:
– e comparação, 153.
– e negócio ou relação jurídica, 218, 278.
– e sistema, 198, 218, 280, 284; *ver também*: Dedução; Iluminismo.
Ver também: Axioma; Lógica; Nexo; Sistema, externo.
informática e sistema, 143 n., 312, 371; *ver também*: Cibernética.
instante jurídico, 298-302; *ver*: Dogmática:
– e direito anglo-saxão, 301 e n.
– e explicação estrutural, 298 s.
– presente em todos os ordenamentos, 301 s.
instituição, teoria da – (Romano), 237.
instituto jurídico, XL, 274-80, 313, 361, 364 n., 373, 390:
– e abstração (Gerber), 389.
– e construção, 287 s., 297 s., 315 s., 318, 329, 337, 346, 375, 378.
Ver também: Construção.
interdisciplinariedade e "sistema", 6 s.
interesse e escopo no direito, 350, 364; *ver também*: Jurisprudência dos interesses; *ver também no Índice onomástico*: Jhering, Rudolf.
"interpretabilidade pragmática" da linguagem romanística, 27.
interpretação, 311:
– como sistema fundado sobre suposições (Condillac), 201 s.

– e construção, 322.
Ver também: Direito,
jurisprudencial; Juiz;
Subsunção.
invenção do sistema
(Malebranche), 98; *ver
também*: Sistematizador.
ius civile em Cícero, 19-22.
Ius e seus significados, 312.

J

"Jahrbücher für die Dogmatik
des heutigen römischen und
deutschen Privatrechts", 346,
387.
juiz, função criativa do, 258; *ver
também*: Direito,
jurisprudencial; Lacuna;
Movimento do direito livre.
Jurisprudence, generalized, e
cosmos, 13.
jurisprudência:
– dos interesses, 340; *ver também*:
Movimento do direito livre.
– superior e inferior (Jhering),
323 s.; *ver também*:
Construção.
jurista prático:
– e comparação jurídica, 152 s.,
166.
– e dogmática jurídica em
sentido estático, 289 s.
– e sua atividade, 274-80, 296 s.,
335, 413; *ver também*: Filósofo
do direito.
– e sua noção de sistema, 278.
jusnaturalismo, *ver*: Direito,
natural.
justiça, valor de, 14, 191 s., 254:
ver também: Direito, natural;
Princípios; Valor.

K

kanon (κάνων), 293.
kelseniana, teoria, *ver*: Doutrina
pura do direito.
Königsberg, Universidade de,
104, 117, 128, 179, 305, 311.
"Kritische Zeitschrift für
Rechtswissenschaft und
Gesetzgebung des
Auslandes", 182.

L

lacuna jurídica, 325, 394 s.:
– e ciência jurídica (Gerber),
397.
– e completude, 257-9, 265 s.
– segundo teóricos e práticos do
direito, 259-60.
Ver também: Axiomas; Direito,
jurisprudencial, Juiz; Lógica;
Sistema.
legislação, 164:
– e costume, 409.
Ver também: Codificação;
Costume.
lex:
– *Fufia Caninia* e Foucault, 28 e n.
– *Saxonum*, 332.
léxico e sistemática romanística,
30 s.
liberalismo político, 173, 384.
liberdade e história jurídica
universal, 173, 176 s.
Libri digestorum, *ver*: *Libri
responsorum*.
Libri responsorum, e
pentapartição edital, 24; *ver
também*: *Edictum perpetuum*.
língua:
– e cristianismo universal, 46,
102.

– e direito, 337, 357 s.
– universal e arqueologia do sistema, 31, 44, 46 s.
lingüística 26 s., 184, 422:
– estruturalista e direito romano, 26-30.
loci:
– *communes* ou *communissimi* para designar os artigos de fé, 53 s., 89:
– – analogia com os *brocharda*, 53 s.
– substituídos pelo adjetivo *systematicus*, 89.
lógica, 23, 107, 191, 217 s., 225, 253, 274, 282, 290, 296 n., 336, 354, 362 s., 365, 415, 419:
– aristotélica e direito romano, 22 e n., 30 e n.
– combinatória, 30, 44, 46, 84; *ver também no Índice onomástico*: Lúlio, Raimundo.
– como arte, 76 s., 88.
– como *generalized jurisprudence*, *ver*: Cosmos; *Pólis*.
– como matéria sistemática (Keckermann), 76 s.
– e ciência jurídica no século XVI, 277.
– e concentração lógica, *ver*: *Tékhne*.
– e construção, 324.
– e contribuições de Lambert, 119 n.
– e estrutura do sistema, 217 s.
– e seus progressos, 415.
– em três valores, 269 n.
– formal, XXXIV n.
– grega e redescoberta medieval, 50 s.
– medieval como mediadora do pensamento sistemático grego, 50 s.
– nos juristas romanos, 23 s.
– ramista, 45, 51 e n., 100 n.; *ver também no Índice onomástico*: Ramus, Petrus.
Ver também: Axioma; Abstração; Dedução; Indução; Nexo; Ramista, lógica; Silogismo; Sistema, externo.
luteranos e reformados, teólogos, 89 s., 92.

M
"Magazin für die Philosophie [e, depois, 'und Geschichte'] des Rechts und der Gesetzgebung", 165.
magia e arqueologia do sistema, 31 s., 34.
Marburg, Universidade de, 79, 303, 333.
matemática, 12, 116, 192, 305, 415, 417, 423, 424 n.:
– binária, 102 e n.
– como matéria não-sistemática (Keckermann), 77.
– como modelo científico (Kant, Leibniz), 101 s., 128, 131.
– e critério distintivo do seu sistema (Kant), 131.
– e estrutura, 422.
– e geometria na abordagem de Wolff ao direito, 108.
– e manual grego-latino, 56.
– e *mathesis universalis*, XXXVIII, 31, 68-72, 85, 415; *ver também*: Arqueologia do pensamento sistemático.
– e método filosófico, 107 s.
– e obras de Domat, 418 e n.

– e sua influência sobre Wolff, 104 s.
– moderna e teoria dos sistemas, 415.
Ver também: Álgebra; Cálculo Infinitesimal; Geometria; Quadratura do círculo.
matéria e forma, 238.
materialismo, 205:
– como conhecimento não-sistemático, 109.
Ver também: Empirismo; Iluminismo.
mathesis universalis e arqueologia do sistema, XXXVIII, 31, 68-75, 84 s., 415.
matrimônio:
– como *compages*, 17.
– e direito matrimonial, 178, 181.
memória e arqueologia do sistema, 32.
meta-estrututra e *mathesis universalis*, 73 n.
metafísica, 71 s., 126, 207, 377 e n., 422 s.:
– como arte, 79.
– e sistema (Kant), 128 s.
Ver também: Ars; Arte; Filosofia.
metáfora, -s., 357, 367, 373:
– arquitetônicas, 5, 18, 123, 322 s.
– organicistas, 359-63, 366 s., 373, 377.
– químicas, 360 s., 373.
Ver também: Ciências, físico-naturais.
metasistema, 415.
metateoria do sistema (Jhering), 354-60.

método:
– e sistema (Jhering), 367.
– sintético e analítico, 199; *ver também*: Sistema, externo; Iluminismo.
métrica e sistema, 9 s., 15, 21.
mnemotécnica, 69, 84 s. e n., 111:
– e arqueologia do sistema, 23, 31-4.
– e símbolos ou imagens, 34.
– e sistema, 312 s., 343.
modelo:
– artístico e sistema jurídico, 365, 370; *ver também*: Arte.
– cibernético, *ver*: Cibernética; Informática.
– e dogmática jurídica, 287.
– geométrico em Domat, 418.
– matemático e cientificidade (Kant), 128.
– piramidal do sistema externo (Orestano), 288 s.
– seu uso em Lambert, 119 n.
moral, 255, 306:
– e vida feliz, 95 n.
Ver também: Direito, natural; Justiça; Princípios; Valor.
morfologia da ação (Frosini), 30 e n., 237 s.
mos:
– *gallicus*, 53, 64.
– *italicus*, 53.
Ver também: comentadores; Direito, romano; glosadores; Escola dos Cultos.
Movimento do direito livre, XXXV, 260, 340, 376; *ver também*: Juiz; Lacuna.
mundialização e globalização, 143 n.

Munique, Universidade de, 372.
música, 70:
– e "sistema" em grego 9 s., 15, 21.

N
natureza:
– como elemento unificador do cosmos, 16 s.; *ver também*: Tutela.
– e cultura, 14; *ver também*: Metáfora.
necessidade dos axiomas, 262 s., 266 s.:
– como exigência mais estética do que racional, 262.
– e certeza do direito, 263, 266.
Ver também: Axiomas; Dedução; Lógica; Nexo; Sistema, externo.
negócio jurídico, 377:
– e indução, 218.
Ver também: Construção.
neo-hegelianismo, XXXV, 183 s.
neokantismo, XXXV, 134.
netteté, 120 e n.
Nettigkeit, 119 s.
nexo (entre partes do sistema), 85, 88, 98, 106, 120, 136, 218, 224 s., 336, 364, 374, 389, 402:
– como fruto da solidez (Wolff), 109 s.
– como fundamento da classificação dos sistemas (Lambert), 123.
– e forças:
– – da vontade ou do intelecto, 123.
– – mecânicas naturais, 123.
– e história universal, 176.
– e *netteté* ou *Nettigkeit*, 119 e n.
– e totalidade, 98, 121 s., 343; *ver também*: Unitaridade.
– entre verdade, como sistema verdadeiro (Wolff), 109 s.
– interno, 83, 223, 327:
– – e específico (Jhering), 360, 365.
– – entre norma e caso concreto, 327 s.
– intra-sistemático segundo Wolff, 104 s., 107, 109 s.
– lógico entre proposições como características do sistema externo, 123, 217, 225.
– no sistema externo segundo Walch, 90.
– objetivo entre os elementos do sistema (Jhering), 365.
– teleológico na vida sistemática, 94 e n.
– unificador do sistema (Kant), 131 s.
– verdadeiro e natural (Walch), 90 s.
nome em grego:
– abstrato e pensamento sistemático, 11, 16.
– comum e classificação, 11.
– próprio, 11.
– traduzido em latim como *re vera*, 16.
Ver também: Pensamento sistemático.
norma, -s., jurídica, -s., XXIX, 390:
– como axiomas do sistema jurídico, 252, 257.
– como limite da atividade do jurista dogmático, 320.
– de nível diverso, 252 s.
– e proposições jurídicas, 124,

217, 225, 255, 262, 267, 361 s.,
365 e n.
– e valor metalegislativo, 321.
– fundamental (Kelsen), 134.

O
obscuridade de linguagem, 117.
ofício, estrutura do-, 234.
organismo, -cismo, 132, 325,
  336 s., 277 s., 359-63, 377,
  387, 398, 401-3, 408 n., 342 n.,
  415:
– e teologia, 61.
  Ver também: Metáfora;
  Ciências, físico-naturais.
Oxford, Universidade de, 186.

P
Pandectas, -istas, XXI, XXXV,
  18, 30, 71, 78, 145, 178, 191,
  218, 231, 267 n., 274, 277, 308
  e n., 314, 330, 352, 365, 391 n.;
  ver também: Direito, romano.
panorâmica, como sinônimo de
  sistemática, 64 n.
pansofia e arqueologia do
  sistema, 32 s., 85.
Paris, Universidade de, 186 s.
parte, -s., e todo, 98, 121, 131,
  164, 336, 340-1, 343, 402; *ver
  também*: Nexo; Totalidade.
Pavia, Universidade de, 34.
paz:
– e guerra, 148 s.
– e língua universal, 46 s.
– Pádua, Universidade de, 34.
– perpétua, 148 s.
pensamento sistemático:
– como instrumento de
  polêmica, 93.

– e ausência de artigo definido
  em latim, 11.
– e grego clássico, 4, 9-15:
– – e artigo definido, 11 s., 15.
– – e substantivo abstrato, 11,
  15 s.
– e metáforas arquitetônicas, 5,
  18, 123, 322 s.
– e pensamento matemático em
  Leibniz, 133 s.
– e sua pré-história, 31-4.
– grego:
– – e geometria, 12 e n., 21.
– – e lógica medieval, 50 s.
– nos juristas romanos, 23 s.
– τέχνη, 12.
  Ver também: Arqueologia do
  pensamento sistemático;
  Abstração; Construção;
  Direito, romano atual;
  Dogmática; Iluminismo;
  Nome em grego; Sistema;
  Espírito sistemático; Teologia.
pentapartição:
– de Heise do direito civil, 316 s.
– edital, *ver*: *Edictum perpetuum*,
  Libri responsorum.
– percepção, *ver*: Empirismo.
Pérgamo, 10.
periodização da história, 146 s.
petição de princípio (no
  pseudo-sistema), 111, 370.
pietistas, 92, 134; *ver também*:
  Luteranos e reformados,
  teólogos; Reforma
  Protestante.
pitagoristas, filósofos, e
  estrutura numérica do
  universo, 12.
plagiarius, 108, *ver também*:
  Sistematizador.

pleonexia (πλεονεξία), 14.
pólis (πόλις), como modelo do cosmos (Mondolfo), *ver*: Cosmos.
política:
– e direito, 383-4 e n., 391, 399 n., 40.
– e uso de "sistema", 77, 347 s.
popularidade (*Popularität*) da filosofia, *ver*: Teologia, e método *popularis*.
positivismo:
– clássico, 359.
– jurídico, XXXV s., 190, 390:
– – e completude dos axiomas, 256, 265 s.
– – e necessidade dos axiomas, 262.
pós-modernidade, *ver*: Ambiente e sistema.
posse, seu lugar no sistema, 318, 333, 338, 340, 344, 420.
povo:
– e gênese do direito, 339, 358; *ver também*: Costume.
– espírito do (*Volksgeist*), 337, 345, 409.
princípio:
– da conservação da energia e sistema abrangente, 13.
– da identidade, 270.
– da não-contradição, 218, 252 s., 268-70:
– – como requisito essencial do sistema externo, 270 s.
– de autoridade, 321.
– do terceiro excluído, 269 s. e n.
– guia:
– – em Savigny, 334 s.
– – unificador do sistema (Gerber), 390-1, 403 n.

– único como fundamento do sistema, 128, 133, 136-9, 330, 331, 391-5, 398, 405 s., 414.
– unificador da construção, 65 s. *Ver também*: Construção; Dedução; Indução; Lógica; Requisitos do sistema externo; Sistema externo.
princípios:
– e construção, 109 s., 257, 259, 288, 296 n., 338, 343 s., 359, 370, 375, 396.
– e dogmas, 292 s.; *ver também*: Dogma.
– e polêmica anti-sistemática, 196, 199-200.
– gerais e *brocharda*, 52.
– lógicos, e requisitos sistemáticos, 268 s., 282 e n., 369.
Ver também: Axiomas; Construção; Direito, natural; Requisitos do sistema externo; Sistema, externo; Valor.
procedimento sintético, e sistema ramista, 63.
produtividade:
– da ciência jurídica, 337, 339, 341-4, 362 s., 371 s.
– do sistema, 200.
Ver também: Crescimento de um sistema.
profunditas, ver: Soliditas.
progressão numérica e crescimento *per intussusceptionem*, 133.
proposições descritivas e prescritivas, 219, 224 s., 252, 355.
pseudo-axioma, 266.
pseudo-sistema, 109, 113:

– e petição de princípio, 111.
– e sistema pleonástico, 244.

Q
quadratura do círculo, 72.
quadrivium, 70:
– como sistema, 57.
química, 360 s., 373, 385; *ver também*: Metáfora; Ciências, físico-naturais.

R
ramista, lógica:
– e escola alemã na jurisprudência, 64.
– e procedimento sintético, 63 s.
– e retórica, 45.
– e sistema jurídico leibniziano, 100 s.
Ver também: Lógica; *ver também no Índice onomástico*: Ramus, Petrus.
re vera para traduzir em latim o [termo] abstrato grego, 16.
Rechtsnorm e *Rechtssatz*, *ver*: Norma, e proposição jurídica.
Reforma Protestante, XXXVIII, 57, 293.
reformados e luteranos, teólogos, 89 s., 92.
relação jurídica e indução, 218.
Renascimento e exigência sistemática, 63, 277.
requisitos do sistema externo, 250-71:
– como princípios lógicos, 250.
– e princípios lógicos, 268 s.
– e sua hierarquia, 264-7.
– lista e análise dos, 250-63.
– resumidos no princípio da não-contradição, 270.
– sua superabundância, 268-70.
restitutio in integrum, seu lugar no sistema, 318.
retórica, 12:
– e influência ramista, 69 s.
revistas, *ver*: "Archivio giuridico"; "Civilistisches Magazin"; "Giornale per l'abolizione della pena di morte"; "Jahrbücher für die Dogmatik des heutigen römischen und deutschen Privatrechts"; "Kritische Zeitschrift für Rechtswissenschaft und Gesetzgebung des Auslandes"; "Magazin für die Philosophie [e, depois, 'und Geschichte'] des Rechts und der Gesetzgebung"; "Revue de législation et de jurisprudence"; "Revue étrangère de législation et d'économie politique"; "Zeitschrift für deutsches Recht und deutsche Rechtswissenschaft".
revolução, 257, 382:
– americana, 190.
– dos transportes, 153; *ver também*: Globalização.
– francesa, 160.
"Revue de législation et de jurisprudence", 185.
"Revue étrangère de législation et d'économie politique", 185.
romanistas e germanistas, polêmica entre, 332, 347-8 e n., 390 n.; *ver também*: Direito, romano atual.

S

sanção, e construção do direito germânico, 395-7.
scientia:
— *generalis*, 102; *ver também*: Mathesis universalis.
— *universalis*, 415.
segundo lógico, *ver*: Instante jurídico.
semiótica, 27:
— em Lambert, 119 n.
sensismo, *ver*: Materialismo.
silogismo, 51, 424 n.
sistema, -s.:
— "aberto" (Wilburg), 257.
— abrangente, 148, 192 s., 375:
— — e princípio da conservação da energia, 13.
— — e sua origem em Wolff, 114.
— — elaborado formalmente por Reinhold, 137.
— abstrato (*a priori*), 33, 85 n., 197, 204 s., 207 s., 230:
— — como sistema formal, 119.
— — confrontado com os fatos, 205.
— — e crítica de Condillac, 200.
Ver também: Iluminismo; Sistema, externo.
— *aggregatum*, 55 n.
— aparente, *ver*: Sistema, pleonástico.
— científico:
— — e suas características segundo Kant, 128 s.
— — em Lambert, 119.
Ver também: Cientificidade e sistematicidade.
— como conjunto das proposições de uma ciência (Timpler), 82.
— como conjunto de axiomas e teoremas, 219.
— como conjunto dos artigos de fé, 50.
— como contrário de "história", 335.
— como criação artística e estruturalismo mágico, 424.
— como dedução e classificação (Radbruch), 283 s.
— como exposição sistemática da teologia (Ursinus), 59 s.
— como fato e como valor, 375; *ver também*: Construção.
— como ideal de cada ciência (Kant), 128.
— como *perfecta doctrina* (Melanchthon), 57.
— como sinônimo de *doctrina solida* (Wolff), 109.
— como três graus para Deus (Selnecker), 58 s.
— contraditoriedade do termo – em Keckermann, 77.
— copernicano, 93.
— crise do – crise da filosofia idealista, 210.
— crítica ao – e sensismo, 195-208; *ver também*: Materialismo.
— da "filosofia elementar" (Reinhold), 137.
— de uma matéria e seu critério distintivo (Kant), 131.
— definitivo *ex negativo* (Lambert), 121.
— didático, 32, 66, 77, 82 s., 89 s., 104, 107, 112 s., 121, 244-7, 265, 299, 310, 318, 327, 335, 359, 372, 388; *ver também*: Sistema, externo.

- divinatório chinês (*pa kua*), 102.
- dos sistemas:
- – em Keckermann, 77; *ver também*: Meta-estrutura.
- – na história universal, 147.
- e "classificação" (Puchta), 342 e n.
- e ambigüidade do termo – em Kant, 131.
- e biologia, 415; *ver também*: Organismo.
- e cibernética, XXXVII, XLI, 32, 211, 359, 379 n., 415 s., 424 e n.; *ver também*: Cibernética; Informática.
- e coerência, 92, 218 e n., 250-65, 266, 270 s., 274.
- e conceitos jurídicos fundamentais (Hohfeld), 362 e n.
- e concentração lógica (Jhering), 369.
- e cosmos, 3, 14-7.
- e demonstração matemática, 102, 104; *ver também*: Matemática.
- e dificuldade de traduzir a noção de – em latim clássico, 7-22.
- e direito romano atual, 303; *ver também*: Direito, romano atual; Sistemática.
- e dogma teológico, 293 s.
- e engenho (Zedler), 94.
- e escolástica (Kohler), 325.
- e escopo, 122; *ver também*: Escopo.
- e *esprit de système*, 199, 205 s.
- e estrutura:
- – como *articulatio* (Kant), 133.
- – das leis (Montesquieu), 210. *Ver também*: Estrutura; Estruturalismo.
- e forças conectivas, 122.
- e fortuna da concepção kantiana de, 134.
- e *generatio aequivoca* (Kant), 131.
- e grau zero do, 228, 232.
- e história, *ver*: História, e Sistema.
- e história do direito privado, 338, 347.
- e início da sistematologia, 117 s.
- e institutos jurídicos, 274-9.
- e matemática moderna, 415.
- e método (Jhering), 367.
- e nexo entre as suas partes em Walch, 90 s.
- e obras mnemônicas, 33 s.: *ver também*: Mnemotécnica.
- e ordem alfabética, 45, 230.
- e perífrases para indicar o, 5.
- e princípios experimentais, 206.
- e princípios que o condicionam (Condillac), 200.
- e pseudo-sistema, 109, 111-4.
- e recepção do termo – nos teólogos medievais, 9.
- e seu étimo, 9.
- e seu fundamento:
- – segundo Lambert, 123.
- – segundo Reinhold, 136.
- – unicidade do, 65 s., 136, 337; *ver também*: Princípios; Princípio, único como fundamento do sistema.
- e seus princípios em Leibniz, 102.

– e simplificação quantitativa e qualitativa, 368.
– e sinônimos de – (em grego, italiano, latim, alemão), 4 s.
– e sistemática romanística, 22 s., 26-30, 210, 340 s., 353; *ver também*: Direito, romano; Sistemática.
– e *soliditas* (Wolff), 110 s.
– e sua acepção específica em Leibniz, 99, 101 s.
– e sua arqueologia, 31-4.
– e sua definição em Kant, 130.
– e sua delimitação:
– – para baixo, 227-48.
– – para o alto, 416-26.
– e sua história semântica, *ver*: História, semântica.
– e sua lei de crescimento, 133, 265, 362 n.; *ver também*: Crescimento; Produtividade.
– e sua teoria:
– – e metateoria do, 354-60.
– – geral dos sistemas, XXXVII, 210, 243, 359, 415 s., 424.
– e *summa*, 53.
– e *systemata compendiaria, pleniora* e *locupletiora*, 89.
– e teleologia em Jhering, 132 n.
– e teoria da comunicação, 451.
– e três significados de – na média latinidade, 50.
– e unicidade do seu fundamento (Reinhold), 136.
– e vida feliz (Zedler), 94 s. e n.
– em grego (σύστημα), 9:
– – e *sýntagma*, 55.
– – nas duas acepções atécnicas, 9 s.
– – quatro usos de, 9 s.
– em Petrus Ramus, 51.
– em sentido atécnico em Wolff, 105.
– em sentido objetivo e subjetivo (Alsted), 87-9.
– estético (Lambert), 119.
– experimental, 204; *ver também*: Empirismo; Iluminismo.
– externo, XXXIX, 17, 30 s., 46, 61 s., 65 s., 80-3, 86 s., 91 s., 94, 103, 113, 129, 134, 137 s., 147, 210, 216 s., 219, 221, 225, 232, 239, 282-5, 290, 304, 325, 330, 334, 342, 343, 353, 356, 359, 362 s., 372, 374, 379, 392, 405, 414, 416, 424:
– – como nexo lógico entre proposições (Wolff), 106 s.
– – e atividade dos juristas e jusfilósofos, 274-80.
– – e caoticidade do dado, 222-5, 240, 389.
– – e caráter lógico do nexo entre elementos, 107, 240.
– – e seus requisitos, 250-63.
– – e sua definição intuitiva, 360.
– – e sua natureza puramente formal, 119 s.
– – e suas vantagens segundo Leibniz, 102.
– – e suas vantagens segundo Zedler, 92 s.
Ver também: Sistema, didático; Sistema, pleonástico.
– feito pelo jurista sistemático (Gerber), 409 s.
– físico (Lambert), 124 s.
– gaiano, tripartição do, 24.
– *harmonicum* (Wolff), 106.
– histórico (Lambert), 119.
– interno, XXXIX, 17, 61 s., 65 s.,

87, 90-2, 94, 119, 216, 219, 221, 283 s., 285, 318, 326 s, 342 s., 352, 358 s., 362 e n., 368, 372, 374, 379, 416:
– – e externo: e sua mistura, 61 s., 362.
– – e primeira distinção em Timpler, 79-83.
– – e sua definição intuitiva, 216.
– – e tentativas de distinção em Walch, 90.
Ver também: Estrutura; Estruturalismo.
– inversão do – jurídico externo, 416-21; *ver também*: Sistema, interno.
– jurídico, XXIX e n.:
– – e antinomias, 219, 252 s., 257, 267.
– – e *partitio* teológica (Leibniz), 100.
– – e primeiras exposições do, 93 s.
– – externo e ramista em Leibniz, 100 e n.
– – externo e seu primeiro embrião, 92 s. e n.
– – interno, 122; *ver também*: Sistema, interno.
– – na linguagem seja ordinária, seja técnica, 216-21.
– – universal, XXXVI s.; *ver também*: História, universal do direito.
– leibniziano-wolffiano, 104.
– material dinâmico, 416 s., 424.
– moderno intuído por Jhering, 374.
– muciano, 23 s.
– mutável e durável, 124.
– na cultura grega, 11-5.
– na métrica e na música, 9 s., 15, 21.
– na política, 77 n.
– nas ciências naturais, 206 s.
– nervoso, 94.
– pleonástico, 232-9, 313, 413:
– – como pseudo-sistema ou sistema didático, 245 s.
– – e correta avaliação de um sistema jurídico externo, 247 s.
– – e construção jurídica, 241, 247.
– – e conjunto vazio, 243 s.
– – e limitação da matéria a ser sistematizada, 245 s.
– – e sistema aparente, 240 e n., 313, 413.
– – e sistema externo, 244.
– – e sua função, 244-7.
Ver também: Sistema, externo.
– pluralidade de sistemas:
– – e sua unificação (Kant), 131.
– – para um único objeto (Puchta), 342.
Ver também: Codificação; Construção; Dogmática; Direito, romano; Iluminismo; Pensamento sistemático; Sistemática; Sistematicidade; Sistematizador; Espírito sistemático; Teologia.
– ptolemaico, 93.
– sabiniano, 23 s.
– semiticônico, 93.
– teleológico, *ver*: Escopo.
– teorizado e – realizado:
– – em Gerber, 408 s.
– – em Jhering, 352-65.
– ticônico, 93.
– universais do direito, *ver*: História, universal do direito.

– verdadeiro:
– – como *nexus veritatum* (Wolff), 110 s.
– – como primeira teoria geral do sistema externo (Wolff), 109.
– – em Condillac, 200 s.
– wolffiano:
– – como enciclopédia abrangente, 114:
– – e críticas dos iluministas, 109, 113; *ver também*: Sistema, abstrato.
sistemática:
– desvinculada do *Corpus* justiniano, 307 s., 311, 317.
– dos juristas romanos, 22 s., 26-30, 210, 317, 340 s., 353.
– elementar como "panorâmica", 64 n.
Ver também: Direito, romano; Sistema, externo.
sistematicidade:
– e cientificidade, 99, 136.
– e enciclopedismo, 84 s., 114.
– nos juristas romanos, 22-6.
sistematizador, 99, 107 s., 131, 247 s., 290, 343, 386:
– *compilator* e *plagiarius*, 108 s.
– e coerência, 218 e n., 264, 266.
– e concepção modesta do – em Wolff, 108.
– e concepção sublime do – em Malebranche, 98 s.
– e idéia unificadora de base (Kant), 131, 134.
– e o primeiro – da história jurídica, 23.
– e pseudo-sistema, 111.
– e suas qualidades, 99, 398.

– no *common law*, XXXIII e n., 362 e n.
– torna sistemático o direito (Gerber), 409 s.
Sistematologias (escrito de Lambert), 118.
socialismo e matrimônio (Unger), 180.
sociedade e cosmos, *ver*: Cosmos.
Société de législation comparée, 186; *ver também*: História, universal do direito.
sociologia, 27, 422 s.:
– do direito, 340.
soliditas (Wolff):
– como virtude do filósofo sistemático, 109-13.
– e *profunditas*, 113.
solidus, *ver*: Soliditas; *Doctrina solida*.
somatopoiein (σωματοποῖεν), e origem de *corpus*, 54.
speculum, *ver*: Summula.
structura:
– e *compages*, 17.
– e "construção", 18.
– sucessório, *ver*: Direito, hereditário.
substantivo, *ver*: Nome.
subsunção, 101, 276:
– e construção, 299 e n., 326 s., 375.
Ver também: Direito, jurisprudencial; Juiz; Interpretação.
summa:
– como pluralidade de *summulae*, 53.
– insuficiência do termo para a teologia, 54, 92.

ÍNDICE REMISSIVO

summulae, 230, 275:
– e glosas, 52.
– e *summa*, 53; *ver também*: Glosa, *Summa*.
superteoria de Luhmann, XXXVII, 414.
syllogismi conjuncti e *simplices*, 51.
sýntagma (σύνταγμα), 55.
– como alternativa a *loci communes, corpus, summa*, 55 s.
– como sinônimo de *systema*, 55, 92.
– para indicar coletâneas não-orgânicas, 101 n.
– *sýnthesis* e *diaíresis*, 22.
sýstema (σύστημα):
– e *sýntagma*, 55 s.
– quatro acepções de, 9.
systema mnemonicum, 44 s.; *ver também*: Mnemotécnica.
systemata compendiaria, pleniora, locupletiora, 89; *ver também*: Sistema externo.

T

teatros do mundo e arqueologia do sistema, 31, 46.
tékhne (τέχνη) e pensamento sistemático, 12.
teleologia e sistema:
– e vida feliz (Zedler), 94 e n.
– em Jhering, 351, 367.
Ver também: Escopo.
tempo, 365 e n.; *ver também*: História, e sistema.
teologia, 52, 193, 417:
– consolidação do uso de "sistema", 58 s.
– didática (ou dogmática) como

– sistemática, XXXVIII, 89, 93, 134, 293 s.
– dogmática, 56, 292 s.:
– – e uso de "sistema", 58, 89 s.
– e critério distintivo do seu sistema (Kant), 131.
– e crítica à – sistemática, 91 n.; *ver também*: Luteranos e reformados, teólogos.
– e direito, 280, 292-5, 320.
– e dogmática jurídica, 296, 320.
– e filosofia na formação de Wolff, 103 s.
– e método *popularis* ou *exquisita*, 87 n.
– e obras de Domat, 296, 418 e n.
– e sistemas (Alsted), 87 e n.
– *partitio* teológica e sistema jurídico (Leibniz), 100.
– polêmica e utilidade do sistema, 93.
– protestante, 128; *ver também*: Luteranos e reformados, teólogos.
– suas tarefas sistemáticas no século XVIII, 89 s.
Ver também: Cristianismo; Reforma Protestante.
teorema, -s.:
– de Tales, 130.
– e axiomas, 219, 250-71, 304.
– e sua coerência, 218 e n., 250-63, 264, 266, 274.
– e sua completude, 254-60, 265, 285.
– inseridos entre os axiomas, 260.
teoria:
– da comunicação, 415.
– do direito, *ver*: Direito, e suas teorias.

– estruturalista do direito, *ver*: Estruturalismo.
– geral:
– – do direito, XXX.
– – dos sistemas, XXXVII, XLI.
– marxista, 340.
tísis (τίσις), 14.
totalidade, 121 s., 164, 219, 337, 340, 343; *ver também*: Parte, e todo.
tutela divina que unifica a humanidade (Lactâncio), 16 s.; *ver também*: Natureza.

U

unicidade do fundamento do sistema, *ver também*: Princípio, único como fundamento do sistema.
unitariedade do sistema, 76 s., 92, 136, 198:
– e unidade, 147, 359, 364.
Ver também: Sistema, e totalidade.
universidade, *ver*: Berlim; Dantzig; Göttingen; Heidelberg; Herborn; Königsberg; Marburg; Munique; Oxford; Pádua; Paris; Pavia; Wittenberg.
usus modernus Pandectarum, *ver*: Direito, romano atual.

V

validade do ordenamento, 254; *ver também*: Coerência.
valor, -es, XXXVI:
– e construção, 296, 375, 378 s.
– e norma jurídica, 321.
Ver também: Direito, natural; Justiça; Princípios.
vida feliz e sistema moral (Zedler), 94 e n.
vida sistemática, *ver*: Vida feliz.
Volksgeist, *ver*: Espírito do povo.
vontade:
– como princípio-guia em Gerber, 390.
– força de – ou poder da – do Estado, 403-7.
– geral no direito público, 400 e n., 402.
– individual no direito privado, 391, 400.

W

Wittenberg, Universidade de, 57 s., 88.

Y

Ybris (ὕβρις), 14.

Z

"Zeitschrift für deutsches Recht und deutsche Rechtswissenschfat", 348.

ÍNDICE ONOMÁSTICO

O número da página é seguido de "s." se o nome comparece também na página seguinte; de "ss." se comparece em várias páginas seguintes, tanto no texto como nas notas; de "n." se comparece apenas na nota da página indicada; de "[d]" se naquela página encontram-se a data de nascimento e eventualmente a de morte da pessoa indicada. O nome de alguns autores é indicado seja na forma latinizada, seja na língua nacional.

A
Adam, Herbert, 135 n.
Agesilau, 420.
Agostinho, Aurélio, santo, 248, 293 e n.
Agricola, Rudolf, 54 n.
Alchourrón, Carlos E., XXXIV n., 411.
Alembert, Jean le Rond d', 207 e n.
Algarotti, Francesco, 196.
Allorio, Enrico, 301 n.
Alsted, Johann Heinrich, 33, 45, 58 n., 67, 71 e n., 75, 83 [d], 83-9, 100 n., 230 n.
Amari, Emerico, 156, 187 e n. [d].
Ampère, André-Marie, 32 e n., 198.
Anaximandro, 12 n.
Anton, Wilhelm, 77.
Aristóteles, 10, 30 s., 70, 73, 80.
Arnaud, André-Jean, 29 n.
Arquimedes, 72 s.
Assézat, Jules, 206 n., 209 n.
Augusto, Caio Júlio César Otaviano, 161, 210.
Aulo, Gélio, 23.
Austin, John, XXXIII, 189.

B
Bacon, Francis, 33, 415.
Baier, Wilhelm, 91 n.
Bailly, Jean Sylvain, 207 e n.
Bär, *ver*: Ursinus, Zacharias.
Barbero, Domenico, 279 e n.
Barclay, Robert, 91 n.
Barone, Francesco, 119.
Barthes, Roland, 423.
Bartolo de Sassoferrato, 336.
Bartolomeo de San Concordio, frei, 32 n.
Bassi, Lavinia, 14 n.
Batbie, Édouard, 417 n.
Bauch, Bruno, 134 n.
Baumgarten, Arthur, 227, 233 e n.
Bayle, Pierre, 84, 230.
Becchi, Paolo, 347 n.
Becker, Karl Friedrich, 146 n.
Beer, *ver*: Ursinus, Zacharias.
Bekker, Ernest Immanuel, 331 s. [d], 333 e n.
Belaval, Yvon, 415 n.

Beling, Ernest Ludwig, 227, 233 e n.
Bellavite, Luigi, 351 n.
Bellone, Enrico, 415 n.
Benda, Julien, 198 n.
Beneduce, Pasquale, 187 n.
Bentham, Jeremy, XXXIII, 189, 417 s.
Bernouilli, Johann, 117 s., 126.
Berolzheimer, Fritz, 183.
Bertalanffy, Ludwig von, 415 e n.
Beseler, Gerhard von, 299 n., 348 e n.
Bethmann-Hollweg, Moritz August von, 335 n.
Bevilaqua, Clóvis, 188 s. [d].
Beyer, Wilhelm, R., 176 n.
Blanke, Horst Walter, 145 n.
Bloch, Ernest, 425.
Blühdorn, Jürgen, 305 n., 331 n.
Bobbio, Norberto, XXIX s., XXXIII s., XLIII, 143 n., 151 e n., 217 s., 236 e n., 253-4, 257 s., 279, 287 s., 355 e n.
Boerhaave, Herman, 206.
Boissonade de Fontarabie, Gustave-Émile, 186.
Bona Meyer, Jürgen, 274 n.
Bonacina, Giovanni, 143 n., 150 e n.
Bonifácio de Monferrato, 34.
Borges, Jorge Luis, XXVII s., 193, 229.
Borsellino, Patrizia, 355 n.
Boudon Raymond, 421-3.
Braudel, Ferdinand, 147 e n.
Braun, Johann, 163 n.
Braun [pseudônimo?], 309 s.
Bruno, Giordano, 34, 85.
Bucky, Johann Christian, 94 n.
Buddeus, Franciscus, 89 n.
Buffon, Georges Louis Leclerc de, 206 e n. [d].
Bulygin, Eugenio, XXXIV n., 262 n., 266 e n., 411.
Bund, Elmar, 19 n.
Bunge, Mario, 355.
Burckhardt, Jacob, 142, 192-4.
Burge, William, 189 e n. [d].

C

Calamandrei, Piero, XXVIII e n.
Calow, Abraham, 100 n.
Camillo, Giulio, dito o Delmínio, 45.
Campanella, Tommaso, 85.
Canaris, Claus-Wilhelm, XXXI e n.
Cansacchi, Giorgio, 246 e n.
Cantù, Cesare, 156 e n. [d].
Capograssi, Giuseppe, 238 e n.
Cappellini, Paolo, XXXI s., 143 n., 317 n.
Carbonnier, Jean, 28 n.
Carpzov, Benedikt, 310 [d].
Cartesius, *ver*: Descartes, René.
Casman, Otto, 78 e n.
Cesa, Claudio, 151 n.
Cesarini Sforza, Widar, 235 e n.
Cevola, Quinto Múcio, 23, 30.
Chytraeus, David, 54 n.
Cícero, Marco Túlio, 16, 18-22, 32, 45, 81, 233, 293, 322, 331, 420.
Coin-Delisle, Jean Baptiste, 185 n.
Coing, Helmut, 192 s.
Colli, Giorgio, 129, 131.
Colombo, Cristóvão, 144.
Columella, Lucio Giunio Moderato, 17 n.
Comanducci, Paolo, XXXIII e n., 355 n.

Comênio, *ver*: Komenský, Jan Amos.
Comte, Augusto, 198.
Condillac, Étienne Bonnot de, 113 s. e n., 156, 195 [d], 199-204 [d].
Conte, Amedeo G., XLIV, 258 n.
Cook, Walter Wheeler, 362 n.
Crapulli, Giovanni, 69-72, 73 s., 84 n.
Crousaz, Jean-Pierre de, 120 n.
Cujacio, Cujacius, Jacobus, *ver*: Cujas, Jacques.
Cujas, Jacques, 64, 72 n.
Cusa, Nicolau de, 85.

D
Dasypodius, Konrad, 56, 70 s. [d], 84.
Degli Alberti, Vera, 11 n.
Derrer, Sebastian, 65.
Descartes, René, 33, 46, 69 [d], 116, 197, 199, 204 [d].
Despotopoulos, Konstantin, 234 e n.
Dewey, Melvil, 114.
Diderot, Denis, 85, 195 [d], 205 s. e n., 208 s. [d].
Diesselhorst, Malte, 135 n.
Dilthey, Wilhelm, 238.
Dingler, Hugo, 414 e n.
Dippel, Johann Conrad, 92 n.
Domat, Jean, 296 e n. [d], 417-8.
Doneau, Hugo, 64 [d], 316, 329.
Donellus, Hugo, *ver*: Doneau, Hugues.
Draconzio, Blossio Emilio, 17 n.
Du Cange, Charles, 50.
Duarenus, *ver*: Duaren, François.
Duraen, François, 64.

E
Eco, Umberto, 28 n., 47 e n., 73 n., 84 e n.
Ehrenberg, Helene, 385 n.
Ehrenberg, Viktor, 170 n., 177 n.
Ehrlich, Eugen, 157 e n. [d], 258.
Eichhorn, Karl Friedrich, 332 e n. [d], 334 n.
Eisele, Fridolin, 287.
Eisenmann, Charles, XLIV.
Eisler, Rudolf, 322 e n.
Eleonora de Aragão, 34.
Ellero, Pietro, 187 [d].
Engisch, Karl, 299 n.
Erhardt, Simon, 117 s. e nn.
Espinosa, Baruch ou Benedito, 199.
Estienne, Henri (*também*: Stephanus, Henricus), 9.
Euclides, de Megara, 69 s., 78.
Eurípides, 420.

F
Faber, *ver*: Schmidt, Johann Rudolf.
Facchi, Alessandra, 187 n.
Falk, Niels Nikolaus, 170 n. [d].
Fallbusch, Erwin, 294 n.
Faralli, Carla, 187 n.
Fassò, Guido, 155 n.
Fest, Joachim, 192 n.
Feuerbach, Eduard, 347 n.
Feuerbach, Ludwig, 134, 347 n.
Feuerbach, Paul Johann Anselm, 158 s. [d], 165, 172, 182, 347 e n.
Fichte, Johann Gottlob, 134, 138 s. [d], 143 n.
Filippini, Enrico, 26 n.
Fischer, Otto, 287.
Flavius Gnaeus, 19.

Foelix, Jean Jacques Gaspard, 185 [d].
Fontana, Alessandro, 28 n.
Fontenelle, Bernard le Bovier de, 206 e n.
Fonzi, Bruno, 229 n.
Forcellini, Egidio, 15.
Formey, Jean Henri Samuel, 95 n.
Foucault, Michel, 28 e n.
Fries, Jakob, 306 n.
Frisch, Max, 26 e n.
Froben, [Johannes ?], 114 n.
Frobenius, *ver*: Froben.
Frosini, Vittorio, 30 e n., 234 s., 237 s.
Fuchs, Wilhelm, 376 e n. [d].
Funaioli, Gino, 22 n.

G

Gagnér, Sten, XLIV.
Gaio, 25, 308 n., 344.
Galgano, Salvatore, 187 e n. [d].
Galiani, Ferdinando, 419 s. [d].
Gandz, Salomon, 12 n.
Gans, Eduard, XXXIX, 142 [d], 149 e n., 161 [d], 162-73, 176-82, 186 s.
García, Gregorio, 152.
García-Gallo, Alfonso, 188 n.
Gass, Friedrich Wilhelm, 55 n.
Gavazzi, Giacomo, 278 n.
Gerber, Karl Friedrich Wilhelm, XL, 320, 337 n., 346-8, 381 [d], 382-410, 416, 421.
Gerhard, Johann, 60 n.
Gerhardt, Johann Ernst, 92 n.
Gibbon, Edward, 307 n.
Giuliano, Salvio, 19 n.
Glück, Christian Friedrich, 312 [d].

Göckel, Rudolf, 55, 79, 90.
Goclenius, *ver*: Göckel, Rudolf.
Godefroy, Denis (*também*: Gothofredus, Dionysius), 101 n. [d].
Godefroy, Jacques (*também*: Gothofredus, Jacobus), 101 e n. [d].
Goethe, Johann Wolfgang von, 238.
Goldschmidt, Levin, 182 n.
Gothofredus, Dionysius, *ver*: Godefroy, Denis.
Gothofredus, Jacobus, *ver*: Godefroy, Jacques.
Gregório de Nissa, 293.
Greimas, Algirdas Julien, 28 n.
Griebner (*também*: Gribner), Michael Heinrich, 392 n.
Grillparzer, Franz, 326.
Grimm, Jacob, 314 n., 323, 332-3 e n. [d].
Grócio, Grotius, Hugo, *ver*: Groot, Huig de.
Grolmann, Karl, 165 e n. [d], 172.
Groot (*também*: Grócio), Huig de, 151, 155 s.
Grossi, Pietro, 187 n.
Grosso, Giuseppe, 19 n.
Guastini, Riccardo, 355 n.
Guilherme IV, rei da Prússia, 425.
Gurvitch, Georges, 422 e n.

H

Haller, Karl Ludwig von, 150.
Harnack, Adolf von, 294 e n.
Hart, Herbert L. A., XXXII.
Hartmann, Nikolai, 237.
Hasselbach, Helga, 210 n.

ÍNDICE ONOMÁSTICO

Hasso, Härlen, 262 n.
Hebbel, Friedrich, 372 [d].
Heerbrand, Jacob, 54 n.
Hegel, Georg Wilhelm Friedrich, XXXIX, 134, 141 s., 148-51, 162 s., 170, 173, 176-9, 182 s., 192, 424 s.
Hegel, Immanuel, 168 n.
Hegel, Karl, 176 n.
Heidegger, Martin, 5.
Heine, Heinrich, 425.
Heineccius, *ver*: Heinecke, Johann Gottlieb.
Heinecke, Johann Gottlieb, (*também*: Heineccius) 312 s. [d], 314.
Heinrichs, Helmut, 178 n.
Heinze, Max, 51 n.
Heise, Georg Arnold, XL, 23 n., 292 [d], 302, 315-8 [d], 329-30 e n., 340, 344 s.
Helfer, Christian, 175 n.
Herder, Johann Gottfried, 144 s. [d], 147, 155 e n.
Herolt, Johannes, 54 n.
Hesíodo, 16 n.
Hilbert, David, 355.
Hobbes, Thomas, 135 n.
Hoffmann, Christian Gottfried, 392 n.
Hohfeld, Wesley Newcomb, XXXIII e n., 362 e n. [d].
Holbach, Paul Henri d', 200 n., 415 e n.
Holtzendorf, Franz von, 184 n.
Höpfner, Ludwig Julius Friedrich, 314 [d].
Huber, Daniel, 117 n.
Hug, Walther, 153 e n., 183 n.
Hugo, Gustav, XL, 149 s., 292 [d], 296 s. [d], 302 s., 305-11 [d], 313, 316 s., 329, 345, 418 n.
Hühnerfuss (Assessor), 228, 241.
Hume, David, 319, 322.
Hunnius, Aegidius, 60 n.
Hütter, Leonard, 60 n.

I

Irnério, 232.

J

Jaeger, Werner, 13 s. e n.
Jakobson, Roman, 28.
Jellinek, Georg, 348, 383.
Jhering, Georg Albrecht, 174 n.
Jhering, Rudolf von, XXVIII, XL s., 116, 132 n., 145 n., 165, 170-7, 228, 241 e n., 281, 308, 318 s., 323 s., 337 e n., 339 s., 342 s., 346, 349 [d], 349-79, 381-7, 390, 404, 409, 411, 424.
Jori, Mario, 355 e n.
Josef II, imperador da Áustria, 178.
Justiniano, Flávio Pietro Sabbatio, XXVIII, XXXVIII, 3, 25, 161, 296, 418.

K

Kahle, Ludwig Martin, 118 n.
Kahlius, *ver*: Kahle, Ludwig Martin.
Kalinowski, Georges, 354 n.
Kant, Immanuel, XXXIX, 18, 64 n., 68, 97, 103 s., 106, 114-7 [d], 126-37, 141 s., 148-51, 155 e n., 182, 305 e n., 311, 319, 322, 349, 362 n.
Kaufmann, Arthur, 234 e n.
Keckermann, Bartholomaeus, 58 n., 65, 67, 75-8, 83, 88, 100 n.
Kelsen, Hans, XXIX e n., XXXIII s., 64 n., 116, 134, 146 n.,

215, 236, 256, 340, 348, 355 e
n., 361 n., 364, 375 s., 383.
Kent, James, 190 [d].
Kiefner, Hans, 334 n.
Kilian, Wolfgang, XLIII.
Klee, Hans, 155 n.
Kleinheyer, Gerd, 307 n.
Klenner, Hermann, XLIV, 149 n.
Knutzen, Martin, 104, 127.
Kohler, Joseph, 184 s. [d], 319,
324 e n. [d], 326, 376 n.
Komenský, Jan Amos
(Comênio), 46, 84.
Kotarbiński, Tadeusz, 219 s. [d],
251.
Kraus, Emil, 134 n.
Kreittmayr, Wiguläus Aloysius
von, 313 [d].
Kriechbaum, Maximiliane, 58
n., 65 s., 82 n.
Krieken, Theodor van, 366 n.
Kromayer, Hieronymus, 89 n.
Kunze, Michael, 159 e n., 165
n., 170-4.

L

La Mettrie, Julien Offray de,
109, 199 e n. [d], 204 s., 207
e n.
La Pira, Giorgio, 18 n., 30 n.
Laband, Paul, 383.
Lactâncio, Firmiano, 16.
Ladvocat, Louis-François, 94 n.
Laferrière, Julien, 185 n.
Lambert, Johann Heinrich, 18,
68, 103 s., 115 [d], 117-28, 135
n., 197, 222.
Landau, Peter, XLIII, 178 n.
Landino, Cristoforo, 34.
Landsberg, Ernst, 267 n., 306 e
n., 330 n., 335 n., 345 n.

Lantella, Lelio, 19 n., 27-30.
Laufs, Adolf, 348 n.
Lavaggi, Giuseppe, 241 n., 363 n.
Lawson, Frederick Henry, 301 n.
Lazzaro, Giorgio, XXXI e n., 134
n., 299 n., 322 e n., 351 n., 367
e n., 385 n.
Leibniz, Gottfried Wilhelm,
XXXVIII, 33, 45 s., 68, 85, 97
[d], 97-104, 128, 197, 199, 207,
217, 269 n.
Leist, Wilhelm Burkhard, 333 n.
Leonhard, Wolfgang, 322.
Lerminier, Eugène, 185 e n.
Le Roy, Georges, 114 n., 205 n.
Leroy, Maxime, 417 n.
Lessing, Gotthold Ephraim, 155
e n.
Lévi-Strauss, Claude, 73 n.
Lichtenau, Conrad von, 308 n.
Liebert, Arthur, 134 n., 138 n.
Lineu, Carlo, 142.
Linné, Carl von, *ver*: Lineu, Carlo.
Liszt, Franz von, 227, 233.
Locke, John, 135 [d].
Loebell, Johann Wilhelm, 146 n.
Losano, Mario G., XXXI n.,
XXXIV n., 22 n., 32 n., 102 n.,
174 n., 178 n., 187 n., 348 n.,
351 n., 355 n., 362 n., 387 n.,
355 n.
Lucchini, Pier Luigi, 336 n.
Lucentini, Franco, XXVII.
Luciano, de Samósata, 57 e n.,
76, 79.
Luhmann, Niklas, 349, 363 n.,
414.
Luig, Klaus, 334 n.
Lukasiewicz, Jan, 270 n.
Lull Ramón (*também*: Llull,
Lúlio), 33, 44 s., 50 [d], 84.

Lullus, Raimundus, ou Lúlio, Raimundo *ver*: Lull, Ramón.
Lutero, Martinho, 57, 61 s.
Lyncker, Nicolaus Christopher, 79 e n.

M

Maimon, Mosheh ben, 138 n.
Maimon, Salomon, 135 n., 138 s. [d].
Maine, Henry Sumner, 186 [d].
Malebranche, Nicolas, 94, 97 s. [d], 103, 108, 116, 197, 199.
Mandalari, Maria Teresa, 192 n.
Mansuino, Carlo, 187 n.
Marini, Giuliano, 333 s.
Martínez Paz, Enrique, 188 e n. [d].
Marx, Karl, 162, 178.
Mathiot, André, 28 n.
Matteucci, Nicola, 417 n.
Mazzacane, Aldo, 335 n.
Mazzarella, Giuseppe, 186 e n.
Mazzarese, Tecla, 355 e n.
Melanchthon, Felipe, 49 [d], 54 n., 56-60 [d], 63, 65, 70, 76, 79, 100 n., 107.
Melanchthon, Melanthon (*também*: Schwarzerd, Philipp), *ver*: Melanchthon, Felipe.
Meyer, Jürgen Bona, 274 n.
Million, Charles, 185 n.
Mirabeau, Honoré-Gabriel, 417 n.
Mitteis, Heinrich, 170 n.
Mittermaier, Karl, 182 s. [d], 185.
Mohnhaupt, Heinz, 158 n.
Moland, Louis, 209 n.
Mondolfo, Rodolfo, 13 s.

Montalbán, comparatista, 188.
Montesquieu, Charles-Louis de Secondat de, 156 ss. e nn., 165, 210 e n., 307, 308 n.
Moritz, Manfred, 362 n.
Mühlenbruch, Christian Friedrich, 158.
Müller, Volker, 175-7.
Muratori, Lodovico Antonio, 186.

N

Naevius, Sebastian, 79 e n.
Napoleão I, imperador, 146, 182.
Nava, Nino, 235 e n.
Naves, Raymond, 198 n.
Negri, Antimo, 415 n.
Negri, Antonio, 311 n.
Nettelbladt, Daniel, 314 [d], 317 e n., 329.
Newton, Isaac, 199, 203, 206, 306.
Nicolau de Cusa, *ver*: Cusa, Nicolau de.
Nicolò, Rosario, 281 e n.

O

Oldendorp, Johann, 64.
Olivecrona, Karl, 233 e n., 404 n.
Orestano, Riccardo, 286 e n., 289.
Ortolan, Josef Louis Elzéar, 186 s. n.

P

Palazzolo, Vincenzo, 282.
Paolo, Giulio, 358 n.
Paresce, Enrico, 281 e n.
Pareus, David, 60 n.
Pascal, Blaise, 296 n., 417.

Passerin d'Entrèves, Alessandro, XLIV.
Pattaro, Enrico, 233 n.
Pereira, Benito, 71 [d], 74, 84.
Pezel, Christoph, 54.
Pfeifer, August, 89 e n.
Philipps, Lothar, XLIII.
Piano Mortari, Vincenzo, 63 n.
Pico della Mirandola, Giovanni, 34.
Pietro de Ravena, *ver*: Tommai, Pietro.
Pigliaru, Antonio, 227, 235 e n.
Piovani, Pietro, 14 n.
Platão, 10, 30.
Políbio, 9, 54.
Poliziano, Angelo, 34.
Pollock, Frederick, 157 s. [d].
Pompônio, 23.
Post, Emil, 270 n.
Pot, Johan Hendrik van der, 147 n.
Pothier, Robert Joseph, 315 [d], 418 [d].
Pound, Roscoe, XXXIV n., 190 e n. [d].
Prantl, Karl von, 50 e n.
Proclo, de Constantinopla, 69 e n.
Próspero de Aquitânia, 17.
Puchta, Georg Friedrich, XL, 145 n., 231 e n., 292, 316, 319, 331 e n., 336, 337-46 [d], 353, 359, 373 s., 397.
Pufendorf, Samuel, 302-3 [d].
Pütter, Johann Stephan, 292, 303 s. [d], 307, 310, 313 s., 316, 334.

R

Racinaro, Roberto, 149 n.
Radbruch, Gustav, XXVIII, 89 e n. [d], 158 n., 245, 274, 282-6.
Ragionieri, Ernesto, 143 n.
Ramus Petrus, (*também*: Pierre de la Ramée), 45, 50 s. [d], 63 s., 69 s., 73, 100 n.
Ranke, Leopold von, 143 n.
Ranulf de Glanvill, 152.
Rascio, Giuseppe, 420 n.
Ray, Jean, 419 e n.
Raz, Joseph, XXXII ss.
Reinhold, Christian Ludolff, 127 n.
Reinhold, Karl Leonhard, 116 [d], 126, 135-9 [d].
Reitemeier, Johann Friedrich, 157 s. e n.
Rémy, Joseph, 418 n.
Reuchlin, Johann, 56 n.
Reyscher, August Ludwig, 348 n., 399.
Riccobono, Salvatore, 22 n.
Ricoeur, Paul, 422 e n.
Riedel, Manfred, 163 e n., 168 n.
Ritschl, Otto, 5 n., 51 n., 56 s., 75 e n.
Ritter, Joachim, 331 n.
Romagnosi, Gian Domenico, 156 e n. [d].
Romano, Santi, 237 e n.
Romanus, Adrianus, *ver*: Roomen, Adriaan van.
Roomen, Adriaan van, 72-4 [d].
Rosenkranz, Karl, 179 [d].
Ross, Alf, 278 e n.
Rossi, Paolo, 31-4, 85 n.
Rotondi, Mario, 187.
Rotteck, Carl von, 146 n.
Rousseau, Jean-Jacques, 150.
Rückert, Joachim, 356 n.

ÍNDICE ONOMÁSTICO

Rudorff, Adolf August Friedrich, 338 n., 345 n.
Ruge, Arnold, 178.

S

Sabino, Masúrio, 23.
Sainte-Beuve, Charles-Augustin de, 417 e n.
Salmond, John William, XXXIII.
Sartre, Jean-Paul, 229 e n.
Sarzotti, Claudio, 296 n., 418 n.
Saussure, Ferdinand de, 28 e n.
Savigny, Friedrich Carl von, XL, 83, 145 n., 150, 159 s., 163, 165 s., 178 s., 267 n., 305 s., 309, 317 s., 319 s., 321 e n., 330-5 [d], 333-40, 346, 349, 352-4, 356-9, 365, 369, 374, 420, 426 e n.
Scaligero, Giulio Cesare, 72 n.
Scaligero, Giuseppe Giusto, 72 s. [d].
Schaarschmidt, Karl, 78 s. e n.
Schaumann, Adolph Friedrich, 332 n.
Schelling, Friedrich Wilhelm Josef, 134, 143 n., 320, 331 [d], 338 s.
Scherillo, Gaetano, 25 n.
Schiavone, Mario, 19 s. e n., 23 n., 151 n.
Schiller, Friedrich, 150.
Schirmer, Christian, 231 n.
Schlegel, Friedrich, 143 n.
Schleiermacher, Friedrich Daniel Ernst, 134.
Schlözer, Anton Ludwig, 144-8.
Schmidt (*também*: Faber), Johann Rudolf, 79 e n.
Schmidt, Raymund, 128 n.
Schopenhauer, Arthur, 183.
Schoppe, Caspar (*também*: Scioppus, Gasparus), 100 n.
Schottlaender, Rudolf, 12 n.
Schröder, Jan, 58 n., 65 n., 82 n., 307 n.
Schulin, Ernst, 155 n.
Schulze, Gottlob Ernst, 138 e n. [d].
Schuppe, Wilhelm, 377 e n.
Schwarzerd, Philipp, 56 n.; *ver*: Melanchthon, Felipe.
Scialoja, Vittorio, 335 n.
Scioppus, Gasparus, *ver*: Schoppe, Gaspar.
Segrè, Gino, 19 n.
Selden, John, 155 s.
Selneccerus, *ver*: Selnecker, Nicolaus.
Selnecker, Nicolaus, 49 [d], 59 s. [d].
Senebier, Jean, 205 e n.
Serafini, Filippo, 187.
Sérvio, 30.
Sichirollo, Livio, 149 n.
Sigwart, Christoph, 284 n.
Siméon, Pierre, 377 n.
Sinaïski, Vasili, 25 n.
Snell, Bruno, 11 e n., 16 e n.
Soellner, 334 n.
Solari, Gioele, 149 n., 305 n.
Solmi Marietti, Anna, 11 n.
Stahl, Julius, 336 s. [d], 353 [d].
Stammler, Rudolf, 134 n.
Steinmüller, Wilhelm, 27 n.
Stephanus, Henricus, *ver*: Estienne, Henri.
Stern, Jacques, 334 n.
Stintzing, Roderich von, 65 n.
Story, Joseph, 190 [d].
Strigel, Victorinus, 54 n.

Strippelmann, Friedrich Georg Lebrecht, 228, 241 s.
Stroux, Johannes, 22 n.
Struve, Burkhard, Gotthelf, 93 n. [d].
Stück, Johann, 79 e n.
Sturm, Johann, 70.

T
Tácito, Públio Cornélio, 17.
Tales, de Mileto, 130.
Tamerlano (Temür Lenk), 229.
Tanner, Georg, 65 n.
Tarello, Giovanni, 355 e n.
Tarski, Alfred, 270 n, 354 s.
Tatarkiewicz, Wladislaw, 238 e n.
Tega, Walter, 31 n., 85 s., 198-200.
Temístocles, 420.
Tessitore, Fulvio, 143 n.
Teubner, Gunther, 363 n.
Thibaut, Anton Friedrich Justus, XXII, 142, 150, 159-61 [d], 165, 172, 292 [d], 302, 309-15 [d], 317, 329-30 e n., 333 s., 342, 343.
Thomasius, Christian, 92 n.
Thon, August, XXIX, e n.
Timpler, Clemens, 51 n., 65, 67, 75, 79-83, 86-8, 92 s., 100 n., 352.
Tiraboschi, Gerolamo, 186.
Tommai, Pietro 33 s.
Toulmin, Stephen E., 13.
Tourneux, Maurice, 209 n.
Trendelenburg, Adolf, 245, 284 n., 345.
Treves, Renato, XLIV, 14 n., 321 n., 377 n.
Triboniano, 309.
Tuch, Hans, 325 n.

U
Ueberweg, Friedrich, 50 s. e n., 274 n.
Ulpiano, Domizio, 248.
Unger, Josef, XXIX, 142 [d], 178-81 [d].
Ursinus, Zacharias (*também*: Bär ou Beer), 50 [d], 59-62 [d].

V
Vadalà-Papale, Giuseppe, 187 n.
Vahinger, Hans, 134 n.
Valla, Lorenzo, 34.
Vassalli, Filippo, 241 n.
Vico, Giambattista, 155 s., 186.
Vigelius, Nicolaus, 65.
Villey, Michel, XLIV, 22 n.
Vitiello, Vincenzo, 149 n.
Vivante, Lello, 187 n.
Voeltzel, René-Frédéric, 417 n.
Volk, Klaus, 170 n.
Voltaire, François-Marie Arouet, dito, 155 e n., 198 n., 203 s. [d], 206, 208 s., 230.
Vorländer, Karl, 129 n.
Vultejus, Hermann, 316.

W
Waddington, Charles Tzaunt, 51 n.
Walch, Johann Georg, 89-91, 94.
Wernerius, *ver*: Irnerio.
Wesenbeck, Matthias, 65.
Wesenberg, Gerhard, 321 n.
Wideburg, Christophorus Tobias, 92 n.
Wieacker, Franz, 287 e n., 298-302.
Wigmore, John Henry, 153 e n. [d].

Wilburg, Walter, XXIX e n., 257.
Wilda, Wilhelm Eduard, 398 n.
Wilhelm, Walter, 336 n., 346 n., 384 n.
Windscheid, Bernard, 134 n., 292, 316, 374, 416.
Wolff, Christian, XXXVIII, 68, 97 [d], 103 [d], 104-16, 120, 126-8, 137 s., 197, 200 s., 207, 220 n., 245, 264 n., 270 e n., 292, 303, 414.
Wolowski, Louis François Michel Raymond, 185 [d].

Wundt, Wilhelm, 284 n.

Y
Yehoshua, Salomon ben, *ver*: Maimon, Salomon.

Z
Zachariä, Karl Salomo, 182 e n. [d], 314 s. [d].
Zamberti, Bartolomeo, 69.
Zedler, Johann Heinrich, 91-4.
Zitelmann, Ernst, 319, 326 ss. [d], 376 s.

tel.: 25226368